浙江省高职高专重点建设教材

运动生理学基础

主　编　赖爱萍

副主编　黎　鹰　俞　捷　尚延侠

编写者　(以姓氏笔划为序)

尚延侠　董静梅　俞　捷

赖爱萍　黎　鹰

ZHEJIANG UNIVERSITY PRESS

浙江大学出版社

图书在版编目(CIP)数据

运动生理学基础 / 赖爱萍主编. — 杭州：浙江大学出版社，2012.6(2025.1重印)

ISBN 978-7-308-10075-5

Ⅰ. ①运… Ⅱ. ①赖… Ⅲ. ①运动生理学 Ⅳ. ①G804.2

中国版本图书馆 CIP 数据核字(2012)第 120231 号

运动生理学基础

赖爱萍　主编

责任编辑	石国华	
封面设计	刘依群	
出版发行	浙江大学出版社	
	（杭州市天目山路 148 号　邮政编码 310007）	
	（网址：http://www.zjupress.com）	
排　　版	杭州星云光电图文制作有限公司	
印　　刷	杭州高腾印务有限公司	
开　　本	787mm×1092mm　1/16	
印　　张	19.25	
字　　数	480 千	
版 印 次	2012 年 6 月第 1 版　2025 年 1 月第 11 次印刷	
书　　号	ISBN 978-7-308-10075-5	
定　　价	58.00 元	

浙江大学出版社市场运营中心联系方式：0571－88925591；http://zjdxcbs.tmall.com

序

由赖爱萍主编的《运动生理学基础》一书即将付梓出版,出版前,蒙爱萍同志将书稿送阅,并希望我为之作一序言。经阅读全书书稿后,我慨然允诺。

多年前,爱萍同志曾与我谈及,目前高职体育院校运动生理学课程缺乏一本具有高职特色的教本,所以只能借用普通高校的教材,她深感这是高职教学中的缺憾。为此,她致力要编写一本具有高职体育院校特色的运动生理学教材。后来,她又去美国学习,进一步扩大了视野。回国后,立即组织了写作团队,在团队人员的团结合作下,终于完成了全书的编写。可以看出,本书从思想酝酿、组织准备到团队写作的过程,是一本历时多年,具有丰厚底蕴的教材。现在公开出版发行,将在一定程度上满足高职体育院校教学的急需。

本书始终贯彻以下原则:

一、高职性。根据高职的特点和特色,对庞杂的运动生理学内容,删繁就简、突出重点、有的放矢。

二、高教性。高职院校属高等教育体系,所以对主干课程的基本理论和基本知识不能削弱,做到高职性与高教性的辩证融合是一件难能可贵的尝试。

三、专业性。高职院校体育专业既要面向竞技体育又必须十分重视大众体育(全民健身),紧密兼顾结合竞技体育和大众体育的实际,是编写团队颇费心计的考虑之点。

综观全书书稿,编者能较好地体现以上三个原则。在编写过程中,在写作技法上也有所突破,体现在以下三个方面:

一、体例创新。本书新增了"知识与应用"以提示该知识与应用的纽带,为更好地体现理论联系实际提供了坚实的载体。又如适当地增加了"名家回顾",简介了国内外著名运动生理学家的人生和学术背景,启迪学生崇尚学术先贤,激发学习本课程的动力。

二、表达清晰。教材的文句表达清晰,适合学生学习,并适当增加了一些日常生活用品的知识,如介绍了幽门螺旋杆菌的形态、繁殖、防治等应用性知识。

三、重点突出。没有重点,就没有个性。运动生理内容涵盖极为广泛,从分子层面、细胞层面、组织器官层面而及整体层面,本书以肌肉运动生理为主轴,统领其他诸层面的描述表达,是极为可取的。

诚如本书前言所述,高职体育院校教材建设任重道远,在教学实践中不断总结、不断完善是一个永无止境的过程。

华 明

2012 年 5 月

华明,江苏省无锡市人,为浙江大学运动生理学教授(已退休),享受国家特殊津贴,2010 年度获中国运动生理生化开拓贡献奖。

前　言

高职教育的人才培养目标主要是偏重于应用技能和操作经验,培养实用型的、适应岗位需求的技能型的专门人才;作为高职体育生,各专业职业岗位主要是从事专业竞技运动训练、业余运动训练、竞技训练管理和社会体育指导等工作。《运动生理学基础》是体育专业课程体系中的主要支撑课程,通过本课程的教学,使学生重点掌握体育运动过程中人体机能变化的规律以及体育运动对提高人体机能能力的作用,并能运用这些理论、技术来指导和评价运动训练、体育教学及全民健身运动。

本教材的编写意在保证基础理论知识的前提下,突出运动员、高职体育生和健身人群特性,整合理论知识,加强应用性的运动健身技能指导内容,突出科学性、应用性、通俗性的特征。将图、表、文有机结合,每一大章前均附上本章节学习目并设有常见小问题,引出本章节内容;每一章节教材内容过程中加设知识与应用部分,主要内容是加入相应运动及生活案例、健身和生活小常识等;每一章节后设有内容总结和思考题。此外教材最后附有相关实验内容,力图能解决训练和健身中的实际问题,成为应用性强的高职运动生理学教材。本教材可作为高职高专学生用书,也可作为教练员、体育指导员、运动员及健身人群参考用书。

本教材获 2010 年浙江省重点建设教材立项,由 2008 年浙江省省级精品课程负责人主持编写工作,并有科研一线人员参与,使本教材具有较强的针对性和实用性。参加编写的人员有:赖爱萍,博士,浙江体育职业技术学院副教授(绪论、第一章、第十四章、第十五章、第十六章、第十七章、实训部分),黎鹰,硕士,浙江体育职业技术学院高级讲师(第二章、第三章、第四章、第五章、实训部分),俞捷,硕士,浙江体育职业技术学院助理研究员(第六章、第九章、第十一章、第十二章),尚延侠,博士,上海体育职业技术学院副教授(第七章、第八章、第十三章),董静梅,博士,同济大学体育教学部教授(第十章),由赖爱萍对全书进行了最后统编。

感谢参与本教材编写的各位作者,如期完成了各自的编写任务。感谢浙江大学华明教授的悉心指导和修改意见。

感谢美国 Valparaiso 大学的 Kelly Helm 教授,给本教材的编写提供了很好的资料和建议,编写过程中还得到了浙江体育职业技术学院各部门领导和体育系工作人员的支持,在此表示衷心的感谢。

希望本教材的出版能在运动生理学的理论和实践有所新突破,真正为体育运动人群所懂所用,但鉴于我们编写人员水平所限,书中疏漏和不足之处在所难免,祈望各位专家和读者能给以指正。

目　　录

绪　　论

【学习目标】

1. 了解运动生理学课程的学科定义、研究任务和方法。
2. 了解运动生理学的发展历史和研究热点
3. 掌握生命活动的基本生理特征、内环境的稳态和调节机制

- 体育专业的学生为什么要学运动生理学？
- 生命在于运动？懒人更长寿？
- 人在受寒冷刺激后，为什么会产生鸡皮疙瘩？

运动生理学是人体生理学的分支，是体育科学应用基础理论学科之一。人体生理学是研究人体机能活动规律的科学，运动生理学是研究人体的运动能力和对运动的反应与适应过程的科学。

一、运动生理学的研究任务、方法

（一）运动生理学的研究任务

运动生理学研究人体在体育活动和运动训练影响下结构和机能的变化，揭示人体在运动过程中机能变化的规律和机理，阐明体育活动和运动训练过程中的生理学原理，并将其应用到竞技训练和健身锻炼的运动实践中，从而提高竞技运动水平和体适能健康水平。

（二）运动生理学的研究方法

运动生理学研究对象是人，因此其研究方法主要通过人体实验和测定而得，但有时也会用动物实验的研究结果间接地探讨人体的生理功能变化机制，但在应用动物实验所得到结论时，应充分考虑人和动物之间的差异，不可简单地生搬硬套。

1. 人体实验法

主要包括实验室测试法和运动现场直接测试法。

实验室测试法是指让受试者在实验室按照一定的研究目的设计运动方案，利用一定的训练器械（如运动跑台、不同形式的功率自行车、测功计和台阶）进行运动，测试运动员在运动过程中的各种生理指标变化，以了解不同形式的运动对人体生理机能的影响。

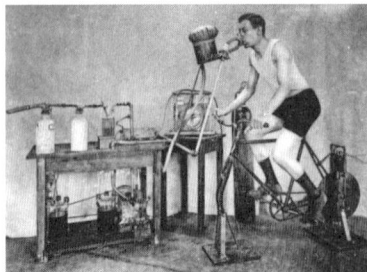

图 0-1　美国华盛顿卡耐基研究所
（Carnegie institute of Washington，D. C）
早期最大摄氧量测试

图 0-2　浙江体育职业技术学院
社会体育专业学生最大
摄氧量测试（COSMED）

运动现场测试法是指在运动现场对运动者运动前、运动中和运动后恢复过程中的某些生理机能变化（如心率、肌电图、血乳酸等）进行直接监测，以了解不同运动项目的生理特点，或不同人群在完成同一运动项目时的生理反应。这种方法的优点是符合运动的实际情况，并能及时提出相应的干预措施；缺点是难度较大、测试条件不易控制。

图 0-3　运动过程中的最大摄氧量测试（COSMED）

2. 动物实验法

动物实验法主要包括慢性实验法和急性实验法。

慢性动物实验是指在完整、清醒、健康的动物体上进行各种生理实验研究的方法，如摘除或破坏动物的某个器官，以观察其生理功能及活动规律。急性动物实验又可分为离体组织、器官实验法和活体解剖实验法两类。前者指从活的或刚被处死的动物体内摘取组织、器官，置于人工控制的实验环境中，以观察其生理功能。后者指在麻醉或破坏神经中枢高级部位的条件下，活体解剖动物并对某个器官的功能进行观察。

图 0-4　动物实验

二、运动生理学的历史与研究热点

（一）运动生理学的历史

1.国际运动生理学的发展

运动生理学最早起源于人体解剖学和人体生理学。1543 年，比利时医生 Andreas Vesalius 出版的《人体结构》（*Structure of human body*）是历史上第一部人体解剖学教科书，标志着现代人体解剖学和生理学领域的研究开始。1628 年，英国学者 William Harver 发表了著作《心血运动论》（*An anatomical disqisition on the motion of the heart and blood in animals*），本书阐述了血液循环理论，提出心脏有节律的持续搏动是促使血液在全身循环流动的动力源泉，由此推翻了统治西方医学和生理学长达 1500 多年的概论学说，标志着近代科学生理学的诞生。1889 年，法国学者 Fernand LaGrange 出版了第一本运动生理学教科书，名为《身体运动的生理学》（*Physiology of bodily exercise*），可视为运动生理学领域研究的开始。

20 世纪开始，运动生理学在欧洲蓬勃发展，有三位生理学家因为对肌肉及肌肉活动的研究获得诺贝尔奖：Archibalt Vivian Hill（英国，1886—1977 年）、August Krogh（丹麦，1874—1949 年）、Otto Meyerhof（德国，1884—1951 年）。Hill 的主要研究领域是肌肉收缩后恢复期的产热过程，此外，通过对运动氧耗的研究，率先提出最大吸氧量的概念及应用其评价最大心肺能力和人体耐力的观点，并出版了 3 部运动生理学名著：《肌肉活动》、《人类的肌肉运动——影响速度与疲劳的因素》和《有生命的机械》，被誉为"运动生理学之父"。Krogh 是哥本哈根大学动物生理学系教授，因发现骨骼肌内的微血管调控机制而获得诺贝尔奖，此外他还研究和设计了检测 CO_2 的气体分析仪，是生理学领域中许多研究的奠基者之一。Meyerhof 是一位化学家，因研究肌肉代谢的糖原——乳酸循环与 Hill 共获得 1922 年的诺贝尔生理学或医学奖。

| 希尔(Archibalt Vivian Hill) | 克劳格(August Krogh) | 迈尔霍夫(Otto Meyerhof) |

图 0-5　三位诺贝尔医学/生理学奖获得者

在运动生理学的发展中，苏联的研究不容忽视，其中最突出的代表就是巴甫洛夫（Ivan Petrovich Pavlov，1849—1936 年），他是条件反射理论的建构者，在研究消化的生理过程中发现条件反射现象，从而开创了条件反射的研究，建立了高级神经活动的学说。他的著作主要有《心脏的传出神经》、《主要消化腺机能讲义》、《动物高级神经活动（行为）客观研究 20 年经验：条件反射》等。

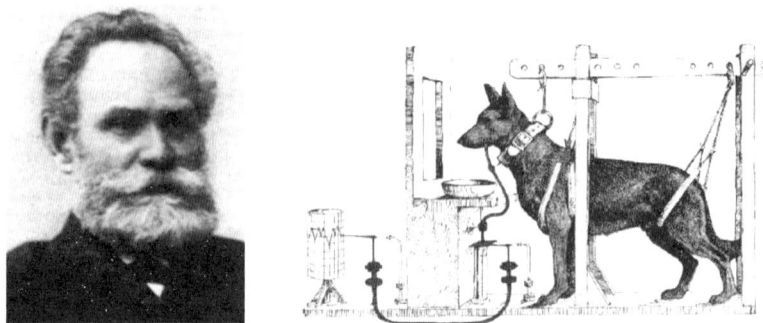

图 0-6　巴甫洛夫与他的条件反射实验装置

　　在运动生理学领域,论及实验室的影响,首推美国的哈佛疲劳实验室(Harvard Fatigue Laboratory,HFL,1927—1947 年)。该实验室由著名生物化学家 L. J. Henderson 创立,由另一位生物化学家 D. B. Dill 博士主持工作,被称作运动生理学领域的"麦加圣地"。创立初期,哈佛疲劳实验室主要研究重点运动、营养与健康、运动与衰老等问题,此外还研究耐力运动生理学,描述了长跑等项目的生理需求,研究成果为现代运动和环境生理学奠定了基础。第二次世界大战爆发后,随着美国参战,哈佛疲劳实验室也改变了自己的研究方向,转而面向军事应用研究。哈佛疲劳实验室不仅是研究机构,同时它也是培养生理学研究人才的摇篮,是吸引全世界年轻生理学家智慧的中心。20 年间,先后有 15 个国家的学者在此工作。这些学者回国后大多建立了自己的实验室,成为国际知名的运动生理学家,如:August Krough,E. Asmussen,M. Nielson,P. E. Scholander,R. M. Margaria,E. H. Christensen 等。

　　斯堪的纳维亚实验室在运动生理学的发展过程中也起到了重要作用,20 世纪 30 年代在哈佛疲劳实验室从事研究的三名丹麦生理学者 E. Asmussen、M. Nielson 和 E. H. Christen 回到斯堪的纳维亚,分别开辟了各自的研究领域。Asmussen 研究肌肉的力学特征,Nielson 研究体温调控,而 Christen 则致力于运动营养学研究。20 世纪 30 年代末期,他的有关运动期间糖与脂肪代谢的研究成果,被称作先驱性的运动营养学研究,至今仍被引用。Christen 对运动生理学另一贡献是将 P. O. Astrand 引进运动生理学大门。在 20 世纪 50、60 年代,Astrand 进行了大量的有关耐力运动及身体素质方面的研究,在国际运动生理学界享有盛誉。最先由 Hill 提出的作为运动机能评定指标的"最大摄氧量"概念,则是通过 Astrand 等进行了广泛研究后才确定了它的实用价值及测定标准。

图 0-7　哈佛疲劳实验室(Harvard Fatigue Laboratory, 1946)

① 引自:http://www.library.hbs.edu/hc/hawthorne/big/wehe_078.html

在亚洲,1916年日本的吉田章信曾著有《运动生理学》,阐述运动的生理效果,其内容还只是偏重于形态学的体格测量。其后东龙太郎主持东京的体育学科讲座,也曾从事运动生理学的研究。猪饲道夫是日本现代运动生理学的拓建者,他领导东京大学的运动生理研究室为日本培养了运动生理学的专门人才,并在运动生理学与运动生物力学的综合研究方面也作出了卓越的贡献。

2.中国运动生理学的发展

我国运动生理学作为独立的学科研究起步较晚,但发展速度较快。1924年,生理学工作者程瀚章编写了中国近现代早期的运动生理学专著——《运动生理》,1940年生理学家蔡翘编著了《运动生理学》一书。但在这一阶段,有关运动生理学的教学与研究工作却进展缓慢。50年代末,我国的运动生理学教学与研究工作有了第一次飞跃性的发展。1957年北京体育学院为我国首次培养出运动生理学研究生,并邀请苏联专家授课和指导科研工作,标志着运动生理学在我国真正成为了一门独立的学科,同时,也奠定了我国运动生理学发展的基础。1958年成立国家体育科学研究所,其中设置了运动生理学研究室,这是我国第一个专门研究运动生理学的科研机构。70年代末至80年代,是我国运动生理学的教学及科研工作的第二次飞跃发展时期。各体育学院开始招收并培养运动生理学硕士研究生,1987年北京体育大学首次招收运动生理学博士学位研究生,各省、市的体育科研所相继建立了运动生理研究室,专门从事运动生理的研究。2001年,中国生理学会运动生理学专业委员会成立,标志着运动生理学已发展成为生理科学下属的二级学科,这是中国运动生理学发展史上一个重要里程碑。

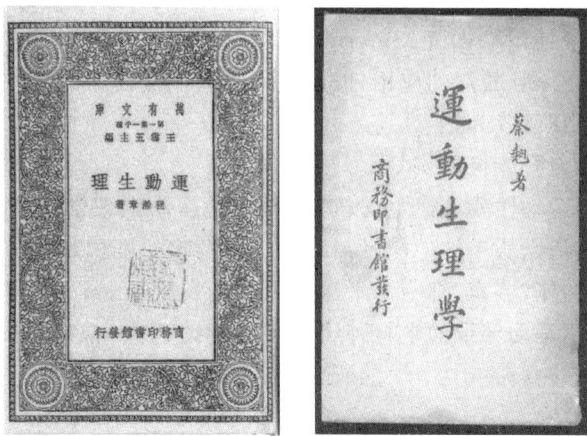

图 0-8 我国早期的运动生理学书籍

我国运动生理学有影响的人物应首推王义润教授,她是我国生理学界的创始人,是我国首位体育学博士研究生导师,指导并培养了一大批高水平运动生理学专业人才,为我国运动生理学的发展作出了突出贡献。陈家琦教授作为我国运动生理学界德高望重的专家,长期以来从事运动生理教学、研究工作,特别是在运动与气体代谢方面取得了显著成果。近几十年,我国的运动生理研究取得了长足的发展,有些研究成果已经接近或达到国际先进水平,特别是在优秀运动员身体机能的生理、生化监测、高原训练的生理、生化适应及机理、中医药恢复手段的应用研究等领域已取得大量高水平的科研成果。

【名家回顾】

蔡翘(1897—1990年):又名蔡卓夫、蔡义忠。中国科学院院士,中国生理科学奠基人之一。

1920年首先发现视觉与眼球运动功能的中枢部位——顶盖前核(后称蔡氏区)。编著中国第一本大学生理学教科书(1929年商务印书馆出版,共50章,70万字,后增订本改名《人类生理学》)。他在中国多所著名医学院校担任学术领导及教学、科研工作,在神经解剖、神经传导生理、糖代谢和血液生理等领域有许多重大发现,并为中国的航天航空航海生理科学研究奠定了基础。

蔡翘

(二)运动生理学的研究热点

1.基因多态性与运动员科学选材

在运动员科学选材方面,除了继续重视某些生理生化指标的应用以外,利用已在临床遗传病诊断中已广泛应用的基因探针进行运动员选材开始得到研究者的关注。基因多态性是在遗传学上影响机体不同性状个体差异性的主要决定因素之一,某些身体素质(如力量、速度和耐力)及其发展潜能具有相当高的遗传度,近年随着分子生物学实验技术的发展、人类基因图谱绘制的完成及第三代遗传标记——SNPs的确立,使科研工作者从基因水平研究机体对运动产生敏感性的个体差异机制成为了可能。随着人类基因组计划的完成,检测运动员所具有的身体素质特性,同时建立优秀运动员基因库,进行运动员科学选材也有可能成为现实。

2.运动时物质与能量代谢

研究表明,最大摄氧量(V_{O_2max})是评价耐力运动员身体机能的重要指标,在运动科研和实践中的应用非常广泛,自动气体分析仪和瑞典运动生理学家奥斯特兰德(Astrand)创立的列线图法可分别对最大摄氧量进行直接和间接。此后,研究者发现乳酸阈能更好地反应运动员有氧代谢能力,从而能更好地指导运动训练,Stegrmann等还提出了个体乳酸阈的概念。运动员最大摄氧能力,运动过程中个体乳酸阈的应用,以及如何利用能量代谢的这些指标指导运动训练、提高运动员运动能力的研究已成为热点。

3.运动性疲劳机制与身体机能恢复

运用高新技术探讨运动性疲劳产生的机制,仍然是运动生理学的重点研究领域。目前,对运动性疲劳产生机制的认识从单纯的能量消耗或代谢产物的堆积,逐渐发展为多因素综合作用的影响,研究水平已从整体、器官、细胞水平深入到分子或离子水平。不同运动项目运动员训练的疲劳机制和疲劳特征,运动导致的中枢神经系统疲劳的研究,根据不同运动项目疲劳产生原因有针对性地采用合理的疲劳恢复手段的研究等受到广泛重视。

4.运动与氧化应激

随着1956年哈曼(Harman)自由基理论的提出,运动与自由基的研究在运动生理学研究领域中备受关注。研究证实,急性剧烈运动可使体内自由基的浓度增加,引起体内氧自由基代谢失衡而产生氧化应激。运动引起的氧化应激,会导致脂质过氧化反应加强,而对组织和细胞造成损伤,已有证据表明延迟性肌肉酸痛(Delayed-Onset Muscular Soreness,DOMS)就与自由基损伤有关。生物体内的抗氧化机制包括抗氧化酶机制和非酶防御机制两大方面,研究表明,有氧运动可提高体内的抗氧化酶的活性,有效地清除运动过程中产生的过量自由基,补充外源性的抗氧化剂(如Vit E、Vit C、锌、硒,及一些中药等)也可有效地提高人体的抗氧化能力。

5.运动与骨骼肌

骨骼肌运动能力及代谢特征的研究是运动生理学研究起源,骨骼肌在提高运动成绩中起着举足轻重的作用。超过习惯负荷的运动训练或体力劳动能引起骨骼肌延迟性酸痛、肌肉僵硬、收缩和伸展功能下降及运动成绩降低,研究表明,运动后产生肌肉酸痛与肌肉损伤或肌纤维的结构改变有关,因此,分析大负荷运动后骨骼肌超微结构变化的机理、研究肌肉损伤的变化阶段和损伤后的肌肉修复与再生受到生理学家和运动生理学研究人员的高度重视。

此外,对运动员骨骼肌快肌和慢肌纤维的分布、机能及代谢特点等的研究与应用也更受瞩目,运动对运动员肌纤维类型组成的影响、不同类型肌纤维在运动中的参与程度、应用肌纤维类型结合运动项目特点进行科学选材、根据不同类型肌纤维在运动中的募集程度指导运动训练等是今后研究的主要任务。

6.运动对心脏形态和机能的影响

1975年,德国学者罗斯特(Rost)首先把超声心动图应用于运动人体科学的研究中,此后国内外许多运动生理学学者都采用此法对各类运动员的心脏功能进行了研究。该方法操作简单、安全、无损伤、重复性好,随着超声心动图图形分析的计算机系统的出现,该方法在运动员心脏形态结构、心脏泵血功能以及心脏运动过程中心肌血液供应的研究中应用更为广泛。1984年,心钠素(atrial natriuretic polypeptide)的发现,从分子水平内分泌方面改变了人们对心脏的传统认识,证明心脏不仅是一个循环器官,而且还是人体内一个重要的内分泌器官,心脏所分泌的心钠素,具有利钠、利尿、舒张血管等作用。近年来发现,心脏不仅是心钠素的分泌器官,同时也是心钠素作用的靶器官之一,长时间耐力性训练所导致的心率减慢、血压降低都与心钠素的作用有关。

7.体育健身的理论与方法

随着生活水平的明显改善,提高生活质量和健康水平成为人们共同追求的目标,因而体育锻炼成为提高大众健康水平不可或缺的重要手段。运动对机体免疫能力、衰老过程、身体成分、心血管疾病、糖尿病、肥胖等慢性病的影响方面的基础研究和应用日益增多,探明运动锻炼对慢性病的预防机理,提供科学的运动健身和体育治疗方法,为不同的人群和个体提供不同的运动处方等是运动生理学研究的重要任务。

8.运动时神经系统的支配与调控

对神经系统的研究主要涉及运动时的神经调节作用、运动条件反射与运动技能学习、运动时神经递质与调质的变化与作用、运动与恢复时交感与副交感神经的相互影响与整合作用等。

三、人体的基本生理特征

生物体具有生命活动,具备三个基本生理特征:新陈代谢、兴奋性和生殖。

(一)新陈代谢

新陈代谢是指有机体为实现自我更新,与周围环境之间所不断进行的物质交换和能量交换的过程。新陈代谢包括同化作用和异化作用两个方面:同化作用指机体从外界环境中摄取营养物质后,把它们制造成为机体自身物质的过程;异化作用指机体把自身物质进行分解,同时释放能量以供生命活动和合成物质的需要,并把分解的产物排出体外的过程。一般物质分解时释放能量,物质合成时吸收能量。后者所需要的能量正是由前者提供的,故二者是密切相关的。新陈代谢既包括物质代谢,又包括能量代谢。机体只有在与环境进行物质与能量交换的基础上,才能不断地自我更新。新陈代谢是生命活动的最基本特征,新陈代谢一旦停止,生命也就终止。

(二)兴奋性

机体受到周围环境发生改变的刺激时具有发生反应的能力,称为兴奋性。能引起机体或其组织细胞发生反应的环境变化,称为刺激。刺激引起机体或其组织细胞的代谢改变及其活动变化,称为反应。反应可分为两种:一种是由相对静止变为活动状态,或者活动由弱变强,称为兴奋;另一种是由活动变为相对静止状态,或活动由强变弱,称为抑制。刺激引起的反应是兴奋还是抑制,取决于刺激的质和量以及机体当时所处的机能状态。

　　周围环境经常发生改变,但并不是任何变化都能引起机体或其组织细胞发生反应的。能引起反应的刺激一般要具备三个条件,即一定的强度、一定的持续时间和一定的时间变化率。这三个条件的参数不是固定不变的,三者可以相互影响:即三者中有一个或两个的数值发生改变,其余的数值必将发生相应的变化。如果以刺激强度变化为纵坐标,刺激的作用时间为横坐标,将引起组织兴奋所需的刺激强度和时间的变化关系,描绘在直角坐标系中,可得到一条曲线,称强度－时间曲线(strength-duration curve)。由图可见,一定

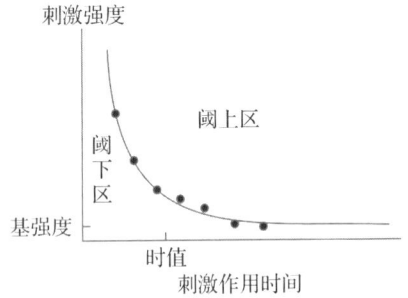

图 0-9　强度-时间曲线

范围内引起组织兴奋的强度和持续时间之间呈反比的关系:即刺激强度加大时,所需持续时间就缩短。通常将引起组织发生反应的最小刺激强度(具有足够的、恒定的持续时间)称为阈强度或强度阈值,阈值的大小能反映组织兴奋性的高低,组织兴奋性高则阈值低,兴奋性低则阈值高。

(三)生殖

　　生物体生长发育到一定阶段后(成熟),能够产生与自己性状相似的子代个体,这种功能称为生殖。任何机体的寿命都是有限的,都要通过繁殖子代来延续种系,所以生殖也是基本生理特征。高等动物以及人体的生殖过程比较复杂,父系与母系的遗传信息分别由各自的生殖细胞中的脱氧核糖核酸(DNA)带到子代细胞,它控制子代细胞的各种生物分子的合成,使子代细胞与亲代细胞具有同样的结构和功能。但是,近年来由于生物技术的发展,可以通过克隆技术使生命得到复制,传统的生殖理论和观念受到挑战。

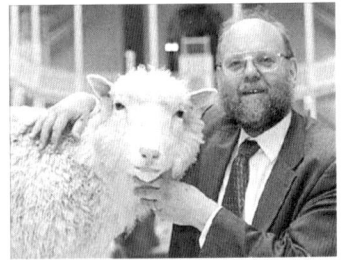

图 0-10　英国科学威尔默特与首只克隆羊多利

四、人体生理机能的调节和控制

(一)内环境的稳态

　　人体由各种细胞、组织和器官组成,各自特殊的生理功能相互协调,构成一个统一的整体。机体所生存的大气环境称为外环境,而体内每个细胞所生存的液体环境称为内环境(internal environ-ment)。内环境就是指细胞外液,是细胞直接生活的环境。内环境对细胞的生存以及维持细胞的正常生理功能十分重要。细胞通过细胞膜从内环境摄取氧和其他营养物质,同时将二氧化碳和其他代谢产物排到内环境中,后者则通过机体的呼吸和排泄等途径排出体外。

　　生活在外环境中,外环境有变化时,机体各系统、器官的活动也将发生相应的变化:一方面对外环境作出一定的应答性反应,另一方面要保持内环境的相对稳定。内环境的相对稳定,是体内细胞、器官进行正常功能活动的基础。内环境的相对稳定并不是固定不变的状态,而是一种动态平衡。细胞和器官的活动不断消耗营养物质并排放代谢产物,从而破坏了内环境的稳定;但是

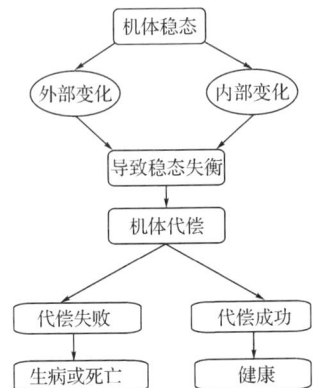

图 0-11　内环境稳态的调节

通过调节,各有关器官系统会不断从外界摄取营养物质并向外界排出代谢产物,转而保持了内环境的稳定。因此内环境的相对稳定及应答性反应都是机体调节活动的结果,美国生理学家坎农(Canon)将内环境这种动态平衡状态及其调节过程称为稳态(homeostasis)。

内环境的稳态包含两方面的含义:

(1)是指内环境理化性质总是在一定水平上保持相对恒定,不随外环境的变化而出现明显的变动;

(2)内环境的理化因素并不是静止不变的,在正常生理状态下有一定的波动,但其变动范围很小。

(二)生理机能的调节

机体有完整的调节机制,主要包括神经调节、体液调节和自身调节三个方面。

1. 神经调节

神经调节是指在神经活动的直接参与下所实现的生理机能调节过程,是人体最重要的调节方式。神经活动的基本过程是反射,可细分为非条件反射和条件反射。机体接受刺激时,通过感受器、传入神经到达中枢,再经传出神经到达效应器,完成应答性反应,这一活动称为反射。如听觉感受器接收到枪声的刺激导致骨骼肌和内脏器官的活动产生起跑的过程。

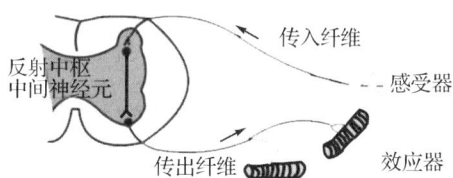

图 0-12　反射弧的结构

反射活动的结构基础是反射弧,包括感受器、传入神经、神经中枢、传出神经和效应器五个部分,反射弧的任何一部分被破坏都会导致反射活动的消失。

一般来说,神经调节的特点是:产生效应迅速、调节作用精确、作用时间较短暂。

2. 体液调节

人体血液和其他体液中的某些化学物质以及某些组织细胞所产生的某些化学物质或代谢产物,如内分泌腺和内分泌组织分泌的激素,通过血液循环运送到全身各处,调节机体的生理功能,这种调节方式称为体液调节。体液调节主要指激素调节,如胰岛 β 细胞分泌的胰岛素对内环境血糖浓度的调节。

在体液调节中,有些内分泌系统可以看成是一个独立的调节系统,可以感受内环境中某种理化成分或性质的变化,并直接作出相应的反应。但是,不少内分泌腺本身还直接或间接地受中枢神经系统的调节,在这种情况下,内分泌腺就成为反射弧上传出神经的延伸部分,可称为神经—体液性调节,如人在寒冷或意外惊吓时起"鸡皮疙瘩"。

一般来说,体液调节的特点是产生效应较缓慢、作用广泛、持续时间较长。

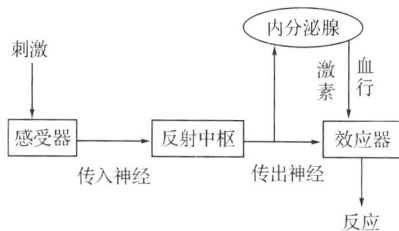

图 0-13　神经-体液调节模式

【**知识与应用**】

寒冷或受到意外惊吓时为什么会起"鸡皮疙瘩"呢?

这些就是神经—体液调节的结果。

当皮肤受到冷的刺激时,皮肤下面的感觉细胞,会立刻通过神经向大脑报告,大脑皮质立即发出命令,使皮肤上的汗毛孔收缩,汗毛下面的立毛肌也接到命令,收缩起来,使汗毛竖起,皮肤由于毛发竖立而受到拉扯,便会像小丘一样突起,形成一片密集的小颗粒,很像鸡皮。这时,皮肤的表面就会变得很紧密,像一道墙壁一样,使身体内的热量不致散发或者可以减少散发,起到保护身体的作用。同时,它又是一个信号,提醒人们要注意保暖,以免自己的身体由于寒冷而受到损害。

同样,人在受到意外的惊吓时,如怕蛇的人突然看到蛇,胆小的人在黑暗中看到可怕的东西时,也会浑身起"鸡皮疙瘩"。这是因为神经接受刺激后引起肾上腺分泌肾上腺素增加,导致皮下毛细血管收缩,皮肤热量降低,从而产生和冷刺激一样的效果。

3. 自身调节

自身调节是指内外环境变化时,器官、组织、细胞自身不依赖于神经或体液调节而产生的适应性反应过程。例如,肌肉收缩力量在一定范围内与收缩前肌纤维的长度(初长)成比例,初长加大时收缩力量也增大。

一般来说,自身调节的特点是调节幅度较小、灵敏度较低,但在某些器官和组织,仍具有重要的生理意义。

【知识与应用】

右图为离体肾血流量和肾动脉灌注压的关系实验,当肾动脉灌注压在 $80\sim180$ mmHg($10.7\sim24$ kPa)范围内变动时,肾血流量保持不变。因为当肾动脉压力升高时,对血管壁的牵张刺激增加,小动脉的血管平滑肌就收缩,使小动脉的口径缩小,因此其血流量不致增大。这种自身调节对于维持组织局部血流量的相对恒定起一定的作用。

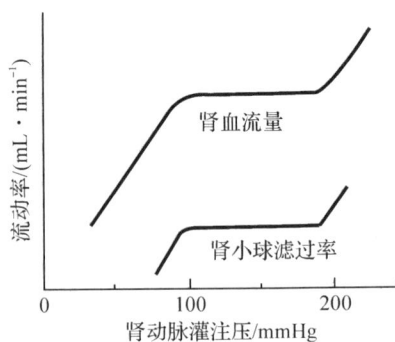

肾血流量的自身调节图

(三)机能调节的控制

1. 反馈

当机体的内外环境发生变化时,机体能通过上述三种调节方式产生一定的反应,然而这种调节是否能产生最恰当的反应,还需要由调节的结果的信息(即效应器发出信息)反过来影响调节的原因或调节的过程(即反射中枢对效应器的调控),使调节活动能恰到好处。

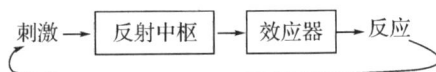

图 0-14 反馈控制

这种信息回输的过程称为反馈(feedback)。可分为两大类:

正反馈(positive feedback):反馈信息的作用增强了调节的原因或过程,称为正反馈(再生性反馈)。正反馈往往是不可逆的,是不断增强的调控过程,直到整个生理过程结束为止,如排尿反射。正反馈在正常生理情况下较为少见,而在病理情况下则很常见,出现所谓恶性循环性变化,使病情更趋严重。

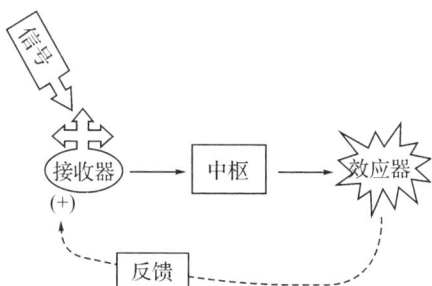

图 0-15　正反馈控制　　　　图 0-16　负反馈控制

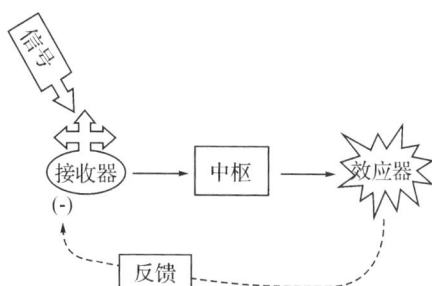

负反馈(negative feedback)：反馈信息的作用减弱了调节的原因或过程，称为负反馈。负反馈是可逆的，是维持人体生理机能活动经常处于稳态的重要调节机制，机体大部分的调节系统以负反馈的方式进行调节。如人体正常动脉血压的保持：动脉血中 CO_2 浓度增加时将促使肺通气的增加，结果使动脉血中的 CO_2 浓度下降，CO_2 浓度下降反过来使调节的原因减弱，于是肺通气即不再增加，这样就维持了动脉血中 CO_2 浓度的相对稳定。

2. 前馈

干扰信息在作用于效应器某一生理活动的同时，还可通过感受器直接作用于中枢部分，即为前馈(feed forward)。前馈控制系统是前馈控制的一种形式，是控制部分(即中枢)发出指令使受控部分(即效应器)进行某种活动，同时又通过另一快捷径向受控部分(即效应器)发出前馈信号，受控部分(即效应器)在接受控制部分(即中枢)

图 0-17　前馈控制

的指令进行活动时，又及时地受到前馈信号的调控，因此活动可以更加准确。如：手高处取物：当手伸至某一目标物时，大脑发出神经冲动指令手部肌群收缩，同时又通过前馈机制，使这些肌肉的收缩活动能适时地受到一定的制约，因而手不会达不到目标物，也不致伸得过远，整个动作能完成的很准确。

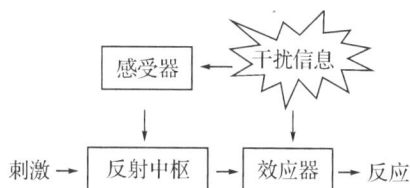

与前馈控制相比，反馈控制需要较长的时间，因为控制部分要在接到受控部分活动的反馈信号后才能发出纠正受控部分活动的指令，因此受控部分的活动可能发生较大波动。以神经系统对骨骼肌任意活动的控制为例，如果只有反馈控制而没有前馈控制，则肌肉活动时可出现震颤，动作不能快速、准确、协调地完成。前馈控制可在反应过程出现偏差而导致反馈之前就对受控部分进行纠正，使调节具有预见性，从而能更有效地保持生理功能活动的稳态。

【名家回顾】

诺伯特·维纳(Norbert Wiener，1894—1964)是美国数学家，1894 年 11 月 26 日生于密苏里州的哥伦比亚。他对科学发展所做出的最大贡献，是 1947 年 10 月写出的划时代著作《控制论》，从此创立了控制论。这是一门以数学为纽带，把研究自动调节、通信工程、计算机和计算技术以及生物科学中的神经生理学和病理学等学科共同关心的共性问题联系起来而形成的边缘学科。他定义控制论为："设有两个状态变量，其中一个是能由我们进行调节的，而另一个则不能控制。这时我们面临的问题是如何根据那个不可控制变量从过去到现在的信息来适当地确定可以调节的变量的最

诺伯特·维纳

优值,以实现对于我们最为合适、最有利的状态。"

【本章小结】

1. 人体生理学是研究人体机能活动规律的科学,运动生理学是研究人体的运动能力和对运动的反应与适应过程的科学。运动生理学的研究对象是人,但其研究方法包括人体实验法和动物实验法。

2. 运动生理学的研究热点主要集中在以下八个方面:基因多态性与运动员科学选材、运动时物质与能量代谢、运动性疲劳机制与身体机能恢复、运动与氧化应激、运动与骨骼肌、运动对心脏形态和机能的影响、体育健身的理论与方法、运动时神经系统的支配与调控。

3. 人体的基本生理特征主要包括:新陈代谢、兴奋性和生殖。

4. 体内每个细胞所生存的液体环境称为内环境,其特点是动态平衡状态,即稳态。

5. 机体有完整的调节机制,主要包括神经调节、体液调节和自身调节三个方面。

【思考题】

1. 目前运动生理学主要研究热点有哪些?

2. 生命活动的基本生理特征是什么?

3. 机体有哪些调节方式? 试各举实例说明。

4. 什么是内环境? 其特点是什么?

5. 比较反馈和前馈的异同点。

第一章 运动与骨骼肌机能

【学习目标】

1.理解肌肉的神经支配及兴奋在神经—肌肉接头传递过程。
2.掌握肌纤维的微细结构、肌肉收缩和舒张的原理和过程,
3.了解肌肉收缩的形式和肌肉收缩的力学分析及其在体育运动实践中的运用。
4.掌握肌纤维类型的分类,各类肌纤维的形态、功能特征及其与运动能力的关系。
5.明确肌纤维类型对训练的适应。

- 人体运动的动力从何而来?
- 运动后为什么肌肉会发生酸痛?
- "训练后肌肉不酸痛就是表示训练强度不够",对吗?
- 准备活动和整理活动是浪费时间吗?
- 肌肉完好而神经受损时为什么就不能完成肌肉活动?

人体中的肌肉共分三类:骨骼肌、平滑肌和心肌。其中骨骼肌的数量最大,平均约占体重的40%～45%。骨骼肌又称横纹肌,人体大约有600多块骨骼肌。在躯体运动过程中,骨骼肌是动力,其他器官和系统的机能改变都是为了保证骨骼肌的收缩顺利进行。在正常的情况下,骨骼肌之所以能精确完成运动(如准确投篮等)均是由于神经系统精确调节的结果。

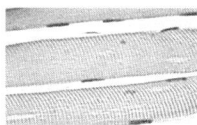
骨骼肌

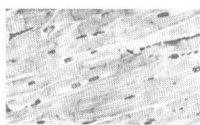
心肌

平滑肌

图 1-1 三种肌肉类型

本章所提及的肌肉仅指骨骼肌。

第一节 骨骼肌的兴奋和收缩

肌细胞是肌肉的主要结构单位,其形纤长,故又称肌纤维。机体每块肌肉都由许多肌纤维、

丰富的血管和神经等构成,是一个独立的器官,其中肌纤维构成肌肉的主体,肌肉器官的绝大部分(大于 90%)由肌纤维构成,它是肌肉中的收缩成分,其功能是通过收缩而产生张力。肌肉中的其他组织即起着调节、支持和弹性作用,分别包绕在肌纤维、肌束和整块肌肉外面的肌内膜、肌束膜和肌外膜及肌膜,均由结缔组织构成,肌肉中的结缔组织是肌肉中"弹性成分"的主要构成部分,肌中的弹性成分在肌肉收缩的力学中起着重要作用。

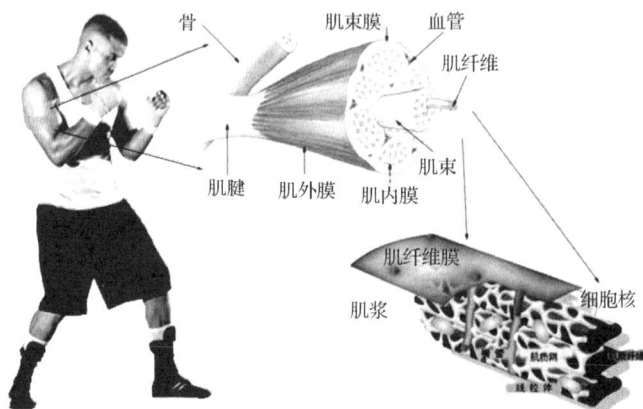

图 1-2   骨骼肌的结构

一、肌纤维的微细结构

肌纤维和其他许多细胞一样,有细胞膜(肌膜)、细胞核、细胞质(肌浆),但还有多个细胞核。肌浆中含有丰富的线粒体、糖原和脂滴,还充满平行排列的肌原纤维和复杂的肌管系统。

(一)肌原纤维和肌小节

肌细胞内有许多沿细胞长轴平行排列的细丝状肌原纤维,每一肌原纤维都有相间排列的明带(I 带)和暗带(A 带)交替排列。骨骼肌明带染色较浅,而暗带染色较深,明带中间有一条较暗的线称为 Z 线,暗带中间有一条较明亮的线称 H 带,H 线的中部有一条 M 线。在同一肌纤维中,相邻的各肌原纤维的明带或暗带不仅长度相等,而且在横向的排列上,也整齐划一,处于同一水平,从而使肌纤维呈现明显的明暗相间的横纹。

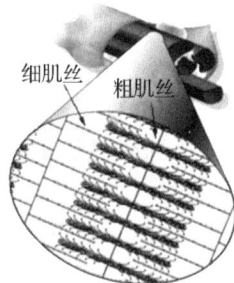

图 1-3   肌原纤维的结构

肌原纤维由粗、细两种肌丝按一定规律排列而成,明带中只有直径约 5nm 的细肌丝,其外侧端垂直固定在 Z 线上,其游离的内侧端插入暗带,止于 H 带外段,有规律的平行排列在粗肌丝周围。暗带中还有直径约 10nm 的粗肌丝纵贯全长,粗肌丝中央增粗的部分形成 M 线。H 带中只有粗肌丝,而 H 带以外的暗带中,既有粗肌丝,又有细肌丝,每一粗肌丝周围呈六角形地排列着六条细肌丝,为肌细胞收缩时粗、细肌丝的相互作用创造了条件。

两条相邻 Z 线之间的结构称为肌小节,由肌原纤维上一个位于中间的暗带和两侧各 1/2 的明带所组成,是肌纤维最基本的结构和功能单位。肌肉收缩时肌小节较短,舒张时较长,安静状态时每个肌小节长约 $2.0 \sim 2.2 \mu m$。

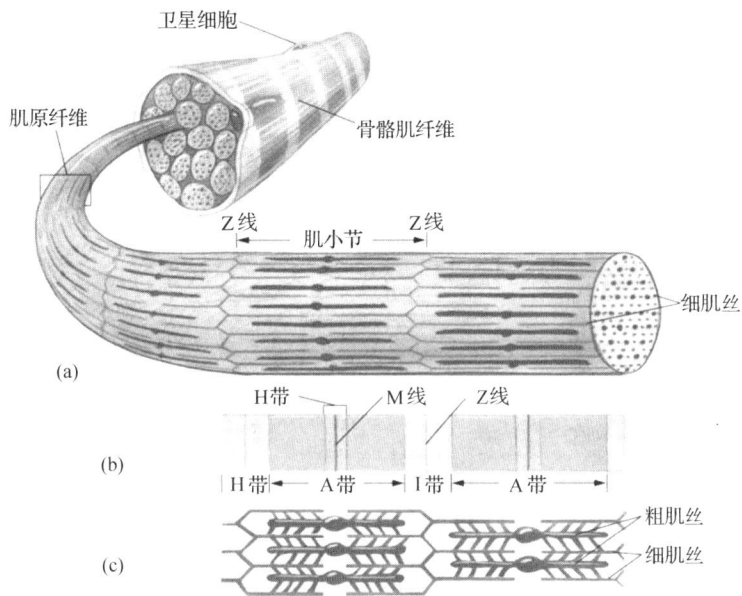

图 1-4 骨骼肌纤维的微细结构

（二）肌管系统

肌管系统指包绕在每一条肌原纤维周围的膜性囊管状结构，由来源和功能都不同的两组独立的管道系统组成，即横管系统和纵小管系统。这些肌管系统是骨骼肌兴奋引起收缩耦联的形态学基础。

横管系统（transverse tubule system）又称 T 管，是肌细胞膜从表面横向伸入肌纤维内部的膜小管系统。在 Z 线附近，肌纤维膜（肌膜）向细胞内凹陷，与肌原纤维成垂直角度穿行于细胞内，形成包绕肌原纤维的管道，包绕不同肌原纤维的管道彼此相互连通。

纵管系统（longitudinal tubular system）又称 L 管，即肌浆网（sarcoplasmic reticulum），分支多且相互连通，走行与肌小节平行并包绕在每个肌小节的中间部分。L 管在接近肌小节两端的横管时管腔出现膨大，称为终末池（terminal cisternae），其中贮存了大量钙离子，因此又称为细胞内的钙库。终末池毗邻横管，但不与横管相通。每一个横管和来自两侧肌小节的纵管终末池构成了三联管结构（triad system）。

T 管的作用是将肌细胞的兴奋沿 T 管膜传导到细胞内部，而 L 管和终末池的作用是控制钙离子的贮存、释放和再积聚，触发肌小节的收缩和舒张。可见，三联管结构是耦联肌细胞膜的电兴奋和细胞内收缩过程的关键部位。

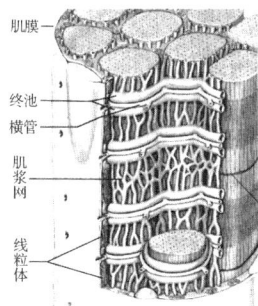

图 1-5 肌管系统

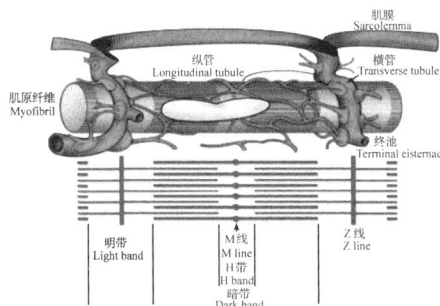

图 1-6 肌管系统和肌原纤维

（三）肌丝的分子组成

每一肌原纤维由许多肌丝组成,可分为粗肌丝和细肌丝(图 1-7)。

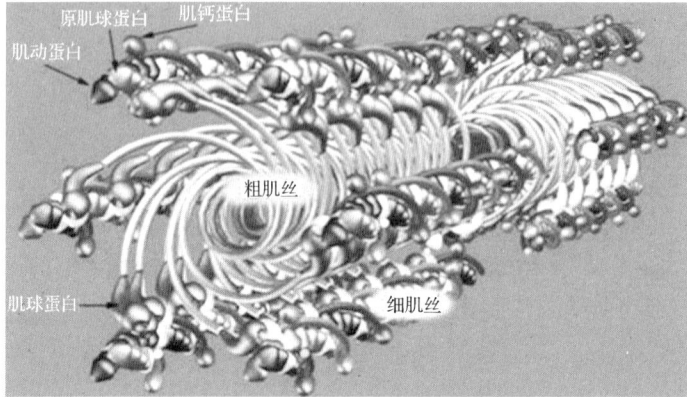

图 1-7　粗细肌丝的空间排列

1.粗肌丝

由肌球(凝)蛋白(myosin)聚合而成,每个肌球蛋白由一双螺旋状长杆部和一双球状头部(横桥)组成(图 1-8A)。生理状态下,肌球蛋白的杆状部平行排列成束,组成粗肌丝的主干;球状部则有规则的凸出在粗肌丝主干表面形成横桥(cross-bridge)(图 1-8B)。横桥中含有丰富的ATP 酶,能与细肌丝上的肌动蛋白结合而使肌肉收缩。

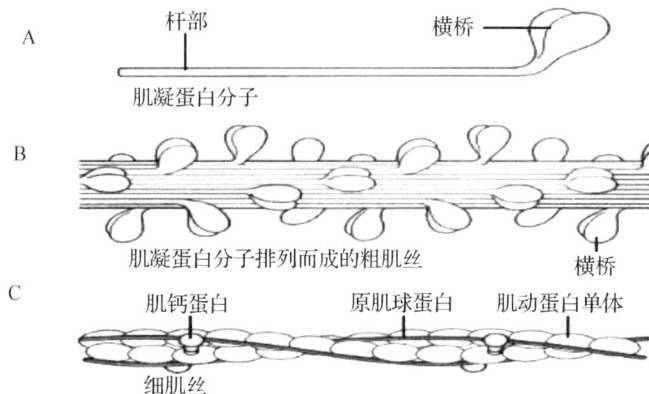

图 1-8　粗肌丝和细肌丝的分子结构

2.细肌丝

由肌动(纤)蛋白(actin)、原肌球(凝)蛋白(tropomyosin)和肌钙(宁)蛋白(troponin)组成(图 1-8C)。肌动蛋白直接参与肌肉收缩,因此与粗肌丝的肌球蛋白均称为收缩蛋白,原肌球蛋白和肌钙蛋白不直接参与肌肉收缩,但能起调节作用,因此称为调节蛋白。

肌动蛋白:在肌浆内形成双螺旋状的肌丝,是构成细肌丝的骨架和主体。

原肌球蛋白:也呈双螺旋状,其杆状沿细肌丝伸展,与肌动蛋白结合在一起。安静状态下,原肌球蛋白在肌动蛋白和横桥之间,阻碍肌动蛋白和横桥的结合。

肌钙蛋白:呈球形,含有 C、T、I 三个亚单位,分别对钙离子、原肌球蛋白和肌动蛋白有高亲和力。安静状态时,肌钙蛋白将原肌球蛋白附着于肌动蛋白上,当肌肉兴奋时,肌钙蛋白与钙离子结合,其构型改变,进而引起原肌球蛋白分子变构,解除了对肌球蛋白和横桥结合的阻碍作用,导致肌纤维收缩。

二、肌肉的神经支配

运动神经专门控制骨骼肌收缩活动。在正常情况下,要使肌肉产生收缩活动,首先必须由支配它的运动神经元发出的神经冲动并传递到肌肉,引起兴奋,从而引起肌肉收缩。支配骨骼肌的运动神经元位于脊髓灰质前角,其神经纤维由脊髓前角发出直达肌肉。按其功能主要可分为两类:α 运动神经元发出的 α 神经纤维和 γ 运动神经元发出的 γ 神经纤维。前者支配核外肌纤维,后者支配梭内肌纤维。

(一)运动单位

一个 α 运动神经元连同它的全部神经末梢所支配的所有肌纤维,从功能上看是一个肌肉活动的基本功能单位,故称为运动单位(motor unit)(图 1-9)。每个 α 运动神经元的轴突末梢经多次分支,每个分支终端与一条骨骼肌纤维的中部相接,形成"神经－肌肉接点"的结构,可将神经兴奋冲动传递给肌纤维,从而引起肌纤维的兴奋与收缩活动。一条肌纤维也可能被不止一个的运动神经元末梢分支所支配,但绝大多数肌纤维只有一个神经-肌肉接点,只被一个运动神经元末梢分支所支配。

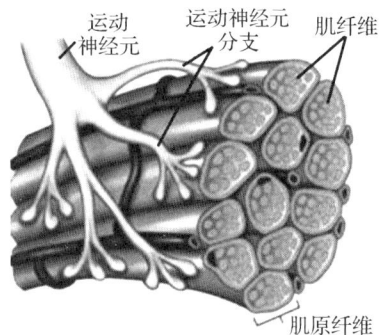

图 1-9　运动单位

运动单位按所支配的肌纤维类型不同可分为两种:快运动单位和慢运动单位。大 α 运动神经元支配快肌纤维,发出的神经纤维较粗,传导兴奋冲动速度较快,称为快运动单位。小 α 运动神经元支配慢肌纤维,发出的神经纤维较细,传导兴奋冲动速度较慢,称为慢运动单位。

(二)兴奋在神经－肌肉接头的传递

1. 神经－肌肉接头的结构(运动终板)

运动神经末梢发出许多细小分支,并且在终末部分膨大,这部分轴突末梢的细胞膜,称为接头前膜(终板前膜)。与之相对应的骨骼肌细胞膜称为接头后膜(终板后膜,终板模)。终板膜的厚度大于肌膜,它向细胞内凹陷,并形成许多皱折,以增大其面积。前膜和后膜之间的间隙称为接头间隙(终板间隙),与细胞外液相通。

2. 兴奋在神经－肌肉接头的传递

当神经冲动沿神经纤维传至轴突末梢时,引起轴突末梢处的接头前膜上钙离子通道开放,细胞外液中钙离子进入末梢内,引起轴浆中含有乙酰胆碱(Ach)的多个囊泡移向接头前膜并破裂,释放出的乙酰胆碱经接头间隙到达终板膜表面时,会与膜上的特殊受体相结合,引起膜上钠离子(Na^+)、钾离子(K^+)通透性改变,触发一个可传导的兴奋性电位并传遍整个肌纤维,使肌纤维收缩。

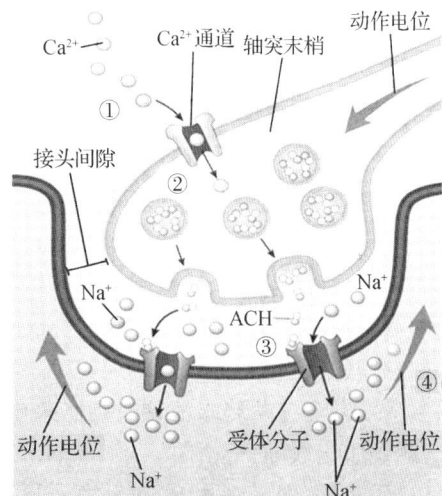

图 1-10　神经-肌肉接头的结构和化学传递过程

三、肌肉的收缩过程

(一)肌肉收缩的肌丝滑行理论

肌丝滑行理论(sliding-filament theory)由 Huxley 等在 20 世纪 50 年代初期提出,该理论认为:肌肉收缩时肌纤维的缩短不是肌丝本身结构和长度的缩短,而是细肌丝在粗肌丝之间滑行的结果。即:当肌肉缩短时,由 Z 线发出的细肌丝沿着粗肌丝向暗带中央滑动,结果相邻的各 Z 线都互相靠近,肌小节长度变短,从而导致整个肌纤维和整块肌肉缩短。其证据是:肌肉缩短后,暗带的长度不变而明带的长度明显减小,由于肌节两端的细丝在肌节中央相接触,H 带消失。当肌肉拉长时,细肌丝沿粗肌丝向暗带外侧滑动。故明带及 H 带均加宽。

(二)肌肉收缩的过程

横桥运动引起粗细肌丝相互滑行,从而导致肌节的收缩,但在完整机体中,肌肉的收缩是由运动神经以冲动形式传来的刺激引起的,即冲动经神经-肌肉接头传递至肌膜,引起肌膜产生一个可传导的动作电位,从而触发横桥运动,产生收缩,收缩后又必须舒张才能进行下一次收缩。因此,肌肉收缩的全过程包括三个互相衔接的环节:兴奋—收缩耦联;横桥的运动引起肌丝的滑行;收缩的肌肉舒张。

1.兴奋—收缩耦联

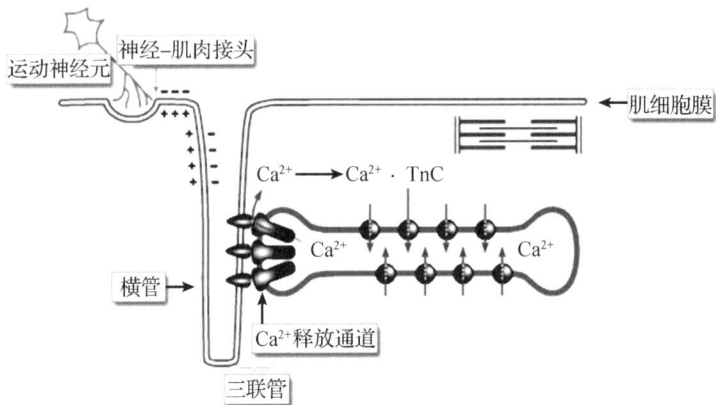

图 1-11　钙离子在兴奋—收缩耦联中的作用

以肌细胞膜的电变化为特征的兴奋过程和以肌丝滑行为基础的收缩过程之间的中介过程称为兴奋—收缩耦联(excitation-contraction coupling),钙离子为耦联因子。主要包括以下三个步骤:

(1)兴奋通过横管系统传到肌细胞的深处:动作电位沿肌细胞膜传入横管系统,进而传至三联管的终末池。

(2)三联管结构处的信息传递:三联管兴奋引起终末池上的钙通道大量开放,释放出的钙离子顺着浓度差迅速从终末池释放到肌浆中,并从肌浆扩散到附近的肌原纤维,与肌钙蛋白迅速结合,触发肌肉收缩。

(3)肌浆网(即纵管系统)对钙离子再回收:肌浆中钙离子浓度升高时,肌质网膜上的钙泵将肌浆中的钙离子逆浓度差泵回肌质网内贮存,引起肌浆内钙离子浓度降低,与肌钙蛋白分离,引起肌肉舒张。

2.横桥的运动引起肌丝的滑行

安静状态下,原肌球蛋白掩盖了肌动蛋白上能与横桥结合的位点,当肌浆钙离子的浓度升高时,肌钙蛋白与钙离子迅速结合引起自身分子构型发生变化,随即传递给原肌球蛋白,引起后者构型也发生变化,暴露出肌动蛋白上能与横桥结合的位点,立即引起横桥与肌动蛋白的结合。一方面激活了横桥上 ATP 酶的活性,使 ATP 迅速分解释能,供横桥运动所用。另一方面又激发了横桥的摆动,拉动细肌丝向暗带中央移动。然后横桥自动与肌动蛋白上的活性位点分离,并恢复到原来垂直的位置,紧接着又开始与下一个肌动蛋白的位点结合,重复上述过程,进一步牵引细肌丝向粗肌丝中央滑行。只要肌浆中钙离子浓度不下降,横桥的运动就不断进行下去,将细肌丝逐步拖向粗肌丝中央,肌节缩短,肌肉出现缩短(见图 1-12)。

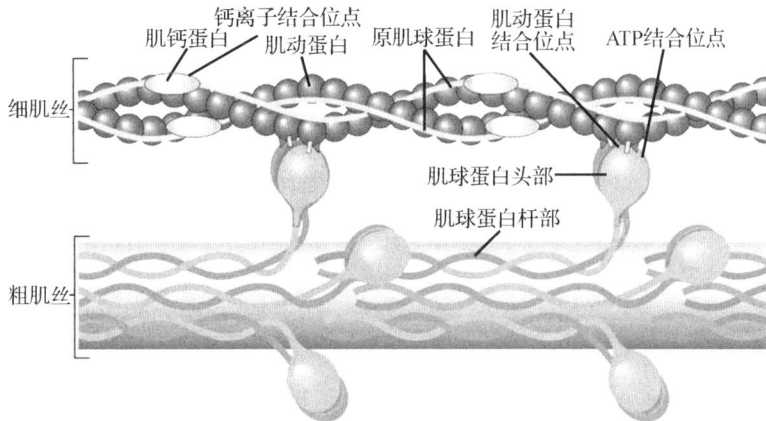

图 1-12 肌钙蛋白、横桥、钙离子关系

3.收缩肌肉的舒张

刺激中止后,终池膜对钙离子通透性降低,纵管膜上的钙泵作用加强,不断将肌浆中的钙离子回收进入终池,肌浆钙离子浓度下降,钙与肌钙蛋白结合消除,肌钙蛋白恢复到原来构型,继而原肌球蛋白也恢复到原来构型,肌动蛋白上与横桥结合的位点重新被掩盖起来,粗细肌丝恢复到原来位置,肌肉舒张。由于钙泵将钙离子主动泵回肌浆网也需要 ATP 释能,因此肌肉舒张也需要能量供应,是一个主动的过程。

【知识与应用】

图解肌肉收缩过程[1]

1.肌肉在放松的状态下,肌动蛋白的肌丝(细肌丝)和肌凝蛋白的肌丝(粗肌丝)是并行排列着的,此时的 H 区(H zones)和 I 明带(band)宽度最大。

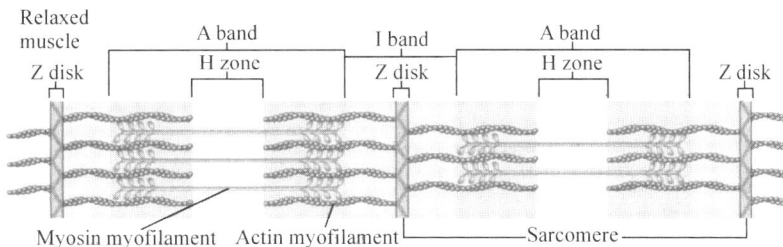

①Powers S K,Howley E T. Exercise physiology (7th Edithion), New York:Mcgraw-Hill Companies Inc.,2008.

2. 在肌肉收缩的过程中,粗细肌丝相互作用。每一根细肌丝向着每一根粗肌丝的中心点滑动,Z 区越来越靠近,从而造成了肌小节的缩短。

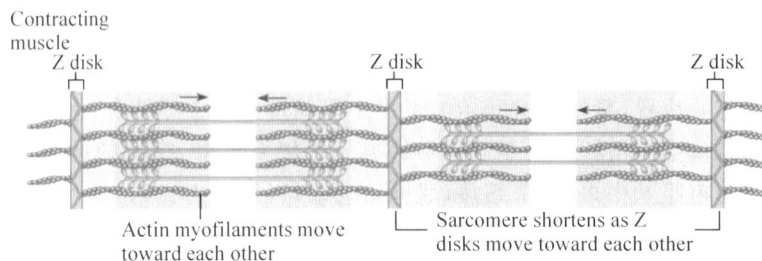

Contracting muscle
Z disk　　　Z disk　　　Z disk
Actin myofilaments move toward each other
Sarcomere shortens as Z disks move toward each other

3. 当细肌丝滑向粗肌丝时,H 区和明带越来越窄,而暗带并不会变窄,因为粗肌丝的长度不会改变。

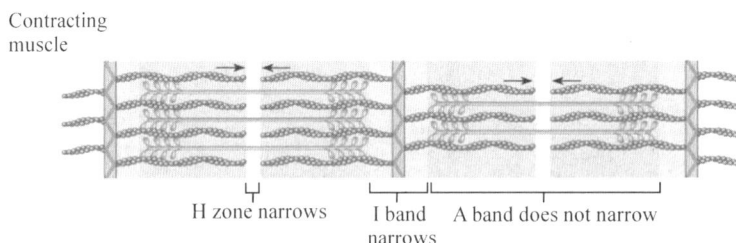

Contracting muscle
H zone narrows
I band narrows
A band does not narrow

4. 肌肉在完全收缩的状态下,细肌丝的末端相互重叠,H 区也随之消失,明带的宽度也变得非常窄。

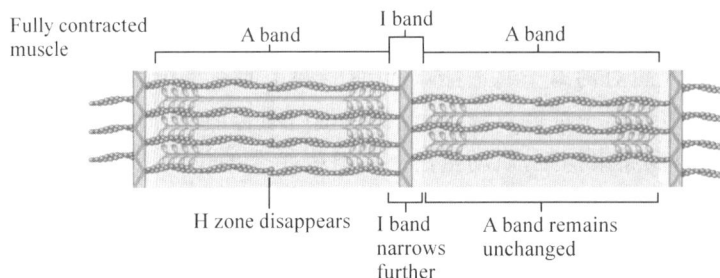

Fully contracted muscle
A band　　I band　　A band
H zone disappears
I band narrows further
A band remains unchanged

注:比较 1 和 2 可见,肌肉无论是在放松还是在完全收缩的情况下,肌丝本身的长度并未发生改变。

【名家回顾】

安德鲁·赫胥黎爵士(Andrew Fielding Huxley,1917 年 11 月 22 日—)出生于英国伦敦,是一位生理学家与生物物理学家,他和英国生理学家艾伦·劳埃德·霍奇金(Alan Lloyd Hodgkin)一起详细描述了神经脉冲传递,并因此获得了 1963 年的诺贝尔生理学或医学奖。赫胥黎和霍奇金提出:神经冲动的传导是由神经细胞外膜所控制的一种电学及化学过程,细胞膜电荷的突变,会导致某些特定离子(Ions)(带电原子)通过,从而形成神经脉冲。

虽然让赫胥黎获得诺贝尔奖的是其在神经脉冲传递研究方面的贡献,但其最为人知的成就应该是在骨骼肌收缩过程方面的研究,他和他的研究伙伴提出了"肌肉收缩的肌丝滑行理论"并获得很多研究者的证实。

1955年,赫胥黎当选为英国最高科学研究组织——皇家学会(Royal Society)成员,目前是伦敦大学学院(University College in London)生理学教授。

第二节　骨骼肌收缩的形式和力学表现

一、骨骼肌收缩形式

按肌肉收缩时的张力和长度变化特点,可将肌肉收缩形式分为三类:缩短收缩、拉长收缩和等长收缩。

(一)缩短收缩

缩短收缩是指肌肉收缩所产生的张力大于外加的阻力时,肌肉缩短,并牵引骨杠杆做相向运动的一种收缩形式。缩短收缩时肌肉起止点靠近,又称向心收缩。此类收缩是人体得以实现各种加速度运动的基础,如屈肘、高抬腿跑、挥臂扣球等。

缩短收缩又可根据收缩时负荷和速度的变化区分为非等动收缩(习惯上称等张收缩)和等动收缩。

(二)拉长收缩

拉长收缩是指当肌肉收缩所产生的张力小于外力时,肌肉虽积极收缩但仍然被拉长的收缩形式。拉长收缩时肌肉起止点逐渐远离,又称离心收缩。此类收缩在人体运动中起着制动、减速和克服重力等作用,如蹲起运动、下坡跑、下楼梯、从高处跳落等动作,相关肌群做离心收缩可避免运动损伤。

(三)等长收缩

等长收缩是指当肌肉收缩产生的张力等于外力时,肌肉虽积极收缩但其长度并不变化的收缩形式。此类收缩是肌肉静力性工作的基础,在人体运动中起支持、固定、维持某种身体姿势的作用,如:站立、悬垂、支撑等。等长收缩在实现位移运动中起很重要的作用。如,要使一关节产生位移运动,当止于此关节一端的肌肉缩短而使该关节运动时,关节的另一端就必须固定。

人体多种运动的实现大都是由以上三种收缩形式共同参与来完成的,如在运动实践中拉长收缩往往与缩短收缩联系在一起,形成所谓牵张—缩短循环(Stretch-shortening cycle,SCC),即肌肉在缩短收缩前先进行拉长收缩,使肌肉被牵拉伸长,这样,在紧接着的缩短收缩时,便可产生更大的力量或输出功率。如跑步时支撑腿后蹬前的屈髋、屈膝等,使臀大肌、股四头肌等被预先拉长,为后蹬时的伸髋、伸膝发挥更大的肌肉力量创造了条件。

二、骨骼肌收缩的力学表现

肌肉收缩的力学表现是指肌肉收缩时的张力与速度、长度与张力的关系,它们反映了负荷(包括前负荷和后负荷)对肌肉收缩的影响。此外,肌肉的本身的功能状态(即肌肉收缩能力)不同,肌肉收缩时表现的力学特征也不一样。因此,影响肌肉收缩时力学表现的因素有三个,即前负荷、后负荷和肌肉本身的功能状态。

(一)后负荷对肌肉收缩的影响——张力—速度曲线

后负荷(afterload)是指肌肉收缩后所遇到的负荷或阻力,肌肉收缩速度的快慢和后负荷的大小有关。当肌肉在后负荷存在的条件下收缩时,最初会因遇到阻力而不能缩短,只表现张力的增加(即等长收缩);当肌肉张力增加到足以对抗甚至超过后负荷时,肌肉才开始以一定的速度缩短,且缩短一旦开始,张力就不再增加(即等张收缩)。

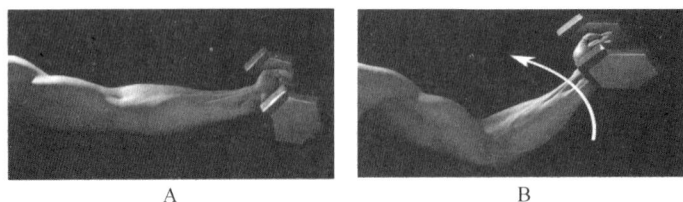

图 1-13 A 为等长收缩,B 为等张收缩

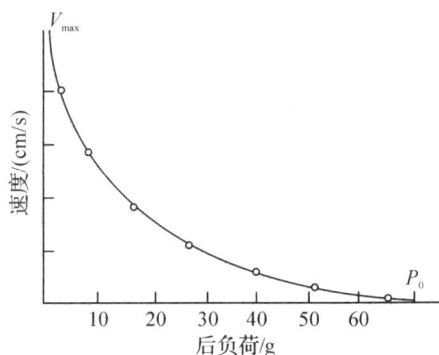

反映肌肉在后负荷作用下表现的张力与速度关系的曲线称张力－速度曲线。如果以肌肉开始缩短的张力和初速度为指标,改变后负荷大小,会发现,后负荷越大,肌肉产生的张力也越大,肌肉缩短开始也越晚,缩短的初速度也越小,反之亦然(图 1-14)。该曲线说明:在一定的范围内,肌肉收缩产生的张力和速度大致呈反比关系;当后负荷增加到某一数值时,张力可达到最大,但收缩速度为零,肌肉只能作等长收缩;当后负荷为零时,张力在理论上为零,肌肉收缩速度达到最大。

图 1-14 骨骼肌的张力－速度曲线

肌肉收缩的张力－速度关系是由肌肉的性质决定的。研究表明,肌肉收缩时产生的张力和收缩速度可能分别被两种独立的机制所控制,收缩产生张力的大小取决于活化的横桥数目,而收缩速度则取决于横桥上能量释放的速率,与活化横桥数目无关。

肌肉收缩的张力－速度曲线提示:在其他因素相同的情况下,要获得较快的收缩速度,就必须减小负荷量;要克服较大的负荷阻力,即产生较大的张力,肌肉收缩的速度就必须减慢。因此,运动实践中不同负荷量的训练可达到不同的训练效果,小负荷训练可使肌肉收缩速度得以提高,而大负荷训练则可使肌肉力量得到发展。

(二)前负荷对肌肉收缩的影响——长度－张力曲线

前负荷(preload)指肌肉收缩前已加于肌肉上的负荷。前负荷使肌肉收缩前被拉长到某一长度,即初长度(initial length)。

固定后负荷,不断增加肌肉的前负荷,即得到骨骼肌收缩的长度－张力曲线(length－tension relation)(图 1-15)。该曲线类似开口向下的抛物线,随着初长度的增加,肌肉的张力曲线分别经历了上升支、平台和下降支。肌肉的长度－张力关系可用肌丝滑行的收缩原理来解释:肌肉初长度处于适宜水平时,肌节长度约 $2.0\sim2.2\mu m$,粗、细肌丝正处于最理想的重叠状态,因而起作用的横桥数目最多,表现收缩张力最大。与此相反,如果肌肉拉得太长,粗、细肌丝趋向分离,起作用的横桥数目减少,肌肉张力下降;同样,如果肌肉过于缩短,细肌

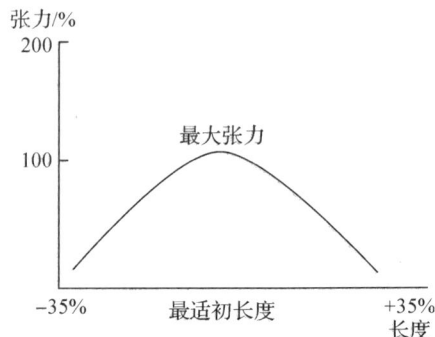

图 1-15 骨骼肌的长度－张力曲线

丝中心端在肌节中央交错,起作用的横桥数目亦减少,肌张力将急剧下降。

实验表明,逐渐增大肌肉收缩的初长度,肌肉收缩时产生的张力也逐渐增加;当初长度继续增大到某一数值时,张力可达到最大;此后,再继续增大肌肉收缩的初长度,张力反而减小,收缩效果亦减弱。通常把引起肌肉收缩张力最大的初长度称为最适初长度,此时粗肌丝和细肌丝处于最理想的重叠状态。

（三）肌肉收缩能力的改变对肌肉收缩的影响

通常把可以影响肌肉收缩效果的肌肉内部功能状态的改变,定义为肌肉收缩能力的改变。缺氧、酸中毒、肌肉中能源物质 ATP 缺乏、蛋白质和横桥功能特性的改变,都能降低肌肉收缩的效果;钙离子、咖啡因、肾上腺素也可影响肌肉收缩机制而提高收缩效果。

三、骨骼肌收缩的总和

整块骨骼肌收缩时产生力量的大小,与单根肌纤维收缩的总和及同一时间内参与收缩的肌纤维数量这两个因素有关。

整块骨骼肌或单个肌细胞受到一次短促的刺激时,先是产生一次动作电位,紧接着出现一次机械收缩,称为单收缩(single twitch),单收缩产生的力量很小。前面叙述的肌肉收缩时各种力学表现,就是以单收缩为观察对象而进行分析的,但在正常体内,当骨骼肌在运动神经的支配下进行自然收缩时,几乎是无例外地接受来自神经的连续刺激。如果给肌肉以连续的脉刺激,肌肉的收缩情况将随刺激的频率而有不同。在刺激的频率较低时,因每一个新的刺激到来时由前一次刺激引起的单收缩过程已经结束,于是每次刺激都引起一次独立的单收缩;当刺激频率增加到某一限度时,后来的刺激有可能在前一次收缩的舒张期结束前即到达肌肉,于是肌肉在自身尚处于一定程度的缩短或张力存在的基础上进行新的收缩,发生了所谓收缩过程的复合,这样连续进行下去,肌肉就表现为不完全强直收缩,其特点是每次新的收缩都出现在前次收缩的舒张期过程中,在描记曲线上形成锯齿形;如果刺激频率继续增加,那么肌肉就有可能在前一次收缩的收缩期结束以前或在收缩期的顶点开始新的收缩,于是各次收缩的张力或长度变化可以融合而叠加起来,使描记曲线上的锯齿形消失,这就是完全强直收缩。

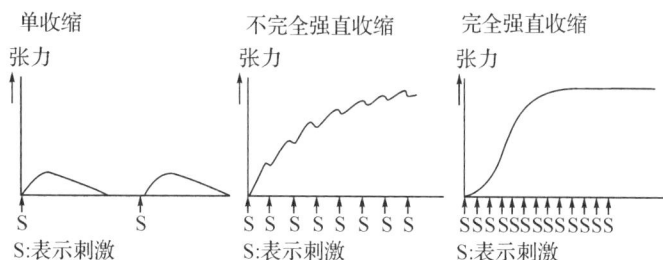

图 1-16　骨骼肌的单收缩和强直收缩

由于正常体内由运动神经传到骨骼肌的兴奋冲动都是快速连续的,体内骨骼肌收缩几乎都属于完全强直收缩,所能产生的最大张力可达单收缩的 4 倍左右。不同肌肉单收缩的持续时间不同,因而能引起肌肉出现完全强直收缩的最低临界频率在不同肌肉也不同,例如,单收缩快速的眼球内直肌需要每秒约 350 次的高频刺激才能产生完全强直收缩,而收缩缓慢的比目鱼肌只需每秒约 30 次的频率就够了。

【知识与应用】

肌肉拉伤应急处理的"RICE"原则

肌肉拉伤是肌肉在运动中急剧收缩或过度牵拉引起的损伤,其应急处理包括以下四方面:

①制动(Rest,R):立即停止运动,用石膏、拐杖或者支架把处置过的患部固定住以避免更严重的伤痛。

②冷敷(Ice,I):冷敷受伤的区域,每两小时至少冷敷10分钟,以减轻疼痛和肿胀。

③加压(Compression,C):可使用毛巾及海绵橡胶做的垫子来进行加压包扎以减轻患部内出血及淤血现象。

④抬高(Elevation,E):将患部抬高到比心脏高的位置以减轻内出血。

第三节　骨骼肌纤维类型与运动能力

人类骨骼肌由不同类型的肌纤维混合而成,通常根据肌纤维的收缩速度可将其分为慢肌纤维(slow-twitch,ST)和快肌纤维(fast-twitch,FT)两类,目前较公认的骨骼肌肌纤维分型是1970年Brooke和Kaiser提出的,他们将人体骨骼肌纤维分为Ⅰ和Ⅱ两个类型,Ⅱ型中又分为三个亚型。即Ⅰ型为慢缩红肌,Ⅱ型为快缩肌,Ⅱa型为快缩红肌,Ⅱb型为快缩白肌,Ⅱc型为一种未分化的较原始的肌纤维。Ⅱb型是典型的快肌纤维,Ⅱa型收缩速度和力量同快肌,但代谢特征兼有快肌和慢肌的特征,Ⅱc型目前了解甚少。

一、不同类型肌纤维的形态、代谢和功能特征

(一)不同类型肌纤维的形态特征比较

1.肌纤维大小和成分:快肌纤维的直径较慢肌纤维大,含有较多收缩蛋白,且肌浆网比慢肌纤维发达两倍,因此摄取钙离子的速度更大;慢肌纤维含有较多的肌红蛋白,因此通常呈红色。

2.毛细血管和线粒体数量:慢肌纤维周围的毛细血管网较快肌纤维丰富,所含线粒体数量多且体积大。

3.神经支配:慢肌纤维由较小的运动神经元支配,运动神经纤维较细,传导速度较慢;而快肌纤维由较大的运动神经元支配,运动神经纤维较粗,其传导速度较快,约为慢肌纤维的4~5倍。

(二)不同类型肌纤维的代谢特征比较

1.代谢相关酶的活性:快肌纤维中参与无氧代谢有关酶,如镁－三磷酸腺苷酶(Mg-AT-Pase)、肌激酶(MK)、磷酸肌酸激酶(CPK)、乳酸脱氢酶(LDH)等,活性比慢肌纤维强;慢肌纤维中氧化酶系统,如细胞色素氧化酶(CYTOX)、苹果酸脱氢酶(MDH)、琥珀酸氢酶(SDH)等,活性则明显高于快肌纤维。

2.线粒体酶活性:慢肌纤维中线粒体蛋白(线粒体蛋白主要是各种氧化酶)的含量比快肌纤维多。

3.肌糖元含量:快肌纤维中糖酵解的底物—肌糖元的含量比慢肌纤维高。

实验证明慢肌纤维氧化脂肪的能力为快肌纤维的 4 倍,而快肌纤维的无氧代谢能力较慢肌纤维高。

(三)不同类型肌纤维的功能特征比较

1.肌纤维类型与收缩速度:快肌纤维收缩速度快,慢肌纤维收缩速度慢。

人体实验发现,肌肉中快肌纤维百分比较高者,其收缩速度也较快。

目前认为,快肌纤维收缩速度与其受冲导传导速度快的大运动神经元支配、肌原纤维 ATP 酶活性高、无氧代谢能力强、肌浆网释放和回收钙离子的能力强等因素有关。

图 1-17 可见,快肌纤维百分比较高者,肌肉收缩速度较快,其力量-速度曲线向右上方转移。

2.肌纤维类型与收缩力量:快肌纤维收缩时产生的力量大于慢肌纤维。

人体肌肉中快肌纤维百分比较高的人,其收缩力量也较大。

肌肉收缩的力量与支配肌纤维的运动神经元兴奋阈值、单个肌纤维的直径以及运动单位中所包含的肌纤维数量有关,管理慢肌的小运动神经元的兴奋阈值低,所以较低的刺激强度即可引起其兴奋,并使其支配的肌纤维产生较小的张力,管理快肌的大运动神经元的兴奋阈值高,必须以较强的刺激强度才能引起其兴奋,并使其支配的快肌纤维产生较高的张力。而且快肌纤维的直径大于慢肌纤维,快肌运动单位中所包含的肌纤维数量多于慢肌运动单位,因此,快肌运动单位的收缩力量明显地大于慢肌运动单位。

图 1-17 可见,无论以何种速度收缩,快肌纤维百分比高者均能产生比慢肌纤维百分比高者更大的力量。

3.肌纤维类型与抗疲劳能力

动物和人的实验证明,慢肌纤维抗疲劳能力比快肌强,故快肌纤维比慢肌纤维更易疲劳。

不同肌纤维抗疲劳能力的差异与其有氧代谢潜力有关:慢肌纤维中的线粒体体积大且数目多,线粒体中有氧代谢酶活性较高,肌红蛋白的含量较丰富,毛细血管网较发达,因而有氧代谢潜力较大;快肌纤维含有较丰富的葡萄糖酵解酶,无氧酵解能力较快而有氧代谢能力低,因此收缩所需能量大都来自于糖的无氧酵解,引起乳酸大量积累,导致肌肉疲劳。

图 1-18 比较了股外肌中快肌纤维分别为 61% 和 38% 的不同个体,以 180°/s 的速度重复完成最大伸膝运动时,二者力量和抗疲劳能力的差异。可见,快肌纤维为 61% 的受试者,其股外侧肌产生的峰力量比另一名快肌纤维仅占 38% 的受试者大,但在进行重复收缩时,其力量的下降却比他明显而迅速得多。说明快肌纤维能产生较大的力量,但易疲劳。

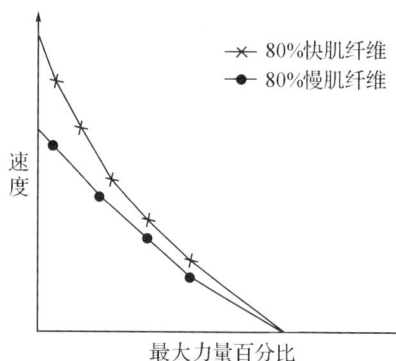

图 1-17 不同肌纤维类型者力量－速度曲线

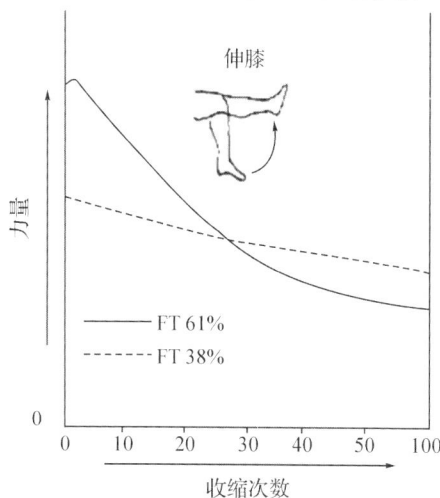

图 1-18 不同肌纤维类型与抗疲劳能力关系

【知识与应用】

肌纤维类型的发现

早在 1673 年 Loranzini 就发现动物骨骼肌纤维有红色和较白色两种,且运动能力也随色泽而有不同。1883 年,让威尔(Louis-Antoine Ranvier)用电刺激法证明红色肌纤维收缩速度较慢而白色肌纤维收缩速度较快,提出将骨骼肌分为红肌和白肌两类。以后不断有学者从组织学、生物化学等方面对动物骨骼肌纤维的结构、功能及代谢特征等进行较全面的研究,发现:红色肌纤维不一定都是收缩慢的。因此,根据收缩机能将骨骼肌纤维分为慢肌(ST)和快肌(FT)。

让威尔　　　　布鲁克

20 世纪 60 年代,由于肌肉活检技术的发现,使人体骨骼肌肌纤维类型的研究有了飞速发展。1970 年,布鲁克(Brooke)和凯瑟(Kaiser)将人体骨骼肌肌纤维分为Ⅰ和Ⅱ两个类型,Ⅱ型中又分为三个亚型。即Ⅰ型为慢缩红肌,Ⅱ型为快缩肌,Ⅱa 型为快缩红肌,Ⅱb 型为快缩白肌,Ⅱc 型为一种未分化的较原始的肌纤维。

二、运动时不同类型肌纤维的募集

运动时肌肉中参与活动的肌纤维是以运动单位为基本活动单位被募集参加活动的,而不同类型运动单位的募集是有选择地进行的,遵循有序募集原则。不同类型肌纤维的募集程度与运动强度和运动持续时间有关,不同类型运动单位的募集秩序与运动单位的大小有关。

图 1-19 表示不同强度运动时肌纤维的募集情况:低强度运动时(如散步),慢肌纤维首先被募集,肌肉收缩力量较小;随着运动强度的逐渐增加,部分快肌纤维(主要是Ⅱa 型)参与收缩以增加肌力;当这些肌肉的能源物质被大量消耗时,Ⅱa 型快肌纤维将大量参与收缩,当慢肌纤维和Ⅱa 型快肌纤维都力竭时,Ⅱb 型快肌纤维也将被动员参与收缩。

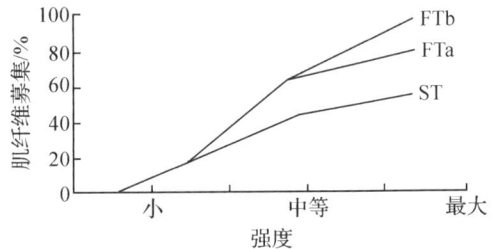

图 1-19　不同强度运动时肌纤维的募集

以上现象是由于两类肌纤维的生理特性和代谢能力不同所致,例如由于快肌纤维的兴奋阈高,因而只有在大强度的刺激时才进入活动,这一资料在运动训练中有很重要的应用价值。在运动训练时,采用不同强度、不同持续时间的练习,可以发展不同类型的肌纤维,肌纤维参与收缩的情况可以通过其糖原消耗而间接的反映出来。为了增强快肌纤维的代谢能力,训练内容必须由大强度的练习组成,而如果要增强慢肌纤维的代谢能力,训练必须由强度低、持续时间较长的练习组成,才能保证慢运动单位在训练中优先使用。

三、肌纤维类型与运动能力

目前,关于人体不同肌纤维百分比的描述性研究已经证实了以下几点:

第一,肌纤维百分比无性别或年龄的差异;第二,习惯于久坐的男性或女性其慢肌纤维百分比约占 47%～53%;第三,普遍认为,优秀力量性运动员(如短跑运动员等)快肌纤维百分比较高,而耐力运动员慢肌纤维百分比更高。下表为优秀运动员不同肌纤维百分比的实例。

表 1-1 优秀运动员不同肌纤维百分比[①]

项目	慢肌百分比(Ⅰ型)	快肌百分比(Ⅱa,Ⅱb 型)
长距离跑运动员	70%～80%	20%～30%
短距离跑运动员	25%～30%	70%～75%
非运动员	47%～53%	47%～53%

应当指出的是,就个体而言,即使是在同一种项目的优秀运动员中肌纤维百分比仍有差异,换言之,两个同样优秀的 1 万米跑步运动员其慢肌纤维百分比也是不同的,一个可能有 70% 的慢肌纤维百分比,而另一个则可能拥有 80% 的慢肌纤维百分比,这说明,肌纤维百分比组成并不是决定运动成绩的唯一可靠因素,因为优秀的运动成绩最终是心理、生理生化、技战术、生物力学及训练等所谓的"支持系统"(support systems)综合作用的结果。

四、肌纤维对运动训练的适应

骨骼肌是强可塑性组织,也就是说,骨骼肌纤维的体积和生化构成会受到很多因素的影响,如:肌肉成分和功能对运动训练的适应性反应。

随着对骨骼肌纤维的深入研究,发现骨骼肌纤维对不同性质的专项训练可产生专门性的适应,目前公认的是以下两个方面:肌纤维横断面积和肌纤维代谢能力的变化:众所周知,力量训练(抗负荷练习)主要是增加肌肉体积和力量,肌肉体积的增加主要归功于肌纤维的增粗(hypertrophy,肥大),虽然有研究者认为力量训练也可以使肌纤维数目少量增加(hyperplasia,增殖),然而,这一说法仍存在争议。与力量训练相反,耐力训练(如长跑)不能增加肌肉体积和力量,但能导致肌肉氧化能力的提高(如:线粒体数量增加)。

一个常见的问题是,运动训练是否能改变骨骼肌肌纤维的类型? 这一问题尚存争议。一些早期研究认为,耐力训练不能使快肌纤维转变成慢肌纤维,但近期一些采用更先进技术来研究肌纤维适应性的报道显示,规律且严格的力量训练会导致肌纤维类型的转变。有趣的是,无论是耐力训练还是抗阻力训练都会使快肌纤维向慢肌纤维转变。同时,还观察到抗阻力训练引起的肌纤维类型变化往往很小,而且通常会导致Ⅱb 型肌纤维百分比的下降和Ⅱa型肌纤维百分比的上升。Ⅱb 型向Ⅱa 型的转化也可以解释为快肌纤维向慢肌纤维的转变,因为这种变化是从最快肌纤维类型(如Ⅱb 型)向更慢的、更具有氧能力的肌纤维类型(如Ⅱa型)转变。图 1-20 可见,对机体施以强度为 50%～60%$V_{O_2 max}$、频率为 3～4 天/周的耐力训练后,发现训练使肌纤维类型发生了明显的快-慢转变,导致Ⅱb 型肌纤维百分比的下降和Ⅰ型肌纤维百分比的上升。

耐力训练是否会导致慢肌纤维百分比的增多? 曾经有研究报道耐力训练不会引起Ⅰ型肌纤维的数目增多,但更多的近期研究显示,长期的耐力训练能促使Ⅱb 型向Ⅰ型肌纤维的转化。有趣的是,研究显示,运动训练引起的快肌向慢肌转化发生在不同的阶段,即,在训练引起的Ⅱb

①Powers S K, Howley E T. Exercise Physiology(7th Edition), New York:McGraw-Hill Companies Inc.,2008.

型转为Ⅰ型的过程中,Ⅱb型首先会转化为Ⅱa型。假如继续坚持训练,这种新生成的Ⅱa型肌纤维就会转变成Ⅰ型肌纤维,最终导致Ⅱb型向Ⅰ型转化的全过程。

运动训练引起肌纤维类型转变的原因和机制目前尚不完全清楚,多数研究认为可能与运动神经元的活动有密切关系。

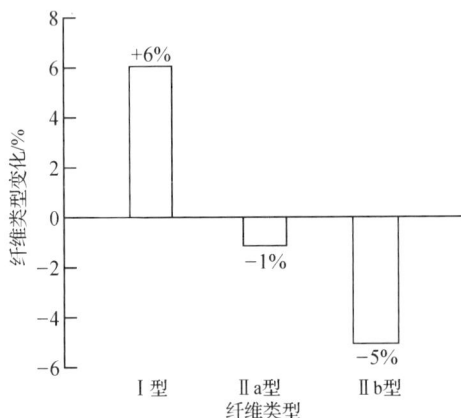

图 1-20　16 周耐力训练对人体骨骼肌肌纤维类型的影响[1]

【知识与应用】

如何缓解运动导致的肌肉酸痛?

肌肉酸痛分为急性运动酸痛和延迟性肌肉酸痛。前者又称肌肉痛,是指在运动过程中和运动后即刻产生的肌肉疼痛,这种疼痛往往在运动后几分钟至几小时内消失,对运动训练的影响作用不明显。后者指人体从事不习惯运动后所出现的肌肉疼痛或不舒适的感觉,这种疼痛不是发生在运动后即刻,而是发生在运动后 24~48 小时,

缓解方法:

①准备活动中重视柔韧性练习,通过对肌肉、关节的拉伸,逐步提高其灵活性。

②整理运动中认真做放松练习(如慢跑、伸展练习等),尤其注意对酸痛局部进行静力牵拉练习,保持伸展—休息—再伸展　再休息的重复进行,有助于预防局部肌纤维痉挛。

③采用物理疗法(如按摩、针灸、电疗、热敷等)加速肌肉放松,并结合营养补充手段(如摄取充足的 Vit C、Vit E 等)促进恢复,Vit C 的主要食物来源为新鲜的蔬菜水果尤其是柑橘类、绿叶菜等,Vit E 的主要食物来源是坚果类和植物油。

【本章小结】

1.肌纤维是肌肉的主要结构单位,每个肌纤维含有许多肌原纤维,每一肌原纤维由粗、细两种肌丝组成,全长有相间排列的明带(Ⅰ带)和暗带(A 带)交替排列。骨骼肌的组成与结构可总结如下:

---

[1]Short K, at al. Changes in myosin heavy chain mRNA and protein expression in human skeletal muscle with age and endurance training. Journal of Applied Physiology,2005,99:95－102.

组成
├ 肌管
│　├ 肌膜:引发与传导动作电位
│　├ 横管:将肌膜动作电位传至细胞深处的肌浆中
│　├ 三联体:将横管膜电信息和纵管终池释 Ca^{2+} 过程联系起来
│　└ 终池:贮存、释放和回收 Ca^{2+}
└ 肌原纤维
　├ 细肌丝
　│　├ 肌钙蛋白:能与 Ca^{2+} 作可逆性结合，解除原肌凝蛋白的位阻效应 ┐
　│　├ 原肌凝蛋白:肌舒时起位阻效应作用 ├ 调节蛋白
　│　└ 肌动蛋白:上有与横桥结合的点 ┘
　└ 粗肌丝
　　├ 横桥:上有与肌动蛋白结合的点,结合后能牵拉细丝在粗丝间向 M 线方向滑行,其能量来自结合点上的 ATR 分解 ┐ 收缩蛋白
　　└ 杆状部:收缩的主干或支架 ┘

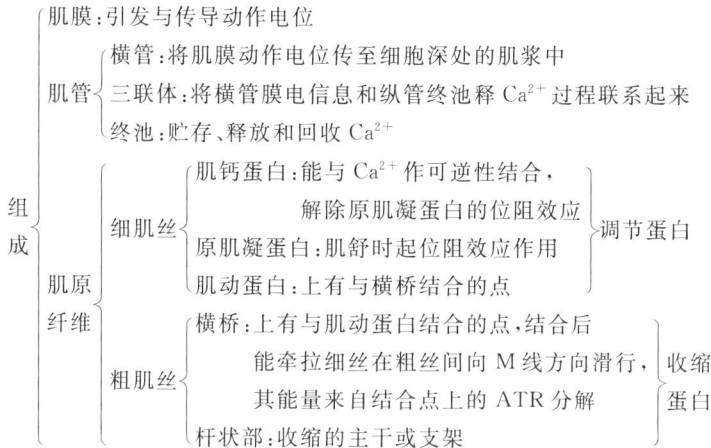

2.一个 α 运动神经元连同它的全部神经末梢所支配的所有肌纤维,从功能上看是一个肌肉活动的基本功能单位,故称为运动单位,按所支配的肌纤维类型不同可分为两种:快运动单位和慢运动单位。

3.兴奋在神经-肌肉接头的传递总结如下示:

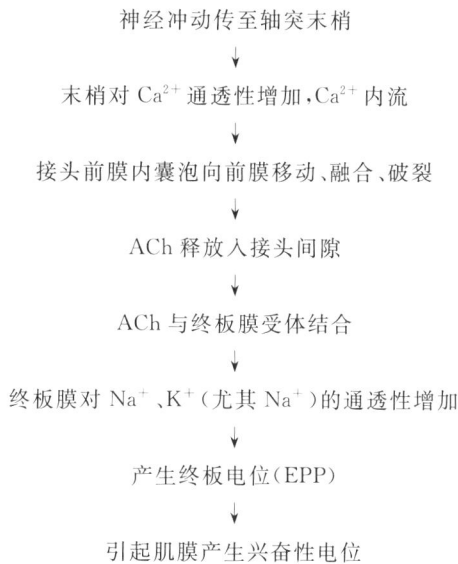

神经冲动传至轴突末梢
↓
末梢对 Ca^{2+} 通透性增加,Ca^{2+} 内流
↓
接头前膜内囊泡向前膜移动、融合、破裂
↓
ACh 释放入接头间隙
↓
ACh 与终板膜受体结合
↓
终板膜对 Na^+、K^+(尤其 Na^+)的通透性增加
↓
产生终板电位(EPP)
↓
引起肌膜产生兴奋性电位

4.骨骼肌肌纤维的收缩可以用"肌丝滑行学说"来解释,认为:肌肉收缩时肌纤维的缩短不是肌丝本身结构和长度的缩短,而是细肌丝在粗肌丝之间滑行的结果。即:当肌肉缩短时,由 Z 线发出的细肌丝沿着粗肌丝向暗带中央滑动,结果相邻的各 Z 线都互相靠近,肌小节长度变短,从而导致整个肌纤维和整块肌肉缩短。

5.肌肉收缩的全过程包括三个互相衔接的环节:兴奋—收缩耦联;横桥的运动引起肌丝的滑行;收缩的肌肉舒张。总结如下:

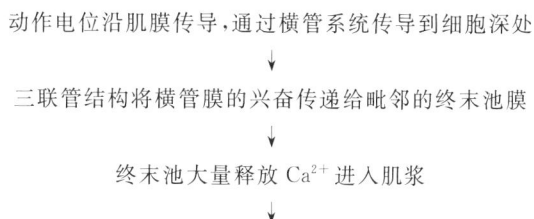

动作电位沿肌膜传导,通过横管系统传导到细胞深处
↓
三联管结构将横管膜的兴奋传递给毗邻的终末池膜
↓
终末池大量释放 Ca^{2+} 进入肌浆
↓

Ca^{2+} 与肌钙蛋白结合,暴露出肌动蛋白上的横桥结合位点

↓

横桥与肌动蛋白结合,扭动,解离,再结合,…,不断循环

↓

细肌丝向粗肌丝间隙中滑行,肌小节缩短,肌纤维收缩

↓

钙泵活动将 Ca^{2+} 泵回肌浆网,从肌钙蛋白上解离下来,肌纤维舒张

6. 按肌肉收缩时的张力和长度变化特点,可将肌肉收缩形式分为三类:缩短收缩、拉长收缩和等长收缩。比较如下:

工作形式	肌肉长度变化	外力与肌张力的比较	在运动中的功能	肌肉对外所做的功
缩短收缩	缩短	小于肌张力	加速	正
拉长收缩	拉长	大于肌张力	减速	负
等长收缩	不变	等于肌张力	固定	未

7. 影响肌肉收缩时力学表现的因素有三个,即前负荷、后负荷和肌肉本身的功能状态。后负荷是指肌肉收缩后所遇到的负荷或阻力,其对肌肉收缩的影响可以张力-速度曲线表示;前负荷指肌肉收缩前已加于肌肉上的负荷,其对肌肉收缩的影响可以长度－张力曲线表示。

8. 整块骨骼肌或单个肌细胞受到一次短促的刺激时,先是产生一次动作电位,紧接着出现一次机械收缩,称为单收缩。当刺激频率增加到某一限度时,后来的刺激有可能在前一次收缩的舒张期结束前即到达肌肉,肌肉就表现为不完全强直收缩。如果刺激频率继续增加,肌肉就有可能在前一次收缩的收缩期结束以前或在收缩期的顶点开始新的收缩,肌肉就表现为完全强直收缩。

9. 人类骨骼肌由不同类型的肌纤维混合而成,通常根据肌纤维的收缩速度可将其分为慢肌纤维和快肌纤维两类。不同肌纤维类型其形态特征、代谢特征和功能特征不同。

10. 运动时不同类型肌纤维的募集程度与运动强度和运动持续时间有关,不同类型运动单位的募集秩序与运动单位的大小有关。低强度运动时,慢肌纤维首先被募集,肌肉收缩力量较小;运动强度较高时,快肌纤维首先被募集,肌肉收缩力量较大。

11. 骨骼肌纤维对不同性质的专项训练可产生专门性的适应,目前公认的是以下两个方面:肌纤维横断面积和肌纤维代谢能力的变化。

【思考题】

1. 解释和理解以下术语:

运动单位　神经—肌肉接头　肌小节　横管系统　纵管系统　三联管结构

运动终板　兴奋—收缩耦联　缩短收缩　拉长收缩　等长收缩　单收缩　强直收缩

2. 简述肌肉收缩的肌丝滑行理论。

3. 比较分析肌肉收缩三种形式的特点及其对体育实践的意义。

4. 分析肌肉收缩时张力与速度、长度与张力的关系。

5. 骨骼肌肌纤维可分为哪几种类型? 不同类型肌纤维形态结构、代谢和生理功能有何不同?

6. 运动训练对肌纤维类型组成有什么影响?

7. 试阐述不同肌纤维类型对指导运动实践有何指导意义。

第二章　运动与血液、循环机能

【学习目标】

1. 理解血液的概述。
2. 掌握心脏的机能。
3. 理解血管生理。
4. 了解运动对血量、血细胞的影响。
5. 了解运动对心血管系统的影响。

- 你知道常见的血型 ABO 型是如何分类的？
- 献血对自身是有害的吗？
- 运动性贫血是如何造成的？
- 什么是高血压？
- 心率在运动实践中有哪些应用？

第一节　血液的概述

血液是在心血管系统中循环流动的液体组织，它对内环境某些理化因素的波动有一定的缓冲作用，且可及时地反映内环境的微小变化，为维持内环境稳态的调节系统提供反馈信息。

一、血液的组成

血液是一种黏滞的液体，由血细胞和血浆组成。血细胞也称血液的有形成分，包括红细胞、白细胞和血小板。血浆是血细胞以外的液体部分。血浆除含有大量的水分外，还含有多种化学物质、抗体和激素等。血细胞内的物质不断地透过细胞膜而与血浆中的物质进行交换。

水：占血浆　（50%～60%）
- 90%以上
- 无机物：电解质（Na、K、Ca 等）
- 有机物：血浆蛋白（白蛋白、球蛋白、纤维蛋白原）
- 代谢产物、营养物质、激素、抗体等

血细胞　（40%～50%）
- 红细胞（男：40%～50%，女：37%～48%）
- 白细胞
- 血小板（1%）

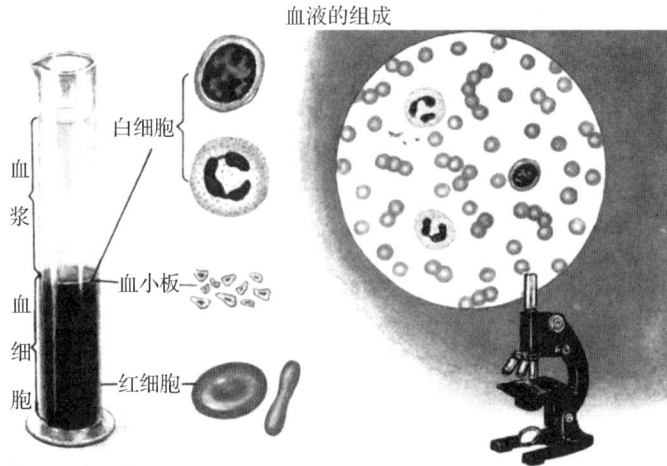

图 2-1　血液的组成

（一）血浆

1. 水和电解质

血浆中含有大量水分,它是维持体液平衡的重要因素,水是血浆中各种物质的溶剂,参与维持渗透压等理化特性,实现血液与其他体液间的物质交换;水的比热大,可以吸热、散热,有助于正常体温的维持;水还与运输营养物质及代谢产物有关。

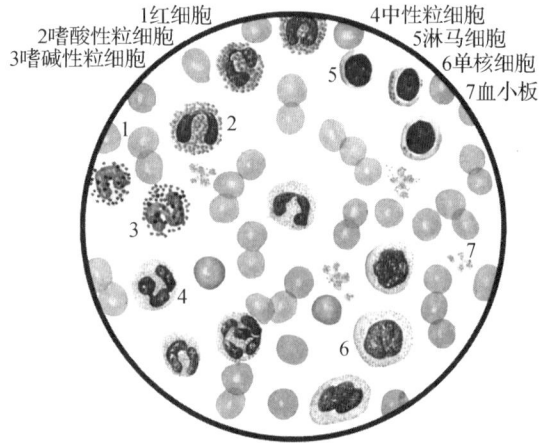

图 2-2　血细胞

血浆中无机物绝大部分以离子状态存在的电解质。阳离子中以 Na^+ 浓度最高,还有 K^+、Ca^{2+} 和 Mg^{2+} 等,阴离子中以 Cl^- 最多,HCO_3^- 次之,还有 HPO_4^{2-} 和 SO_4^{2-} 等。

这些离子的主要功能是维持血浆渗透压、酸碱度和组织细胞的兴奋性。如 NaCl 对维持血浆晶体渗透压和保持机体血量起着重要作用。血浆 Ca^{2+} 维持神经肌肉的兴奋性,在肌肉兴奋收缩耦联中起着重要作用。血浆中还有微量的铜、铁、锰、锌、钴和碘等元素,是构成某些酶类、维生素或激素的必要原料,或与某些生理功能有关。

2. 血浆蛋白

血浆中含有多种分子大小和结构功能不同的蛋白质,其中白蛋白最多,球蛋白次之,纤维蛋白原最少。正常血浆白蛋白与球蛋白的比值(简写 A/G)约为 1.5～2.5。由于血浆蛋白,纤维蛋白原及部分球蛋白均由肝脏合成,故肝病患者 A/G 比值会下降甚至倒置。

（1）血浆蛋白的主要生理功能

①作为多种代谢物质和激素的载体。

②缓冲内环境的 pH 值。

③免疫球蛋白等参与机体的免疫功能,参与生理止血。

④维持血浆胶体渗透压等。

（2）血浆与血清的区别

血浆是离开血管的全血经抗凝处理后，通过离心沉淀，所获得的不含细胞成分的液体。血清指血液凝固后，在血浆中除去纤维蛋白分离出的淡黄色透明液体。

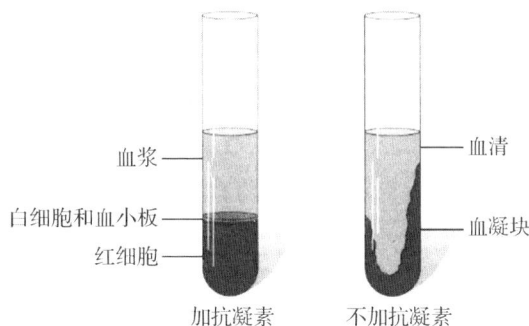

图 2-3　血浆与血清

3.非蛋白氮

血中蛋白质以外的含氮物质，总称非蛋白氮。主要是尿素，还有尿酸、肌酐、氨基酸、多肽、氨和胆红素等。其中氨基酸和多肽是营养物质，可参加各种组织蛋白质的合成。其余的物质多为机体代谢的产物（废物），大部分经血液带到肾脏排出体外。

4.不含氮有机物

血浆中所含的糖类主要是葡萄糖，简称血糖。其含量与糖代谢密切有关。正常人血糖含量比较稳定，约在 $80\sim120\text{mg/dL}$。血糖过高为高血糖，过低为低血糖，都会导致机体功能障碍。

血浆中所含脂肪类物质，统称血脂，包括磷脂、三酸甘油酯和胆固醇等。这些物质是构成细胞成分和合成激素等物质的原料。血脂含量与脂肪代谢有关，也受食物中脂肪含量的影响，血脂过高对机体有害。

（二）红细胞

1.红细胞的形态、常值和功能

正常人体成熟的红细胞没有细胞核，大多呈双凹圆盘形，周边稍厚。其直径约为 $6\sim9\mu\text{m}$，红细胞在全身血管中循环运行时，常要挤过口径比它小的毛细血管，这时红细胞将发生变形，在通过之后又恢复原状。红细胞的这种双凹圆盘形具有较大的表面积，有利于它和周围血浆充分进行气体交换。

红细胞是血细胞中最多的一种。我国成年男性红细胞平均数约 5.0×10^{12} 个/L，范围$(4.0\sim5.5)\times10^{12}$ 个/L，女性平均约为 4.2×10^{12} 个/L，范围$(3.5\sim5.0)\times10^{12}$ 个/L。新生儿的红细胞数较多，可超过 6.0×10^{12} 个/L，随后，由于体重增长速度超过红细胞生成速度，在儿童期，红细胞数一直保持在较低水平，到青春期才逐渐接近成人水平。睾酮具有促进红细胞生成的作用，故男性红细胞数多于女性。

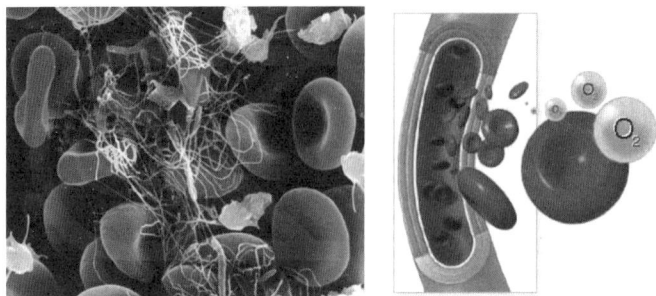

图 2-4　红细胞

红细胞主要在人体红骨髓生成,寿命为 $100\sim120$ 天。

2.血红蛋白

红细胞中含有血红蛋白(Hb),它是运输 O_2 和 CO_2 的重要载体。血红蛋白由四条链组成,两条 α 链和两条 β 链,每一条链有一个包含一个铁原子的环状血红素。氧气结合在铁原子上,被血液运输。

我国成年男性血红蛋白浓度为 $120\sim160g/L$,平均 $140g/L$,女性为 $110\sim150g/L$,平均 $130g/L$。血红蛋白浓度与红细胞数成正比。长期居住高原者,红细胞数及 Hb 增多,运动训练也会对红细胞数和 Hb 含量有一定的影响。

成年男子的血红蛋白如低于 $125g/L$,成年女子的血红蛋白低于 $110g/L$,认为有贫血。贫血的原因主要

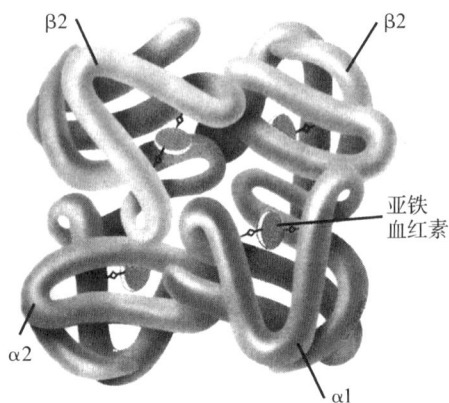

图 2-5　血红蛋白结构

有造血的原料不足,如体内缺少蛋白质、Fe^{2+};血细胞形态的改变(如镰刀形贫血症);人体骨髓的造血机能降低;红细胞过多的破坏或损失。

【知识与应用】

运动性贫血

运动员在疲劳或过度训练早期常见运动性贫血,从而导致运动能力下降。因此,血红蛋白值可以作为运动员机能评定的生理指标之一。

主要症状是运动引起的血红蛋白含量下降,停训或适应后恢复正常,无其他贫血原因者。多见于训练水平低的儿童、青少年运动员,女多于男。诊断标准为血红蛋白男 $140g/L$(14 克)以下,女 $120g/L$(12 克)以下。男 $140\sim160g/L$(14～16 克),女 $120\sim140g/L$(12～14 克)为血红蛋白较低。

1.引起运动性贫血的主要原因

①运动时由于内分泌的改变以及血液酸化,红细胞膜的脆性增加,红细胞容易破裂。

②运动时血流速度加快,使红细胞之间、红细胞与血管壁之间的撞击和摩擦增加,使更多的红细胞破裂和溶血,致使人体内红细胞数目因运动而大量减少。

③运动时新陈代谢非常旺盛,大量排汗造成铁的排泄量增多,而铁是合成血红蛋白的重要组成成分。

④由于训练的刺激,肌肉增长对蛋白质的需要增加,容易出现蛋白质摄入不足,造成用于合成血红蛋白的蛋白原料不足。

2. 治疗运动性贫血

调整训练计划、加强休息,注意加强营养,并针对引起运动性贫血的原因加以治疗。

在运动训练中,破坏红细胞的因素是无法克服的,但我们可以采用补充营养物质,如增加维生素C、维生素E、维生素 B_{12}、硒等营养素的摄入,以保护红细胞,减少运动对红细胞的破坏。运动后应及时补充足够的蛋白质,为红细胞的加快合成准备充足的物质基础。

治疗运动性贫血时,应注意对铁元素的补充,以有机铁为好。因为服用有机铁时,身体的吸收利用率最高,其中成分最好的是动物蛋白铁。高生物价的蛋白质利于运动员及时吸收利用,其中特意添加的维生素 B_{12}、叶酸、复合蛋白粉有助于红细胞的生成,有利于防止运动性贫血的发生。

3. 血型

红细胞膜上特异性抗原物质的类型,称血型。人类红细胞膜上含有多种抗原物质,有 A、B、M、N、Rh 等,共有 25 个血型系统,最常用的是 ABO 血型系统和 Rh 血型系统。

(1)ABO 血型系统

①根据不同个体红细胞膜上是否含有 A、B 两种抗原,把人类的血型分为四种类型:红细胞膜上有 A、B 两种抗原,又称凝集原,相应血浆中含有两种不同的抗体,即抗 A 凝集素和抗 B 凝集素。含有 A 抗原为 A 型,含有 B 抗原为 B 型,两种抗原都有为 AB 型,两种抗原均没有的是 O 型。同一个体的血浆中,不会含有与他自身红细胞抗原相对抗的凝集素。A 型血的血浆中只有抗 B,B 型血的血浆中只有抗 A,AB 型的血浆中两种抗体都没有,O 型血的血浆中两种抗体都有。若相对抗的红细胞抗原与血浆抗体相遇,会发生红细胞凝集反应。

②输血时,以输同型血为原则。必须首先审慎检查供血者与受血者双方血型,还应进行交叉配血实验,观察有无红细胞凝集反应。

表 2-1 输血时 ABO 血型间的关系

给血者红细胞	受血者血清(凝集素)			
(凝焦点)	O 型(抗 A、抗 B)	A 型(抗 B)	B 型(抗 A)	AB 型(无)
O 型(无)	—	—	—	—
A 型(A)	+	—	+	—
B 型(B)	+	+	—	—
AB 型(A、B)	+	+	+	—

③在应急情况下要进行异型输血时,应注意主侧发生凝集反应是绝对不允许输血的,若只有次侧发生凝集反应,只能少量缓慢输入,并在输血过程中密切观察有无不良反应。在已知 ABO 血型相同的供血者与受血者之间进行输血,也应再做血型鉴定和交叉配血实验,以防因其他血型系统不合,或者有 ABO 血型的亚型存在而发生输血反应。

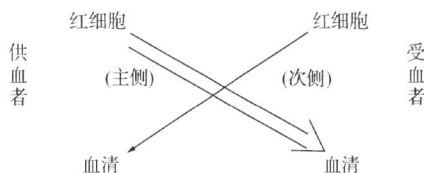

图 2-6 输血前交叉配血实验

(2)Rh 血型系统

兰德斯坦纳等科学家在 1940 年做动物实验时,发现多数人体内的红细胞上存在 Rh 血型的抗原物质。凡是人体血液红细胞上有 Rh 凝集原者,为 Rh 阳性,反之为阴性。这样红细胞

A、B、O 及 AB 四种主要血型的人,又分别被分为 Rh 阳性和阴性两种。

多数人为 Rh 阳性血型。白种人中 Rh 阴性者较多,占 15%,我国 Rh 阴性血型占 3‰～4‰。

Rh 阴性者不能接受 Rh 阳性者血液,因为 RH 阳性血液中的抗原将刺激 Rh 阴性人体产生 Rh 抗体。如果再次输入 Rh 阳性血液,即可导致溶血性输血反应。但是,Rh 阳性者可以接受 Rh 阴性者的血液。所以需要输血的患者和供血者,除检查 ABO 血型外,还应做 Rh 血型鉴定,以避免这种情况的发生。

（三）白细胞

1. 形态

白细胞无色,有核,体积较红细胞大,分为粒细胞、单核细胞和淋巴细胞。根据细胞浆中嗜色颗粒的特性,粒细胞又分为中性粒细胞、嗜酸性粒细胞和嗜碱性粒细胞。

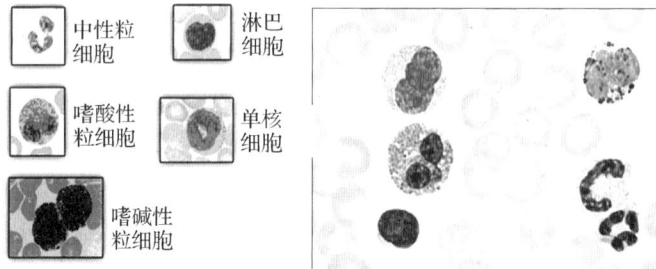

图 2-7　白细胞

白细胞有活跃的移动能力,它们可以从血管内迁移到血管外,或从血管外组织迁移到血管内。因此,白细胞除存在于血液和淋巴中外,广泛存在于血管、淋巴管以外的组织中。

2. 数量

健康成人安静时,白细胞总数在 $4～10×10^9$ 个/L 范围内。中性粒细胞最多,占 50%～70%,淋巴细胞次之,占 20%～40%,单核细胞占 2%～8%。

白细胞总数会出现一定生理变动,以中性粒细胞数的变动最为明显。如有炎症、饭后、运动时等白细胞都会增多。白细胞在血液中停留的时间较短,几小时～几天。

急性细菌性感染白细胞会迅速升高,而且和感染程度呈正比,炎症严重时白细胞总数会超过 $1.5×10^{10}$ 个/L。白细胞升高意味着患者症状因细菌性感染而导致体内器官和组织的急性或慢性的感染、炎症、组织损伤等情况。当发生感染时,白细胞中数量最多的中性粒细胞和嗜酸性粒细胞会迅速出现(表现为白细胞数量的增多),吞噬入侵人体的细菌、寄生虫等病原体。这种细菌性感染程度往往与白细胞数量升高成正比。白细胞升高呈幅度较小、缓慢的状态,被看作是病毒入侵导致的感染。

当白细胞数量低于 $4×10^9$ 个/L 时被称为白细胞减少。白细胞数量明显减少,会造成机体免疫力下降。长期接触放射线、各种理化因素导致的中毒、肿瘤的化疗和放疗、脾功能亢进、自身免疫病、再生障碍性贫血、造血功能障碍等都会导致白细胞特别是中性粒细胞减少。当白细胞数量明显减少,特别是中性粒细胞低于 $1×10^9$ 个/L 时,非常容易发生感染,疾病治愈较为缓慢,甚至可以引发败血症。

3. 生理机能

白细胞的重要功能是参与机体的保护及防御反应。

中性粒细胞具有变形运动和吞噬活动的能力,是机体对抗入侵病菌,特别是急性化脓性细菌的最重要的防卫系统。当中性粒细胞数显著减少时,机体发生感染的机会明显增高。

嗜酸性粒细胞具有粗大的嗜酸性颗粒,颗粒内含有过氧化物酶和酸性磷酸酶。嗜酸性粒细胞具有趋化性,能吞噬抗原抗体复合物,减轻其对机体的损害,并能对抗组织胺等致炎因子的作用。

嗜碱性粒细胞中有嗜碱性颗粒,内含组织胺、肝素与 5-羟色胺等生物活性物质,在抗原－抗体反应时释放出来。

（四）血小板

1.形态

血小板体积很小,直径约 $2\sim3\mu m$。由红骨髓中巨核细胞产生。寿命 8～12 天。

2.数量

健康成人血液中的血小板数约 $1\sim3\times10^{11}$ 个/L,三分之一贮存于脾脏。血小板数在运动时增加,组织损伤时会暂时增多。

血小板减少会引起出血时间延长,引起皮肤黏膜紫癜。当少于 5×10^{10} 个/L 时会有自发性出血。血小板过多,会引起血栓形成。

3.生理机能

（1）促进止血和加速凝血

当血管损伤而内皮细胞下结构暴露时,胶原纤维与血液中的血小板接触,其外膜发生某些理化变化,从而使两者黏附在一起,此处更多的血小板聚集成团,形成松软的止血栓。血小板的聚集与其本身释放的 ADP 和前列腺素等活性物质有关。在创伤出血时,血小板还释放出肾上腺素和 5-羟色胺,引起局部血管平滑肌收缩,使血管口径缩小,有利于止血。

血小板因子Ⅲ与其他组织凝血因素一起加速血液凝固过程,促使血液凝块的形成,堵塞出血伤口。由于血小板内收缩系统在 Ca^{2+} 作用下发生收缩,从而使血块缩紧,成为坚实的止血栓,牢固地封住血管伤口。

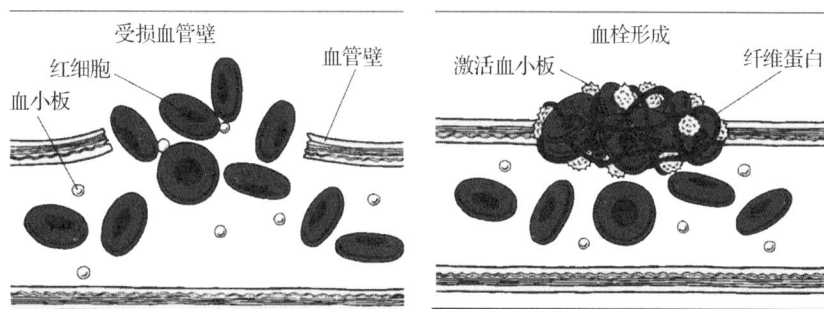

图 2-8　凝血

（2）血小板的营养和支持作用

血小板有维护毛细血管壁完整性的功能。血小板与毛细血管内皮细胞相互粘连与融合,从而填补不断脱落的内皮细胞,使红细胞不能透出血管外。当体内血小板数目锐减时,上述功能难以完成,红细胞容易逸出,可发生自发性出血现象,出现紫癜。

二、血液的理化特性

（一）血量

正常成人血液总量约占体重的 7％～8％,或每公斤体重 70～80mL。一般男性高于女性,幼儿高于成人,新生儿可达 100mL/kg,体格健壮者高于瘦弱者。一个成年人的总血量约为4000～5000 毫升。

【知识与应】

献　血

献血是指献出自身的血液多供医疗上输血之用。人体血量的大部分是在心血管中迅速循环流动,称为循环血量,还有一部分血液滞留在肝、肺、腹腔静脉及皮下静脉丛等处,流动缓慢,血浆量较少,称为贮存血量,在机体运动时,被动员加入循环血量中。

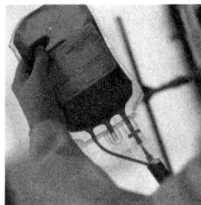

一次失血小于总血量的10%,对生理可无明显影响,失血可分别从组织液、血浆、红骨髓处补充;如超过30%,可出现血压降低,需及时输血补充血量。平时80%的血液在心脏和血管里循环流动着,维持正常生理功能,称为循环血量;另外20%的血液滞留在肝、肺、腹腔静脉及皮下静脉丛等处,流动缓慢,血浆量较少,称为贮存血量,一旦失血或剧烈运动时,这些血液就会被动员进入血液循环系统。

一个人一次献血200~400毫升只占总血量的5%~10%,献血后储存的血液马上会补充上来,不会减少循环血容量。献血后失去的水分和无机物,1~2个小时就会补上;血浆蛋白质,由肝脏合成,一两天内就能得到补充;血小板、白细胞和红细胞也很快就恢复到原来水平。人体的血液在不断新陈代谢,每时每刻都有许多血细胞衰老、死亡,同时又有大量新生细胞生成,以维持人体新陈代谢的平衡。献血后,由于造血功能加强,失去的血细胞很快得到补充。所以说一个健康的人,按规定献血,对身体不会有任何影响,反而有利于健康。

成年人定期按规定献血,可促进人体的新陈代谢,增强免疫力和抗病能力,还会刺激人体骨髓造血器官,使其始终保持青春时期一样旺盛的造血状态,并能防止动脉硬化等心脑血管疾病。

(二)比重和黏度

正常人全血的比重为 $1.050 \sim 1.060 \text{kg/m}^3$,血浆的比重为 $1.025 \sim 1.034 \text{kg/m}^3$,红细胞比重约为 1.090kg/m^3。血浆的比重主要取决于血浆蛋白的含量,红细胞的比重与其所含的血红蛋白量成正比。

血液在血管内运行时,由于液体内部各种物质的分子或颗粒间的摩擦,产生阻力,使血液具有较大的黏度,全血的黏度约为水的4~5倍,血浆的黏度为水的1.6~2.4倍。

全血的黏度主要取决于红细胞数量。长时间剧烈运动,由于大量出汗,引起血液浓缩,红细胞比容相对增大,血液比重及黏度增大,外周阻力增加。

例:登山→缺氧→红细胞增多→血液黏滞性高;

长跑→出汗→血液浓缩→血液黏滞性高→血流阻力大→血压高;

大量饮水→血液稀释→黏滞性降低→流速快。

(三)血浆渗透压

半透膜两侧为不同浓度的溶液,水分将从溶质少的稀溶液向溶质多的浓溶液渗入,这种现象称为渗透。渗透压指溶液具有吸入水分子透过半透膜的力量。

在渗透现象中,高浓度溶液所具有的吸引和保留水分子的能力称为渗透压。渗透压的大小与溶液中所含溶质的颗粒数目成正比。

血浆渗透压约为 $313 \text{mOsm/L}(708.9 \text{kPa})$,主要来自于其中的晶体物质(主要是 $NaCl$),称为晶体渗透压。另一部分来自于血浆蛋白,称为胶体渗透压。

血浆与组织液中晶体物质的浓度几乎相等,晶体渗透压约为300mOsm/L,这些物质绝大部分不易透过细胞膜,所以血浆晶体渗透压的相对稳定,对于保持细胞内外的水平衡,从而维持细胞正常形态和功能极为重要。血浆蛋白分子量大,不能透过毛细血管壁,故组织液中蛋白质含量低于血浆,血浆胶体渗透压高于组织液。血浆胶体渗透压正常值仅为1.5mOsm/L,但对于维持血管内外的水平衡极为重要,若胶体渗透压下降,组织液回流减少,则会形成水肿。

表 2-2 血浆渗透压

分类	晶体渗透压	胶体渗透压
组成	无机盐、糖等晶体物质(主要为 NaCl)	血浆蛋白等胶体物质(主要为白蛋白)
压力	大(300mmol/L 或 770kPa)	小(1.3mmol/L 或 3.3kPa)
意义	维持细胞内外水分交换保持 RBC 正常形态和功能。	调节毛细血管内外水分的交换和维持血浆容量。

运动时,由于大量排汗,乳酸等代谢产物进入血液,血液渗透压暂时升高,运动后,通过饮水和肾脏的排泄,可调节渗透压,使其恢复正常。

三、血液的功能

(一)运输作用

运输是血液的基本功能,血液可将 O_2、营养物质运至组织细胞,供其利用;同时,又将细胞产生的 CO_2 和其他代谢产物(如尿酸、尿素、肌酐等)运至排泄器官(肝、肾、肠管及皮肤等)排出体外;血液中的载体转运系统可将激素、酶、维生素等生物活性物质载运到需要的部位,以实现人体的体液调节。

(二)维持内环境的相对稳定作用

血液能维持水、渗透压和酸碱度平衡等。人体内环境必须保持相对稳定状态,才能保证组织细胞正常的生命活动。

血液中含有大量水分,水的比热大,可大量吸收机体产生的热量,并通过血液循环将深部的热量运送到体表散发,例如,运动时,骨骼肌大量产热,就是通过血液运至全身,使热量均匀分布于全身各处,并于体表散发,以维持体温的相对恒定。

(三)维持血浆的酸碱平衡

1.血浆的酸碱度用 pH 值表示。正常人血浆的 pH 值约为 $7.35 \sim 7.45$,平均值为 7.4。这是机体代谢和各种酶活动所要求的适宜条件之一。正常情况下,血浆的 pH 值会经常变动,但变动的幅度很小。人体生命活动所能耐受的最大 pH 值变动范围约为 $6.9 \sim 7.8$。

机体在代谢过程中,不断产生酸性物质。在进行剧烈运动时,机体内主要依靠无氧代谢供能,会产生大量较强的酸性物质—乳酸,这些酸性物质进入血液后,就会产生较多的 H^+,使血液变酸,pH 值下降。机体代谢过程中亦会产生碱性物质,人体从饮食中也会摄入碱性物质,它们进入血液后,解离出 OH^-,使血液变碱,pH 值升高。

2.正常人体内环境 pH 能保持相对恒定,血液是调节酸碱平衡的第一道防线。代谢产生的酸性或碱性物质首先进入血液,被血液中的缓冲对缓冲。缓冲对是由弱酸和它的盐按一定比例组成的,具有中和酸和碱的能力。

3.血浆中的缓冲对:$NaHCO_3/H_2CO_3$;Na-蛋白质$/H$-蛋白质;Na_2HPO_4/NaH_2PO_4 等。
红细胞中的缓冲对:KHb/HHb;$KHbO_2/HHbO_2$;$KHCO_3/H_2CO_3$;K_2HPO_4/KH_2PO_4 等。

缓冲对中血浆中的 $NaHCO_3/H_2CO_3$ 的缓冲效率最高,血浆 pH 主要取决于 $NaHCO_3/H_2CO_3$ 的浓度比,当二者比值维持 20：1 时,血浆 pH 值即可维持在 7.4,如果该比值改变,血浆 pH 值就会发生变化。

4. 由于血浆中的 $NaHCO_3$ 是缓冲固定酸的主要物质,称其为碱储备。

肌肉运动乳酸进入血液：

$$HL + NaHCO_3 \longrightarrow NaL + H_2CO_3$$
$$\longrightarrow CO_2 + H_2O$$

当碱性物质(主要来自食物)进入血浆后与弱酸发生作用,形成弱酸盐,降低碱度。经过这两方面的调节,血液的酸碱度就能维持相对恒定。体内产生酸性物质大大胜于碱性物质,所以,血液中的缓冲物质抗酸的能力远远大于抗碱的能力。

5. 血液 pH 值恒定的意义：保证酶的正常活性,维持正常细胞的新陈代谢、兴奋性和器官的正常机能,如紊乱,则会发生酸中毒或碱中毒。

(四)防御和保护作用

机体能抵抗外来微生物的侵害,对自身进行保护及防御,这是由血液中的白细胞通过吞噬和免疫反应来实现的。

血液的保护和防御功能还表现在当机体因损伤而出血时,出血能自行制止,避免过度失血。因此,止血、凝血过程也是人体的一种重要保护功能,是由血小板实现的。

第二节　心脏的机能

血液循环是指血液在血液循环系统中按一定方向、周而复始地流动。

循环系统是血液流动的载体,由心脏、动脉、毛细血管、静脉彼此首尾相连,形成的密闭的管道。人类血液循环是封闭式的,由体循环和肺循环两条途径构成的双循环。血液由左心室射出经主动脉及其各级分支流到全身的毛细血管,在此与组织液进行物质交换,供给组织细胞氧和营养物质,运走二氧化碳和代谢产物,动脉血变为静脉血;再经小静脉汇合成大静脉,最后到上、下腔静脉流回右心房,这一循环为体循环。血液由右心室射出经肺动脉流到肺毛细血管,在此与肺泡气进行气体交换,吸收氧并排出二氧化碳,静脉血变为动脉血;然后经肺静脉流回左心房,这一循环为肺循环。

血液循环的动力来源于心脏,心脏不断地进行节律性的收缩和舒张,推动血液向全身各部分,又为血液回流心脏提供必要条件。心脏的这种活动形式与水泵相似,故心脏又称为心泵。血管是输送血液的管道,并通过毛细血管与组织细胞进行物质交换与气体交换。

血液循环主要功能是运输血液。在运输血液的过程中完成物质运输,以实现机体的新陈代谢、体液调节机能、血液防卫机能,并维持内环境的稳定。

一、心肌的生理特性

组成心脏的心肌细胞根据它们的组织学特点、电生理特性、功能上的区别,可以分为两大类型：一类是具有收缩与舒张功能的心房肌和心室肌细胞,称为工作细胞。它们具有兴奋性、传导性和收缩性,但不具有自律性。另一类是一些特殊分化的心肌细胞,组成心脏的特殊传导系统

（包括窦房结、房室结、希氏束和浦金野氏纤维），具有自动产生节律性兴奋与传导性，不具有收缩性，称为自律细胞。

（一）兴奋性

心肌细胞具有对刺激产生兴奋的能力，即受到一个有效刺激作用后会产生动作电位的能力。特征有：

1.心肌细胞的生物电现象

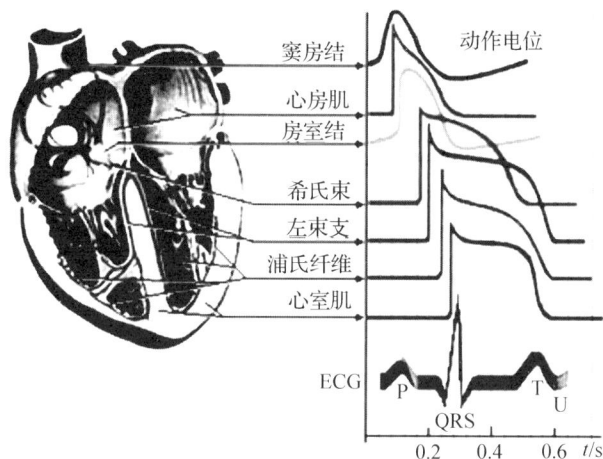

图 2-9　心肌细胞生物电现象

（1）静息电位

心室肌细胞在静息状态下，细胞膜处于内负外正的极化状态，静息电位约为$-90mV$，主要由 K^+ 向细胞外扩散产生的电-化学平衡电位形成。

（2）动作电位

心室肌动作电位的全过程包括除极过程的 0 期和复极过程的 1、2、3、4 等四个时期。

0 期：心室肌细胞兴奋时，膜内电位由静息状态时的$-90mV$ 上升到$+30mV$ 左右，构成了动作电位的上升支，称为除极过程（0 期）。它主要由 Na^+ 内流形成。

1 期：在复极初期，心室肌细胞内电位由$+30mV$ 迅速下降到 0mV 左右，主要由 K^+ 外流形成。

2 期：0mV 左右开始，此时的膜电位下降非常缓慢，它主要由 Ca^{2+} 内流和 K^+ 外流共同形成。

3 期：此期心室肌细胞膜复极速度加快，膜电位由 0mV 左右快速下降到$-90mV$，历时约 $100\sim150ms$。主要由 K^+ 的外向离子流形成。

4 期：4 期是 3 期复极完毕，膜电位基本上稳定于静息电位水平，心肌细胞已处于静息状态，故又称静息期。Na^+、Ca^{2+}、K^+ 的转运主要与 Na^+-K^+ 泵和 Ca^{2+} 泵活动有关。关于 Ca^{2+} 的主动转运形式目前多数学者认为：Ca^{2+} 的逆浓度梯度的外运与 Na^+ 顺浓度的内流相耦合进行的，形成 Na^+-Ca^{2+} 交换。

2.兴奋性的周期性变化

（1）有效不应期

心肌细胞发生兴奋后，动作电位从 0 期开始到膜内电位复极到$-55mV$ 左右这段时期内，任何强大的刺激都不能引起兴奋，这段时期称为绝对不应期；而从$-55mV$ 到$-60mV$ 的一段时间内,十分强大的刺激可以引起局部反应,但不能引起扩布性兴奋,即不能产生动作电位,所以从去极化开始到复极-60mV 的这段时间,称为有效不应期。

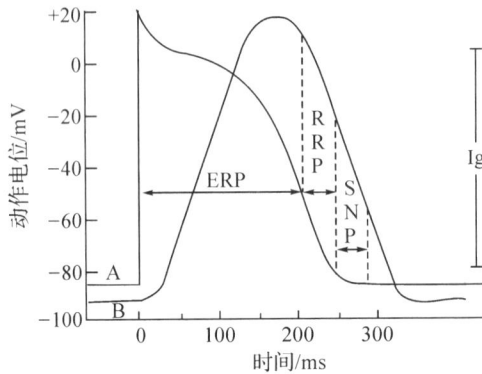

图 2-10　心室肌动作电位期间兴奋性的变化及其与机械收缩的关系
(A:动作电位　B:机械收缩　ERP:有效不应期　RRP:相对不应期　SNP:超常期)

心肌细胞的有效不应期长,相当于心室整个收缩期加舒张早期,因而心脏不可能产生强直收缩,始终保持收缩和舒张交替进行。

(2)相对不应期

在有效不应期之后,当膜内电位复极由-60 至-80mV 期间,施以大于正常阈强度的刺激,可以产生扩布性兴奋,这一时期称为相对不应期。但此时所引起动作电位,其 0 期的去极化的上升的幅度和速度都比正常的小,兴奋传导也比较慢。

(3)超常期

在相对不应期之后,膜内电位由-80mV 恢复到-90mV,在此期间给予低于正常阈强度刺激,也能引起扩布性兴奋,称为超常期。此期内所引起的动作电位的 0 期的去极化的幅度和速度仍低于正常。超常期之后,膜电位及兴奋性已完全恢复正常。

【知识与应用】

心电图(ECG)

在正常人体,每一个心动周期中,心脏各部分兴奋过程出现的电变化的传播方向、途径、次序和时间等都有一定规律。心脏的电变化通过心脏周围的导电组织和体液,反映到身体表面。将电极放置在体表的一定部位所记录出来的心电变化图形,称为心电图。心电图是反映整个心脏兴奋的产生,传导和恢复过程中的生物电变化,不代表心脏的机械活动。

测量电极安放位置和连线方式(称导联方式)不同所记录的心电图,波形包括:

(1)P 波:代表左右两心房去极化过程的电位变化。P 波历时 0.08~0.11s,波幅不超过

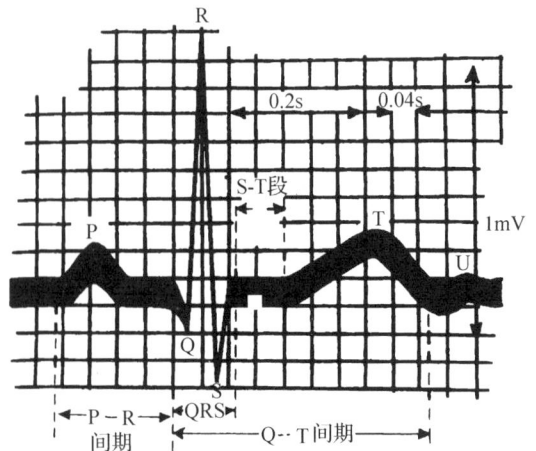

正常人的心电模式

0.25mV。

（2）QRS 波群：代表左右两心室去极化过程的电位变化。

QRS 波群包括：第一个为向下的 Q 波，接着是向上高而尖峭的 R 波，最后是向下的 S 波。正常 QRS 波群历时约 0.06～0.10s，代表心室肌兴奋扩布所需的时间。

（3）T 波：代表心室复极过程中的电位变化，波幅一般为 0.1～0.8mV，在 R 波较高的导联中，T 波历时 0.05～0.25s。T 波的方向与 QRS 波群的主波方向相同。

在心电图中，各波之间的时程的重要意义：

（1）P-R 间期（或 P-Q 间期）：指从 P 波起点到 QRS 波起点之间的时程，为 0.12～0.20s。

P-R 间期代表由窦房结产生的兴奋经由心房、房室交界，和房室束到达心室肌，并引起心室开始兴奋所需要的时间，又称为房—室传导时间。房室传导阻滞时，P-R 间期延长，运动员心电图多见。

（2）Q-T 间期：从 QRS 波群起点到 T 波终点时程，它代表心室开始兴奋去极到完全复极至静息状态的时间，这一间期的长短与心率密切相关，成人通常为 0.32～0.44s。

（3）S-T 段：指从 QRS 波群终点到 T 波起点之间的时距，正常时与基线齐平，代表心室各部分已全部进入复极 2 期，各部分之间不存在电位差，曲线又恢复到基线水平。

（二）传导性

心肌细胞有传导兴奋的能力称为传导性。心脏的传导系统和心肌纤维均有传导性，但因房室间心肌细胞不相连，所以房室之间兴奋的传导要靠心脏特殊传导系统传递。

心脏的特殊传导系统：窦房结、结间束、房室结、房室束（房结区、结区、结束区）和与普通心肌细胞相连的浦肯野氏纤维。

正常兴奋传导的途径：窦房结→结间束→房室结→房室束→浦肯野氏纤维→心室肌。心脏的兴奋从窦房结发生后，即通过心房肌细胞之间的闰盘而传导于左右两心房。兴奋在心房肌的传导速度约为 0.4m/s。在窦房结和房室交界之间的心房组织存在着"优势传导通路"，其传导速度较快。兴奋从心房传到心室，必须通过房室交界，这一部位传导最慢，延搁时间最长，约需 0.08～0.12s。房—室延搁具有重要意义，使心房兴奋和收缩先于心室，有利于心室的充分充盈而实现其泵血功能。

兴奋通过房室交界后，传导速度又重新加快，通过房室束、左右束支及浦肯野纤维传向心室。浦肯野纤维的传导速度可达

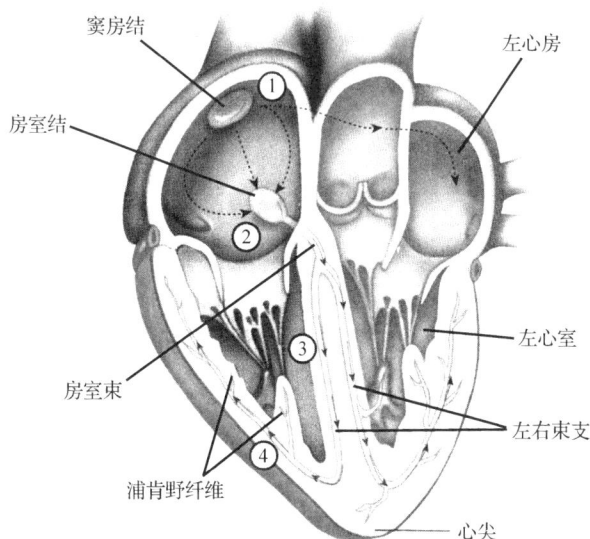

图 2-11　心脏的特殊传导系统

4m/s，远快于心室肌本身的传导速度（1m/s），使左右两心室的所有肌纤维几乎在同一时间进入收缩状态，形成同步收缩。

（三）自动节律性

组织细胞能够在没有外来刺激的条件下，自动地发生节律性兴奋的特性，称为自动节律性，

简称自律性。不是所有心肌细胞都具有自动节律性，只是心脏特殊传导系统内的自律细胞才具有自动节律性。

窦性心率：特殊传导系统中以窦房结的自律细胞自律性最高，为正常心脏窦性心率活动的起搏点，以窦房结为起搏点的心脏活动。

正常值：60～100 次/分；＞100→心动过速；＜60→心动过缓。

异位心率：以窦房结以外部位为起搏点的心脏活动

特殊传导系统各个部位中的自动节律性有差别，窦房结细胞的自动兴奋频率最高，约为 100 次/分浦肯野纤维的自动兴奋频率最低（约为 25 次/分），房室交界（约 50 次/分）和房室束依次介于前两者之间。

（四）收缩性

1."全或无"方式的收缩

当刺激达到阈强度时，整个心房或心室就以"全"的方式进行收缩，即使应用比阈刺激强大的刺激，心肌收缩的幅度也不会变得更大；如果刺激达不到阈强度，心肌就不发生收缩。

由于心肌细胞间有闰盘，闰盘对电流阻抗极低，易使兴奋从一个细胞传至相邻细胞的功能合胞体所形成心肌的这种"全"或"无"方式的收缩，并不意味着在任何情况下收缩的幅度都是相等的，当功能状态和理化环境发生改变时，虽然是全部心肌纤维参与收缩，但其每一条肌纤维的收缩强度可以改变，于是整个心脏所表现出来的强度就不同。

2.不发生强直收缩

由于心肌的有效不应期长，延至整个收缩期和舒张早期，所以相继的各次收缩不能像骨骼肌那样可以总和，形成强直收缩，保证心脏收缩和舒张交替进行，有效地实现心泵血功能。

3.期前收缩和代偿性间歇

在某些情况下，如果心室在有效不应期之后受到人工的或窦房结之外的异常刺激，则可以产生一次期前兴奋，引起期前收缩或期外收缩（也称早搏）。

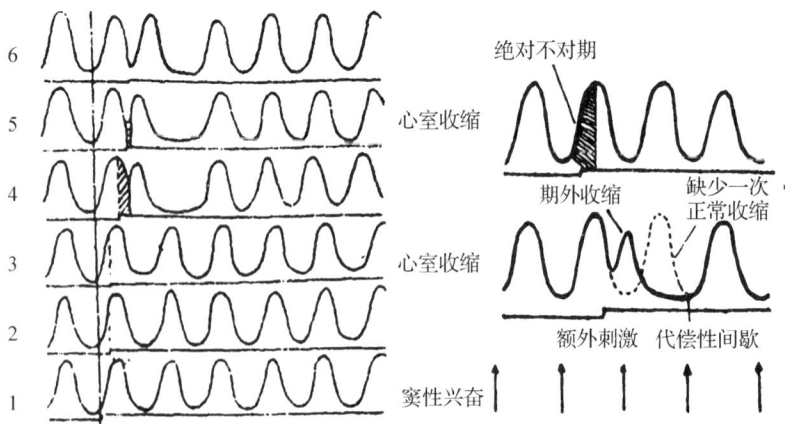

图 2-12　心脏的期前收缩（早搏）和代偿间歇

期前兴奋有它自己的有效不应期，当紧接在期前兴奋之后的一次窦房结的兴奋传到心室时，常常恰好落在期前兴奋的有效不应期内，不能引起心室兴奋和收缩，形成"脱失"，须等到下一次窦房结的兴奋传到心室时才能引起心室收缩，这样，在一次期前收缩之后，出现一段较长的心室舒张期，称为代偿性间歇。随之，才恢复窦性节律。

4.对细胞外液中的钙有明显的依赖性。

二、心动周期

(一)心动周期与心率

1.心动周期:心脏收缩和舒张一次,称为一个心动周期。心率:每分钟心脏搏动的次数。

以成年人安静时的平均心率75次/min为例,心动周期长短为:60s/75次=0.8s。

每个心动周期为0.8s,其中心房收缩期为0.1s,心房舒张期为0.7s;心房收缩时,心室处于舒张;心房进入舒张后,心室开始收缩,持续0.3s,随后进入舒张期,约0.5s。心室舒张期的前0.4s期间,心房也处于舒张期,称此间期为全心舒张期。

表2-3 不同心率时心动周期中心室收缩期与舒张期

心率/(次/分)	收缩期/s	舒张期/s
75	0.35	0.45
90	0.32	0.34
120	0.28	0.22
150	0.23	0.17
200	0.16	0.14

2.一次心动周期中,心房和心室两者的活动依一定的次序先后进行,左右两侧心房或心室的活动是同步的,且收缩期均短于舒张期。如果心率增快,心动周期的历时缩短,尤其以舒张期的缩短更为明显,导致充盈的不足,从而影响心脏的泵血功能。

(二)左心室的射血和充盈过程

在心脏的泵血过程中,心室所起的作用比心房更重要。以左心室为例,说明心室射血和充盈的过程,以便了解心脏的泵血的机制。左心室的一个心动周期,包括收缩和舒张两个时期,每期又分为多个时相。通常以心房开始收缩来描述一个心动周期的起始点。

1.心房收缩期

心房开始收缩之前,心脏正处于全心舒张期,心房和心室内压力都比较低,接近于大气压,约为0kPa(以大气压为零值)。由于静脉血不断流入心房,心房压相对高于心室压,房室瓣处于开启状态,血液由心房顺房—室压力梯度进入心室,使心室充盈。此时的心室内压低于主动脉压(约10.6kPa,即80mmHg),故半月瓣处于关闭状态。

心房开始收缩,心房容积小,内压升高,心房内血液被挤入已经充盈着血液但尚处于舒张状态的心室,使心室血液充盈量进一步增加。心房收缩期约为0.1s,随后进入舒张期。

2.心室收缩期

(1)等容收缩相:心室开始收缩,室内压迅速升高,当心室内压超过房内压时,房室瓣立即关闭。此时,室内压尚低于主动脉压,半月瓣仍处于关闭状态,心室成为一个封闭腔,虽然心室收缩,但心室容积没有改变,故称等容收缩相,约0.05s左右。此期是从房室瓣关闭到半月瓣开启的这段时期,其特点是室内压快速大幅度升高。

(2)射血相:等容收缩期间室内压升高超过主动脉压时,半月瓣被冲开,等容收缩相结束,进入射血相。射血相最初1/3左右时间内,由心室射入主动脉的血量很大(约占每搏输出量的2/3),流速亦很快,心室容积明显缩小,室内压继续上升达峰值,这段时期为快速射血相,历时0.1s。随后,心室内压开始下降,射血速度逐渐减慢,称为减慢射血相,此时心室内压虽已略低于主动脉压,但因血液具有较大动能,依其惯性逆着压力梯度继续流入主动脉,心室容积继续缩小。此期为 0.15s。

3.心室舒张期

心室舒张期包括等容舒张相和快速、减慢充盈相。

(1)等容舒张相：心室肌开始压舒张后，室内压下降，主动脉内血液向心室方向返流，推动半月瓣关闭；此时室内仍高于房内压，房室瓣依然处于关闭状态，心室又成为封闭腔。心室肌舒张，室内压急速大幅度下降，但容积并未改变，自半月瓣关闭直到室内压下降低于房内压，房室瓣开启时为止。这段时期，称为等容舒张相，历时约 0.06～0.08s。

(2)充盈相：当心室压降到低于房内压时，房室瓣开启，心室充盈开始，血液顺着房—室压力梯度快速流入心室，称此期间为快速充盈相，历时约 0.11s 左右。这期间流入心室的血液约占总充盈量的 2/3。随后，血液以较慢的速度继续流入心室，心室容积进一步增加，称为减慢充盈相，历时约 0.22s。然后进入下一个心动周期。

【知识与应用】

心　音

在一个心动周期中，由于心肌收缩、瓣膜启闭、血液以一定的速度对心血管壁产生加压和减压作用，以及形成的涡流等因素引起的机械振动，通过周围组织传到胸壁。如将听诊器置于胸壁的相应听诊区，就可以听到声音，称为心音。

第一心音发生在收缩期，是房室瓣关闭及相伴随的心室壁振动而形成的；音调低而持续较长，约 0.10～0.12s，通常在左侧第 5 肋间隙与锁骨中线相交处的心尖搏动处听得最清楚，是心室收缩开始的标志。

第二心音发生在舒张期，是主动脉瓣及肺动脉瓣关闭时振动有关，音调高而短促，约 0.08～0.10s，通过常在第二肋间隙胸骨的左、右缘听得最清楚，它标志着心室舒张的开始。

当循环系统特别是心脏瓣膜有病变时，心音可发生变化，亦可伴有杂音，故听取心音是诊断心血管疾病的重要方法之一。

三、心输出量(评价心泵功能的主要指标)

心室每次搏动输出的血量称为每搏输出量，左、右心室的输出量基本相等。人体静息时约为 70 毫升(60～80mL)。

每分输出量指每分钟左心室或右心室射入主动脉或肺动脉的血量。每分输出量＝每搏量×心率。心率为 75 次/min，每分钟输出的血量约为 5000 毫升(4500～6000 毫升)。

心输出量，一般都是指每分心输出量。心输出量是评价循环系统效率高低的重要指标。心输出量在很大程度上是和全身组织细胞的新陈代谢率相适应。

(一)心率

心率是每分钟心脏搏动的次数。成年人静息时心率在 60～100 次/分之间，平均为 75 次/分。安静时心率在 60 次/分以下，称为心动过缓；心率在 100 次/分以上，称为心动过速。

随着年龄、性别、体能水平、训练水平和生理状况的不同有所不同。

新生儿心率可达 130 次/分，两岁以内为 100～120 次/分，此后随年龄增长面减慢，至青春期时接近成年人的频率。在成年人中，女性心率比男性快 3～5 次/分。

有良好训练或体能较好者心率较慢,优秀耐力运动员静息时心率常在 50 次/分以下。当人体由卧位转为站位时、进食后、体温升高、情绪紧张、疼痛刺激、缺氧、运动或劳动等,都可使心率加快。在肌肉活动时,心率的增加与运动强度有关,增加的幅度还与运动持续时间、体能水平、训练水平有关。心率是运动生理学中最常用又简单易测的一项生理指标。

【知识与应用】

心率在运动实践中的应用

心率(HR)是心血管系统最容易测定的指标。它既可以反映心血管机能,又可以反映机体节省程度和恢复情况,具有较高的可靠性。在运动员选材、机能评定、医务监督、负荷控制等方面有广泛应用。

1.心率监测在运动员选材实践中的应用

(1)心率具有较高的遗传度。HR 的遗传度安静时为 0.38~0.72,运动时为 0.51~0.91,HR_{max} 的遗传度为 0.86。HR 指标发展的稳定性从 11 岁起就已经显示出来,以 11~12 岁和 16~17 岁最为明显。所以可从 11~12 岁儿童的 HR_{max} 指标来预测个体成熟后的心肺功能。

(2)安静时运动后 HR 测常作为选材指标之一。安静 HR 徐缓、同时运动后 HR 恢复较快的青少年具有良好的心脏功能。通常用心功指数和台阶实验。

2.心率监测在运动训练实践中的应用

运动员心脏机能改变主要表现为:安静时运动员 HR 减慢,通常为 50~60h/min,优秀耐力项目运动员可达 30h/min;运动时心力储备充分动员,主要表现为 HR 增快,可达 180~200h/min。测定 HR 的仪器一般采用秒表、听诊器、心率表或心率遥测仪(芬兰 POLAR 表)。监测 HR 和脉搏的方法常有心率遥测、心电图测定、听诊器测定以及手测心率等。常用的 HR 指标有基础心率、安静时心率、运动时心率和运动后恢复心率。

3.心率监测在医务监督中的应用

HR 是评定运动性疲劳最简易的指标。一般常用基础 HR、运动后即刻 HR 和恢复期 HR 对疲劳进行诊断。监测运动员在训练后一段时间内卧位脉搏和晨脉,可以客观地反映运动员的机能状态,若连续出现晨脉比安静卧位时增加 12~15 次/分钟(或增加 15%~20%)以上,提示机能不良或过度训练。若进行联合机能试验,出现 HR 变化幅度较大,恢复时间超过 5 分钟,则说明运动员机能状态不佳,应检查训练强度并做相应调整,以免造成过度训练。

(二)每搏输出量

1.每搏输出量

一次心室每次收缩射出的血量=舒末容积-缩末容积即余血(145-75=70mL)

2.影响和决定每搏输出量的主要因素

心舒末期心室的容积、心室肌被牵张的程度、心肌收缩能力、后负荷。

(三)射血分数

每搏输出量占舒末容积的容积百分比。

射血分数=舒末容积-缩末容积/舒末容积×100%

正常值:55%~65%。射血分数愈高,则心脏供血愈好。

在评定心泵血功能时,单纯用搏出量作指标,不考虑心室舒张末期容积,是不全面的。正常情况下,搏出量始终与心室舒张末期容积相适应,即当心室舒张末期容积增大时,搏出量也相应增加,射血分数基本不变。但在心室异常扩大、心室功能减退的情况下,搏出量可能与正常人没有明显判别,但它并不与已经增大的舒张末期容积相适应,射血分数明显下降。

(四)心输出量的影响因素

1.心率和每搏输出量

心输出量是搏出量与心率的乘积,所以在一定范围内增加心率,可以提高心输出量。

(1)心率过快可使心动周期中舒张期过短,回心血量减少。心率过缓可使每分输出量减少。

一般人心率超过 140~150 次/分,搏出量开始下降,当心率超过 180 次/分,心室充盈量明显减少,使搏出量大幅度减少,心率的增加不能补偿搏出量的减少,结果反而使心输出量下降。反之,如果心率过慢,减慢到 40 次/分以下,尽管心舒张期很长,心室充盈度已达到限度,不可能提高每搏输出量,反而由于心率过慢而使心输出量减少。因此,只有心率在适应范围内(110~120 次/分至 170~180 次/分),心输出量才能保持较高水平。

(2)运动员心脏由于心肌发达,每搏输出量高,可在心率低的情况下保证正常输出量。有训练的优秀运动员在运动时,由于呼吸和肌肉运动等促进静脉血回心,心肌收缩有力和迅速,故搏出量可在心率超过 200 次/分时才减少。

2.心肌收缩力

心肌收缩力↑→每搏量↑→射血分数↑→心室腔余血↓

机理:异长自身调节(初长度调节:肌小节长度)→心室充盈↑→收缩力↑

等长自身调节(神经体液因素调节:交感神经、儿茶酚胺等)↑→心肌收缩力↑

↘ 心率↑

3.静脉回流量:是心输出量持续增加的前提。

(五)心指数

心指数心输出量是以个体为单位计算的。身体矮小的人和高大的人,新陈代谢总量不不相等,因此,用输出量的绝对值作为指标进行不同个体之间心功能的比较,是不全面的。人体静息时的心输出时不与体重成正比,而是与体表面积成正比的。

以单位体表面积(m^2)计算的心输出量(心输/体面积),称为心指数。

正常值:5/1.6~1.7=3.0~3.5L/min·m^2。

中等身体的成年人体表面积约为 1.6~1.7m^2,安静和空腹情况下心输出量约 5~6L/min,故心指数约为 3.0~3.5L/min·m^2。

心指数与年龄、运动状态、生理状态、情绪有关。

安静和空腹情况下的心指数,称为静息心指数,是分析比较不同个体心功能时常用的评定指标。心指数随不同重量条件而不同。年龄在 10 岁左右时,静息心指数最大,可达 4L/min·m^2 以上,以后随年龄增长而逐渐下降,到 80 岁时静息心指数接近于 2L/min·m^2。肌肉运动时,心指数随运动强度的增加大致成比例地增高。情绪激动和进食时,心指数均增高。

四、心脏泵功能的贮备

心脏的泵血功能可以随着机体代谢率的增长而增加。影响因素:心率、搏出量。

1.心力贮备:心输出量随机体代谢增加而增长的能力。

健康成人在剧烈运动时,心输出量可达 25~30L,比安静时增加 5—6 倍,优秀运动员可增加到 7 倍甚至 8 倍。可见心输出量可随着机体代谢的需要而增加,具有一定的贮备,称为心力贮备或心泵功能贮备。心力贮备分为心率贮备,收缩期贮备和舒张期贮备。动用收缩期贮备可使搏出量增加 $55-60$ 毫升。

2.心率贮备是通过心率增加而使心输出量增加的贮备。

优秀耐力运动员安静时心率较低,而最大心率与常人一样,故心率贮备最大。收缩期贮备是通过心室收缩力增强,使心室收缩末期容积减小的幅度。舒张期贮备是指通过心室舒张末期容积增加的幅度,一般认为舒张期贮备最少。运动时主要通过增加心率和动用心收缩期贮备而使心输出量增加。坚持体育锻炼可增加心率贮备和收缩期贮备

意义:心率贮备的大小反映心脏泵血功能对代谢需要的适应能力及训练水平。

运动员心脏心肌纤维粗,收缩力强(收缩期贮备强),静息状态下心率慢(心率贮备强),所以剧烈运动时最大输出量可大幅度增加。

第三节　血管生理

一、各类血管的结构和功能特点

血管分为动脉、毛细血管和静脉三大类。各类血管的结构特点不同,在血液循环系统中发挥着不同的生理作用。血管壁的基本组织结构:内皮、弹力纤维、平滑肌、胶原纤维。

1.主动脉、大动脉

这些血管的管壁坚厚,富含弹性纤维,有明显的可扩张性和弹性。左心室射血时,主动脉压升高,一方面推动动脉内的血液向前流动,另一方面使主动脉扩张,容积增大。故称为弹性贮器血管。

左心室射出的血液在射血期内一部分进入外周,另一部分被贮存在大动脉内。主动脉瓣关闭后,被扩张的大动脉管壁发生弹性回缩,将在射血期多容纳的那部分血液继续向外周方向推动——大动脉的这种功能称为弹性贮器作用。故主动脉、大动脉常称为弹性贮器血管。

2.小动脉和微动脉

管径小,对血流的阻力大,称为阻力血管。微动脉的管壁富含平滑肌,后者的舒缩活动可使血管口径发生明显变化,从而改变对血流的阻力和所在器官、组织的血流量。从弹性贮器血管以后到分支为小动脉前的动脉管道,其功能是将血液输送至各器官组织。

3.毛细血管

其管壁仅由单层内皮细胞构成,外面有一薄层基膜,故通透性很高,成为血管内血液和血管外组织液进行物质交换的场所。所以毛细血管又称为交换血管。

4.静脉

静脉数量较多,口径较粗,管壁较薄,故其容量较大,而且可扩张性较大,即较小的压力变化就可使容积发生较大的变化。在安静状态下,循环血量的 $60\%\sim70\%$ 容纳在静脉中。静脉的口径发生较小变化时,静脉内容纳的血量就可发生很大的变化,而压力的变化较小。静脉在血管系统中起着血液贮存库的作用,称为容量血管。

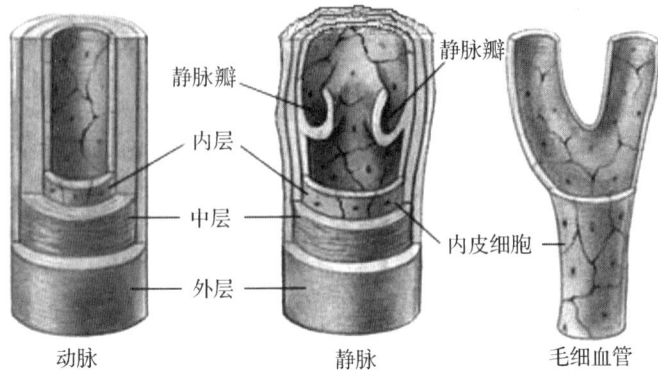

图 2-13　各类血管壁的结构

静脉瓣　内层　中层　外层　动脉　静脉瓣　内皮细胞　静脉　毛细血管

二、血流量、血流阻力和血压

血流动力学的基本研究对象是流量、阻力和压力之间的关系。血管是有弹性和可扩张的，血液是含有血细胞和胶体物质等多种成分的液体，而不是理想液体。

（一）血流量和血流速度

单位时间内流过血管某一截面的血量称为血流量，也称容积速度，其单位通常以 mL/min 或 L/min 来表示。血液中的一个质点在血管内移动的线速度，称为血流速度。

血液在血管流动时，其血流速度与血流量成正比，与血管的截面成反比。

（二）血流阻力

血流阻力来源于血液流动时血液成分之间的摩擦阻力（即血液的黏滞性），以及血流与管壁之间的摩擦阻力。后者受血管的口径和长度的影响。

根据泊肃叶氏定律：　$R = 8\eta L/\pi r^4$

血流阻力与血液的黏滞系数（η）成正比，与血管长度（L）成正比，与血管半径（r）的 4 次方成反比。

人体内血管的长度通常不会发生较大变化。因此，血流阻力主要取决于血管半径和血液黏滞性。其中血管半径是形成血流阻力的主要因素。血管半径只要发生很小改变，即可以引起血流阻力的明显变动。血液循环中外周阻力大小，主要受阻力血管口径大小所控制。神经系统和体液因素对血压的调节作用，可通过这一环节起作用。

（三）血压

1. 血压概念

血压是指血管内的血液对于单位面积血管壁的侧压力。血压数值常用千帕（kPa）表示（1mmHg 等于 0.133kPa）。

当血液从主动脉流向外周时，因不断克服血管对血流的阻力而消耗能量，血压也就逐渐降低。在各段血管中，血压降落的幅度与该段血管对血流的阻力的大小成正比。心室和主动脉血压最高，收缩压约 120mmHg。随着动脉逐步变细，阻力相应加大，血流为克服血管阻力消耗的能量相应加大，血压逐渐降低，小动脉、微动脉的口径变化最大，血压下降最为显著，收缩压下降为 60～70mmHg。毛细血管血压进一步下降为 30～40mmHg，微静脉、小静脉血压约 10～20mmHg，大型静脉血压约 3～4mmHg，颈静脉接近胸腔处由于胸内负压的影响，血压接近于零（与大气压相等）。胸腔内的颈静脉和锁骨下静脉、腔静脉的血压可以低于大气压成为负压，约

－2～－5mmHg。可见动静脉系统有明显的压力梯度,正是这种压力梯度推动血液迅速流动,从动脉经毛细血管、静脉,再回到心脏。

2.血压形成的原因

(1)心血管系统内有血液充盈。循环系统平均充盈压数值的高低取决于血量和循环系统容量之间的相对关系。如果血量增多,或血管容量缩小,则循环系统平均充盈压就增高;反之,如果血量减少或血管容量增大,则循环系统平均充盈压就降低。

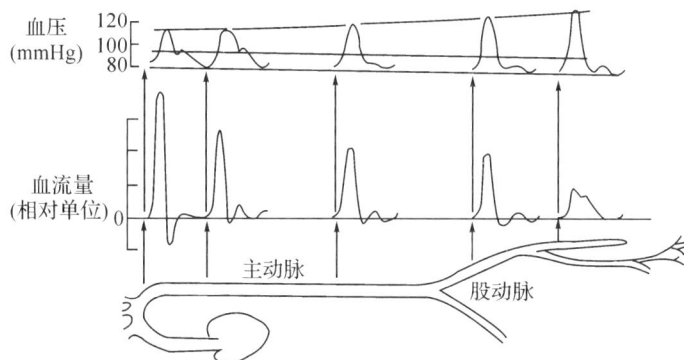

图 2-14 主动脉和外周动脉的脉搏压、平均压和血流变化(1mmHg＝0.133kPa)

(2)心脏射血。心室肌收缩时所释放的能量一部分用于推动血液流动;另一部分形成对血管壁的侧压,并使血管壁扩张,这部分是势能,即压强能。在心舒期,大动脉发生弹性回缩,又将一部分势能转变为推动血液的动能,使血液在血管中继续向前流动。由于心脏射血是间断性的,因此在心动周期中动脉血压发生周期性的变化。

由于血液从大动脉流向心房的过程中不断消耗能量,故血压逐渐降低。在机体处于安静状态时,体循环中毛细血管前阻力血管部分血压降落的幅度最大。

三、动脉血压

动脉血压是指血液对单位面积动脉管壁的侧压力(压强),一般是指主动脉内的血压。

动脉血压的条件:在有足够量的血液充满血管的前提下,由心室收缩射血、外周阻力和大动脉弹性的协同作用产生的。

(一)动脉血压的成因

循环系统同足够的血液充盈和心脏射血是形成血压的基本因素。在动脉系统,影响动脉血压的另一个因素是外周阻力。外周阻力主要是指小动脉和微动脉对血流的阻力。

在每个心动周期中,左心室内压随着心室的收缩和舒张发生较大幅度的变化。一般情况下,左心室每次收缩时向主动脉内射出 60～80mL 血液。

形成过程:心缩期 2/3 储存于动脉中,1/3 流向外周→收缩压

心舒期主动脉回缩,剩余 2/3 流向外周→舒张压

由于小动脉和微动脉对血流有较高的阻力,以及主动脉和大动脉管壁具有较大的可扩张性,因此左心室一次收缩所射出的血液,在心缩期内大约只有 1/3 流至外周,2/3 被暂时贮存在主动脉和大动脉内,使主动脉和大动脉进一步扩张。主动脉压也就随之升高。心室舒张时,半月瓣关闭,射血停止,被扩张的弹性贮器血管管壁发生弹性回缩,将在心缩期贮存的那部分血液继续推向外周,并使主动脉压在心舒期仍能维持在较高的水平,

弹性贮器血管的作用,使左心室的间断射血变为动脉内的连续血流;同时还使每个心动周

期中动脉血压的变动幅度远小于左心室内压的变动幅度。

（二）动脉血压的正常值

1. 常将在上臂肱动脉测得的动脉压代表主动脉压。

心室收缩时，主动脉压急剧升高，在收缩期的中期达到最高值，称为收缩压。心室舒张时，主动脉压下降，在心舒末期动脉血压的最低值，称为舒张压。收缩压和舒张压的差值称为脉搏压（简称脉压）。一个心动周期中每一个瞬间动脉血压的平均值，称为平均动脉压。平均动脉压大约等于舒张压加1/3脉压。

2. 我国健康青年人在安静状态时的收缩压为13.3～16.0kPa（100～120mmHg）。舒张压为8.0～10.6kPa（60～80mmHg），脉搏压为4.0～5.3kPa（30～40mmHg），平均动脉压在13.3kPa（100mmHg）左右。

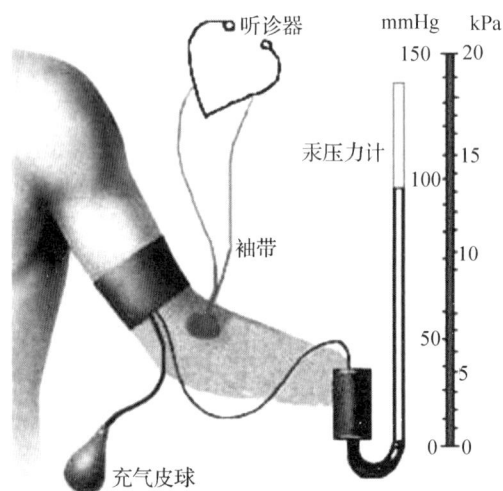

图 2-15　动脉血压的测量

动脉血压随年龄的增长而逐渐升高，收缩压的升高比舒张压的升高更为显著。新生儿的收缩压仅为5.3kPa（40mmHg）左右。出生一个月后可达到10.6kPa（80mmHg）。以后，收缩压继续升高，到12岁时约为14.0kPa（105mmHg）。在青春期，收缩压较快地上升，17岁的男性青年收缩压可达16.0kPa（120mmHg）。青春期以后，收缩压随年龄增长而缓慢升高。至60岁时，收缩压约18.6kPa（140mmHg）。

表 2-4　中国人平均正常血压参考值　　　　　　　　　　　（单位：mmHg）

年龄/岁	收缩压（男）	舒张压（男）	收缩压（女）	舒张压（女）
16～20	115	73	110	70
21～25	115	73	110	71
26～30	115	75	112	73
31～35	117	76	114	74
36～40	120	80	116	77
41～45	124	81	122	78
46～50	128	82	128	79
51～55	134	84	134	80
56～60	137	84	139	82
61～65	148	86	145	83

静息时,动脉血压长期超出正常变动范围,血压超过 140/90mmHg,特别是舒张压长期超过 90mmHg,认为是高血压。低血压是指体循环动脉压力低于正常的状态,一般认为成年人动脉血压低于 90/60mmHg 为低血压。

【知识与应用】

高血压

高血压病是指在静息状态下动脉收缩压和/或舒张压增高(≥140/90mmHg),常伴有脂肪和糖代谢紊乱以及心、脑、肾和视网膜等器官功能性或器质性改变。

高血压是一种以动脉压升高为特征,可伴有心脏、血管、脑和肾脏等器官功能性或器质性改变的全身性疾病,它有原发性高血压和继发性高血压之分。

1.主要病因及发病机制

(1)遗传:大约半数高血压患者有家族史。父母均患高血压,其子女的高血压发生率可达 46%。

(2)体重:体重与血压有高度的相关性。肥胖者体内脂肪过多,对血管造成一定的挤压,当管道被挤压以后,心脏需要加大动力才可能使血液循环达到流通,动力源动力加大使管道压力也加大,形成了高压。

(3)饮食:过多的钠盐、大量饮酒、膳食中过多脂肪的摄入,均可引发高血压。

(4)年龄:发病率随着年龄增长而增高的趋势,40 岁以上者发病率增高。

2.一般治疗

(1)注意劳逸结合,保持足够的睡眠,参加力所能及的工作、体力劳动和体育锻炼。

(2)注意饮食调节,以低盐、低动物脂肪饮食为宜,并避免进富含胆固醇的食物。

(3)肥胖者适当控制食量和总热量,适当减轻体重,不吸烟。

3.合理、正确服用高血压药物

(1)应用降压药物治疗原发性高血压需长期服药。因此,宜选用降压作用温和、缓慢、持久、副作用少、病人易于掌握而使用方便的口服降压药。

(2)用降压药一般从小剂量开始,逐渐增加剂量,达到降压目的后,可改用维持量以巩固疗效,尽可能用最小的维持量以减少副作用。

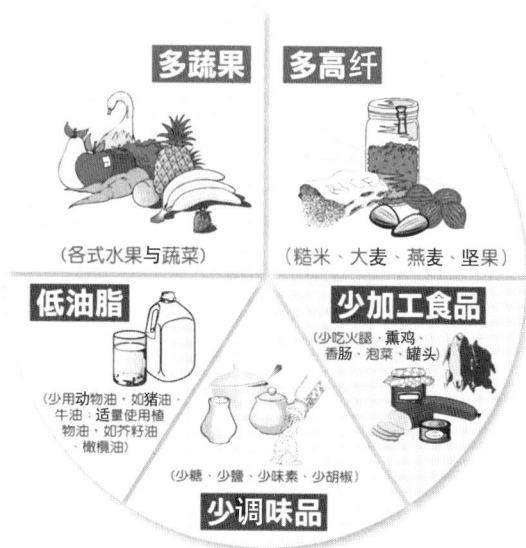

(3)使用可引起明显直立位低血压的降压药物时,宜向病人说明,从坐为起立或从平卧位起立时,动作应尽量缓慢,以免血压突然降低引起昏厥而发生意外。

(4)临床上常联合应用几种降压药物治疗,其优点是:药物的协同作用可提高疗效;几种药物共同发挥作用,可减少各药的单剂量;减少每种药物的副作用,或使一些副作用互相抵消;使血压下降较为平稳。

（二）影响动脉血压的因素

1. 心脏每搏输出量

每搏输出量增大，心缩期射入主动脉的血量增多，心缩期中主动脉和大动脉内增加的血量变多，管壁所受的张力也更大，故收缩期动脉血压的升高更加明显。

由于动脉血压升高，血流速度外周阻力和心率的变化不大，则大动脉内增多的血量仍可在心舒期流至外周，到舒张期末，大动脉内存留的血量和每搏输出量增加之前相比，增加并不多。因此，当每搏输出量增加而外周阻力和心率变化不大时，动脉血压的升高主要表现为收缩压的升高，舒张压可能升高不多，故脉压增大。反之，当每搏输出量减少时，主要使收缩压降低，脉压减小。在一般情况下，收缩压的高低主要反映心脏每搏输出量的多少。

2. 心率

心率加快，而每搏输出量和外周阻力都不变，由于心舒期缩短，在心舒期内流至外周的血液就减少，故心舒期末主动脉内存留的血量增多，舒张期血压就升高。由于动脉血压升高可使血流速度加快，因此在心缩期内可有较多的血液流至外周，收缩压的升高不如舒张压的升高显著，脉压比心率增加前减小。相反，心率减慢时，舒张压降低的幅度比收缩压降低的幅度大，故脉压增大。

3. 外周阻力

心输出量不变而外周阻力加大，心舒期中血液向外周流动的速度减慢，心舒期末存留在主动脉中的血量增多，舒张压升高。在心缩期由于动脉血压升高使血流速度加快，收缩压的升高不如舒张压的升高明显，故脉压加大。一般舒张压的高低主要反映外周阻力的大小。

外周阻力的改变，主要是由于骨骼肌和腹腔器官阻力血管口径的改变。血液黏滞度也影响外周阻力。血液黏滞度增高，外周阻力就增大，舒张压就升高。

4. 主动脉和大动脉的弹性贮器作用

主动脉和大动脉管壁的可扩张性和弹性具有缓冲动脉血压变化的作用，也就是有减小脉压的作用。主动脉和大动脉管壁的可扩张性和弹性在短时间内不会有明显的变化，但老年时，由于动脉管壁中的弹力纤维变性，主动脉和大动脉口径变大，容量也增大，而可扩张性和弹性变小，作为弹性贮器的作用减弱，因此老年人动脉血压的波动（即脉压）较青年人大。

5. 循环血量和血管系统容量的比例

在正常情况下，循环血量和血管容量是相适应的，血管系统充盈程度的变化不大。失血后，循环血量减少。此时如果血管系统的容量改变不大，则体循环平均充盈压必然降低，使动脉血压降低。如果循环血量不变而血管系统容量增大时，也会造成动脉血压下降。

在某种生理情况下动脉血压的变化，往往是各种因素相互作用的综合结果。

（三）动脉脉搏

在每个心动周期中，动脉内的压力发生周期性的波动。这种周期性的压力变化可引起动脉血管发生搏动，称为动脉脉搏。用手指可摸到身体浅表部位的动脉搏动。

医生进行诊断时，最通常的是按病人桡动脉的脉搏。按脉可以了解病人的脉搏频率和节律是否规则等情况。由于动脉脉搏与心输出量、动脉的可扩张性以及外周阻力等因素有密切的关系。因此，在某些情况下脉搏可以反映心血管系统的异常状况。

四、静脉血压和静脉回心血量

由于整个静脉系统的容量很大，静脉容易被扩张又能够收缩，静脉的收缩或舒张可有效地调节回心血量和心输出量,使循环机能能够适应机体在各种生理状态时的需要。

(一)静脉血压

体循环血液经动脉和毛细血管到达微静脉时,血压降至 2.0~2.7kPa(15~20mmHg)。右心房作为体循环的终点,血压最低,接近于零。通常将右心房和胸腔内大静脉的血压称为中心静脉压,各器官静脉的血压称为外周静脉压。

(二)静脉血流

1.静脉对血流的阻力

单位时间内由静脉回流入心脏的血量等于心输出量。静脉对血流的阻力很小,约占整个体循环总阻力的 15%。静脉在血液循环中是将血液从组织引流回心脏的通道,并且起血液贮存库的作用。小的血流阻力与静脉的功能是相适应的。

毛细血管后阻力的改变可影响毛细血管血压。后者的高低取决于毛细血管前阻力和毛细血管后阻力的比值。微静脉收缩使毛细血管后阻力升高,如果毛细血管前阻力不变,毛细血管前阻力和毛细血管后阻力的比值变小,毛细血管血压升高,组织液的生成增多。机体通过对微静脉收缩状态的调节来控制血液和组织液之间的液体交换,并间接地调节循环血量。

2.静脉回心血量及其影响因素

单位时间内的静脉回心血量取决于外周静脉压和中心静脉压的差,以及静脉对血流的阻力。故能影响外周静脉压、中心静脉压以及静脉阻力的因素,都能影响静脉回心血量。

(1)体循环平均充盈压:体循环平均充盈压是反映血管系统充盈程度的指标。

当血量增加或容量血管收缩时,体循环平均充盈压升高,静脉回心血量也就增多。反之,血量减少或容量血管舒张时,体循环平均充盈压降低,静脉回心血量减少。

(2)心脏收缩力量:心脏收缩时将血液射入动脉,舒张时则可以从静脉抽吸血液。如果心脏收缩力量强,射血时心室排空较完全,在心舒期心室内压就较低,对心房和大静脉内血液的抽吸力量也就较大。右心衰竭时,射血力量显著减弱,心舒期右心室内压较高,血液淤积在右心房和大静脉内,回心血量大大减少。

(3)体位改变:当人体从卧位转变为立位时,身体低垂部分静脉扩张,容量增大,故回心血量减少。站立时下肢静脉容纳血量增加的程度可受到若干因素的限制,例如下肢静脉内的静脉瓣,以及下面将叙述的下肢肌肉收缩运动和呼吸运动等。

(4)骨骼肌的挤压作用:肌肉收缩时可对肌肉内和肌肉间的静脉发生挤压,使静脉血流加快;因静脉内有瓣膜存在,使静脉内的血液只能向心脏方向流动而不能倒流。骨骼肌和静脉瓣膜一起,对静脉回流起着"泵"的作用,作为"静脉泵"或"肌肉泵"。当肌肉收缩时,可将静脉内的血液挤向心脏,当肌肉舒张时,静脉内压力降低,有利于微静脉和毛细血管内的血液流入静脉,使静脉充盈。肌肉泵的这种作用,对于在立位情况下降低下肢静脉压和减少血液在下肢静脉内潴留有十分重要的生理意义。

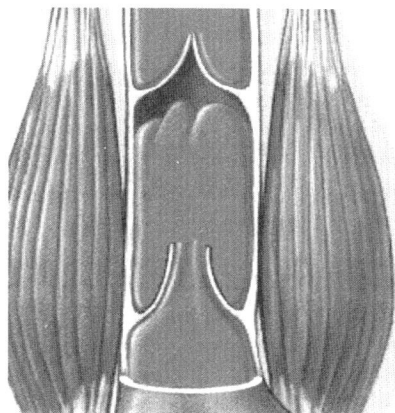

图 2-16 骨骼肌的挤压作用

(5)呼吸运动:在吸气时,胸腔容积加大,胸膜腔负压值进一步增大,使胸腔内的大静脉和右心房更加扩张,压力进一步降低,因此有利于外周静脉内的血液回流入右心房。由于回心血量增加,心输出量也相应增加。呼气时,胸膜腔负压值减小,由静脉回流入右心房的血量也相应减少。

五、毛细血管的功能

毛细血管是连接微动脉和微静脉之的微血管。毛细血管最根本的功能是进行血液和组织之间的物质交换,这功能在微循环部分实现的。各器官、组织的结构和功能不同,微循环的结构也不同。

(一)微循环的组成

典型的微循环由微动脉、后微动脉、毛细血管前括约肌、真毛细血管、通血毛细血管(或称直捷通路)、动—静脉吻合支和微静脉等部分组成。

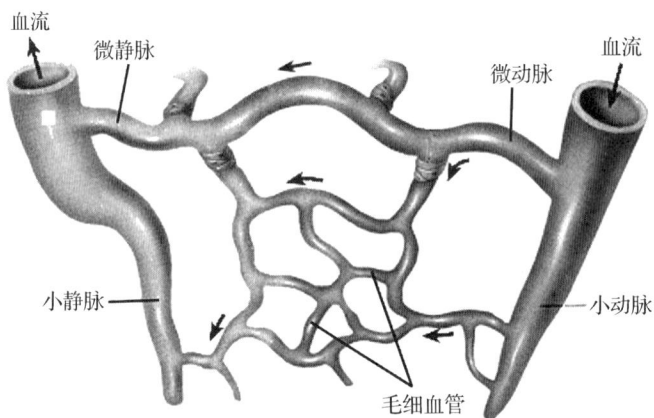

图 2-17   微循环模式

(二)毛细血管的结构和通透性

毛细血管壁由单层内皮细胞构成,外面有基膜包围,总的厚度约 $0.5\mu m$。内皮细胞之间相互连接处存在着细微的裂隙,成为沟通毛细血管内外的孔道。

(三)血液和组织液之间的物质交换

组织、细胞通过细胞膜和组织液发生物质交换。组织液与血液之间则通过毛细血管壁进行物质交换。因此,组织、细胞和血液之间的物质交换需通过组织液作为中介。

六、组织液

组织液存在于组织、细胞的间隙内,绝大部分不能自由流动。组织液中各种离子成分与血浆相同。组织液中也存在各种血浆蛋白质,但其浓度明显低于血浆。

(一)组织液的生成

组织液是血浆滤过毛细血管壁而形成的。

1.液体通过毛细血管壁的滤过和重吸收取决于毛细血管血压(p_c)、组织液静水压(p_{if}),血浆胶体渗透压(π_p)和组织液胶体渗透压(π_{if})。

2.滤过系数的大小取决于毛细血管壁对液体的通透性和滤过面积。

(二)影响组织液生成的因素

正常情况下,组织液不断生成,又不断被重吸收,保持动态平衡,血量和组织液量能维持相对稳定。如果这种动态平衡遭到破坏,发生组织液生成过多或重吸收减少,组织间隙中就有过多的潴留,形成组织水肿。

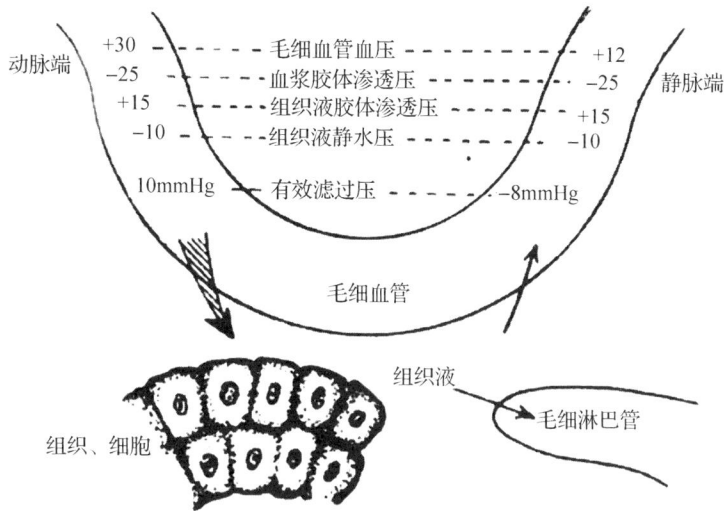

图 2-18　组织液生成与回流图

（＋：使液体滤出毛细血管力量　　－：使液体吸收回毛细血管力量）

七、心血管活动的调节

（一）心血管活动的神经调节

1.心脏的神经支配

（1）心交感 N 及其作用	（2）心迷走 N 及其作用

起源：脊髓胸段 T1～T5 侧角神经元　　　延髓的迷走神经背核和疑核

分布：右：窦房结、房室肌前壁　　　　　右：窦房结

　　　左：房室交界、束支、房室肌后壁　　左：房室交界、房室肌少量

递质：去甲肾上腺素　　　　　　　　　　乙酰胆碱

作用：心率↑心缩力↑　　　　　　　　　心率↓心缩力↓

2.血管的神经支配

（1）缩血管神经：人体大多数血管只接受交感缩血管神经的单一神经支配。交感缩血管神经经常保持一定的紧张性活动,通过改变这种紧张性活动的强度,调节血管的口径来改变循环系统的外周阻力。反之,当紧张性活动减弱时,小动脉舒张,外周阻力减小,血压就下降。

（2）舒血管神经：支配骨骼肌微动脉的交感舒血管纤维末梢释放乙酰胆碱。交感舒血管纤维管与交感缩血管纤维不同,只在激动或准备作剧烈肌肉运动时才发放冲动,使骨骼肌血管舒张。

3.心血管中枢

表 2-5　心血管中枢部位和特点

	部位	特点
脊髓	T、L、S 段 灰质侧角	①活动受上级中枢控制 ②能完成原始不精确的心血管反应
延髓	缩血管中枢（头端腹外侧） 心交感中枢（尾端腹外侧） 心迷走中枢（迷走背核、疑核）	①是最基本的心血管中枢 ②相互间有突触联系 吸气：迷走紧张↓交感紧张↑； 呼气：相反
延髓以上	下丘脑、大脑边缘系统、大脑新皮层运动区、小脑顶核	

4.心血管反射

(1)颈动脉窦和主动脉弓压力感性反射。当动脉血压升高时,颈动脉窦和主动脉弓的传入冲动分别经窦神经(入舌咽神经)和迷走神经进入延髓后,一方面使心迷走中枢的活动加强,另一方面又使心交感中枢和交感缩血管中枢活动减弱。这些中枢通过改变心迷走神经、心交感神经和交感缩血管神经的兴奋性来调节心脏和血管的活动,其总的效果是使心脏的活动不致过强,血管外周阻力不致过高,从而使动脉血压保持在较低的水平上,因此这种压力感受性反射又称为减压反射。

减压反射是一种典型的负反馈调节,它的生理意义在于保持动脉血压的相对稳定。减压反射主要对迅速出现的动脉血压变化发生调节作用,对维持脑、心正常血液供应具有特别重要意义。

(2)颈动脉体和主动脉体化学感受性反射。当血液缺氧、二氧化碳过多或 H^+ 浓度升高时,可刺激颈动脉体和主动脉体的化学感受器,使其兴奋,冲动沿窦神经和迷走神经传入延髓,一方面刺激呼吸中枢,引起呼吸加强,另一方面也刺激心血管中枢,使心率加快、心输出量增加、脑和心脏的血流量增加,而腹腔内脏和肾脏的血流量减少。

在正常情况下,化学感受性反射对呼吸起经常性调节作用,但对心血管活动的影响却很小。只有在缺氧窒息、失血及酸中毒等异常情况下,才对心血管活动产生比较明显的作用,使血压升高,改善血液循环。

(3)本体感受性反射。骨骼肌的肌纤维、肌腱和关节囊中有本体感受器。肌肉收缩时,这些感受器受到刺激,反射性地引起心率加快,血压升高。目前认为,强烈的肌肉运动一开始心率立即加快是神经反射所引起的,而本体感受性反应可能是其中的一部分。

(二)心血管活动的体液调节

1.肾上腺素和去甲肾上腺素

肾上腺素和去甲肾上腺素均由肾上腺髓质分泌。

(1)肾上腺素可使心率加快,心肌收缩力量加强,心输出量增加,血压升高;对外周血管的作用可使皮肤、肾脏、肠胃等内脏的血管收缩,而使骨骼肌和肝脏中的血管及冠状血管舒张,这对保证肌肉运动时外用血液的重新分配,使血液大量流经骨骼肌,满足其代谢增强的需要具有重要意义。

(2)去甲肾上腺素也能使心脏活动加强,但其作用比肾上腺素小。去甲肾上腺素对血管的作用是对体内大多数血管(冠状血管除外)都有明显的缩血管作用,导致外用阻力增大,动脉血压升高。临床上常用作升压剂。

2.肾素-血管紧张素

肾脏的近球细胞分泌的一种蛋白水解酶,称肾素。肾素进入血流后可将血浆中的血管紧张素原转变成有活性的血管紧张素。

血管紧张素可通过直接对心血管的作用,也可通过刺激交感神经中枢以及促使交感神经末梢释放去甲肾上腺素的方式使心脏收缩加快、力量增强、心输出量增加,使皮肤及内脏器官血管显著收缩,最终导致外周阻力增加,血压升高。

当人体大量失血时,由于血压显著下降,肾血流量减少而使肾素大量分泌,血管紧张素也相应增加,使机体的外周血管出现广泛而持续的收缩,从而防止血压过度下降。

3.心钠素

一种由心房合成、贮存和分泌的活性多肽,又称心房利钠因子(ANF)或心房利钠肽

（ANP）。具有强大的利钠、利尿、舒张血管、降低血压和对抗肾素－血管紧张素系统和抗利尿激素作用。心钠素可使血管舒张,外围阻力降低;也可使每搏输出量减少,心率减慢,心输出量减少,可以抑制血管升压素的释放。

第四节　运动对血量、血细胞的影响

一、运动对血量的影响

1.一次性运动对血容量变化的主要影响因素:强度、持续时间、项目、环境温度及湿度、热适应、训练水平。

运动状态时:总血容量增加,骨骼肌血容量增加。

原因:贮存血量释放。

全身血管口径变化:骨骼肌(血流量增加 4～20 倍)、心肌血管扩张(血流量增加 3～5 倍),泌尿、消化等系统血管收缩(血流量减少 2～5 倍)。

2.耐力性项目(长时间,强度较低):血量增加最为显著,变化亦最为显著。

增加:贮血库释血。

变化:血管内与组织间水分转移、排汗散热增加(摄氏 35 度:0.58 克/克汗,体重下降 3%～8%,则血浆容量减少 6%～25%)引起的血浆容量变化。

一次性长时间运动可使体重下降 10%。运动中应注意充分补充水分,防止脱水。

脱水可造成心输出量↓→机体供血供氧↓→有氧能力↓,代谢产物↑→疲劳→运动能

3.速度性项目(短时间,大强度):贮血库紧急动员,血量增加,但血液相对浓缩,血细胞量和血浆量均增加,但前者增加尤为明显。

二、运动对血细胞的影响

（一）运动对红细胞数量的影响

运动可使红细胞数量发生变化。

影响因素:运动种类、强度、持续时间(大强度运动后即刻:10%,运动后 30 分钟:5%)

1.一次性运动对红细胞数量的影响

一次性运动中,红细胞数量的增加与运动强度正相关,主要受血浆相对或绝对的减少的影响。

①耐力性运动:红细胞数量增加

排汗、呼吸、不显蒸发↑→血液浓缩

肌细胞代谢产物↑→细胞内渗透压↑→水分向胞外液转移→血液浓缩。

胞内 K 离子进入胞外液使肌肉毛细管舒张→水分向胞外转移→血液浓缩。

②速度性运动:红细胞数量增加

贮血库释放→血液循环血量增加→红细胞数量增加。

③短时间静力性或动力性运动:红细胞数量增加。

肌肉持续收缩→静脉受压→血液流向毛细血管↑→毛细血管内压↑→血液水分渗出→血

液浓缩。

运动中红细胞增加为暂时性,运动停止后1～2小时可恢复到正常。

2.长期训练对红细胞数量的影响

运动性贫血:血容量增加,血浆量增加较多,红细胞数量增加较少→红细胞数量相对减少,红细胞比容相对降低。原因:运动中红细胞破坏增多。

生理意义:安静状态下降低血黏度,减少循环阻力,减少心脏负荷;运动状态下血液相对浓缩,保证血红蛋白量相应提高,为优秀运动员有氧工作机能潜力的重要影响因素之一。

3.运动对红细胞压积的影响

红细胞压积(比容):红细胞在全血中所占的容积百分比。

正常值:37%～50%,女性低于男性。

生理意义:影响血黏度(带氧能力)的主要因素。正常黏度范围内红细胞数量、压积增加可使红细胞功能增强;

如大于50%则血黏度与红细胞压积呈指数关系上升时:

单位体积红细胞↑→红细胞压积↑→血黏度↑→循环阻力↑→血液流速↓→运输能力↓、调节能力↓、清除能力↓→运动能力↓

与训练水平的关系:耐力性运动训练水平低者红细胞压积增加明显,血黏度增加,心脏负荷重,易疲劳,运动能力下降。为耐力运动员机能评定指标

4.运动对红细胞流变性的影响

红细胞流变性的概念:在血液中流动的红细胞,在切应力的作用下变形,以减少血流的阻力。使红细胞在比容较高的情况下也能顺利发生轴流现象,顺利通过小于自身直径的微血管和狭窄部位,保证微循环有效灌注,提高氧气的运转效率。

红细胞流变性下降→红细胞聚集→血黏度↑→血液流速、氧运输↓

测定指标:红细胞渗透脆性、红细胞悬液黏度、滤过率、压积、电泳率等

运动时红细胞流变性的变化:强度、持续时间、训练水平的关系

一次性最大强度、持续时间长、训练水平低:红细胞变形能力降低,持续1小时。

影响因素:红细胞表面积/容积比值、红细胞内部黏度、红细胞膜弹性

红细胞变形能力↓→血液流变性↓→供氧↓心脏负荷↑运动能力↓恢复↓

无训练者不宜进行一次性高强度极限运动。

有训练者安静时红细胞变形能力增强:新生红细胞↑细胞膜脆性↓弹性↑

(二)运动对白细胞的影响

1.运动时白细胞变化

运动引起白细胞增多。

(1)淋巴细胞总数增多:始动时或赛前状态出现,贮血库及淋巴结释放增多,淋巴细胞为主。

(2)大强度或长时间运动时出现中性粒细胞总数及中性粒细胞明显增加。

(3)为无训练者进行长时间大强度运动训练时,出现造血系统机能下降。

再生阶段白血病总数大大增加,噬酸性细胞消失;变质阶段白细胞总数下降。

2.运动后白细胞的变化

白细胞总数及淋巴细胞的增加与运动强度正相关,与运动时间负相关;

30分钟内的一次性运动,无论强度如何,主要是淋巴细胞增加。

运动后白细胞的恢复:恢复速度与运动强度、持续时间负相关;

如白细胞在运动中变化幅度大、恢复慢，将会明显影响到免疫功能。

（三）运动对血小板的影响

1.血小板数量的增加与运动负荷强度高度正相关。

2.一次性激烈运动后即刻：血小板数量、平均容积增加，活性增强（肾上腺素、ADP、血小板激活因素增加有关）；运动后血小板黏附率、最大聚集率明显增加，血小板活化。

原因：（1）运动中血细胞破坏增加，使诱聚剂释放增多，

（2）运动处于机能应激状态，

作用：可修复微血管损伤和调节血管壁通透性。

（四）运动对血红蛋白的影响

1.对运动员血红蛋白正常值的评定

正常值：14克％（血黏度4单位）～小于20克％（血黏度6单位）

Hb过高：血流阻力增加，心脏负荷加重，机能紊乱；过低：贫血，供氧不足，机能能力下降。

血红蛋白半定量分析法进行个体具体分析，可了解个体正常范围，通过正常范围的观察，可掌握机能状况，调整身体机能，预测运动成绩。注意：

（1）冬季、女性月经期正常值可稍低。注意季节和生物周期的个体差异。

（2）一般标准：男＜17克％，女＜16克％。

最低值＞本人全年平均值的80％。（12月值/12×80％）注意个体相差较大的平均值。

（3）身体机能最佳期：大运动量的调整期，血红蛋白值由低向高恢复时，运动成绩最好。

（4）为训练周期和阶段的评定指标，不能用于评定每次训练课的情况。

（5）结合无氧阈、尿蛋白、心率、自我感觉等分析血红蛋白指标变化，针对有氧项目的评定指标。

2.运动员选材

（1）运动员血红蛋白值分类：

理论分型：偏高型、偏低型、正常型—波动大、波动小之分。

实际分型：偏高波动小型、偏低波动小型、正常波动大型、正常波动小型。

最佳（差）类型：偏高波动小型佳，偏低波动小型差。前者可耐受大运动量训练，适宜从事耐力型或速度耐力型项目。

（2）检测：每周或每隔一周测定一次血红蛋白，1～2个月左右可判定类型。结合运动训练实际情况，进行队员之间横向比较。

第五节　运动对心血管系统的影响

人体从安静状态进入运动状态，人体内各器官系统的功能作出适时、适度的改变，以满足运动的需要。长期的训练，运动员身体出现适应性变化，表现为安静时贮备多，定量运动后动员快、反应低、恢复快。

一、运动时心血管反应

骨骼肌收缩时，耗氧量明显增加。循环系统的适应性变化就是提高心输出量以增加血流供

应，从而满足肌肉组织的氧耗，并及时运走过多的代谢产物，否则肌肉运动就不可能持久。

（一）肌肉运动时心输出量的变化

运动一开始，心输出量就急剧增加，通常一分钟达到高峰，并维持在该水平。运动时心输出量的增加与运动量或耗氧量成正比。

运动时，由于肌肉的节律性舒缩和呼吸运动加强，回心血量大大增加，这是增加心输出量的保证。另外，运动时交感缩血管中枢兴奋，使容量血管收缩，体循环平均充盈压升高，也有利于增加静脉回流。

在回心血量增多的基础上，由于运动时心交感中枢兴奋和心迷走中枢抑制，使心率加快，心肌收缩力加强，因此心输出量增加。交感中枢兴奋还能使肾上腺髓质分泌增多，循环血液中儿茶酚胺浓度升高，也进一步加强心肌的兴奋作用。

（二）肌肉运动时各器官血液量的变化

运动时心输出量增加，但增加的心输出量并不是平均分配给全身各个器官的。通过体内的调节机制，各器官的血流量将进行重新分配。其结果是使心脏和进行运动的肌肉的血流量明显增加，不参与运动的骨骼肌及内脏的血流量减少。在运动开始时，皮肤血流也减少，但以后由于肌肉产热增加，体温升高，通过体温调节机制，使皮肤血管舒张，血流增加，以增加皮肤散热。

运动时各器官血流量的重新分配具有十分重要的生理意义，即通过减少对不参与活动的器官的血流分配，保证有较多的血流分配给运动的肌肉。由于阻力血管舒张，肌肉中开放的毛细血管数目增加，使血液和肌肉组织之间进行气体交换的面积增大，气体扩散的距离缩短，从而能满足肌肉运动时增加的氧耗。有人曾经推算，人在做剧烈运动时，由于内脏器官、皮肤和不参与运动的肌肉的阻力血管收缩，可以从心输出量中省出大约 3L/min 的血液，分配至运动的肌肉。如果动脉血的含氧量为 20mL％，则即使心输出量不增加，仅通过血流量的重新分配，就可向运动的肌肉多提供 600mL/min 的氧。对于心脏机能不健全的人来说，运动时心输出量的增加有限，因此，血流量的重新分配就显得更为重要。

运动时血流量重新分配的生理意义，还在于维持一定的动脉血压。

（三）肌肉运动时动脉血压的变化

肌肉运动时动脉血压的变化，是许多因素改变后的总的结果。换句话说，运动时的动脉血压水平取决于心输出量和外周阻力两者之间的关系。如果心输出量的增加和外周阻力的降低两者的比例恰当，则动脉血压变化不大。否则，动脉血压就会升高或降低。在有较多肌肉参与运动的情况下，如步行时，肌肉血管舒张对外周阻力的影响大于其他不活动器官血管收缩的代偿作用，故总的外周阻力仍有降低，表现为动脉舒张压的降低；另一方面，由于心输出量显著增加，故收缩压升高，而平均动脉压则可能比安静时稍低。

二、运动训练对心血管系统的长期性影响

经常进行体育锻炼或运动训练，可促使人体心血管系统的形态、机能和调节能力产生良好的适应，提高人体工作能力。运动训练对心血管的长期性影响概括起来有以下几个方面。

（一）窦性心动徐缓

运动训练，特别是耐力训练可使安静时心率减慢。

一些优秀的耐力运动员安静时心率可低至 40～60 次/分，这种现象称为窦性心动徐缓。这是由于控制心脏活动的迷走神经作用加强，而交感神经的作用减弱的结果。

窦性心动徐缓是可逆的，即便安静心率已降到 40 次/分的优秀运动员，停止训练多年后，有些人的心率也可恢复接近到正常值。运动员的窦性心动徐缓是经过长期训练后心功能改善的良好反应。

（二）运动性心脏增大

运动训练可使心脏增大，运动性心脏增大是对长时间运动负荷的良好适应。近年来的研究结果表明，运动性心脏增大对不同性质的运动训练具有专一性反应。

以静力及力量性运动为主的投掷、摔跤和举重运动员心脏的运动性增大是以心肌增厚为主；游泳和长跑等耐力性运动员的心脏增大却以心室腔增大为主。

（三）心血管机能改善

一般人和运动员在安静状态下及从事最大运动时每搏输出量与每分输出量（每分输出量＝心率×每搏输出量）的变化：

安静时　　　一般人：5000mL/min＝71mL/次×70 次/min

运动员：5000mL/min＝100mL 次×50 次/min

最大运动时　一般人：22000mL/min＝113mL 次×195 次/min

运动员：35000mL/min＝179mL 次×195 次/min

从上数据可以看出，安静状态下两者每分输出量相等，但运动员的心率较低，故每搏输出量较大。从事最大运动时，两者的心率都可达到同样的高度，但运动员的每搏输出量可从安静时的 100mL 增加到 179mL，每分输出量可高达 35L。无训练者的每搏输出量只能从安静时的 71mL 增加到 113mL，每分输出量只能提高到 22L，运动员每搏输出量的增加是心脏对运动训练的适应。

运动员每搏输出量的增加是心脏对运动训练的适应。运动训练不仅使心脏在形态和机能上产生良好适应，而且也可使调节机能得到改善。有训练者在进行定量工作时，心血管机能动员快、潜力大、恢复快。运动开始后，能迅速动员心血管系统功能，以适应运动活动的需要。进行最大强度运动时，在神经和体液的调节下可发挥心血管系统的最大机能潜力，充分动员心力贮备。

【本章小结】

1．血液是心血管内循环流动的液体组织，由血浆和血细胞组成。血浆是血细胞以外的液体部分。血细胞包括红细胞、白细胞、血小板。

2．红细胞主要功能是运输 O_2 和 CO_2。白细胞的重要功能是参与机体的保护及防御反应。血小板生理机能促进止血和加速凝血，维护毛细血管壁完整性的功能。

3．正常成人血液总量约占体重的 7％～8％，血浆渗透压主要由晶体渗透压胶体渗透压组成。血液的 pH 值相对稳定为 7.35～7.45，人体生命活动所能耐受的最大 PH 值变动范围约为 6.9～7.8，血浆中 $NaHCO_3$ 是缓冲乳酸的主要物质称为碱储备。

4．血液的功能主要有运输 O_2 和 CO_2、营养物质和代谢产物的作用，维持内环境的相对稳定作用，维持血浆的酸碱平衡，防御和保护作用。

5．机体的循环系统由心脏和血管组成。血液循环指血液在血液循环系统中按一定方向、周而复始地流动。血液循环是封闭的，由体循环和肺循环两条途径构成的双循环。血液循环主要功能是运输血液，保证新陈代谢的不断进行，实现机体的体液调节、血液防卫机能和维持内环境的相对稳定等。

6．心肌的生理特性有兴奋性、传导性、自动节律性、收缩性。组成心脏的心肌细胞分为两类:一类是具有收缩与舒张功能的心房肌和心室肌细胞,称为工作细胞。它们具有兴奋性、传导性和收缩性,但不具有自律性。另一类为特殊分化的心肌细胞,组成心脏的特殊传导系统(包括窦房结、房室结、希氏束和浦金野氏纤维),具有自动产生节律性兴奋与传导性,不具有收缩性,称为自律细胞。心脏的特殊传导系统包括窦房结、结间束、房室结、房室束(房结区、结区、结束区)和与普通心肌细胞相连的浦肯野氏纤维。特殊传导系统中以窦房结的自律细胞自律性最高,为正常心脏窦性心率活动的起搏点。

7. 心脏收缩和舒张一次,称为一个心动周期。心率:每分钟心脏搏动的次数。

8. 心室每次搏动输出的血量称为每搏输出量。人体静息时约为 60～80mL。每分输出量指每分钟左心室或右心室射入主动脉或肺动脉的血量。每分输出量 = 每搏量×心率。

9. 心率(HR)是心血管系统最容易测定的指标。它既可以反映心血管机能,又可以反映机体节省程度和恢复情况,具有较高的可靠性。在运动员选材、机能评定、医务监督、负荷控制等方面有广泛应用。

10. 心输出量的影响因素:心率和每搏输出量、心肌收缩力、静脉回流量。

11. 以单位体表面积(m^2)计算的心输出量(心输/体面积),称为心指数。心指数与年龄、运动状态、生理状态、情绪有关。

12. 心脏的泵血功能可以随着机体代谢率的增长而增加,影响因素有心率、搏出量,包括心力贮备(指心输出量随机体代谢增加而增长的能力)和心率贮备(通过心率增加而使心输出量增加的贮备)。

13. 血管分为动脉、毛细血管和静脉三大类。主动脉、大动脉血管的管壁坚厚,富含弹性纤维,称为弹性贮器血管。小动脉和微动脉管径小,对血流的阻力大,称为阻力血管。毛细血管管壁仅由单层内皮细胞构成,通透性很高,称为交换血管。静脉口径较粗,管壁较薄,在血管系统中起着血液贮存库的作用,称为容量血管。

14. 血压是指血管内的血液对于单位面积血管壁的侧压力。血压形成的原因有心血管系统内有血液充盈、心脏射血。动脉血压的成因除以上两个因素外,还有外周阻力。

15. 心室收缩时,主动脉压急剧升高,在收缩期的中期达到最高值,称为收缩压。心室舒张时,主动脉压下降,在心舒末期动脉血压的最低值,称为舒张压。收缩压和舒张压的差值称为脉搏压(简称脉压)。一个心动周期中每一个瞬间动脉血压的平均值,称为平均动脉压。平均动脉压大约等于舒张压加 1/3 脉压。

16. 上臂肱动脉测得的动脉压代表主动脉压。我国健康青年人在安静状态时的收缩压为13.3～16.0kPa(100～120mmHg)。舒张压为 8.0～10.6kPa(60～80mmHg),脉搏压为 4.0～5.3kPa(30～40mmHg),平均动脉压在 13.3kPa(100mmHg)左右。高血压病是指在静息状态下动脉收缩压和/或舒张压增高(≥140/90mmHg)。

17. 影响动脉血压的因素:心脏每搏输出量、心率、外周阻力、主动脉和大动脉的弹性贮器作用、循环血量和血管系统容量的比例。

18. 在每个心动周期中动脉内的压力发生周期性的波动,这种波动可引起动脉血管发生搏动,称为动脉脉搏。动脉脉搏与心输出量、动脉的可扩张性以及外周阻力等因素有密切的关系。

19. 静脉回心血量影响因素:体循环平均充盈压、心脏收缩力量、体位改变、骨骼肌的挤压作用、呼吸运动。

20. 神经调节对心血管的作用主要是通过改变心肌收缩能力、心率以及血管的口径(阻力血管、容量血管)使心输出量和各器官组织的血流分配适应当时的需要,同时保持动脉血压的相对稳定。神经调节主要是通过植物性神经系统的活动来实现的。心脏受心迷走神经和心交感神经的双重支配,前者使心脏活动抑制,后者使心脏活动增强。心血管反射主要有颈动脉窦和主动脉弓压力感受性反射(减压反射),颈动脉体和主动脉体化学感受性反射(加压反射),本体感受性反射。

21.心血管活动的体液调节主要有:肾上腺素和去甲肾上腺素。肾上腺素可使心率加快,心肌收缩力量加强,心输出量增加,血压升高。去甲肾上腺素对血管的作用是对体内大多数血管(冠状血管除外)有明显的缩血管作用,动脉血压升高。肾素－血管紧张素使心脏收缩加快、力量增强、心输出量增加。心钠素由心房合成、贮存和分泌的活性多肽,具有强大的利钠、利尿、舒张血管、降低血压和对抗肾素－血管紧张素系统和抗利尿激素作用。

22.运动时心输出量增加,通过体内的调节机制,各器官的血流量将进行重新分配,使心脏和进行运动的肌肉的血流量明显增加,不参与运动的骨骼肌及内脏的血流量减少。

23.长期的训练,运动员身体出现适应性变化,表现为安静时贮备多,窦性心动徐缓,运动性心脏增大,心血管机能改善,定量运动后动员快、反应低、恢复快。

【思考题】

1.心肌的生理特性有哪些?

2.正常心脏的起搏点是哪里? 兴奋在心脏是如何传导的?

3.各种因素是如何影响心输出量的?

4.用心脏作动量来评价心脏的泵血功能有何重要意义?

5.测定脉搏(心率)和血压在运动实践中有何意义?

6.心力贮备在反映心脏机能上有何生理意义?

7.各类血管的结构特点与其生理机能间有何联系?

8.各种因素是如何影响动脉血压的?

9.肌肉运动时,人体血液循环系统发生哪些主要的功能变化? 这些变化是如何引起的?

10.以减压反射为例,说明心血管活动神经调节的生理过程。

11.运动训练对心血管系统有何影响?

第三章　运动与呼吸机能

【学习目标】

1. 掌握呼吸的概述。
2. 理解呼吸运动与肺通气机能。
3. 了解气体交换与运输。
4. 掌握运动对呼吸机能的影响。

- 你知道抽烟对呼吸机能的影响吗?
- 憋气对身体有害吗?

第一节　呼吸运动与肺通气机能

人体各器官、组织、细胞的正常生理活动、运动都需要消耗能量,能量主要来自体内能量物质的氧化。氧化过程需要不断消耗氧,同时不断产生二氧化碳。

呼吸系统、血液、心血管系统构成人体的氧运输系统。

概述:机体在新陈代谢过程中,需要不断地从外界环境中摄取氧并排出二氧化碳。这种机体与环境之间的气体交换称为呼吸。

一、呼吸系统

呼吸系统包括呼吸道和肺泡。

(1)呼吸道:呼吸道是气体进出肺的通道。分上、下两部分,上呼吸道由鼻、咽、喉组成,下呼吸道由气管及各级支气管组成。呼吸道有加温、润湿和净化空气的功能。

通过调节支气管平滑肌的舒缩来改变呼吸道的口径进而影响气流阻力的功能,呼吸道不具备气体交换功能。

(2)肺泡是吸入气体与血液进行交换的场所。

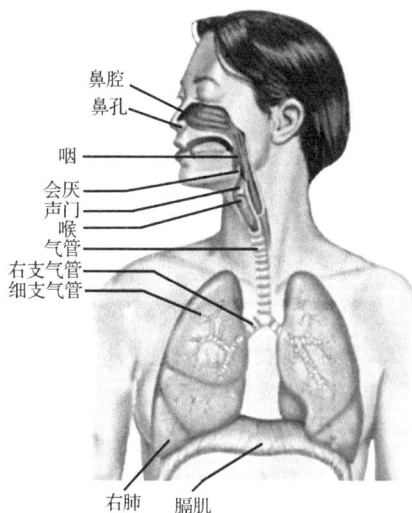

图 3-1　呼吸系统

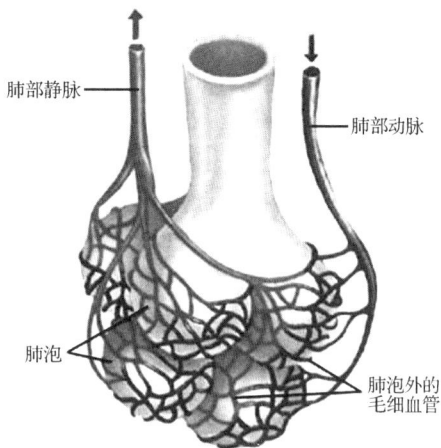

图 3-2　肺泡结构

二、呼吸运动

呼吸全过程包括三个相互联系的环节:

(1)外呼吸,指外界环境与血液在肺部实现的气体交换。它包括肺通气(肺与外界环境的气体交换)和肺换气(肺泡与肺毛细血管之间的气体交换)。

(2)气体在血液中的运输。

(3)内呼吸,指血液与组织细胞间的气体交换,有时也将细胞内的氧化过程包括在内。

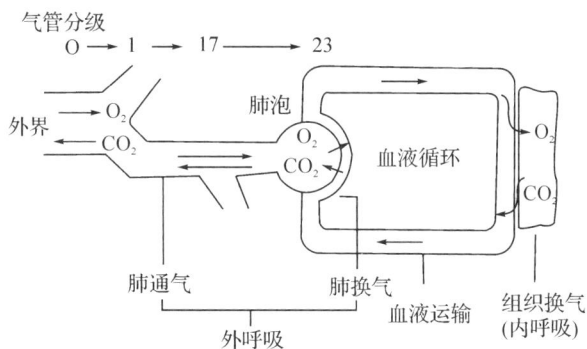

图 3-3　呼吸全过程

第二节　肺通气和肺换气

肺通气是指肺与外界环境之间的气体交换过程。实现肺通气的结构包括呼吸道、肺泡、胸廓和胸膜腔等。呼吸道是气体进出肺的通道,肺泡是气体交换的场所,而胸廓的节律性运动即呼吸运动是实现肺通气的动力。

一、肺通气

（一）肺通气的动力与阻力

1.肺通气的动力

肺通气是胸廓运动引起的，而胸廓运动是呼吸肌在神经系统调节下进行有节律的舒缩所造成的。因此，由呼吸肌舒缩引起呼吸运动才是肺通气的动力。

（1）肺内压：由于胸膜腔和胸内压的存在，才使肺可以随着胸腔的运动而扩张和缩小，从而产生了呼气和吸气。

肺内压是指肺泡内的压力。在呼吸暂停、声带开放、呼吸道畅通时，肺内压与大气压相等。当吸气开始时，肺容量增大，肺内压暂时下降，低于大气压，空气在此压力差的推动下进入肺泡。随着肺内气体逐渐增加，肺内压也逐渐升高，超过大气压，肺内气体便流出肺，此时肺内气体逐渐减少，肺内压逐渐下降，至呼气结束时，肺内压又降到和大气压相等。

肺内压和大气压的压力差是推动气体进出肺的直接动力。

（2）胸膜腔内压：

①胸内压是指胸膜腔内的压力。胸膜包括紧贴于肺表面的脏层胸膜和紧贴于胸廓内壁的壁层胸膜。两层胸膜形成一个密闭潜在的腔隙，称胸膜腔。胸膜腔内有少量的浆液。

浆液的作用是在两层胸膜之间起润滑作用。因为浆液的黏滞性很低，所以在呼吸运动过程中，两层胸膜可以互相滑动，减少摩擦。胸膜腔的密闭性和两层胸膜之间的浆液分子的内聚力使两层胸膜贴附在一起，不易分开，所以肺可以随胸腔的运动而运动。如果胸膜腔破裂，与大气相通，空气将进入胸膜腔内部，形成气胸，两层胸膜将彼此分开，肺将因其本身回缩力而塌陷。这时，尽管呼吸运动仍在进行，肺却减小或失去了随胸廓运动而运动的能力。

胸膜腔是胸膜脏层和壁层之间的腔隙，腔内只有少量浆液。在正常情况下不论吸气或呼气时，胸膜腔内的压力总是低于大气压，所以一般称胸内负压。

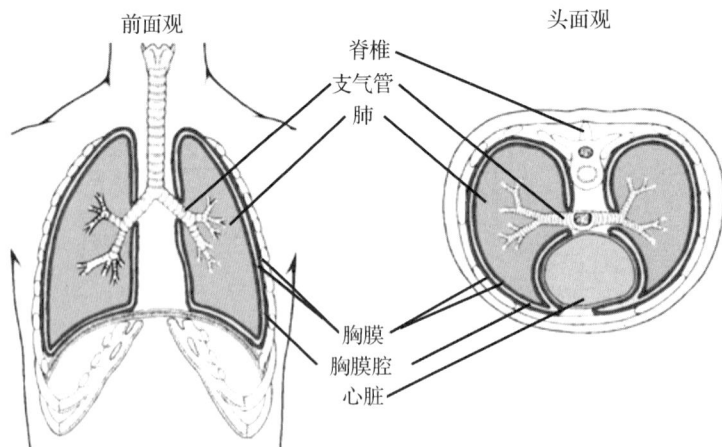

图 3-4　胸膜腔

②胸内负压的成因：一是肺内压，使肺泡扩张；二是肺回缩力，使肺泡缩小。因此胸膜腔内的压力实际上是：胸内压＝肺内压－肺回缩力

在吸气末和呼气末，肺内气体不再流动，肺内压就等于大气压，因而：

胸内压＝大气压－肺回缩力

若以一个大气压为 0 位标准：胸内压＝－肺回缩力

所以胸内负压是肺的回缩力造成。无论是吸气或呼气时,肺都处于一定的扩张状态,具有一定的回缩力。但吸气时,肺扩张大,回缩力大,胸内负压也增大;而呼气时则负压减少。正常人平静呼气末胸内压约为$-0.4 \sim -0.7 kPa$($-3 \sim -5 mmHg$),吸气末约为$-0.7 \sim -1.33 kPa$($-5 \sim -10 mmHg$)。紧闭声门用力吸气,胸内压可降至$-12 kPa$($-90 mmHg$);紧闭声门做用力呼气,可升高到$14.7 kPa$($100 mmHg$)。

③胸内负压生理意义:保持肺的扩张状态,维持正常呼吸。胸内负压可使胸腔内壁薄且扩张性大的静脉和胸导管扩张,从而促进血液和淋巴回流。

当吸气肌(膈肌和肋间外肌)收缩时,胸廓扩大,由于胸膜脏层与壁层间存在少量浆液,使两层胸膜紧密黏着在一起(胸膜腔负压加强了这种黏着),肺随着胸廓的扩大而扩大,于是肺容积增大,肺内压降到低于大气压,这时外界空气经呼吸道入肺,这就是吸气过程。参与收缩的吸气肌越多,吸入气量也越大。吸气末,胸廓不再扩张,肺内压与大气压达到平衡,气体不再入肺。

随后吸气肌舒张,胸廓和肺回位,肺容积减少,肺内压升高超过大气压,于是气体经呼吸道出肺,这就是呼气过程。用力呼气时,呼气肌(肋间内肌)和腹壁肌参与收缩,使肺内压升高更明显,呼出气量更大。

2.肺通气的阻力

(1)弹性阻力:包括胸廓和肺的弹性阻力,它们约占总阻力的70%。

弹性组织在外力作用下变形时,有对抗变形和弹性回位的倾向,为弹性阻力。

用同等大小的外力作用时,弹性阻力大者,变形程度小;弹性阻力小者,变形程度大。

(2)非弹性阻力:

①惯性阻力是气流在发动、变速、换向时因气流和组织的惯性所产生的阻止运动的因素。平静呼吸时,呼吸频率低、气流流速慢,惯性阻力小,可忽略不计。

②黏滞阻力来自呼吸时组织相对位称所发生的摩擦。

③气道阻力来自气体流经呼吸道时气体分子间和气体分子与气道之间的摩擦,是非弹性阻力的主要成分,约占80%～90%。非弹性阻力是气体流动时产生的,并随流速加快而增加,故为动态阻力。

肺通气的实现就是肺通气动力不断克服肺通气阻力的结果。

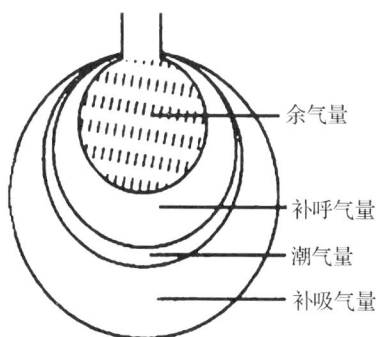

图3-5　肺的基本容积

(二)肺容积

1.肺容积

(1)潮气量:每次呼吸时吸入或呼出的气量,正常成人平静呼吸时,潮气量约为500mL。

(2)补吸气量:平静吸气末,再尽力吸气所能吸入的气量,正常成人约为1500～2000mL。

（3）补呼气量：平静呼气之末，再尽力呼气所能呼出的气量，正常成人约为 900～1200mL。

（4）余气量：最大呼气末，肺内所余留的气体量，正常成人约为 1000～1500mL。

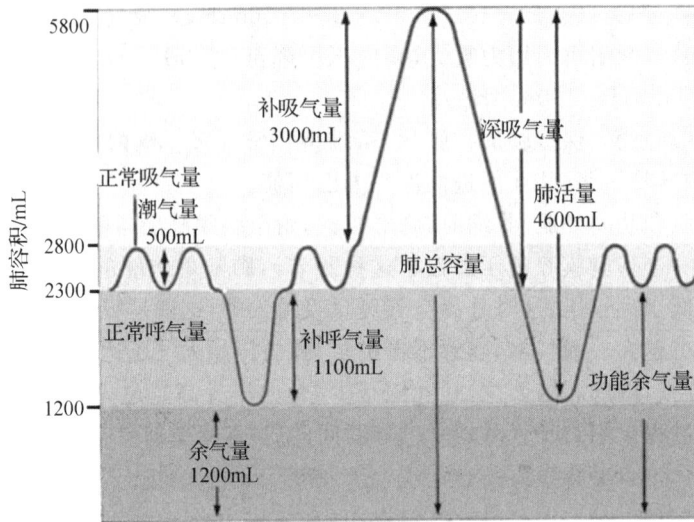

图 3-6　肺容积

2.肺容量

肺容量是肺的基本容积中两项或两项以上的联合气量。

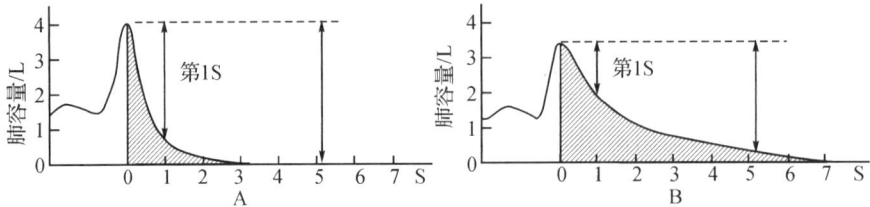

图 3-7　肺容量

（A:正常时间肺活量;B:气道狭窄时的时间肺活量）

（1）深吸气量：补吸气量与潮气量之和。

它是衡量最大通气能力的一个重要指标。胸廓的形态和吸气肌的发达程度是影响深吸气量的重要因素。

（2）功能余气量：在平静呼气末，肺内所余留的气体量为功能余气量。

它是余气量与补呼气量之和，正常成人约为 2500mL。

（3）肺活量（VC）：最大吸气后，尽力所能呼出的最大气量。

它是潮气量、补吸气量和补呼气量三者之和。

肺活量有较大的个体差异，其与年龄、性别、体表面积、体位、呼吸肌力量强弱等有关。正常成人男性约为 3500mL，女性约为 2500mL。体育锻炼可使呼吸肌发达、胸围增大、肺和胸廓弹性增强，肺活量加大。有训练的运动员的肺活量较常人高，尤其是上肢用力较多的运动项目，如划船、游泳、篮球专业运动员肺活量可达 7000mL 左右。

（4）时间肺活量（TVC）：时间肺活量指尽力吸气后，再用力并以最快的速度呼出，头 3 秒钟内所呼出的气量占肺活量的百分数，分别称为 1、2、3s 的时间肺活量。正常人分别为 83%、96% 和 99% 的肺活量。即正常成人在 3s 内基本上可呼出全部肺活量的气体。

肺活量反映了一次通气的最大能力，是最常用的测定肺通气机能指标之一。但其测定时不限制呼气的时间,所以不能充分反映肺通气功能。时间肺活量是一种动态指标,其中以第 1s 的时间肺活量意义最大。时间肺活量能反映肺的容量和肺的通气速度,即不仅反映肺容量的大小,而且能反映呼吸所遇阻力的变化,是评价肺通气功能的较好指标。

(5)肺总容量(TLC):肺总容量是指肺所容纳的最大气量,即肺活量与余气量之和。正常成人男性约为 5000mL,女性约为 3500mL。

(三)肺通气量

1.每分通气量(VE)

每分钟吸入或呼出的气体总量为每分通气量,为潮气量与每分钟呼吸频率的乘积。正常成人平静呼吸时,每分钟呼吸频率为 12～18 次,潮气量约为 500mL,每分通气量为 6～8L。

2.最大通气量(VE_{max})

每分钟所能吸入或呼出的最大气量为最大通气量。我国成年男性最大通气量可达 100～120L/min,女性为 70～80L/min,有训练的运动员可达 180L/min。最大通气量是单位时间内肺的全部通气能力得到充分发挥时的通气量,是检查肺通气功能的一个重要指标。

3.肺泡通气量

肺泡通气量是指每分钟吸入肺泡的新鲜空气量。在呼吸过程中,每次吸入的气体中,留在呼吸性细支气管前的呼吸道内的气体是不能进行气体交换的,这一部分空间称为解剖无效腔,70kg 男性的解剖无效腔容积约为 150mL。因此从气体交换的角度来考虑,只有进入肺泡的气体量才是有效的通气量,即肺泡通气量。其计算公式如下:

肺泡通气量＝(潮气量－无效腔)×呼吸频率(次/分)

若安静时潮气量为 500mL,呼吸频率为每分钟 12 次,肺泡通气量为(500－150)×12＝4200mL。

当潮气量减半而呼吸频率加倍或呼吸频率减半而潮气量加倍时,每分通气量皆不变,但每分肺泡通气量则因解剖无效腔的存在而发生很大的变化,表现为浅快呼吸时肺泡通气量明显减少,而深慢呼吸时增加。故从气体交换的效果看,浅快呼吸对机体不利,适当深慢的呼吸,肺泡通气量加大,有利于气体交换,所以运动时应加深呼吸,尤其是加深呼气。

二、肺换气

肺通气使肺泡不断更新,保持了肺泡气 p_{O_2}、p_{CO_2} 的相对稳定,这是气体交换得以顺利进行的前提。气体交换包括肺换气和组织换气。

(一)气体交换的原理

1.气体交换的动力

气体分子从分压高处向分压低处发生净转移,这一过程称为气体扩散。使各处气体分压趋于相等,机体内的气体交换就是以扩散方式进行的。

在混合气体中,每种气体分子运动所产生的压力为各该气体的分压,它不受其他气体或其分压存在的影响,在温度恒定时,每一气体的分压只决定于它自身的浓度。混合气的总压力等于各气体分压之和。

气体分压的计算:气体分压＝总压力×该气体的

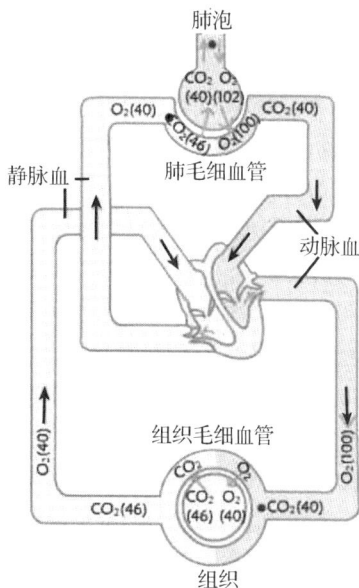

图 3-8　气体交换(数字为气体分压 mmHg)

容积百分比

两个区域之间的分压差(Δp)是气体扩散的动力,分压差大,扩散快。

2.氧扩散容量

氧扩散容量是指呼吸膜两侧的氧分压差为 0.13kPa(1mmHg)时每分钟可扩散的氧量。是评定肺换气功能的重要生理指标。氧扩散容量值大说明肺换气效率高。

在静息情况下,男子氧扩散容量为 30mL。氧扩散容量随年龄、性别、体位、机能活动水平等的改变有所不同。长期的耐力训练对氧扩散容量有良好影响,不同项目运动员,氧扩散容量增加的幅度是不同的,其中以耐力性的划船运动员最大,游泳运动员次之。

(二)气体交换的过程

1.肺换气

混合静脉血流经肺毛细血管时,血液 p_{CO_2} 是 5.32kPa(40mmHg),比肺泡气的 13.83kPa(104mmHg)低,肺泡气中 O_2 便由于分压的差向血液扩散,血液的 p_{CO_2} 便逐渐上升,最后接近肺泡气的 p_{CO_2}。CO_2 则向相反的方向扩散,从血液到肺泡,因为混合静脉血的 p_{CO_2} 是 6.12kPa(46mmHg),肺泡的 p_{CO_2} 是 5.32kPa(40mmHg)。

O_2 和 CO_2 的扩散都极为迅速,一般血液流经肺毛细血管的时间约 0.7s,所以当血液流经肺毛细血管全长约 1/3 时,已经基本上完成交换过程。

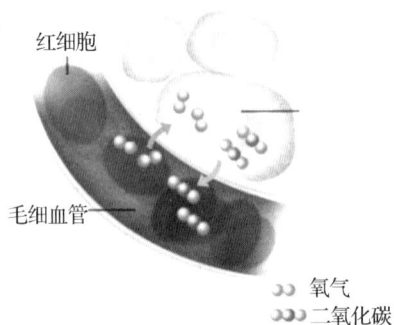

红细胞
毛细血管
氧气
二氧化碳

图 3-9　气体交换

2.组织换气

动脉血流经组织时,由于组织的 p_{O_2} 低于动脉血 p_{O_2},p_{CO_2} 高于动脉血,因此,O_2 由血液向组织扩散,而 CO_2 由组织向血液扩散。经组织换气后静脉血变成了动脉血。

体循环毛细血管的血液则不断向组织提供 O_2,运走 CO_2。以确保组织代谢的正常进行。

(三)影响肺部气体交换的因素

1.气体扩散速度

气体分子扩散的速度与溶解度及分压差成正比,与分子量的平方根成反比。CO_2 的扩散速度约为 O_2 的 2 倍。由于溶解度和分子量是不变的,所以运动时 O_2 和 CO_2 的扩散速度取决于当时血液与交换部位(肺泡或组织)之间的 O_2 和 CO_2 分压差。

运动时,活动肌肉代谢旺盛,组织 p_{O_2} 迅速下降,p_{CO_2} 迅速升高,使组织和血液间的 O_2 分压差、CO_2 分压差加大,组织换气速度加快。这样静脉血的 p_{O_2} 也大幅度下降,p_{CO_2} 显著上升,加大了静脉血和肺泡气之间的 O_2 和 CO_2 分压差,使肺换气速度也随之加快。

2.呼吸膜

(1)呼吸膜厚度:气体扩散速率与呼吸膜厚度成反比关系,膜越厚,单位时间内交换的气体量就越少。呼吸膜很薄,总厚度不到 $1\mu m$,气体易于扩散通过。

(2)呼吸膜的面积:气体扩散速率与扩散面积成正比。

正常成人安静状态下,呼吸膜的扩散面积约 $40m^2$,故有相当大的贮备面积。运动时,因肺毛细血管开放数量和开放程度的增加,扩散面积也大大增大。肺不张、肺实变、肺气肿或肺毛细血管关闭和阻塞均使呼吸膜扩散面积减小。

3.通气/血流比值

通气/血流比值是指每分肺通气量(VA)和每分肺血流量(Q)之间的比值(VA/Q)。正常成年人安静时约为 4.2/5＝0.84。

适宜的 VA/Q 才能实现适宜的气体交换。VA/Q 比值增大,意味着通气过剩,血流不足,部分肺泡气未能与血液气充分交换,致使肺泡无效腔增大。VA/Q 下降,意味着通气不足,血流过剩,部分血液流经通气不良的肺泡,混合静脉血中的气体未能得到充分更新,未能成为动脉血就流回了心脏。所以 VA/Q 增大,肺泡无效腔增加;VA/Q 减小,发生功能性动一静脉短路。两者都妨碍了有效的气体交换,导致血液缺 O_2 或 CO_2 潴留,主要是血液缺 O_2。

肺内肺泡通气量和肺毛细血管血流量的分布不是很均匀的。从总体上说,由于呼吸膜面积远远超过气体交换的实际需要,所以并未明显影响 O_2 的摄取和 CO_2 的排出。

4.组织局部血流量

组织换气来说,组织细胞从血液中吸收 O_2 的多少,组织局部血流量也是一个重要因素。运动时,肌肉中毛细血管开放数量增多。使肌肉组织换气效率提高。

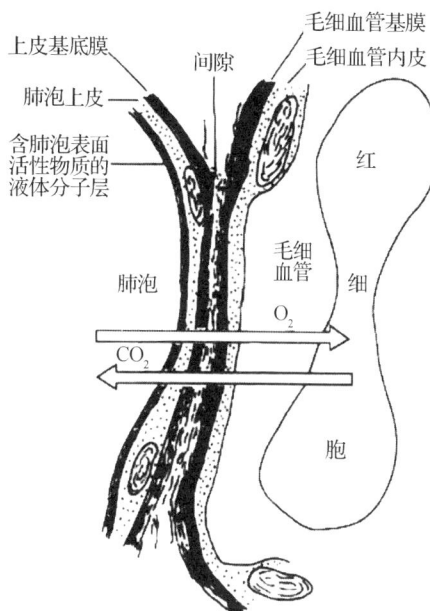

图 3-10 呼吸膜结构

5.温度

气体扩散的速度还与温度成正比,运动时体温升高也有利于气体的扩散。

(四)气体在肌肉中的交换

血液中的氧进入肌肉,肌肉中的代谢产物 CO_2 扩散入血液。

第三节 气体交换与运输

从肺泡扩散入血液的 O_2 必须通过血液循环运送到各组织,从组织散入血液的 CO_2 的也必须由血液循环运送到肺泡。O_2 和 CO_2 在血液中运输方式:物理溶解的和化学结合的。

表 3-1　血液中 O_2 和 CO_2 含量　　　　　　　　　　　　　　(mL/100mL 血液)

	物理溶解的量	动脉血化学结合的量	合计	物理溶解的量	混合静脉血化学结合的量	合计
O_2	0.31	20.0	20.31	0.11	15.2	15.31
CO_2	2.53	46.4	48.93	2.91	50.0	52.91

以溶解形式存在的 O_2、CO_2 比例极少,但很重要。因为在肺或组织进行气体交换时,进入血液的 O_2、CO_2 都是先溶解,提高分压,再出现化学结合;O_2、CO_2 从血液释放时,也是溶解的先逸出,分压下降,结合的再分离出现补充所失去的溶解的气体。

一、氧的运输

血液中的 O_2 以溶解的和结合的两种形式存在。溶解的量极少,仅占血液总 O_2 含量的约 1.5%,结合的占 98.5%左右。血液中的 O_2 主要以氧合 $Hb(HbO_2)$ 形式运输。血红蛋白(Hb) 在血液气体运输方面占极为重要的地位。

(一)Hb 与 O_2 结合的特征

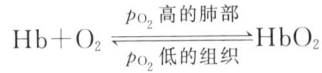

$$Hb + O_2 \underset{p_{O_2} \text{低的组织}}{\overset{p_{O_2} \text{高的肺部}}{\rightleftharpoons}} HbO_2$$

1. Hb 与 O_2 的可逆结合

Hb 和 O_2 结合或离解受 p_{O_2} 影响的,当 p_{O_2} 高时,Hb 与 O_2 结合成 HbO_2,当 p_{O_2} 低时, HbO_2 则解离成 Hb 和 O_2,此反应不需酶催化,反应速度就很快,而且可逆。

2. Hb 与 O_2 的结合反应是氧合而不是氧化

在此反应中,Fe^{2+} 与 O_2 结合后仍是二价的铁,所以该反应是氧合反应,不是氧化。

3. 结合量

血红蛋白氧容量:1L 血液中 Hb 能结合 O_2 的最大量。

血红蛋白氧含量:1L 血液中 Hb 实际结合 O_2 的量。

血红蛋白氧饱和度:血红蛋白氧含量 占血红蛋白氧容量的百分数。

4. Hb 与 O_2 的结合或解离曲线呈 S 形,与 Hb 的变构效应有关

Hb 有两种构型:去氧 Hb 为紧密型(T 型),氧合 Hb 为疏松型(R 型)。当 O_2 与 Hb 的 Fe^{2+} 结合后,Hb 分子逐步由 T 型变为 R 型,对 O_2 的亲和力逐步增加,R 型的 O_2 亲和力为 T 型的数百倍。Hb 的 4 个亚单位无论在结合 O_2 或释放 O_2 时,彼此间有协同效应,即 1 个亚单位与 O_2 结合后,由于变构效应的结果,其他亚单位更易与 O_2 结合;反之,当 HbO_2 的 1 个亚单位释出 O_2 后,其他亚单位更易释放 O_2。因此,Hb 氧离曲线呈 S 形。

(三)氧离曲线

氧离曲线或氧合血红蛋白解离曲线是表示 p_{O_2} 与 Hb 氧结合量或 Hb 氧饱和度关系的曲线。

该曲线既表示不同 p_{O_2} 时,O_2 与 Hb 的结合情况。曲线呈 S 形,是 Hb 变构效应所致。

1. 氧离曲线各段的特点及其功能意义

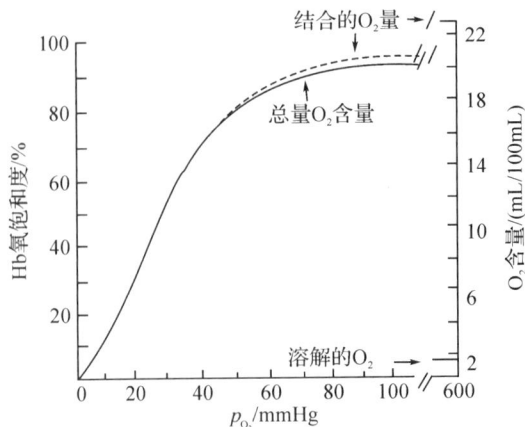

图 3-11　氧离曲线(在 pH7.4,p_{CO_2} 40mmHg,温度 37℃ 时测定的)

(1)氧离曲线的上段:相当于 p_{O_2} 7.98~13.3kPa(60~100mmHg),即 p_{O_2} 较高的水平,可以认为是 Hb 与 O_2 结合的部分。这段曲线较平坦,表明 p_{O_2} 的变化对 Hb 氧饱和度影响不大。

如 p_{O_2} 为 13.3kPa(100mmHg)时(相当于动脉血 p_{O_2}),Hb 氧饱和度为 97.4%,血 O_2 含量约为 19.4mL%;如将吸入气 p_{O_2} 提高到 19.95kPa(150mmHg),Hb 氧饱和度为 100%,只增加了 2.6%;反之,如使 p_{O_2} 下降到 9.31kPa(70mmHg),Hb 氧饱和度为 94%,只降低了 3.4%。因此,吸入气或肺泡气 p_{O_2} 有所下降(在高原、高空时),p_{O_2} 不低于 7.98kPa(60mmHg)时,Hb 氧饱和度仍能保持在 90% 以上,血液可携带足够量的 O_2,不致发生明显的低血氧症。

(2)氧离曲线的中段:该段曲线较陡,相当于 p_{O_2} 5.32~7.98kPa(40~60mmHg),是 HbO_2 释放 O_2 的部分。

p_{O_2} 5.32kPa(40mmHg),相当于混合静脉血的 p_{O_2},此时 Hb 氧饱和度约为 75%,血 O_2 含量约 14.4mL%,即是每 100mL 血液流过组织时释放了 5mL O_2。血液流经组织液时释放出的 O_2 容积所占动脉血 O_2 含量的百分数称为 O_2 的利用系数,安静时为 25% 左右。

(3)氧离曲线的下段:相当于 p_{O_2} 2~5.32kPa(15~40mmHg),是 HbO_2 与 O_2 解离的部分,是曲线坡度最陡的一段,即 p_{O_2} 稍降,HbO_2 就可大大下降。在组织活动加强时,p_{O_2} 可降至 2kPa(15mmHg),HbO_2 进一步解离,Hb 氧饱和度降至更低的水平,血氧含量仅约 4.4mL%,这样每 100mL 血液能供给组织 15mL O_2,O_2 的利用系数提高到 75%,是安静时的 3 倍。可见该段曲线代表 O_2 贮备。

2.影响氧离曲线的因素

Hb 与 O_2 的结合和解离受多种因素影响,使氧离曲线的位置偏移,亦即使 Hb 对 O_2 的亲和力发生变化。用 p_{50} 表示 Hb 对 O_2 的亲和力。p_{50} 是使 Hb 氧饱和度达 50% 时的 p_{O_2},正常为 3.52kPa(26.5mmHg)。p_{50} 增大,表明 Hb 对 O_2 的亲和力降低,需更高的 p_{O_2} 才能达到 50% 的 Hb 氧饱和度,曲线右移;p_{50} 降低,指示 Hb 对 O_2 的亲和力增加,达 50% Hb 氧饱和度所需的 p_{O_2} 降低,曲线左移。影响 Hb 与 O_2 亲和力或 p_{50} 的因素有血液 pH、p_{CO_2}、温度和有机磷化物。

(1)Hb 与 p_{CO_2} 的影响:pH 降低或升 p_{CO_2} 升高,Hb 对 O_2 的亲和力降低,p_{50} 增大,曲线右移;pH 升高或 p_{CO_2} 降低,Hb 对 O_2 的亲和力增加,p_{50} 降低,曲线左移。

酸度对 Hb 氧亲和力的这种影响称为波尔效应。酸度增加时,H^+ 与 Hb 多肽链某些氨基酸残基的基团结合,促进盐键形成,促使 Hb 分子构型变为 T 型,从而降低了对 O_2 的亲和力,曲线右移;酸度降低时,促使盐键断裂放出 H^+,Hb 变为 R 型,对 O_2 的亲和力增加,曲线左移。p_{CO_2} 的影响,一方面是通过 p_{CO_2} 改变时,pH 也改变间接效应,另一方面通过 CO_2 与 Hb 结合而直接影响 Hb 与 O_2 的亲和力,不过后一效应极小。

(2)温度的影响:温度升高,氧离曲线右移,促使 O_2 释放;温度降低,曲线左移,不利于 O_2 的释放。

温度对氧离曲线的影响,可能与温度影响了 H^+ 活度有关。温度升高 H^+ 活度增加,降低了 Hb 对 O_2 的亲和力。当组织代谢活跃是局部组织温度升高,CO_2 和酸性代谢产物增加,都有利于 HbO_2 解离,活动组织可获得更多的 O_2 以适应其代谢的需要。

(3)2,3-二磷酸甘油酸:红细胞中含有很多有机磷化物,特别是 2,3-二磷酸甘油酸(2,3-DPG),在调节 Hb 和 O_2 的亲和力中起重要作用。2,3-DPG 浓度升高,Hb 对 O_2 亲和力降低,氧离曲线右移;2,3-DPG 浓度升降低,Hb 对 O_2 的亲和力增加,曲线左移。其机制可能是 2,3-

DPG 与 Hbβ 链形成盐键，促使 Hb 变成 T 型的缘故。2,3-DPG 可以提高[H^+]，由波尔效应来影响 Hb 对 O_2 的亲和力。

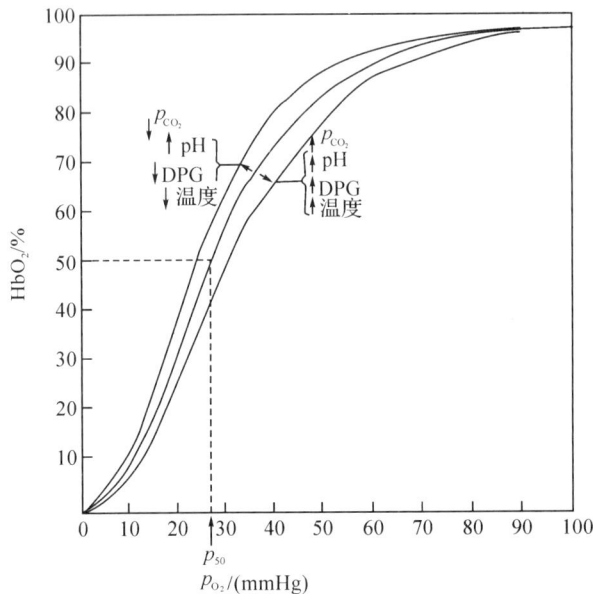

图 3-12　影响氧离曲线位置的主要因素

（4）Hb 自身性质的影响：Hb 的 Fe^{2+} 氧化成 Fe^{3+}，失去运 O_2 能力。异常 Hb 降低运 O_2 功能。CO 与 Hb 结合，占据了 O_2 的结合位点，HbO_2 下降。CO 与 Hb 的亲和力是 O_2 的 250 倍，这意味着极低的 p_{CO}，CO 就可以从 HbO_2 中取代 O_2，阻断其结合位点。当 CO 与 Hb 分子中某个血红素结合后，将增加其余 3 个血红素对 O_2 的亲和力，使氧离曲线左移，妨碍 O_2 的解离。所以 CO 中毒既妨碍 Hb 与 O_2 的结合，又妨碍 O_2 的解离，危害极大。

所以血液 Hb 的运 O_2 量影响因素主要有 p_{O_2}、Hb 本身的性质和含量、pH、p_{CO_2}、温度、2,3-DPG 和 CO 等，pH 降低，p_{CO_2} 升高，温度升高，2,3-DPG 增高，氧离曲线右移；pH 升高，p_{CO_2}、温度、2,3-DPG 降低和 CO 中毒，曲线左移。

二、二氧化碳的运输

血液中 CO_2 以溶解和化学结合的两种形式运输。溶解的 CO_2 约占总运输量的 5%，化学结合占 95%，化学结合的 CO_2 主要是碳酸氢盐和氨基甲酸血红蛋白（碳酸氢盐形式的占 88%，氨基甲酸血红蛋白形式占 7%）。

从组织扩散入血 CO_2 首先溶解于血浆，一小部分溶解的 CO_2 缓慢和水结合生成碳酸，碳酸又解离成碳酸氢根和氢离子，H^+ 被血浆缓冲系统缓冲，pH 无明显变化。溶解的 CO_2 也与血浆蛋白的游离氨基反应，生成氨基甲酸血红蛋白，但形成的量极少。

在血浆中溶解的 CO_2 绝大部分扩散进入红细胞内，在红细胞内主要以下述结合形式存在（见表 3-2）。

表 3-2　血液中各种形式 CO_2 的含量(mL/100mL 血液)、运输量(%)和释出量(%)

	动脉血		静脉血		差值	释出量
	含量	运输量	含量	运输量(动、静脉血间)		
CO_2 总量	48.5	100	52.5	100	4.0	100
溶解的 CO_2	2.5	5.15	2.8	5.33	0.3	7.5
HCO_3^- 形式的 CO_2	43.0	88.66	46.0	87.62	3.0	75
氨基甲酸血红蛋白的 CO_2	3.0	6.19	3.7	7.05	0.7	17.5

（一）碳酸氢盐形式的运输

从组织扩散进入血液的大部分 CO_2，在红细胞内与水反应生成碳酸，碳酸又解离成碳酸氢根和氢离子，反应极为迅速、可逆。

红细胞内含有较高浓度的碳酸酐酶，在其催化下，使反应加速 5000 倍，不到 1s 即达平衡。在此反应过程中红细胞内碳酸氢根浓度不断增加，碳酸氢根便顺浓度梯度红细胞膜扩散进入血浆。红细胞负离子的减少应伴有同等数量的正离子的向外扩散，才能维持电平衡。可是红细胞膜不允许正离子自由通过，小的负离子可以通过，于是，氯离子便由血浆扩散进入红细胞。在红细胞膜上有特异的 HCO_3-Cl 载体，运载这两类离子跨膜交换。

在红细胞内，碳酸氢根与 K^+ 结合，在血浆中则与 Na^+ 结合成碳酸氢盐。上述反应中产生的 H^+，大部分和 Hb 结合，Hb 是强有力的缓冲剂。

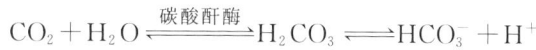

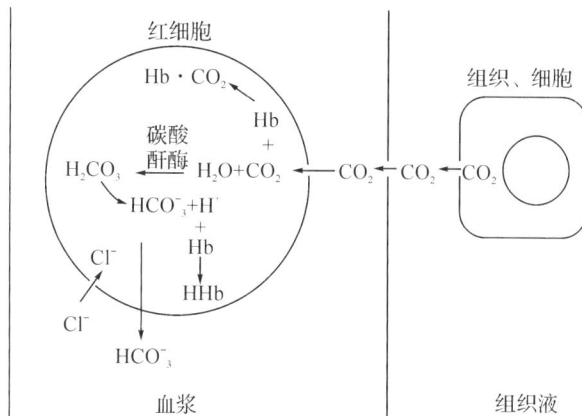

$$CO_2 + H_2O \xrightleftharpoons[\quad]{碳酸酐酶} H_2CO_3 \rightleftharpoons HCO_3^- + H^+$$

图 3-13　碳酸氢盐形式的运输 CO_2

在肺部，反应向相反方向(左)进行。因为肺泡气 PCO_2 比静脉血的低，血浆中溶解的 CO_2 首先扩散入肺泡，红细胞内的 $HCO_3 + H^+$ 生成 H_2CO_3，碳酸酐酶又催化 H_2CO_3 分解成 CO_2 和 H_2O，CO_2 又从红细胞扩散入血浆，而血浆中的 HCO_3 便进入红细胞以补充消耗的 HCO_3，Cl^- 则出红细胞。这样以 HCO_3 形式运输的，在肺部又转变成 CO_2 释出。

（二）氨基甲酸血红蛋白

一部分 CO_2 与 Hb 的氨基结合生成氨基甲酸血红蛋白，这一反应无需酶的催化、迅速、可逆，主要调节因素是氧合作用。

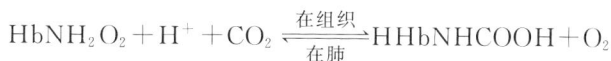

$$HbNH_2O_2 + H^+ + CO_2 \xrightleftharpoons[在肺]{在组织} HHbNHCOOH + O_2$$

三、呼吸与酸碱平衡

血液在运输 CO_2 过程中,形成了 H_2CO_3 与 $NaHCO_3$,二者是血液中的重要缓冲物质,通常 $H_2CO_3/NaHCO_3$ 的比值为 $1/20$。

当代谢产物中有大量酸性物质时,它们与 HCO_3 作用,生成 H_2CO_3,后者分解为 CO_2 和 H_2O,使血中 p_{CO_2} 上升,导致呼吸运动加强,CO_2 排出量增加,因而血浆中 pH 值的变化不大;当体内碱性物质增多时,与 H_2CO_3 作用使血中 $NaHCO_3$ 等盐浓度的增高,于是 H_2CO_3 浓度和 p_{CO_2} 降低,导致呼吸减弱,呼吸的减弱又使 H_2CO_3 浓度逐渐回升,维持了其与 $NaHCO_3$ 的正常比值,因此对血浆 pH 值的影响也较小。

第四节 呼吸运动的调节

呼吸运动是一种节律性活动,其深度和频率能随机体代谢水平而改变。通过神经与体液的共同调节实现的。

一、呼吸中枢

中枢神经系统内产生和调节呼吸运动的神经细胞群,称为呼吸中枢。其分布在大脑皮层、间脑、脑桥、延髓、脊髓等部位。呼吸运动的基本调节中枢在脑桥和延髓。

基本呼吸节律产生于延髓,延髓是自主呼吸的最基本中枢。

1.位于延髓的呼吸中枢是最基本的呼吸中枢。

延髓呼吸中枢分为吸气中枢和呼气中枢。延髓呼吸中枢的神经元轴突下行到脊髓,与脊髓中支配呼吸肌的传出神经元形成突触,以调节呼吸运动,从而调节肺通气过程。延髓呼吸中枢神经元有自动节律兴奋的特性。

保留延髓呼吸中枢能产生基本的呼吸节律,但与正常的呼吸形式不同,是呼气时间延长,吸气突然发生,又突然中止,即呈喘式呼吸。脑桥中有调整呼吸的中枢,保留脑桥呼吸正常。

2.呼吸运动还受大脑皮层、下丘脑、边缘系统等的调节。

大脑皮层可以随意控制呼吸,例如,倒立时人可以在一定限度内屏住呼吸;再如跑步时,人可根据步频调整呼吸节律等。

二、呼吸的反射性调节

(一)呼吸肌本体感受性反射

呼吸肌本体感受性反射是指呼吸肌本体感受器传入冲动所引起的反射性呼吸变化。

当呼吸道阻力增加时,呼吸运动立即加强。吸气时阻力增加,吸气肌收缩加强;呼气时阻力

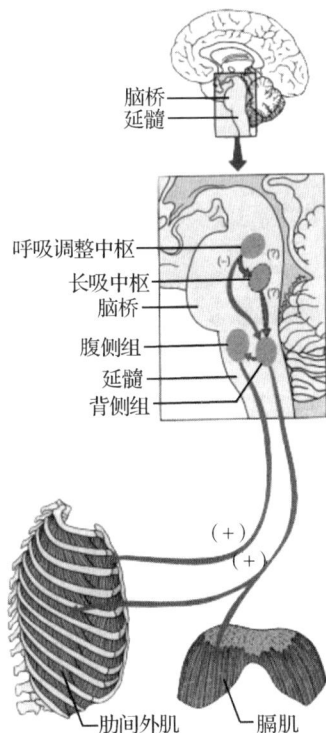

图 3-14 呼吸运动的调节

脑桥
延髓

呼吸调整中枢
长吸中枢
脑桥
腹侧组
延髓
背侧组

(-)

(+)
(+)

肋间外肌   膈肌

增加,则呼气肌收缩加强;除去阻力,呼吸肌活动恢复原状。这些都说明呼吸肌本体感受器的传入冲动在维持正常呼吸中起重要作用。

（二）肺牵张反射

肺牵张反射由肺扩张或缩小而反射地引起吸气抑制或加强效应。肺充气时引起吸气抑制效应,称肺充气反射;肺放气时所引起的吸气效应,称肺放气反射,此反射当用力呼气才发生。肺牵张反射的感受器位于支气管、细支气管的平滑肌层,为牵张感受器,主要刺激为支气管和细支气管的扩张。

（三）防御性呼吸反射

在整个呼吸道都存在着感受器,它们是分布在黏膜上皮的迷走传入神经末梢,受到机械或化学刺激时,引起防御性呼吸反射,以清除激惹物,避免其进入肺泡。

1.咳嗽反射

是常见的重要防御反射。它的感受器位于喉、气管和支气管的黏膜,传入冲动经迷走神经传入延髓,触发一系列协调的反射反应,引起咳嗽反射。咳嗽时,先是短促或深吸气,接着声门紧闭,呼气肌强烈收缩,肺内压和胸膜腔内压急速上升,然后声门突然打开,由于气压差极大,气体以极高的速度从肺内冲出,将呼吸道内异物或分泌物排出。剧烈咳嗽时,因胸膜腔内压显著升高,可阻碍静脉回流,使静脉压和脑脊液压升高。

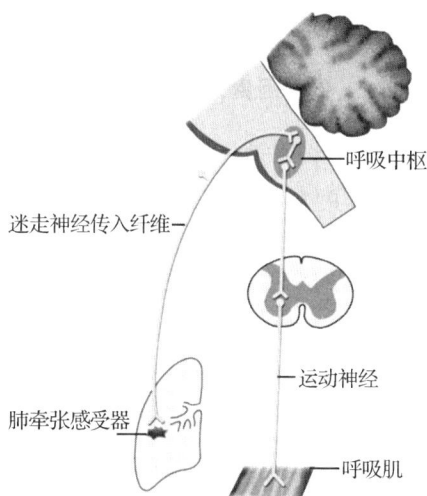

图 3-15　肺牵张反射

2.喷嚏反射

喷嚏反射是和咳嗽类似的反射,不同的是刺激作用于鼻黏膜感受器,传入神经是三叉神经,反射效应是腭垂下降,舌压向软腭,呼出气主要从鼻腔喷出,以清除鼻腔中的刺激物。

【知识与应用】

抽烟对呼吸机能的影响

吸烟是慢性支气管炎、肺气肿和慢性气道阻塞的重要原因。

慢性支气管炎的特点是患者支气管反复受到感染,出现咳嗽、咯痰、呼吸困难和哮喘等症状。肺气肿患者的肺泡因炎症而受到损害,形成很多大而空的气囊,这些气囊不能进行气体交换,结果,患者感觉气促、呼吸困难,特别是呼气时更加明显。

烟草中所含的尼古丁、烟焦油、一氧化碳等几十种化学成分对呼吸道有一定危害。吸烟时,在烟雾和有毒物质的刺激下,呼吸道黏膜内的腺体遭到破坏,腺体及杯状细胞分泌的黏液大量增加,纤毛运动受到限制,呼吸道黏膜组织受到损害。这使细菌、病毒容易入侵。因此,吸烟者中,患慢性支气管炎的明显高于不吸烟者。

吸烟者每吸入1毫升烟雾,可带进多达50亿的烟尘颗粒,阻碍呼吸道的通气。长期吸烟则使气道阻力增大,降低呼吸道自我保护的功能,不但容易患慢性支气管炎,还会诱发肺气肿等病。吸烟对人的危害是多方面的,这是由于香烟中除含有致癌物质"苯并芘"外,在烟雾中还含有一氧化碳,烟碱,苯酚,亚硝胺以及微量的砷,镉等物,每100支烟的"苯并芘"含量,介于2～123微克。

吸烟可使粒状上皮鳞状化生,并使纤毛变短而不规则,引起纤毛运动障碍,吞噬细胞的吞噬能力降低和黏液腺增大。吸烟可使气道内巨噬细胞与白细胞集聚,释放弹力蛋白酶,并抑制肺内主要抗蛋白酶,引起小叶中典型肺气肿。吸烟可使肺癌死亡率约增加 15%。

吸烟者能够及早戒烟,可使肺的呼吸功能得到改善,咳嗽、咯痰、呼吸困难也将减轻或消失。

三、化学因素对呼吸的调节

化学因素是指动脉血或脑脊液中的 CO_2、O_2、H^+,这些成分的变化都会刺激化学感受器,从而调节呼吸运动。

(一)化学感受器

化学感受器是指接受血液和脑脊液中化学物质刺激的感受器。外周化学感受器是指颈动脉体和主动脉体,它能感受血液中 p_{CO_2}、p_{O_2}、H^+ 的变化;中枢化学感受器位于延髓腹外侧浅表部位,直接与脑脊液接触,能感受 H^+ 和 CO_2 变化的刺激,对低氧刺激很不敏感。

(二)CO_2 是维持正常呼吸的重要生理性刺激

CO_2 对呼吸有很强的刺激作用,一定水平的 p_{CO_2} 对维持呼吸中枢的兴奋性是必要的。

CO_2 对呼吸的调节作用是通过刺激中枢和外周化学感受器,冲动传入延髓呼吸中枢,使其兴奋,引起呼吸加快加强,其中刺激中枢化学感受器是主要途径。

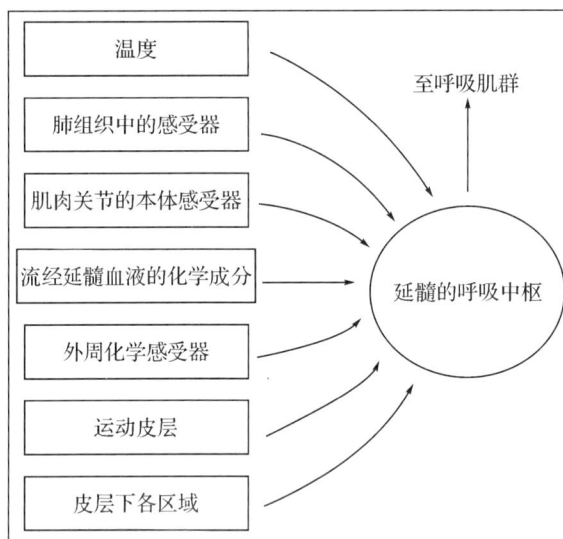

图 3-16　化学因素对呼吸的调节

血中 CO_2 变化可直接作用于外周化学感受器,能通过增高脑脊液中 H^+ 浓度作用于中枢化学感受器;血中 H^+ 作用于外周化学感受器,H^+ 通过血脑屏障进入脑脊液;O_2 含量变化不能刺激中枢化学感受器,低 O_2 对中枢是抑制作用。在一定范围内,吸入气中 CO_2 浓度升高可使呼吸加强,肺通气量增加。所以 CO_2 是调节呼吸的最重要的生理性体液因子。

(三)动脉血中 H^+ 浓度升高,呼吸加快加强;反之呼吸减弱

动脉血 H^+ 对呼吸调节的主要途径是通过刺激外周化学感受器实现。血浆中 H^+ 不易通过血胸屏障,限制了它对中枢化学感受器的作用,脑脊液中 H^+ 是中枢化学感受器最有效刺激。

(四)低氧导致呼吸加深加快,肺通气量增加

低氧对呼吸的刺激作用是通过外周化学感受器而起作用的。

（五）p_{CO_2}、p_{O_2}、pH 的相互作用

轻度和中度运动时,动脉血的 p_{CO_2}、p_{O_2} 和 pH 都保持在正常水平;运动强度进一步增加时,除 pH 降低外,因过度通气 p_{CO_2} 反而下降,p_{O_2} 反而升高。

肺通气量在运动时慢速增长和运动后的慢速减少与体液因素有关。因为动脉血 p_{CO_2}、p_{O_2} 和 pH 虽然保持不变,但它们都随呼吸而呈现周期性波动。运动时这种波动的幅度和变化率增大,可能在运动通气反应中起重要作用。

温度升高对提高肺通气量也起着重要作用。体温升高可提高呼吸中枢对 CO_2 的敏感性,运动中肺通气量的慢速增长期和运动后的慢速减少期与体温变化的规律相一致。

第五节 运动对呼吸机能的影响

一、运动时呼吸功能的变化

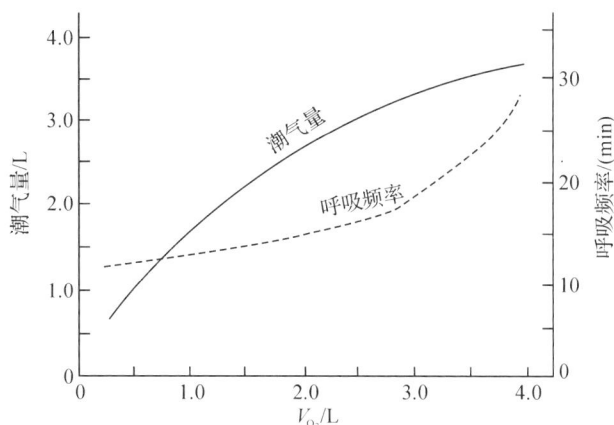

图 3-17 运动时肺通气功能的变化

（一）运动时肺通气功能的变化

1.运动时肺通气量与潮气量和呼吸频率的关系

运动时呼吸加深加快,肺通气量增加。以有氧代谢为供能特征的运动中,潮气量从安静时的 500mL 上升到 2000mL,呼吸频率可从 12~18 次/min 上升到 50 次/min,每分通气量可达 100L 以上,氧的摄入量和 CO_2 的排出量也相应增加。

运动中肺通气量变化的规律为:有训练运动员在从事运动强度较低时,每分通气量的增加主要是潮气量的增加;当运动强度增加到一定程度时,才主要依靠呼吸频率的增加。

在一定范围内每分通气量与运动强度呈线性相关,若超过这一范围,每分通气量的增加将明显大于运动强度的增加。

2.肺通气时的相性变化

运动过程中通气量的上升有一个过程,运动开始前,通气量已稍有上升;运动开始后,通气量先突然升高,进而再缓慢升高,随后达到一个平稳水平;运动停止时,也是通气量先骤降,继之

缓慢下降达运动前水平。

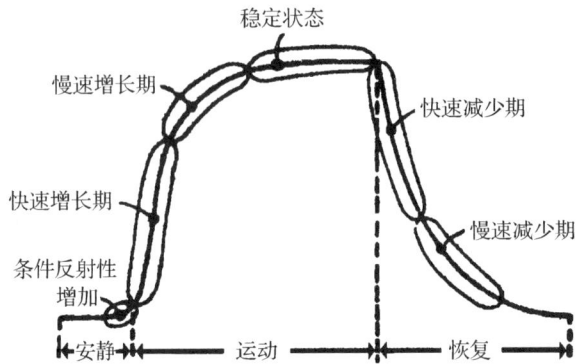

图 3-18　运动时肺通气的时相性变化

(二)运动时换气机能的变化

1.肺换气的具体变化

人体各器官组织代谢的加强,使流向肺部的静脉血中 p_{O_2} 比安静时低,从而使呼吸膜两侧的 p_{O_2} 差增大,O_2 在肺部的扩散速率增大;呼吸细支气管扩张,使通气肺泡的数量增多;开放的肺毛细血管增多,从而使呼吸膜的表面积增大。

2.组织换气的具体变化

活动的肌肉组织耗氧量增加,组织的 p_{O_2} 下降迅速,使组织和血液间的 p_{O_2} 差增大,O_2 在肌肉组织部位的扩散速率增大;活动组织毛细血管开放数量增多,增大了组织血流量,增大了气体交换的面积;促使肌肉的氧利用率的提高,肌肉的代谢率可比安静时增高 100 倍。

二、呼吸对训练的适应

长期的体育锻炼和运动训练可改善与增进呼吸系统的功能,提高运动时的最大肺通气量以及肺换气和组织换气的效率。

(一)肺容积对训练的适应

有训练者的肺容积的各个成分都比无训练者大。

通过训练呼吸肌的力量加强,吸气和呼气的能力提高。

(二)肺通气功能对训练的适应

1.每分通气量的适应变化

运动时有训练者每分通气量增加的幅度较小。在一定范围内,每分通气量与运动强度呈直线相关。显著超出这一范围,每分通气量的增加将与运动强度失去线性相关,即每分通气量的增加将明显大于运动强度。

2.最大通气量

有训练的耐力性运动员的最大通气量高于常人。一般认为短期的运动训练,对大多数运动员的最大通气量(MVV)和肺活量(VC)值没有明显影响,长期训练对 MVV 和 VC 值有显著影响,而且随训练年限的增长而增加,MVV 值增加较 VC 明显,经过高强度训练的耐力运动员最大通气量可达 180L 以上。

运动员在不同训练状态时,通气功能值可随之变化,状态提高时,通气功能值增加,反之,则下降,而时间肺活量(FVC)的变化与训练状态之间未见明显关系。

3.肺通气效率提高

运动员在运动时,肺通气的增加主要依靠呼吸深度的增加。运动时较深的呼吸深度,使肺泡通气量和气体交换率提高,呼吸肌的耗氧量减少,有利于运动员长时间的运动。

4.呼吸效率提高

氧通气当量(VE_{O_2})是指每分通气量与每分吸氧量的比率(VE/V_{O_2}),即机体每吸入 1L 氧所需要的通气量。一般说来,呼吸当量愈小,氧的摄取效率愈高,通气当量最小点称为最佳呼吸效率点。

通气当量的变化与性别、年龄和运动项目有关。在相同强度运动时,优秀耐力运动员的通气当量较非耐力运动员或一般人低,说明在相同摄氧量的条件下,运动员的肺通气量比无训练者少;而在相同下肺通气量的条件下,运动员的摄氧量比一般人大,即运动员的呼吸效率高,完成的运动强度大。

（三）肺换气功能对训练的适应

肺换气功能可用氧扩散容量来评定。运动员长期训练使心功能得到增强,心输出量大,参与气体交换的肺泡与肺泡毛细管的面积增加,呼吸阻力下降。所以长期的耐力训练对提高氧扩散容量有良好的影响,运动员的氧扩散容量比非运动员高。不同的运动项目,氧扩散容量增大的程度不同,以耐力和划船运动员最大,游泳运动员次之。

（四）肌肉摄氧能力对训练的适应

耐力训练使慢肌纤维线粒体增大、增多,线粒体内氧化酶活性增高,肌肉摄取氧利用氧的能力增强。

三、运动时合理呼吸

（一）减小呼吸道阻力

在剧烈运动时,为减少呼吸道阻力,人们常采用以口代鼻,或口鼻并用的方式进行呼吸。这样能减少肺通气阻力,增加通气;减少呼吸肌为克服阻力而增加的额外能量消耗,推迟疲劳出现;暴露满布血管的口腔潮湿面,增加散热途径。

（二）提高肺泡通气效率

运动时(特别是在感到呼吸困难、缺氧严重的情况下),运动员应有意识地采取适宜的呼吸频率,呼吸频率以不超过 45 次/分钟为宜。通过节制呼吸频率、适当加大呼吸深度,注重深呼气,有助于提高机体的肺泡通气量。

（三）与技术动作相适应

1.呼吸形式与技术动作的配合

根据有利于技术动作的运用而又不妨碍正常呼吸为原则,灵活转换。如体操运动中,根据动作的变化,胸式呼吸与腹式呼吸要转换。

2.呼吸时相与技术动作的配合

以人体关节运动的解剖学特征与技术动作的结构特点为转移。如游泳运动中,换气的时间与频率要与游泳技术动作相配合。

3.呼吸节奏与技术动作的配合

周期性的运动采用富有节奏、混合型的呼吸将会使运动更加轻松和协调,更有利于创造出好的运动成绩。

（四）合理运用憋气

1.憋气的良好作用

憋气时可反射性地引起肌肉张力的增加,如人的臂力和握力在憋气时最大,呼气时次之,吸气时较小;可为有关的运动环节创造最有效的收缩条件。

2.憋气的不良影响

①长时憋气压迫胸腔,使胸内压上升,造成静脉血回心变阻,进而心脏充盈不充分,输出量锐减,血压大幅下降,导致心肌、脑细胞及视网膜供血不全,产生头晕、恶心、耳鸣和眼黑等感觉,影响和干扰了运动的正常进行。

②憋气结束,出现反射性的深呼吸,造成胸内压骤减,原先潴留于静脉的血液迅速回心,冲击心肌并使心肌过度伸展,心输出量大增,血压也骤升。这对心力储备差者十分不利。

【知识与应用】

憋　气

憋气是指人体有意识地不呼吸。或深或浅地吸气后,紧闭声门,做尽力的呼气动作,称为憋气。

憋气对运动有利有弊,有些时候需要通过奋力和憋气才能取得最后的胜利。通常在完成最大静止用力的运动时,需要憋气来配合,如大负荷的负重、举重运动、角力、拔河、"扳手腕"等,憋气对运动良好的作用有:憋气时可反射性地引起肌肉张力的增加,可为有关的运动环节创造最有效的收缩支撑条件。

憋气的不良影响主要有:一是憋气使胸腔内压上升,造成静脉血回心受阻,进而心脏充盈不充分,输出量锐减,血压大幅下降,导致心肌、脑细胞、视网膜供血不全,产生头晕、恶心、耳鸣、眼黑等感觉,影响和干扰了运动的正常运行;二是憋气结束时,会出现反射性的深呼吸,造成胸膜腔内压遽减,原先滞留于静脉的血液迅速回心,冲击心肌并使心肌过度伸展,血压也剧升,这对儿童的心脏因承受能力低而易使心肌过度伸展、松弛,对老年人因血管弹性差、脆性大而容易使心、脑、眼等部位的血管破损,都将产生严重的不良后果。

正确合理的憋气方法应该是,憋气前的吸气不要太深;憋气结束为使胸膜腔中的内压有一缓冲渐变小的过程,呼出气应逐步少许地、有节制地从声门中挤出,即喉咙发出"嗨"声的呼气;憋气应用于决胜的关键时刻,不必每一个动作、每一个过程都憋气。

【本章小结】

1.机体在新陈代谢过程中,需要不断地从外界环境中摄取氧并排出二氧化碳。这种机体与环境之间的气体交换称为呼吸。呼吸系统包括呼吸道和肺泡。呼吸道有加温、润湿和净化空气的功能,肺泡是吸入气体与血液进行交换的场所。

2.呼吸全过程包括三个相互联系的环节:外呼吸(包括肺通气和肺换气)、气体在血液中的运输、内呼吸。

3.肺通气是指肺与外界环境之间的气体交换过程。胸廓的节律性运动即呼吸运动是实现肺通气的动力。肺内压和大气压的压力差是推动气体进出肺的直接动力。

4.胸内压是指胸膜腔内的压力。胸膜腔内的压力总是低于大气压,称胸内负压。胸内负压生理意义是保持肺的扩张状态,维持正常呼吸。

5.肺通气的阻力有弹性阻力(包括胸廓和肺的弹性阻力,它们约占总阻力的70％)、非弹性阻力(惯性阻力、黏滞阻力、气道阻力)。

6.肺容积包括潮气量、补吸气量、补呼气量、余气量。

7.肺容量是肺的基本容积中两项或两项以上的联合气量。深吸气量为补吸气量与潮气量之和,是衡量最大通气能力的一个重要指标。

8.肺活量(VC)是最大吸气后,尽力所能呼出的最大气量,它是潮气量、补吸气量和补呼气量三者之和。肺活量有较大的个体差异,其与年龄、性别、体表面积、体位、呼吸肌力量强弱等有关。正常成人男性约为3500mL,女性约为2500l。体育锻炼可使呼吸肌发达、胸围增大、肺和胸廓弹性增强,肺活量加大。

9.时间肺活量指尽力吸气后,再用力并以最快的速度呼出,头三秒钟内所呼出的气量占肺活量的百分数,分别称为1、2、3s的时间肺活量。肺活量反映了一次通气的最大能力,是最常用的测定肺通气机能指标之一。

10.每分钟吸入或呼出的气体总量为每分通气量,为潮气量与每分钟呼吸频率的乘积。正常成人平静呼吸时,每分钟呼吸频率为12～18次,潮气量约为500mL,每分通气量为6～8L。最大通气量为每分钟所能吸入或呼出的最大气量。

11.在呼吸过程中,每次吸入的气体中,留在呼吸性细支气管前的呼吸道内的气体是不能进行气体交换的,称为解剖无效腔。肺泡通气量是指每分钟吸入肺泡的新鲜空气量,肺泡通气量＝(潮气量－无效腔)×呼吸频率(次/分)。从气体交换的效果看,适当深而慢的呼吸,肺泡通气量加大,有利于气体交换,所以运动时应加深呼吸,尤其是加深呼气。

12.人体内气体交换包括肺换气和组织换气。肺换气时肺泡气中O_2 CO_2由于分压的差,向血液扩散,CO_2则向相反的方向扩散,从血液到肺泡,经过肺换气静脉血变成了动脉血。动脉血流经组织时,由于组织的p_{O_2}低于动脉血p_{O_2},p_{CO_2}高于动脉血,O_2由血液向组织扩散,而CO_2由组织向血液扩散。经组织换气后动脉血变成了静脉血。

13.影响肺部气体交换的因素主要有气体扩散速度、呼吸膜、通气/血流比值、组织局部血流量、温度。

14.O_2和CO_2在血液中运输方式有物理溶解的和化学结合。血液中的O_2物理溶解的量极少,仅占血液总O_2含量的约1.5％;化学结合占98.5％左右,O_2主要以氧合Hb(HbO_2)形式运输。

15.氧离曲线是表示p_{O_2}与Hb氧结合量或Hb氧饱和度关系的曲线。影响氧离曲线的因素有pH与p_{CO_2}、温度、2,3-二磷酸甘油酸、Hb自身性质。

16.血液中物理溶解的CO_2约占总运输量的5％,化学结合占95％,化学结合的CO_2主要是碳酸氢盐和氨基甲酸血红蛋白(碳酸氢盐形式的占88％,氨基甲酸血红蛋白形式占7％)。

17.呼吸运动是一种节律性活动,其深度和频率能随机体代谢水平而改变,通过神经与体液的共同调节实现的。呼吸运动的基本调节中枢在脑桥和延髓。呼吸运动还受大脑皮层、下丘脑、边缘系统等的调节。

18.化学因素对呼吸的调节是指动脉血或脑脊液中的CO_2、O_2、H^+,这些成分的变化都会刺激化学感受器,从而调节呼吸运动。CO_2是维持正常呼吸的重要生理性刺激。CO_2对呼吸的调节作用是通过刺激中枢和外周化学感受器,冲动传入延髓呼吸中枢,使其兴奋,引起呼吸加快加强,其中刺激中枢化学感受器是主要途径。

19.运动时呼吸加深加快,肺通气量增加。运动员在从事运动强度较低时,每分通气量的增加主要是潮气量的增加;当运动强度增加到一定程度时,才主要依靠呼吸频率的增加。

20.长期的体育锻炼和运动训练可改善与增进呼吸系统的功能,提高运动时的最大肺通气量以及肺换气和组织换气的效率。有训练的耐力性运动员的最大通气量高于常人,在运动时,肺通气的增加主要依靠呼吸深度的增加。运动员长期训练使心功能得到增强,心输出量大,参与气体交换的肺泡与肺泡毛细血管的面积增加,呼吸阻力下降。

21.运动时合理呼吸的方式有减小呼吸道阻力,提高肺泡通气效率,呼吸与技术动作相适应,合理运用憋气。

【思考题】

1 呼吸是由哪三个环节组成的? 各个环节的主要作用是什么?

2.胸内压是如何形成的? 有何生理意义?

3.为什么运动中在一定范围内深慢的呼吸(尤其注重深呼气)比浅快的呼吸效果要好?

4.试述肺通气的机能指标测定意义和评定方法。

5.解释肺活量和时间肺活量。

6.试述 O_2 和 CO_2 在血液中的运输过程。

7.氧离曲线的生理意义是什么? 哪些因素影响氧离曲线的变化?

8.试述神经和化学因素对呼吸运动的反射性调节。

9.试述运动时肺通气的变化及调节机制。

10.运动时应如何进行与技术动作相适应的呼吸? 如何合理地运用憋气?

第四章　运动与消化吸收机能

【学习目标】

1.掌握消化与吸收的概念。
2.了解消化系统的结构和功能。
3.理解消化系统中各种营养物质的吸收部位。
4.理解小肠是最重要的消化和吸收器官。
5.掌握运动对消化系统的影响。

?

- 胃病为什么会传染?
- 你知道吃什么食物不容易饿?
- 为什么运动后不能立即进食?

第一节　物质的消化吸收过程

一、消化与吸收的概念

(一)消化

消化是食物在消化道中被分解的过程。

(1)机械性消化:通过消化道肌肉收缩活动,将食物磨碎并与消化液充分混合,还将食物不断向消化道远端推送。

(2)化学性消化:即通过消化腺分泌的消化液中的各种消化酶,将大块的、分子结构复杂的大分子物质(如碳水化合物、脂类及蛋白质)分解为能被吸收的、分子结构简单小分子物质的过程。机械性消化与化学性消化同时进行,相辅相成。

(二)吸收

消化道内的吸收是指食物中的某些成分或消化后的产物通过上皮细胞进入血液或淋巴液的过程。消化是吸收的重要前提。

二、食物在胃肠道的消化过程

食物营养物质完全消化有赖于消化道平滑肌的机械运动和消化腺所分泌的消化液的化学

作用。

1.消化道平滑肌

除口、咽、食道上端肌肉及肛门外括约肌是骨骼肌,消化道的其余部分都主要由平滑肌组成。消化道平滑肌具有兴奋性、传导性和收缩性等特性,自己的特点:

①消化道平滑肌的兴奋性较骨骼肌为低。消化道平滑肌经常处于微弱的持续收缩状态,即具有紧张性。紧张性对消化道各部分保持一定的形态和位置,以及使消化道的管腔内经常保持一定的基础压力有重要意义。平滑肌的各种收缩活动也都是在紧张性的基础上发生的。

②消化道平滑肌在体外适宜的环境内,仍能进行节律性运动,但其收缩缓慢,节律性远不如心肌规则。消化道平滑肌对电刺激不敏感,但对于牵张、温度和化学刺激很敏感。

③消化道平滑肌有较大的伸展性。作为中空的容纳器官,这一特性使消化道有可能容纳好几倍于自己原初体积的食物。

2.消化液

人体各种消化腺分泌的消化液总量每日达 6～8L。

表 4-1　消化液的成分及其作用

消化液	分泌量/(L/d)	pH	主要成分	酶的底物	酶的水解产物
唾液	1.0～1.5	6.6～7.1	黏液		
			α-淀粉酶	淀粉	麦芽糖
胃液	1.5～2.5	0.9～1.5	黏液、盐酸		
			胃蛋白酶(原)	蛋白质	胨、多肽
			内因子		
胰液	1.0～2.0	7.8～8.4	HCO_3		
			胰蛋白酶(原)	蛋白质	氨基酸、寡肽
			糜蛋白酶(原)		
			羧基肽酶(原)	肽	氨基酸
			核糖核酸酶	RNA	单核苷酸
			脱氧核糖核酸酶	DNA	
			α-淀粉酶	淀粉	麦芽糖、寡糖
			胰脂肪酶	甘油三酯	脂肪酸、甘油等
			胆固醇酯酶	胆固醇酯	脂肪酸、胆固醇
			磷脂酶	磷脂	脂肪酸、溶血磷脂
胆汁	0.8～1.0	6.8～7.4	胆盐		
			胆固醇		
			胆色素		
小肠液	1.0～3.0	7.6	黏液		
			肠激酶	胰蛋白酶原	胰蛋白酶
大肠液	0.5	8.3	黏液		
			HCO_3^-		

(一)口腔内的消化

人的口腔内有三对大的唾液腺:腮腺、颌下腺和舌下腺,还有无数散在的小唾腺。唾液就是由这些大小唾液腺分泌的混合液。

营养物质的消化过程是从口腔开始的,食物在口腔内,经咀嚼肌运动被磨碎,并与唾液充分混合形成食团,便于吞咽。从吞咽到食团入胃约需6~8s,一般不超过15s。因食物在口腔内停留时间短,唾液的化学性消化能力弱,所以仅有少量淀粉在唾液淀粉酶的作用下,降解为麦芽糖。

（二）胃内的消化

1.胃内的化学性消化

胃内消化液是胃液,是一种无色、酸性的液体,pH值为0.9~1.5。

正常人每日分泌的胃液量约为1.5~2.5L。胃液的成分包括无机物如盐酸、钠和钾的氯化物等,以及有机物如黏蛋白、消化酶等,主要成分是盐酸和胃蛋白酶。

（1）盐酸

盐酸有许多作用,可杀死随食物进入胃内的细菌,对维持胃和小肠内的无菌状态具有重要意义。盐酸能激活胃蛋白酶原,使之转变为有活性的胃蛋白酶,盐酸并为胃蛋白酶作用提供了必要的酸性环境。盐酸进入小肠后,可以引起促胰液素的释放,从而促进胰液、胆汁和小肠液的分泌。盐酸所造成的酸性环境,还有助于小肠对铁和钙的吸收。但若盐酸分泌过多,会对人体产生不利影响。一般认为,过高的胃酸对胃和十二指肠黏膜有侵蚀作用,因而溃疡病发病的重要原因之一。

（2）胃蛋白酶

胃蛋白酶原在适宜酸性环境下激活为胃蛋白酶。胃蛋白酶能水解食物中的蛋白质,将蛋白质降解为蛋白胨、蛋白䏡及少量多肽。胃蛋白酶只有在酸性较强的环境中才能发挥作用,其最佳pH为2。随着pH的升高,胃蛋白酶的活性即降低,当pH升至6以上时,此酶即发生不可逆的变性。

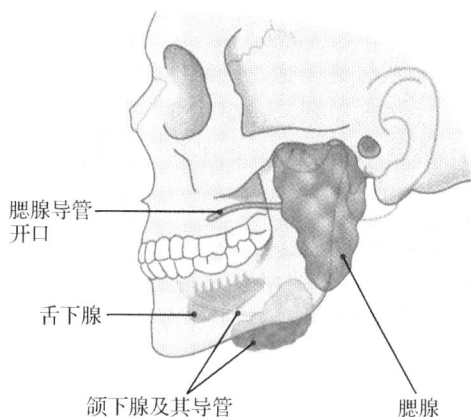

图 4-1 人口腔内三对大唾液腺

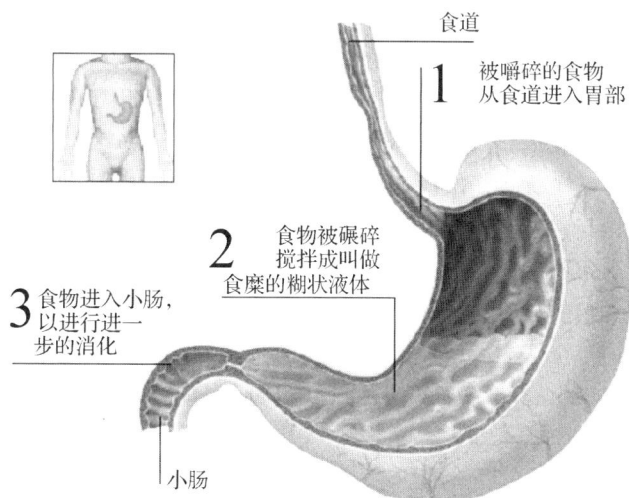

图 4-2 胃内的消化

（3）胃液分泌

胃液分泌受许多因素的影响,有的起兴奋性作用,有的则起抑制性作用。进食是胃液分泌的自然刺激物,它通过神经和体液因素调节胃液的分泌。

刺激胃酸分泌的内源性物质有:

①乙酰胆碱:大部分支配胃的副交感神经节后纤维末梢释放乙酰胆碱。乙酰胆碱直接作用于壁细胞膜上的胆碱能受体,引起盐酸分泌增加。

②胃泌素:胃泌素主要由胃窦黏膜内的 G 细胞分泌。十二指肠和空肠上段黏膜内也有少量 G 细胞。胃泌素释放后主要通过血液循环作用于壁细胞,刺激其分泌盐酸。

③组胺:胃的泌酸区黏膜内含有大量的组胺。胃黏膜恒定地释放少量组胺,通过局部弥散到达邻近的壁细胞,刺激其分泌。

④脂肪:是抑制胃液分泌的一个重要因素。脂肪及其消化产物抑制胃分泌的作用发生在脂肪进入十二指肠后,而不是在胃中。脂肪是小肠内抑制胃分泌的体液因素,和抑胃肽、神经降压素等激素共同作用,使胃液分泌的量、酸度和消化力减低,并抑制胃运动。

2.胃内的物理性消化

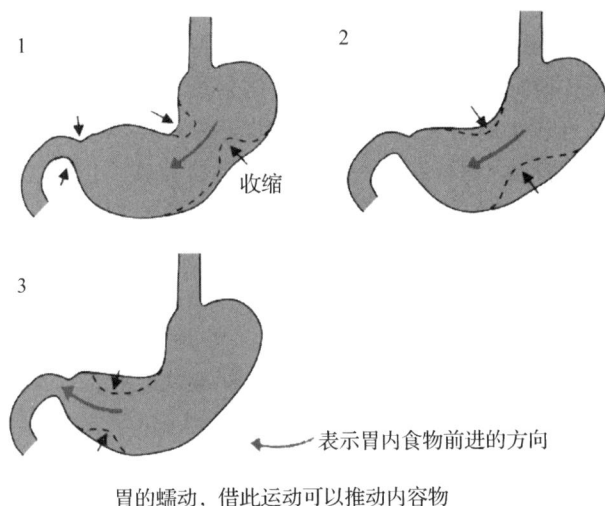

图 4-3 胃内的物理性消化

食物入胃后,借胃壁运动与胃液混合,继续进行机械性消化和化学性消化。食物入胃后,胃容受性舒张使胃容量由空腹时的 50mL 增加到进食后的 1.5～2.0L,以暂时储存进入胃的食团。食物入胃后 5min,胃蠕动即开始。

胃蠕动有利于食物与胃液混合,协助完成胃液的化学性消化功能。

食物由胃排入十二指肠的过程称为胃的排空。一般在食物入胃后 5 分钟即有部分食糜被排入十二指肠。不同食物的排空速度不同,这和食物的物理性状和化学组成有关。稀的、流体食物比稠的或固体食物排空快;切碎的、颗粒小的食物比大块的食物排空快;等渗液体比非等渗液体快。三种主要食物中,糖类食物排空时间较蛋白质为短,脂肪类食物排空最慢。混合性食物,由胃完全排空通常需要 4～6 小时。

【知识与应用】

你知道吃什么食物不容易饿吗?

含高膳食纤维、糯米类食物及高脂肪的食物有饱腹感,可延长食物在胃内的消化时间,从而使人不觉得饿,膳食纤维在肠道内吸水膨胀,有刺激肠道蠕动的作用,利于排便,减少毒素在肠道中的停留时间,降低结肠癌的发病率。膳食纤维可降低血糖,预防高血脂及缺血性心脏病,延缓胃内容物的排空,是葡萄糖吸收趋于平缓,减少胰岛素分泌,增加饱腹感,增加粪便排出量,可治疗肥胖病。高脂食物由于需要胆汁的乳化作用,及消化酶的分解,故消化时间长,且能量较高,容易造成肥胖。

膳食纤维的主要来源有谷物(全谷类和麦麸含量最多)、果胶和树胶、未经加工的豆类(黄豆、绿豆、红豆等)。高脂肪的食物主要来源有黄油、动物内脏、油炸食品、核桃、芝麻、奶油制品等。糯米所含淀粉为支链淀粉。支链淀粉(称胶淀粉)分子相对较大,难溶于水,所以糯米在肠胃中难以消化水解,糯米类食物不宜一次食用过多。

胃病为什么会传染?

胃病会传染,是因为感染了幽门螺杆菌。

幽门螺杆菌由巴里·马歇尔(Barry J. Marshall)和罗宾·沃伦(J. Robin Warren)二人发现,此二人因此获得 2005 年的诺贝尔生理学或医学奖。幽门螺杆菌是一种单极、多鞭毛、末端钝圆、螺旋形弯曲的细菌。长 $2.5\sim4.0\mu m$,宽 $0.5\sim1.0\mu m$。在胃黏膜上皮细胞表面常呈典型的螺旋状或弧形。

幽门螺杆菌感染是慢性活动性胃炎、消化性溃疡、胃黏膜相关淋巴组织(MALT)淋巴瘤和胃癌的主要致病因素。1994 年世界卫生组织/国际癌症研究机构(WHO/IARC)将幽门螺杆菌定为 I 类致癌原。

幽门螺杆菌的传染力很强,可通过手、不洁食物、不洁餐具、粪便等途径传染,所以,日常饮食要养成良好的卫生习惯,预防感染。

幽门螺杆菌进入胃后,借助菌体一侧的鞭毛提供动力穿过黏液层。研究表明,幽门螺杆菌在黏稠的环境下具有极强的运动能力,强动力性是幽门螺杆菌致病的重要因素。幽门螺杆菌到达上皮表面后,通过黏附素,牢牢地与上皮细胞连接在一起,避免随食物一起被胃排空。并分泌过氧化物歧化酶(SOD)和过氧化氢酶,以保护其不受中性粒细胞的杀伤作用。幽门螺杆菌富含尿素酶,通过尿素酶水解尿素产生氨,在菌体周围形成"氨云"保护层,以抵抗胃酸的杀灭作用。

(三)小肠内的消化

食糜由胃进入十二指肠后,即开始了小肠内的消化。小肠内消化是整个消化过程中最重要的阶段。在这里,食糜受到胰液、胆汁和小肠液的化学性消化以及小肠运动的机械性消化。许多营养物质也都在这一部位被吸收入机体。因此,食物通过小肠,消化过程基本完成。未被消化的食物残渣,从小肠进入大肠。

食物在小肠内停留的时间,随食物的性质不同而有不同,一般为 3~8 小时。

1. 小肠内化学性消化

小肠内主要消化液是胰液、胆汁和小肠液。

(1)胰液:胰腺为混合性分泌腺体,主要有外分泌和内分泌两大功能。它的外分泌主要成分是胰液,内含碱

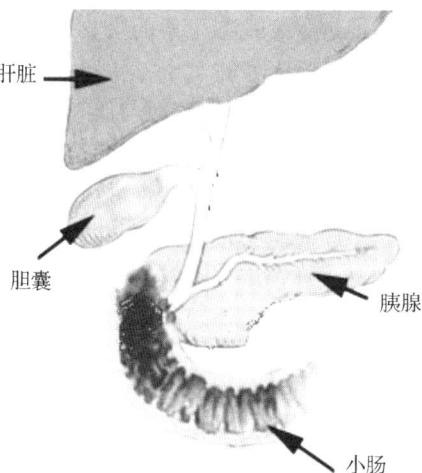

肝脏

胆囊

胰腺

小肠

图 4-4　小肠内的消化

性的碳酸氢盐和各种消化酶(主要有胰淀粉酶、胰脂肪酶、胰蛋白酶原和糜蛋白酶原),其功能是中和胃酸,消化糖、蛋白质和脂肪。

胰腺内分泌主要成分是胰岛素、胰高血糖、胰腺素,其次是生长激素释放抑制激素、肠血管活性肽、胃泌素等。

胰液是由胰腺分泌的消化液,是小肠内具有很强消化能力的消化液。为无色,显碱性,pH为7.8~8.4。正常人分泌量为1~2L/d。

表 4-2　胰液主要成分的消化作用

胰液主要成分	消化作用
重碳酸盐	中和盐酸,利于胰酶活动
胰淀粉酶	淀粉→麦芽糖
胰脂肪酶	脂肪→脂肪酸＋甘油→甘油三酯
胰蛋白酶	蛋白质→多肽、氨基酸
糜蛋白酶	蛋白质→多肽、氨基酸
核苷酸酶	RNA 降解
脱氧核糖核苷酸酶	DNA 降解

当胰液进入十二指肠后,胰蛋白酶原被肠液中的肠致活酶激活成为具有活性的胰蛋白酶。酸和胰蛋白酶也能使胰蛋白酶原活化。糜蛋白酶原由胰蛋白酶激活为糜蛋白酶。胰蛋白酶和糜蛋白酶都能分解蛋白质为和胨,二者共同作用时,使蛋白质分解为多肽和氨基酸。

在非消化期,胰液几乎不分泌或很少分泌。进食后胰液分泌即开始。所以食物是兴奋胰腺的自然因素。进食时胰液分泌受神经和体液因素的双重控制,以体液调节为主。

(2)胆汁:胆汁对脂肪的消化和吸收具有重要作用。

胆汁由肝脏分泌,其成分很复杂,其中胆盐是参与消化吸收的主要成分。胆盐能乳化脂肪,增加脂肪酶的作用面积,使其分解脂肪的作用加速。

胆汁由约75%肝细胞生成,25%由胆管细胞生成。成人每日分泌量约800~1000mL。胆汁是一种消化液,有乳化脂肪的作用,但不含消化酶。

胆汁中的胆盐、胆固醇和卵磷脂等可降低脂肪的表面张力,使脂肪乳化成许多微滴,利于脂肪的消化;胆盐还可与脂肪酸甘油三酯等结合,形成水溶性复合物,促进脂肪消化产物的吸收,并能促进脂溶性维生素的吸收。在非消化期间胆汁存于胆囊中。在消化期间,胆汁直接由肝脏以及由胆囊大量排至十二指肠内。

正常人体内,胆固醇与胆盐的浓度呈一定的比例。若胆汁中胆固醇含量增多和或胆汁酸、卵磷脂含量减少,致使胆固醇浓度相对增高,就使胆固醇从胆汁中析出结晶而形成胆结石。

(3)小肠液:为弱碱性液体,pH为7.6。正常人分泌量变动范围很大,通常为1~3L/d。

小肠液渗透压与血浆相等,大量的小肠液可以稀释消化产物,使其渗透压下降,有利于吸收的进行。真正由小肠腺分泌的酶很少,主要是肠致活酶,它可激活胰蛋白酶原,促进蛋白质的消化。小肠本身对食物的消化是以一种特殊的方式进行的,即在小肠上皮细胞内进行。上皮细胞内含有多种消化酶,如肽酶可将多肽分解为氨基酸、麦芽糖酶将麦芽糖分解为葡萄糖等。这些酶可随脱落的肠上皮细胞进入肠腔内,但它们对小肠内消化并不起作用。

2.小肠内物理性消化

(1)小肠紧张性收缩能加速内容物的混合及转运。

(2)分节运动:一种以环形肌为主的节律性收缩和舒张运动,能促使食糜与消化液充分混

合,并挤压肠壁有助于血液及淋巴液回流;

(3)小肠蠕动能将内容物向下推送。

食物在小肠内停留的时间随其性质而变化于 3~8h 范围内,由于食物在小肠内停留的时间较长,小肠机械运动能使食物与消化液充分混合,而且小肠腔内的消化液含有多种消化酶,几乎可以使糖、脂肪和蛋白质彻底分解为人体可以吸收的葡萄糖、甘油、脂肪酸及氨基酸等,所以食物消化的主要部位在小肠。

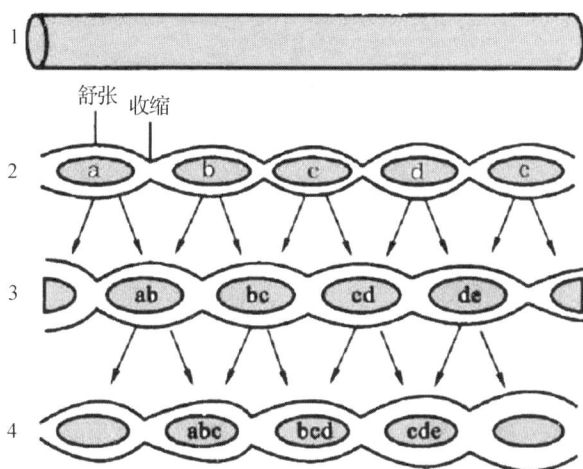

图 4-5 小肠内物理性消化

经过小肠内消化的食物最终进入大肠。人的大肠没有复杂的消化活动。大肠的主要机能在于吸收水分,同时为消化后的残余物质提供暂时储存的场所。

大肠液的主要作用是其中的黏液蛋白对肠黏膜的保护作用和润滑粪便的作用。食物残渣进入大肠内,大肠的机械性运动将内容物向下推送,最终通过排便反射将粪便排到体外。

三、营养物质在消化道的吸收

(一)营养物质吸收的部位

1. 消化道各部位的吸收能力和吸收速度是不同的,这主要取决于消化道各部位的组织结构、食物被消化的程度及停留时间。

(1)食物在口腔和食道基本上不被吸收;

(2)胃可吸收酒精和少量水分;

(3)大肠主要吸收盐类和剩余水分。

(4)营养物质吸收的主要部位是小肠,因为小肠具备吸收大多数营养物质的条件。

2. 小肠:作为消化吸收的主要部位,小肠的结构与机能有以下几个特点。

(1)小肠具有巨大的吸收面积。

人的小肠长约 4m,其黏膜具有环形皱褶,并拥有大量的绒毛;绒毛上的每一柱状上皮细胞的顶端约有 1700 条微绒毛。由于环状皱褶、绒毛及微绒毛的存在,小肠的吸收面积比

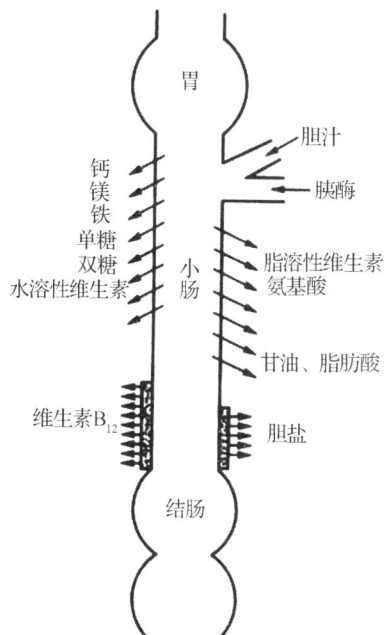

图 4-6 营养物质在消化道的吸收

同样长短的简单圆筒的面积增加 600 倍,可达 $200m^2$ 左右。绒毛内还有丰富的毛细血管和淋巴管,这些都是营养物质吸收后的通路。

（2）食物停留时间较长。

各种食物在小肠停留的时间随食物的性质而有不同,脂肪停留时间最长。通常混合性食物在小肠内可停留 3～8 小时。

（3）食物在小肠内基本完成消化过程。

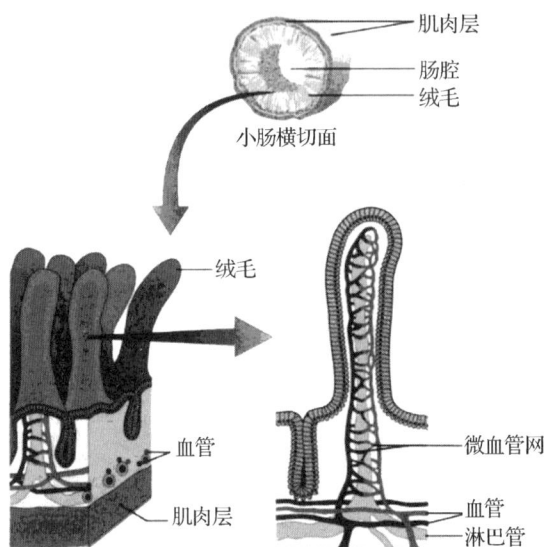

图 4-7 小肠内表面结构

（二）主要营养物质的吸收

1. 糖类消化后的吸收

糖类必须消化为单糖才能被小肠主动吸收进入血液。单糖的主动转运有赖于钠的主动转运,当钠的主动转运被阻断后,单糖的转运便不能进行。

2. 蛋白质消化后的吸收

食入的蛋白质及内源蛋白质经消化、分解为氨基酸后,几乎全部被小肠主动吸收进入血液。氨基酸的主动转运也同样需要钠的主动转运提供能量,当钠的主动转运被阻断后,氨基酸的转运便不能进行。

3. 脂肪消化后的吸收

在小肠内脂肪的消化产物(脂肪酸、甘油三酯及胆固醇等)很快与胆盐形成微粒,通过胆盐的亲水作用到达微绒毛。

在微绒毛处,脂肪酸、甘油三酯及胆固醇等从微粒中释放出来进入黏膜细胞而被吸收,胆盐则留于小肠腔内。长链脂肪酸及其甘油三酯在小肠上皮细胞内大部分重新合成甘油三酯,并与细胞中的载脂蛋白结合成乳糜微粒,然后进入细胞间液,再扩散入淋巴;中、短链脂肪酸及其甘油三酯在小肠上皮细胞中不需要再合成甘油三酯,可直接进入门静脉。

4. 水分及无机盐的吸收

在小肠内被吸收水有口腔摄入食物水、喝入的水、各种消化腺分泌入消化道中的水分、无机盐和某些有机成分,也有部分在小肠内被吸收。人体重吸收回体内的液体量可达 8L/d。

水分的吸收都是被动的。各种溶质,特别是 NaCl 的主动吸收所产生的渗透压梯度是水分吸收的主要动力。单碱性盐类如钠、钾、铵盐的吸收很快；多碱性盐类则吸收很慢。凡能与钙结合而成沉淀的盐，如硫酸盐、磷酸盐等不被吸收。

第二节　运动对胃肠道功能的影响

一、运动对胃肠道的影响与益处

通过合理的体育锻炼，人体消化腺分泌消化液增多，消化管道的蠕动加强，胃肠的血液循环得到改善，使食物的消化和营养物质的吸收进行得更加充分和顺利。所以 合理运动后会促进消化系统的功能完善，饭量增多，消化功能增强。

中小强度的有氧运动，对人体消化功能的益处主要有降低胃肠道癌症、胆石病，减少胃肠出血、肠炎、便秘等发病率。

中小强度的运动使胃肠的蠕动加强，食物在胃内滞留时间缩短，减少肠内物质的转运时间，使结肠黏膜与致癌物质的接触机会减少，降低结肠癌的发病率，抑制肠炎的发生，从而间接性地对胃肠道起到保护作用。

中小强度的运动能改变胃肠血流量，促进胃排空，增强胃肠机械性的震动，增加肠蠕动，所以能降低便秘的发生。

二、运动对胃肠道的影响与不利之处

人体在进行剧烈运动时可引起活动的肌肉和内脏血流的重新分配，胃肠道血流量明显减少，骨骼肌的血管扩张以增加血流量，胃肠道血管收缩以减少血流量。胃肠道血流量减少，将导致消化腺分泌消化液减少，同时运动应激使副交感神经活动受到抑制，即消化能力受到抑制，胃肠机械运动减弱，使消化能力下降。

饱餐后，胃肠道需要血液量较多，此时立即剧烈运动，将会影响消化，甚至可能因食物滞留造成胃膨胀，出现腹痛、恶心及呕吐、腹泻、胃肠道出血等运动性胃肠道综合征。

由于剧烈运动时支配内脏器官的交感神经节兴奋性加剧，使内脏血管收缩而加剧了内脏的缺血，随着运动强度的增加，血浆内皮素释放增多，从而使血管进一步收缩，使胃肠道血流量可能减少到最低的临界点，势必影响胃肠功能，减弱人体的消化和吸收能力，使得水分和食物在胃内大量存积，造成胃的灼烧、胃肠逆流、胃痛等不适症状。伴随运动中内脏血流量的减少和内脏器官紧缩，可能会造成胃肠黏膜的坏死和脱落，进而引起胃肠出血等症状。因而消化系统的局部缺血可能是引起运动性胃肠紊乱或胃肠出血的可能机制之一。

耐力性项目如中长跑运动员发生胃肠功能紊乱的几率要比其他项目如自行车、游泳、滑雪、篮球等高，主要是由于在跑步过程中运动员的胃肠受上下方向的加速度，将会引起内脏器官内部结构及生理功能发生较大的改变。而在其他项目运动时主要受水平方向的加速度，这样避免了胃肠道受到机械损伤以及破坏肠黏膜的完整性。所以运动员在跑步过程中胃肠反复受上下方向的机械性震动，这是引发胃肠功能紊乱不可忽略的一个因素。

胃肠免疫系统有着自身独特的免疫功能，在机械性或反复力竭性运动后，胃肠黏膜区完整性会遭到破坏，使一些内毒素免疫物质侵入，导致运动员免疫功能下降，引发胃肠炎症。

栖息在人体胃肠道微生物群落,具有独特的特性和重要的生理功能,在正常情况下,机体与肠道菌群之间保持动态微生态平衡,正常群落之间也保持恒定的比例关系。肠道常驻菌、宿主微空间形成一个相互依赖又相互作用的微生态系统,它们共同组成生物学屏障对人体的健康起保护作用,运动作为一种应激,运动员长期处于运动应激状态下,肠道菌群会发生改变,是导致运动性胃肠紊乱的一大因素。

大强度的运动会诱发胃肠道症状,如腹痛、腹泻、恶心、呕吐等,许多症状是急性的和短暂的,不会损害运动员的健康,在运动训练或比赛中重复持续的胃肠出血,可能对机体造成一定的损害,可导致缺铁性贫血,这些症状几乎都可以被合理的运动强度所预防,中、低强度的运动可以对胃肠道起保护性的作用。

【知识与应用】

为什么运动后不能立即进食?

运动时,血液主要在运动的骨骼肌处。而进食后,为了消化食物,肠胃需要大量血液,就会出现血液分配不合理的矛盾。肌肉运动时骨骼肌血管扩张、血流量增加,内脏血管收缩、血流量减少,使胃肠道血流量明显减少(较安静时减少2/3左右),消化腺分泌消化液量下降;胃肠道机械运动减弱,使消化能力受到抑制。如因唾液分泌量减少,影响食欲;胃液分泌受到抑制,胃蠕动减慢等。

为了解决运动与消化机能的矛盾,一定要注意运动与进餐之间的间隔时间。饭后不宜立即从事剧烈运动,应休息半小时至1小时;剧烈运动结束后,也应适当休息后,待胃肠道供血量基本恢复后再进餐,一般应休息15分钟至半小时。否则会影响人体消化吸收机能,严重的会引发胃肠道疾病,如慢性胃肠道炎症、胃肠过敏等。

【本章小结】

1.机体进行新陈代谢必须不断从体外摄取各种营养物质,如糖、脂肪、蛋白质、水、无机盐、维生素。

2.消化是食物在消化道中被分解的过程。机械性消化指通过消化道肌肉收缩活动,将食物磨碎并与消化液充分混合,还将食物不断向消化道远端推送。化学性消化即通过消化腺分泌的消化液中的各种消化酶,将大块的、分子结构复杂的大分子物质(如碳水化合物、脂类及蛋白质)分解为能被吸收的、分子结构简单小分子物质的过程。机械性消化与化学性消化同时进行,相辅相成。

3.吸收是指食物中的某些成分或消化后的产物通过上皮细胞进入血液或淋巴液的过程。消化是吸收的重要前提。

4.营养物质的消化从口腔开始。食物在口腔内,经咀嚼肌运动被磨碎,并与唾液充分混合形成食团。唾液的化学性消化能力弱,有少量淀粉在唾液淀粉酶的作用下降解为麦芽糖。

5.胃内消化液是胃液,是一种无色、酸性的液体,ph值为0.9~1.5。胃液的成分主要成分是盐酸和胃蛋白酶。盐酸可杀死随食物进入胃内的细菌,激活胃蛋白酶原,使之转变为有活性的胃蛋白酶,盐酸并为胃蛋白酶作用提供了必要的酸性环境。胃蛋白酶能水解食物中的蛋白质,将蛋白质降解为蛋白石际、蛋白胨及少量多肽。胃内的物理性消化为蠕动,将食物由胃排入十二指肠的过程。

6.小肠内消化是整个消化过程中最重要的阶段,食物消化的主要部位在小肠。小肠内主要消化液是胰液、胆汁和小肠液。胰液是由胰腺分泌的消化液,是小肠内具有很强消化能力的消化液,有多种消化酶,淀粉→麦芽糖,脂肪→脂肪酸＋甘油→甘油一酯,蛋白质→多肽、氨基酸。胆汁由肝脏分泌,是一种消化液,有乳化脂肪的作用,但不含消化酶。小肠本身对食物的消化是以一种特殊的方式进行的,即在小肠上皮细胞内进行。上皮细胞内含有多种消化酶,肽酶将多肽分解为氨基酸、麦芽糖酶将麦芽糖分解为葡萄糖等。小肠内物理性消化包括小肠紧张性收缩、分节运动、小肠蠕动。

7.大肠没有复杂的消化活动。大肠的主要机能在于吸收水分,同时为消化后的残余物质提供暂时储存的场所。

8.食物在口腔和食道基本上不被吸收;胃可吸收酒精和少量水分;大肠主要吸收盐类和剩余水分。营养物质吸收的主要部位是小肠,因为小肠具备吸收大多数营养物质的条件。小肠具有巨大的吸收面积,食物停留时间较长,食物在小肠内基本完成消化过程。

9.通过合理的体育锻炼,人体消化腺分泌消化液增多,消化管道的蠕动加强,胃肠的血液循环得到改善,使食物的消化和营养物质的吸收进行得更加充分和顺利。

10.人体在进行剧烈运动时可引起活动的肌肉和内脏血流的重新分配,胃肠道血流量明显减少,骨骼肌的血管扩张以增加血流量,胃肠道血管收缩以减少血流量。胃肠道血流量减少,将导致消化腺分泌消化液减少,同时运动应激使副交感神经活动受到抑制,即消化能力受到抑制,胃肠机械运动减弱,使消化能力下降。

11.要注意运动与进餐之间的间隔时间。饭后不宜立即从事剧烈运动,应休息半小时至1小时;剧烈运动结束后,应适当休息15分钟至半小时再进食。

【思考题】

1.名词解释:
　　消化　　吸收　　物理性消化　　化学性消化
2.试述三大营养物质的消化与吸收的主要部位为什么在小肠。
3.试述各种营养物质消化吸收的部位。
4.试述运动对胃肠道功能的影响。

第五章　运动与肾脏机能

【学习目标】

1. 掌握排泄的概念和人体主要排泄途径。
2. 理解肾单位的结构和功能。
3. 理解尿的生成过程。
4. 了解肾脏在维持机体水和酸碱平衡中的作用。
5. 理解运动对肾脏泌尿机能的影响。

- 尿蛋白在运动实践中有哪些应用？
- 尿毒症是什么病？

机体在物质代谢过程中，不断产生代谢尾产物，还有某些摄入过多的或不需要的物质（包括进入体内的异物和药物代谢产物），都必须及时排出体外。

生理学上将人体在物质代谢过程中所产生的代谢尾产物、多余的水分与盐类，以及进入体内的异物、毒物等，经由血液循环运送到排泄器官，并排出体外的过程称为排泄。未被吸收的食物残渣由大肠排出不属于排泄。

人体主要排泄途径有四条：①由呼吸器官排出。主要是 CO_2 和少量的水分，以气体的形式随呼气排出。②由大肠排出。主要是肝脏代谢所产生的胆色素（通过胆汁排入肠道），以及经肠黏膜排出的一些无机盐，如钙、镁、铁等。③由皮肤排出。包括水分、盐类（如 NaCl）及代谢尾产物（如尿素）等以汗腺分泌汗液的形式排出。④由肾脏排出。人体绝大多数代谢尾产物以尿的形式排出。肾脏泌尿是人体内十分重要的排泄途径。以尿的形式排出的排泄物种类最多，而且量也最大。

肾脏排尿，不但能排出体内大量的代谢尾产物，而且对调节机体水、电解质平衡和酸碱平衡，以及保持内环境稳态，具有极为重要的意义。

第一节　肾的结构和功能

一、肾的结构特点

肾脏为成对的扁豆状器官，位于腹膜后脊柱两旁浅窝中。肾脏的基本功能是生成尿液，清除体内代谢产物及某些废物、毒物，并经重吸收功能保留水分及其他有用物质，如葡萄糖、氨基酸、Na^+、Cl^-、K^+、碳酸氢钠等，以调节水、电解质平衡及维护酸碱平衡。

肾脏还有内分泌功能，生成肾素、促红细胞生成素、活性维生素 D3、前列腺素、激肽等，又为机体部分内分泌激素的降解场所和肾外激素的靶器官。肾脏的这些功能，保证了机体内环境的稳定，使新陈代谢得以正常进行。

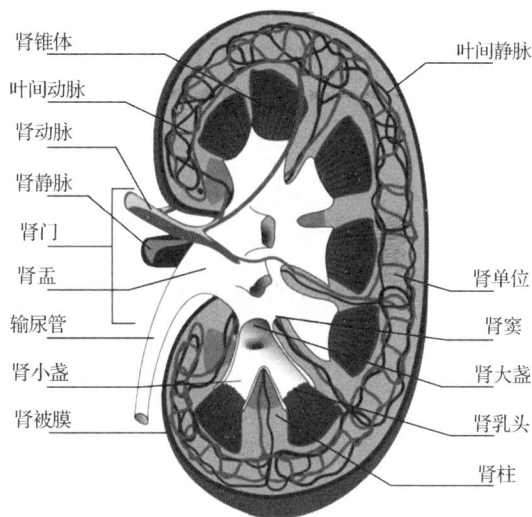

图 5-1　肾脏的结构

（一）肾单位的基本结构特点

肾脏的基本结构和功能单位是肾单位。人体两侧肾脏约有 170 万～240 万个肾单位。

肾单位与集合管共同完成泌尿功能。每个肾单位包括肾小体和肾小管两个部分。肾小体又包括肾小球和肾小囊两部分。

肾小球是一团球状毛细血管网，其两端分别和入球小动脉及出球小动脉相连。肾小球的包囊称为肾小囊，它有两层上皮细胞，内层为脏层，紧贴在毛细血管壁上，外层为壁层，与肾小管上皮细胞层衔接。

肾小管全长分为三段：①近球小管。包括近曲小管和髓袢降支粗段；②髓袢细段。包括降支细段和升支细段；③远球小管。包括髓袢升支粗段和远曲小管。

肾小管管腔与肾小囊的囊腔相通，许多条肾小管又汇集成集合管，很多集合管汇入乳头管，最后开口于肾盂。尿液按下列途径生成并排出体外：

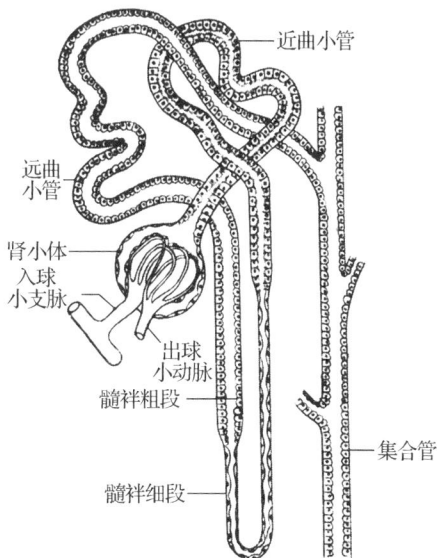

图 5-2　肾单位的基本结构

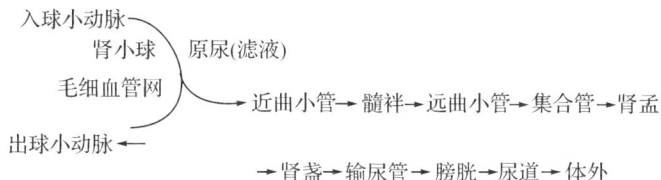

（二）肾脏的血液供应特点

1.肾脏血流量大。肾动脉由腹主动脉直接分出,管径粗短,血流量大,两肾血流量占心输出量的 $20\%\sim25\%$。肾的血液分布不均匀,约 94% 的肾血流量分布于皮质;$5\%\sim6\%$ 的肾血流量分布到外髓;分布于内髓部的不到 1%。

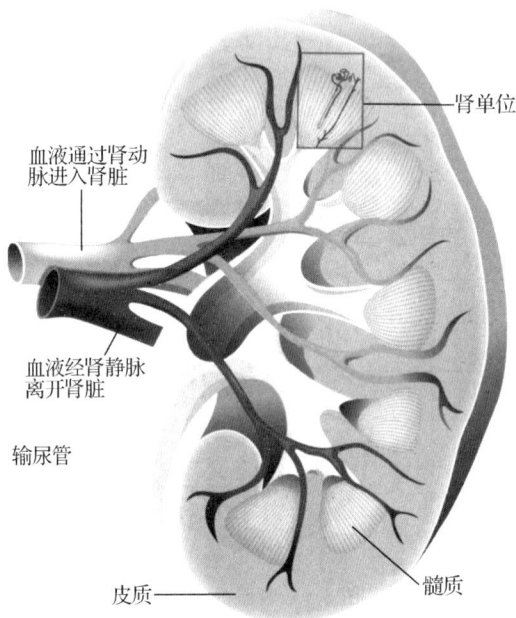

图 5-3　肾脏纵剖面

2.肾脏毛细血管血压高。肾小球毛细血管血压较其他器官的毛细血管动脉端血压高,平均为 $45mmHg$。

3.形成两次小动脉和两套毛细血管网。

肾动脉入肾后,分支形成入球小动脉。每支入球小动脉进行肾小体后,再分支成肾小体毛细血管网,最后汇集成出球小动脉。

离开肾小体的出球小动脉,再次在肾小管外分支成毛细血管网,缠绕于肾小管和集合管周围。

二、尿的生成

尿的生成全过程是在肾单位和集合管中进行的。包括肾小球的滤过、肾小管和集合管的重吸收及肾小管和集合管的分泌与排泄三个相互联系的环节。

（一）肾小球的滤过作用

肾小球的滤过是指血液流经肾小球毛细血管时,血浆中的水分和小分子溶质,从毛细血管滤入肾小囊囊腔的过程。滤液中除大分子蛋白质以外,其余成分与血浆近似,渗透压和酸碱度也与血浆相似,称为滤液。单位时间内两侧肾脏生成滤液的量称为肾小球滤过率(GFR)。健康成年人约为 $120\sim130mL/min$,据此计算的一昼夜的滤液量约为 180L。影响肾小球滤过的因素有:

1.有效滤过压。有效滤过压是肾小球滤过的动力。

有效滤过压＝肾小球毛细血管血压－(血浆胶体渗透压＋肾小囊内压)。

肾小球毛细血管血压是促使血浆内物质滤入肾小囊内的力量;血浆胶体渗透压是促进肾小

囊水分进入毛细血管内的力量;肾小囊内压对抗血浆内物质滤入肾小囊内。

正常情况下,肾小囊内压比较稳定,为10mmHg;入球小动脉和出球小动脉内的胶体渗透压分别为20mmHg和35mmHg;肾小球毛细血管血压较其他器官的毛细血管动脉端血压高,平均为45mmHg,而且入球端与出球端相差1～2mmHg。所以肾小球入球端毛细血管的有效滤过压为:45－(20+10)＝15mmHg;出球端为45－(35+10)＝0mmHg。

此计算结果表明,血液由入球小动脉进入肾小球流向出球小动脉时,有效滤过压逐渐降低,滤过作用逐渐减弱;在出球端,当有效滤过压降为零时,滤过便停止。

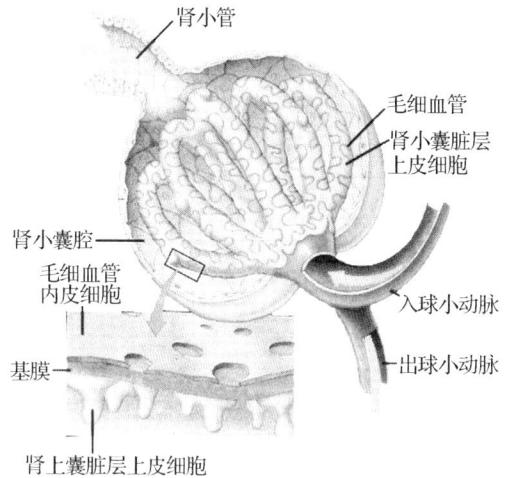

图5-4 肾小球滤过膜

2.滤过膜的通透性和滤过面积。肾小球滤过膜是指肾小球毛细血管管壁和肾小囊内层。

肾小球滤过膜的通透性约比全身其他部位的毛细血管管壁的通透性大25倍。

生理情况下,滤过膜通透性比较稳定,血液中的血细胞、球蛋白、纤维蛋白原等不能通过以外,各种无机盐、小分子有机物以及分子量较小的白蛋白等均可通过滤过膜。有效滤过面积约为1.5m^2以上,这样大的面积有利于血浆的滤过。

3.肾血浆流量:肾血浆流量指单位时间内流经肾小球毛细血管的血浆量。

健康成年人安静时,流经两侧肾脏的血量约为1200mL/min,肾血浆流量约为600～700mL/min。生理情况下,动脉血压变化在80～180mmHg范围内,毛细血管血压变化不大,所以肾小球滤过率保持相对恒定。

剧烈运动、重体力劳动或在高温环境下活动,体内血液发生重新分配,使肾血浆流量大为下降。严重缺氧、或CO_2浓度增加、或交感神经紧张性增加时,都会引起肾血浆流量显著减少。在这种情况下,肾小球滤过率必然下降,滤液随之减少,终尿也减少。

(二)肾小管和集合管的重吸收作用

重吸收是指滤液中的成分经过肾小管上皮细胞重新回到周围血液中去的过程。

出球小动脉经过肾小管时,再次形成毛细血管网。

经肾小球滤过的滤液量一昼夜可达180L,而排出的终尿量仅为1.5～2L,终尿量约为滤液量的1%左右。

肾小管和集合管的重吸收作用是选择性重吸收。滤液中的葡萄糖全部被重吸收回血液;水分和电解质大部分重吸收;尿素等代谢尾产物小部分被重吸收;肌酐完全不被重吸收。

肾小管和集合管的不同部位对滤液的重吸收能力是不同的。近球小管是重吸收的主要部位,60%～70%的滤液在此部位被重吸收;髓袢、远球小管和集合管对滤液的重吸收分别为10%、10%及10%～20%。近曲小管对葡萄糖的重吸收有一定的限度,当血糖浓度超过肾糖阈即160～180mg/100mL(8.88～9.99mmol/L)时,尿中即可出现葡萄糖,尿糖浓度随血糖浓度的升高而增加。

滤液的重吸收率始终占肾小球滤过率的65%～70%左右,此现象称为球管平衡。

表 5-1　健康成年人终尿与血浆中各种物质浓度的比较[1]

	血浆浓度	终尿浓度/(g/100mL)	终尿/血浆/(g/100mL)
水	90~93	95~97	1.05
蛋白质	7~9	(微量)	—
葡萄糖	100	(极微量)	—
尿素	30	2000	67
肌酐	1	150	150
尿酸	2	50	25
钠	320	350	1.1
钾	20	150	7.5
钙	10	15	1.5
镁	2	10	5
氯	370	600	1.7
碳酸根	3	180	60
磷酸根	3	120	40

（三）肾小管和集合管的分泌与排泄作用

肾小管和集合管的分泌是指其管腔上皮细胞通过新陈代谢,将所产生的物质分泌到滤液中去的过程,如酸性物质过多时对 H^+ 的分泌、为促进 Na^+ 的重吸收而对 NH_3、K^+ 的分泌等。肾小管和集合管的排泄是指其管腔上皮细胞将血液中的某些物质直接排入滤液中去的过程,如肌酐、马尿酸以及某些药物如青霉素等的排泄。

血液流经肾小球滤过生成的滤液,通过肾小管和集合管的选择性重吸收、分泌与排泄后,形成终尿排出体外。

三、肾脏在维持机体水和酸碱平衡中的作用

（一）肾脏在维持机体水平衡中的作用

水是人体内重要的组成成分,是保持内环境稳态、维持正常物质代谢和生命活动的重要物质之一。生理情况下,体内水分含量相当稳定,摄水量与排水量保持平衡。

1.肾脏对机体水平衡的调节能力非常强。在大量饮水时,尿量增加,可达 1500~2000mL/d;在机体缺水时,尿量减少,可仅有 350~400mL/d。通过肾脏对机体水平衡的调节,无论饮水过多或过少,体内水分和细胞外液渗透压仍可维持或接近正常。

2.机体水平衡的调节还有赖于许多因素的调节,如中枢神经系统、激素,尤其是抗利尿激素（ADH）。ADH 是下丘脑某些神经元合成的激素,其主要作用是提高肾小管和集合管上皮细胞对水的通透性,从而增加水的重吸收量,使尿浓缩,尿量减少,即发生抗利尿作用。

当大量出汗、严重呕吐或腹泻等情况使机体脱水时,血浆晶体渗透压升高引起 ADH 释放增多,起抗利尿作用,排出浓缩尿而保留水分。反之,大量饮清水后,血液被稀释,血浆晶体渗透压降低使 ADH 释放减少,水重吸收减少,尿量增多,排出稀释尿。

（二）肾脏在维持酸碱平衡中的作用

机体每天都产生许多酸性代谢物,尤其是剧烈运动时,产生的酸性代谢产物会更多。其中挥发性酸如 H_2CO_3,可以从肺排出;不可挥发性酸则几乎全部经肾脏排出体外。

肾小管各段和集合管都能分泌 H^+,H^+ 的分泌总是伴随着 Na^+ 的主动重吸收,即排酸保

---

[1]　周衍椒、张镜如.生理学.北京:人民卫生出版社,1978 年.

碱。此过程主要发生在近球小管。近球小管在排出 H^+ 的同时,重吸收 Na^+ 和 HCO_3^-,用以缓冲酸性物质,使血浆 $NaHCO_3/H_2CO_3$ 比率在 20:1 范围内,pH 维持正常。当体内碱性物质过多时,上述过程减弱,促使碱排出。

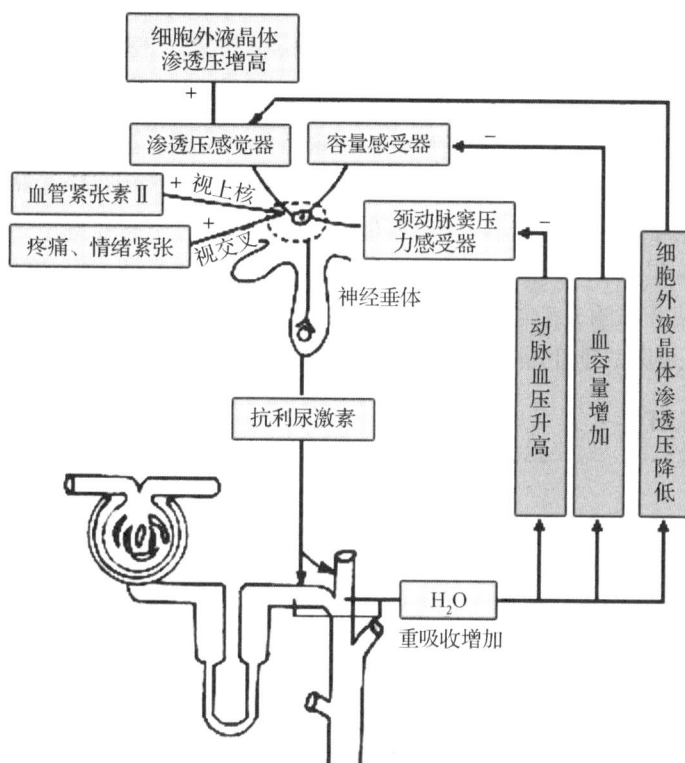

图 5-5 肾脏泌尿功能的调节

(三)肾脏泌尿功能的调节

1. 肾小球功能的调节

肾小球功能的调节主要取决于肾血流量及肾小球有效滤过压。除了自身调节和肾神经调节外,还有球管反馈和血管活性物质调节。

自身调节是指当肾脏的灌注压在一定范围内变化时(10.7~24kPa),肾血流量及肾小球滤过率基本保持不变。

肾神经调节是指由于肾神经末梢主要分布在入球小动脉、出球小动脉及肾小管,刺激肾神经可引起入球、出球小动脉收缩,但对入球小动脉作用更为明显,导致肾小球滤过率的下降。球管反馈(TGF)是指到达远端肾小管起始段 NaCl 发生改变,被致密斑感受,引起该肾单位血管阻力发生变化;使远端肾小管流量维持在一个狭小的变化范围内,以便对更远端的肾脏小管作更精细调节。

血管活性物质如血管紧张素等对肾小球滤过率(GFR)的调节。

2. 对于肾小管和集合管功能的调节

主要是神经和体液因素对肾小管上皮细胞的重吸收水分和无机离子的调节功能,这在保证体内水和电解质的动态平衡,血浆渗透压及细胞外容量等的相对恒定均有重要意义。其中最重要的是抗利尿激素(ADH)和醛固酮的调节作用。

(1)抗利尿激素:抗利尿激素(又称血管升压素,ADH)是由下丘脑的视上核和室旁核的神经细胞分泌的 9 肽激素,经下丘脑—垂体束到达神经垂体后叶后释放出来。其主要作用促进水的吸收,是尿液浓缩和稀释的关键性调节激素,能增强内髓部集合管对尿素的通透性。

抗利尿激素能改变远曲小管和集合管上皮细胞对水的通透性,从而影响水的重吸收;增加髓袢升支粗段对 NaCl 的主动重吸收和内髓部集合管对尿素的通透性,使髓质组织间液溶质增加,渗透浓度提高,利于尿浓缩。

(2)醛固酮:醛固酮由肾上腺皮质球状带细胞合成和分泌的一种盐皮质素。是人体内调节血容量的激素,通过调节肾脏对钠的重吸收,维持水平衡。醛固酮是调节细胞外液容量和电解质的激素,醛固酮的分泌,是通过肾素－血管紧张素系统实现的。当细胞外液容量下降时,刺激肾小球旁细胞分泌肾素,激活肾素－血管紧张素－醛固酮系统、醛固酮分泌增加,使肾脏重吸收钠增加,进而引起水重吸收增加,细胞外液容量增多;相反细胞外液容量增多时,通过上述相反的机制,使醛固酮分泌减少,肾重吸收钠水减少,细胞外液容量下降。血钠降低,血钾升高同样刺激肾上腺皮质,使醛固酮分泌增加。

醛固酮的作用是保钠排钾,抗利尿激素的作用是维持细胞外液渗透压的平衡。

【知识与应用】

尿毒症

尿毒症是指人体不能通过肾脏产生尿液。现代医学认为尿毒症是肾功能丧失后,机体内部生化过程紊乱而产生的一系列复杂的综合征而不是一个独立的疾病,称为肾功能衰竭综合征或简称肾衰。

尿毒症是指急性或慢性肾功能不全发展到严重阶段时,由于含氮代谢物蓄积,水、电解质和其他毒性物质不能排出,酸碱平衡紊乱以致内分泌功能失调而引起机体出现的一系列自体中毒症状,最终引起多个器官和系统的病变。

尿毒症是肾脏组织几乎全部纤维化,导致肾脏功能丧失的结果。肾脏纤维化是在肾脏损伤早期启动的,所以出现肾脏疾病应及时规范治疗,防止尿毒症危重症的发生。肾脏纤维化是一种病理生理改变,是肾脏的功能由健康到损伤,再到损坏,直至功能丧失的渐进过程。

尿毒症隐蔽性极高,前期症状容易被人忽视,故而有"隐形杀手"的称号。在中国,尿毒症的发病率每年每百万人口中新发生的尿毒症病员约近百名,其中大多数为青壮年,严重影响了人们的健康和生命安全。日常生活中,有不少肾病患者肾功能减退已进入尿毒症期而不自知,从而未能得到合理的及时的治疗。

中国科学院肾病检测研究所认为患尿毒症的主要原因是肾病,随着肾病患者肾功能的衰竭,患者的体力也会随着衰退,所有肾病最终都会演变成尿毒症,尿毒症的治疗常用血液透析的方法,但是这种方法有很大的副作用。尿毒症治疗最终需要肾移植手术。

第二节　运动对肾脏泌尿机能的影响

一、运动对尿量及其成分的影响

运动后尿量主要受气温、运动强度、持续时间、泌汗、饮水等影响。

夏季,运动强度大、时间较长,或强度不大、但时间长,由于大量泌汗,所以导致尿量明显减少。若时间短,强度不大,尿量无明显变化。

人体活动时,尤其是剧烈运动时,机体代谢活动增强,尤其是糖酵解过程加强,产生许多酸性代谢产物,所以运动后尿 pH 值降低;剧烈运动后,尿中肌酐和乳酸等酸性代谢产物的含量增多。

由于运动时血液发生重新分配,造成肾血流量减少,肾小球滤过率下降致使尿量减少;运动时动脉血压升高以及因大量出汗所致的血浆渗透压升高,也都会刺激下丘脑释放 ADH,ADH 释放增多使肾小管和集合管对水的重吸收作用加强,即抗利尿作用加强,最终使尿量减少。

尿的正常情况比重为 $1.01\sim1.025$。剧烈运动时,尿中 Na^+、Cl^-、Mg^{2+} 等排出量下降,尤其是 Na^+、Cl^- 下降更为明显,尿的比重也因此降低。

二、运动与运动性蛋白尿

健康人正常情况下,尿液中仅含微量的蛋白质,常规检测不出来,视为尿蛋白阴性;但在剧烈运动或长时间大强度运动后,尿中会出现大量蛋白质,即尿蛋白阳性,经一定时间休息后,尿蛋白自行消失。所以称健康人运动后出现的一过性蛋白尿为运动后蛋白尿。

尿蛋白阳性率及尿蛋白量与运动强度、运动量有密切的关系。在专业运动训练中,常采用这一指标对运动员的训练情况进行监控。

1. 评定负荷量和运动强度的大小

负荷量和运动强度大时,运动员易出现运动性蛋白尿,而且尿蛋白量随之增加。

2. 观察运动机体对负荷量的适应能力

机体适应能力差,则尿蛋白阳性率增高,而且尿蛋白量也增加。

3. 反映运动员的训练水平

同一个体在完成相近运动量时,尿蛋白量相对稳定。当训练水平提高时,尿蛋白量减少。运动后尿蛋白的个体差异较大,对同一个体来说,尿蛋白是一个很灵敏的指标。

4. 与运动项目有关

通常长距离跑、游泳、自行车、足球、赛艇等运动后,运动员出现蛋白尿阳性率较高,尿蛋白量较大;而体操、举重、排球、乒乓球等运动后,运动员出现蛋白尿的阳性率低,尿蛋白量少。

目前认为运动性蛋白尿发生的机理可能与运动时酸性代谢产物的刺激、肾血管收缩而造成缺血和缺氧、肾组织结构改变及肾单位出现急性损伤等因素有关。

【知识与应用】

尿蛋白在运动实践中的应用

在竞技体育训练过程中科学的训练安排、训练监控和恢复手段是构成科学化训练的主体,也是提高运动能力的关键。掌握运动训练过程反映运动员身体机能状况的生化指标的变化规律是科学安排运动训练负荷量、了解运动员的疲劳程度以及运动员的恢复程度的科学依据,是科学安排和调整训练计划、提高运动成绩的重要保证。

运动员身体机能评定对了解其训练水平的提高、运动量是否适宜、运动后恢复状态及训练效果都具有重要意义。目前采用尿液生化指标进行运动员身体机能评定是常用的方法。尿液取样属无创性,便于较长时间追踪观察,有助于在训练期间和恢复期进行机能评定,同时也较容易为运动员接受。

1.运动性尿蛋白的产生机理

运动后尿蛋白增加的原因是运动时肾上腺素、肾素—血管紧张系统和激肽释放酶分泌增加,使肾血管收缩,肾血流量减少,肾小球毛细血管压上升,滤过分数增加;肾小球膜电性和可滤过蛋白的电荷的变化,使肾小球滤过较大分子的蛋白质较多。

在运动时肾小管的重吸收已处于饱和状态,同时还加强分泌某些小分子量蛋白质。同时运动训练引起血液重新分配,流经肾脏的血流量下降,造成肾小球局部缺氧,肾小球通透性增加。运动引起的酸性成分增加,导致肾脏 pH 值下降,肾小球通透性增加。

所以,运动性蛋白尿是肾小球—肾小管混合性蛋白尿,但肾小球性是主要的。

2.影响运动性尿蛋白排泄量的因素

（1）运动量和运动强度

运动后尿蛋白的数量和运动量有关,尤其和强度关系最大。一般来说,运动强度越大尿蛋白的排泄量越多。在同一运动项目中,随着负荷量的增强则尿蛋白出现的阳性率和排出量随之增加,在大负荷量训练过程中,运动员开始承担大负荷量时,由于机体负荷量的不适应,尿蛋白排泄量较多,而在坚持一段时间后,完成相同的负荷量,则尿蛋白排泄量减少。

（2）运动项目和训练手段

往往全身性的动力性运动后尿蛋白排泄量增加,如长距离跑、游泳、足球、自行车等运动后,运动员出现蛋白尿的检出率较高,排泄量也较大,而体操、举重、射箭、乒乓球等项目运动后,运动员出现蛋白尿的阳性率低,排泄量也少。

（3）训练水平

同个体在完成相近的运动量或相同的项目比赛时,尿蛋白数量相对比较稳定。当训练水平提高时,尿蛋白数量减少,当身体机能下降时,尿蛋白增加。因此在应用尿蛋白来评定运动负荷或运动员身体机能状态及恢复情况时,应进行纵向比较。

（4）年龄差异

尿蛋白出现的比例随受试者年龄的增加而降低。完成同等负荷,少年运动员相对成年运动员更容易出现尿蛋白。

（5）环境影响

运动时外界的温度、湿度、海拔等因素对机体有较大影响。高原训练相对于平原训练尿蛋白出现率和排泄量增多,这是由于高原缺氧,低氧压力对机体和肾脏的刺激有关;而低温环境（如冬泳）比常温易出现尿蛋白,这与低温促使血管收缩,引起肾脏缺血、缺氧有关。

（6）遗传因素

不同个体在完成运动负荷后尿蛋白排泄量具有极为明显的个体差异,有些人运动后易出现尿蛋白,且尿蛋白含量较高,而有些人运动后则不出现或数量很少,这与训练水平关系不大。但同一运动员在进行相同的负荷量和运动强度后或相同的项目比赛时,其尿蛋白排泄量是相对稳定的,这与其自身的机能水平关系较大。

3.尿蛋白在运动实践中的应用

（1）评定一次训练课

通过测定运动后尿蛋白的排泄量,可以用来评定次训练课的运动量,特别是运动强度和运动员机能状态,为调整训练课的负荷、掌握运动员的机能状态提供参考。运动后尿蛋白的个体差异较大,所以不宜在不同人之间用尿蛋白指标来比较其负荷量、训练水平和机能状态,但对同一个体在完成相近的运动负荷或相同项目比赛时,尿蛋白量相对比较稳定。在大运动量训练后,尿蛋白排出量增多,4小时后或次日晨完全恢复到安静时水平,表明机体适应此负荷;如果次日晨尿蛋白不减少或反而增加时,要注意身体状态,适当减少运动量和强度。同一个体在完成相同运动量时,尿蛋白相对稳定;当训练水平提高时,尿蛋白量减少。由于尿蛋白的检测是无创伤性的,易被受检者接受,且它与运动负荷大小和机能状态有较大的关系,所以此指标应用较广泛。但应注意的是,尿蛋白的排泄在运动后15分钟才达到最大值,所以在运动后休息15分钟取尿测定的训练效果和造成的机体疲劳程度也会有所不同。所以应用生理生化指标评价运动员时,要注意性别、年龄和个体差异。

(2)评定一个训练周期

尿蛋白可以作为一个训练周期的监测指标。评价训练周期中运动员对运动负荷的适应情况。通过一个训练周期一同测定尿蛋白,其主要的变化有两种情况:①在训练周期初期,运动员对运动负荷不适应,表现为尿蛋白排泄增多;随着训练时间的延续,运动员对运动训练的负荷逐渐适应,尿蛋白排泄量逐渐减少。②在整个训练周期中尿蛋白排泄量始终处于较高的水平,甚至尿蛋白排泄量继续增加,说明运动员或是对运动负荷始终没有产生适应,或是身体机能水平下降,此时应酌减运动强度或运动量。在训练周期应用尿蛋白来监测运动员对运动负荷的适应情况应加强系统观察,并结合其他生化指标以增加评定的准确度。

(3)运动性蛋白尿的测定及评价方法

①尿蛋白定性试验:通常采用蛋白试纸法、磺基柳酸法、加热醋酸法3种方法。

正常情况下,尿蛋白定性试验呈阴性。但此种检查方法易受一些因素的影响,可致假性结果,如尿酸盐含量高时,尿呈酸性反应,蛋白试纸法结果较实际情况低,磺基柳酸法易呈假阳性;当尿呈强碱性时,假性结果更多,或出现蛋白试纸法假阴性反应,或出现磺基柳酸法和加热醋酸法的假阴性反应。当此,在进行尿蛋白定性时,应综合各种因素,具体情况具体分析,选择适宜的方法。尽管定性试验比较方便,但有时难以反应蛋白尿的实际情况,有条件时,最好进行定量检查。

②尿蛋白定量测定:一般进行24小时尿蛋白定量检测。使用的方法比较多,有些方法虽然比较精确,如凯氏定氮法、双缩脲法等,但操作很复杂。目前多采用简易的全自动特殊化仪,原理是半定量法,如艾司巴赫氏定量法、磺基柳酸比浊定量法。24小时尿蛋白定量在 $0.15\sim0.5$ 克之间为微量蛋白尿,在 $0.5\sim1$ 克之间为轻度蛋白尿,在 $1\sim4$ 克之间为中度蛋白尿,大于4克(有学者定为3.5克)为重度蛋白尿。

③尿蛋白电泳分析:常用的方法有醋酸纤维薄膜电泳、聚丙烯酰胺凝胶电泳、尿蛋白免疫电泳等方法。该方法主要从确定尿中的种类出发,通过区分不同尿蛋白的种类,对某些疑难病症有诊断和鉴别诊断的意义。可以区别尿蛋白的分子量大小,这对区别蛋白尿的来源,以及检查尿中是否有特殊具有重要的意义。

监控和恢复手段要紧密结合,对运动员进行机能评定时,应将训练监控和恢复手段相结合,从而及时了解训练情况和运动员的疲劳和恢复情况.并对训练安排和恢复提出合理的建议和依据。

【本章小结】

1.人体在物质代谢过程中所产生的代谢尾产物、多余的水分与盐类,以及进入体内的异物、毒物等,经由血液循环运送到排泄器官,并排出体外的过程称为排泄。未被吸收的食物残渣由大肠排出不属于排泄。

2.人体主要排泄途径有四条:①由呼吸器官排出。主要是 CO_2 和少量的水分,以气体的形式随呼气排出。②由大肠排出。主要是肝脏代谢所产生的胆色素(通过胆汁排入肠道),以及经肠黏膜排出的一些无机盐,如钙、镁、铁等。③由皮肤排出。包括水分、盐类(如 NaCl)及代谢尾产物(如尿素)等以汗腺分泌汗液的形式排出。④由肾脏排出。人体绝大多数代谢尾产物以尿的形式排出。

3.肾脏的基本结构和功能单位是肾单位。人体两侧肾脏约有 170～240 万个肾单位。肾单位与集合管共同完成泌尿功能。每个肾单位包括肾小体和肾小管两个部分。肾小体又包括肾小球和肾小囊两部分。

4.尿的生成全过程包括肾小球的滤过、肾小管和集合管的重吸收及肾小管和集合管的分泌与排泄三个相互联系的环节。

5.生理情况下,滤过膜通透性比较稳定,血液中的血细胞、球蛋白、纤维蛋白原等不能通过以外,各种无机盐、小分子有机物以及分子量较小的白蛋白等均可通过滤过膜。经肾小球滤过的滤液量一昼夜可达 180L,而排出的终尿量仅为 1.5～2L,终尿量约为滤液量的 1% 左右。

6.肾小管和集合管的重吸收作用是选择性重吸收。滤液中的葡萄糖、氨基酸全部被重吸收回血液;水分和电解质大部分重吸收;尿素等代谢尾产物小部分被重吸收;肌酐完全不被重吸收。尿的生成是个连续过程,膀胱排尿是间歇过程,尿液生成后以终尿形式贮存于膀胱内,贮尿量达到一定程度时,通过反射性排尿排出体外。

7.正常情况下,体内水分含量相当稳定,摄水量与排水量保持平衡。

8.肾小管和集合管功能的调节主要是通过神经和体液因素,对肾小管上皮细胞的重吸收水分和无机离子的调节,保证体内水和电解质的动态平衡,血浆渗透压及细胞外容量等。其中最重要的是抗利尿激素(ADH)和醛固酮的调节作用。

9.运动后尿量主要受气温、运动强度、持续时间、泌汗、饮水等影响。

10.在剧烈运动或长时间大强度运动后,尿中会出现大量蛋白质,经一定时间休息后,尿蛋白自行消失,称为运动后蛋白尿。

11.尿蛋白阳性率及尿蛋白量与运动强度、运动量有密切的关系,与运动项目有一定关系。运动训练中常采用这一指标对运动员的训练情况进行监控,评定负荷量和运动强度的大小、观察运动机体对负荷量的适应能力。

12.通过测定运动后尿蛋白的排泄量,可以用来评定一次训练课的运动量,特别是运动强度和运动员机能状态,为调整训练课的负荷、掌握运动员的机能状态提供参考。尿蛋白也可作为一个训练周期的监测指标,评价训练周期中运动员对运动负荷的适应情况。

【思考题】

1.体内代谢产物和各种异物是通过哪四个途径向体外排放的?

2.试述肾脏血液循环的特点。

3.试述影响肾小球滤过的主要因素。

4.试述尿的形成过程。

5.试述影响运动性尿蛋白的因素。

第六章　运动与能量代谢

【学习目标】

1.掌握与能量代谢有关的基本概念。

2.熟悉能量代谢的测定方法和影响能量代谢的因素。

3.掌握基础代谢率的概念。

4.掌握机体三个供能系统的特点、在运动中的作用以及它们之间的相互关系。

5.了解运动过程中的能量消耗和供应。

6.熟悉体温的概念和和人体散热的途径与方式。

7.了解体温调节过程。

?
- 为什么久蹲后突然站立,会感到眼前发黑?
- 为什么要"冬练三九,夏练三伏"?
- 什么样的运动能成功减肥?

第一节　概　　述

一、能量的概念

能量是日常生活中不可或缺的部分,物理学中认为能量是一种可使得物体做功的能力。车轮转动、生火做饭等等这些都是能量在发挥作用。生理中,也把能量看成做功的能力。人体神经冲动的传导、肌肉收缩、营养物质的吸收,这些都是做功的过程,都离不开能量。各种能源物质分解代谢过程中所伴随的能量释放、转移、储存和利用的过程,称为能量代谢。那么人体的能量是从哪里来的呢?

人体内维持各种生命活动的能量只能从食物中获得,即糖、脂肪和蛋白质结构中的化学能。机体70%的能量由糖提供,脑组织所需能量则完全来源于糖的有氧氧化。久蹲后突然站立,会感觉到眼前发黑,就是由于血糖水平低造成的。如果血糖水平严重偏低将导致意识障碍、昏迷以及抽搐。脂肪参与机体供能的30%,例如人们在减肥的时候,机体先消耗糖,只有糖消耗到一定的水平后,脂肪才进行分解参与供能。而蛋白质很少参与机体供能,只有在长期饥饿或极度消耗时,才成为主要能量来源。

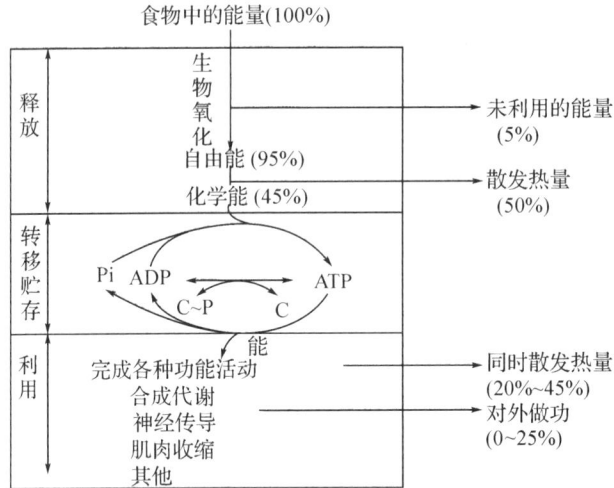

图 6-1　体内能量的转移、贮存和利用

(C:肌酸;Pi:无机磷酸;C～P:磷酸肌酸)

糖、脂肪、蛋白质是人体活动能量的间接来源,而能量代谢,即体内物质代谢过程中所伴随的能量释放、转移、贮存和利用,其直接能源是 ATP。人体活动的直接能量来源于 ATP 分解供能。ATP 是一种自由存在于细胞内(自身合成的)可迅速直接被利用的化学能形式。它由一个大分子的腺苷和三个较简单的磷酸根组成,故称三磷酸腺苷(ATP)。

在 ATP 分子结构中有三个磷酸结合键,其中无机磷酸(Pi)与 Pi 之间的结合键蕴藏着大量的化学能。因它比一般化学结合键(如共价键等)带有更多的能量,故称高能磷酸键。ATP 分解供能实际上是断裂第二个高能磷酸键并释放出能量的过程。反应简式如下:

$$ATP \underset{}{\overset{ATP \text{酶}}{\rightleftharpoons}} ADP + Pi + \text{能}$$

机体维持生命活动需要不断消耗 ATP,ATP 不断生成又保障了机体连续不断地能量供应。生物体内能量的释放、转移和利用的过程都是以 ATP 为中心进行的。而 ATP 的分解与再合成的速度随代谢的需要而变化。

二、能量的测定

(一)测定的原理:能量守恒定律

能量可以由一个物体传递给另一个物体,也可由一种能量形式转化为另一种能量形式。在能量传递或转化过程中,能量既不增加,也不减少,总能量守恒,即能量守恒定律。

人体在整个能量转化过程中,机体所利用的蕴藏于食物中的化学能与最终转化成的热能和所做的外功,按其能量来折算是完全相等的。因此,在一定时间内测定机体所消耗的食物量或测定产生的热量与所做的外功,就可测算出整个机体的能量代谢率。

人体内的能量最终来自营养物质的氧化分解,由于机体在氧化分解不同营养物质时所消耗的氧气量与产生 CO_2 量和释放出的热量之间呈一定的比例关系,因此,测定人体在一定时间内的耗氧量和 CO_2 的产生量,然后根据不同食物的热价和氧热价,呼吸商等数值,也可推算出整个机体的能量代谢率。

(二)测定方法

1. 直接测定法:直接测量是将一定时间内所散发出来的总热量收集起来并加以直接测定的方法。总热量包括机体体表、呼出气、尿液和粪便排出。如果不做外功,该热量就是机体代谢的全部热量。下图是 19 世纪由外国学者所设计的热量计结构示意图,它是一个隔热密闭的空间,受试者机体所释放的热量可通过测量空间内流过的管道的水量和温差以及呼出气和皮肤蒸发的水蒸气蒸发热而精确计算。这种方法原理简单,但设备复杂、操作繁琐,现已极少应用。

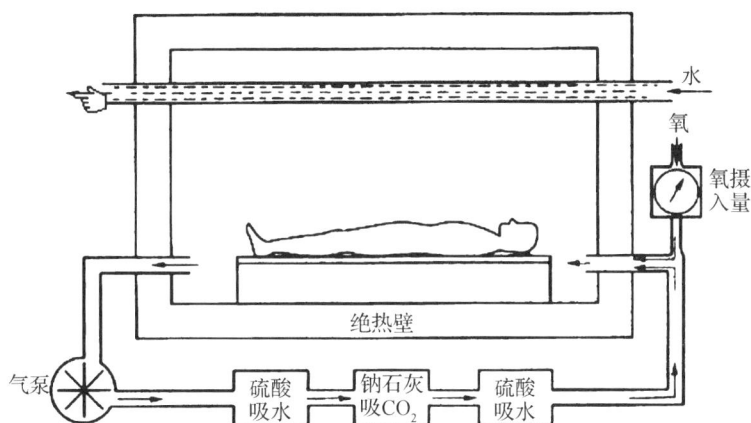

图 6-2　热量计结构

2.间接测定法:根据一定时间内人体氧化分解糖、脂肪和蛋白质的数量,然后计算机体释放热量的方法。为此,必须首先确定每种能量物质氧化时产生的热量和三种能源物质氧化的比例。

(1)热价:1g 食物在氧化时所释放出来的热量,称为食物的热价。热价分为物理热价和生理热价。物理热价是指食物在体外燃烧时释放的热量,生理热价指在体内氧化时所产生的热量。糖与脂肪的物理热价和生理热价基本相同,而蛋白质由于在体内不能被彻底氧化分解,有一部分以尿素的形式由尿中排泄,所以其物理热价大于生理热价。

糖:17.17kJ

脂肪:38.94kJ

蛋白质:生物热价 17.99kJ,物理热价 23.43kJ

(2)氧热价:通常把不同营养物质在体内氧化分解过程中,每消耗 1 升氧所产生的热量称为该物质的氧热价。

由于体内的糖、脂肪和蛋白质中的碳、氢、氧等元素的比例不同,在体内彻底氧化分解时,所消耗的氧量也不同。因此,不同营养物质的氧热价是不一样的。

糖的氧热价为 20.93kJ(5.0kcal),脂肪的氧热价为 19.67kJ(4.7kcal);蛋白质的氧热价为 18.84kJ(4.5kcal)。

(3)呼吸商(RQ):机体在同一时间内呼出的 CO_2 量与摄入的 O_2 量的比值称为呼吸商。通常用容积数(mL 或 L)来表示 CO_2 与 O_2 的比值。即:

$$RQ = \frac{产生的\ CO_2\ mL\ 数}{消耗的\ O_2\ mL\ 数}$$

各种营养物质无论在体内氧化或体外燃烧,它们的耗氧量和 CO_2 的产生量都决定于各种物质的化学组成。理论上任何一种营养物质的呼吸商都可以根据它氧化分解成最终产物 CO_2 和 H_2O 的化学反应式计算出来。糖、脂肪和蛋白质氧化时,它们的 CO_2 产生量和耗氧量各不相同。因此,三者的呼吸商也不一样。

呼吸商能比较精确地反映机体三种营养物质氧化分解的比例情况:若机体主要依靠糖的氧

化分解供能,则呼吸商接近1;若主要依靠脂肪氧化供能,呼吸商接近0.7;若在长期饥饿或病理性消耗量极大情况下,能源主要来自机体的蛋白质和脂肪,则呼吸商接近0.8。正常情况下,在摄取混合性食物时,其呼吸商在0.85左右。

有些因素会影响呼吸商值,如人体进行剧烈运动,人体的代谢转入无氧供能为主时,糖酵解过程加强,会产生大量乳酸进入血液;乳酸同碳酸盐缓冲系统作用后形成碳酸,碳酸可分解出CO_2并从呼气中排出,致使呼吸商值变大。这时增加的CO_2并非是体内氧化过程中生成的,而是从体内的碱储备中释放出来的。人体进行随意过度通气时,由于呼出较多的CO_2,呼吸商也可增大。所以在这两种情况下,不能用呼吸商来计算其能量代谢。它只适用于安静状态和没有过度通气的有氧性质的中低强度运动。

表6-1　三种营养物质氧化的几种数据

物质	耗氧量 /(L/g)	产CO_2量 /(L/g)	物理热价 /(kJ/g)	生理热价 /(kJ/g)	氧热价 /(kJ/g)	呼吸商 RQ
糖	0.83	0.83	17.0	17.0	21.0	1.00
脂肪	1.98	1.43	39.8	39.8	19.7	0.71
蛋白质	0.95	0.76	23.5	18.0	18.8	0.85

【知识与应用】

减肥运动方案中呼吸商的运用

目前,在专业的减肥机构,给需要减肥人群进行运动方案制定前,往往利用多级负荷试验实时监控其呼吸商,按照其呼吸商为0.7时的运动强度来制定个体运动方案,从而保证该运动强度能最大限度地消耗体内的脂肪。

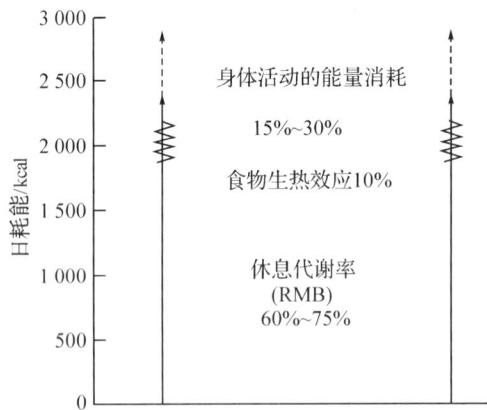

图6-3　每日的能量消耗

三、影响能量代谢的因素

(一)肌肉活动

肌肉活动对能量代谢的影响最为显著。机体任何轻微的活动都可提高代谢率。人在运动或劳动时耗量显著增加,因为肌肉活动需要补给能量,而能量则来自大量营养物质的氧化,导致机体耗氧量的增加。机体耗氧量的增加与肌肉活动的强度呈正比关系,耗氧量最多可达安静时

的 $10\sim20$ 倍。

（二）精神活动

在安静状态下，100g 脑组织的耗氧量为 3.5mL/min（氧化的葡萄糖量为 4.5mg/min），此值接近安静肌肉组织耗氧量的 20 倍。

（三）食物的特殊动力作用

在安静状态下摄入食物后，人体释放的热量比摄入的食物本身氧化后所产生的热量要多。食物能使机体产生"额外"热量的现象称为食物的特殊动力作用。

糖类或脂肪的食物特殊动力作用为其产热量的 $4\%\sim6\%$，即进食能产 100kJ 热量的糖类或脂肪后，机体产热量为 $104\sim106$kJ。而混合食物可使产热量增加 10% 左右。这种额外增加的热量不能被利用来做功，只能用于维持体温。

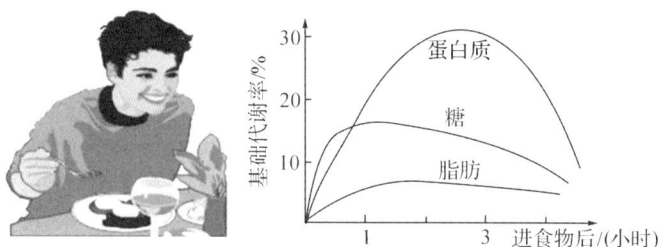

图 6-4　食物的特殊动力作用

（四）环境温度

安静时的能量代谢，在 $20\sim30$℃ 的环境中最为稳定。当环境温度低于 20℃ 时，代谢率开始有所增加，在 10℃ 以下，代谢率便显著增加。环境温度低时代谢率增加，主要是由于寒冷刺激反射地引起寒战以及肌肉紧张增强所致。当环境温度为 $30\sim45$℃ 时，代谢率又会逐渐增加。可能是体内化学过程的反应速度有所增加、发汗功能旺盛及呼吸、循环功能增强等因素。

第二节　能量的供应和消耗

一、基础代谢率的概念

基础代谢率是指人在基础状态下单位时间的能量代谢。

基础状态是指人体清醒而又极端安静的状态，而且不受肌肉活动、环境温度、食物及精神紧张的影响。在基础状态下，各种生理活动都维持在比较低的水平，而且代谢率比较稳定。基础代谢率的测定应在清晨、空腹、静卧及清醒状态下进行，室温保持在 $18\sim25$℃ 之间。

【知识与应用】

运动员与普通人基础代谢率的差异

差异不大：原因是因为一方面运动训练使得迷走神经紧张，呼吸心跳变慢，肌肉放松，另一方面，是运动训练使运动员肌肉量增加，两者相抵，使得运动员和普通人的基础代谢率基本一致。

二、基础代谢率的测定和正常值

人体代谢率的高低虽与体重有关,但并不成比例关系,而与体表面积成正比。因此,基础代谢率(BMR)用每小时、每平方米体表面积的产热量来表示。

人的体表面积可按下列公式计算:

体表面积(m²)＝0.0061 身高(cm)＋0.0128 体重(kg)－0.1529

为了适应我国情况,建议参照赵松山等人 1984 年提出的体表面积计算方法:

体表面积(m²)＝0.00607×身高(cm)＋0.0127×体重(kg)－0.0698

BMR 的测定:

①把基础状态下的呼吸商定为 0.82、氧热价为 4.83kcal。

②测出 1h 内(测 6min 的耗氧量×10)的耗氧量。

③测出体表面积。

④按下面公式计算出 BMR 实测值:

BMR 实测值＝4.83×耗氧量/体表面积 (kcal/kg·min)

基础代谢率随性别、年龄而异。通常男子的基础代谢率比女子高,儿童比成人高,壮年比老年高。

表 6-2　我国各年龄层基础代谢率水平[1]

各年龄层之基础代谢值(BMR)		
年龄/岁	男性/(kcal/kg·min)	女性/(kcal/kg·min)
7～9	0.0295	0.0279
10～12	0.0244	0.231
13～15	0.0205	0.0194
16～19	0.0183	0.0168
20～24	0.0167	0.0162
25～34	0.0159	0.0153
35～54	0.0154	0.0147
55～69	0.0151	0.0144
70 以上	0.0145	0.0144

运动员的基础代谢率与常人相似。但由于运动员的总热能消耗量比一般人高,因此基础代谢占总热能消耗的百分比减少。肌肉活动对代谢率的影响最显著,经过一夜的睡眠休息,次日清晨的基础代谢应该是较为恒定的。若高于平日水平而又无其他原因时,可能是前一天的运动量过大,身体尚未完全恢复之故。因此,基础代谢率还可作为评定运动员恢复与否的一项参考指标。

①李宁远等人署.每日营养素建议摄取量及其说明(第五修订版).我国台湾行政院卫生署,1993.

三、能量供应的三个系统

ATP 在体内含量很少,不能满足身体活动的需要,必须是边分解边合成。ATP 再合成时所需的能量只能从间接的能源中获得。Margaria 计算了体内能源物质最大供能的总容量和输出功率,并比较了它们之间各自的特点,把能源物质按无氧供能和有氧供能分成了三个系统:磷酸原系统、乳酸能系统(糖酵解系统)和有氧氧化系统。

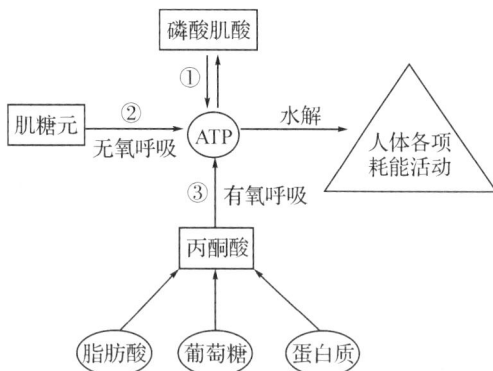

图 6-5 能量供应

(一)磷酸原系统

磷酸原系统是由 ATP 和 CP 组成的系统。ATP 在肌肉内的储量很少,若以最大功率输出仅能维持 2 秒左右。肌肉中 CP 储量约为 ATP 的 3~5 倍。CP 能以 ATP 分解的速度最直接的使之再合成。由于二者的化学结构都属高能磷酸化合物,故称为磷酸原系统(ATP-CP 系统)。剧烈运动时,肌肉内的 CP 含量迅速减少,而 ATP 含量变化不大。磷酸原系统供能的特点是,供能总量少,持续时间短,功率输出最快,不需要氧气,不产生乳酸等物质。

磷酸原系统是一切高功率输出运动项目的物质基础。如短跑、投掷、跳远、跳高、举重等运动项目。这些项目要求在数秒钟内要动员最大能量,只能依靠 ATP-CP 系统。测定磷酸原系统的功率输出,是评定高功率运动项目训练效果和训练方法评价的一个重要指标。

【知识与应用】

运动与磷酸原系统

不同强度运动时磷酸原储量的变化:(1)极量运动至力竭时,CP 储量接近耗尽,达安静值的 3% 以下,而 ATP 储量不会低于安静值的 60%。(2)当以 75% 最大摄氧量强度持续运动时达到疲劳时,CP 储量可降到安静值的 20% 左右,ATP 储量则略低于安静值。(3)当以低于 60% 最大摄氧量强度运动时,CP 储量几乎不下降。这时,ATP 合成途径主要靠糖、脂肪的有氧代谢提供。

运动训练对磷酸原系统的影响:(1)运动训练可以明显提高 ATP 酶的活性;(2)速度训练可以提高肌酸激酶的活性,从而提高 ATP 的转换速率和肌肉最大功率输出,有利于运动员提高速度素质和恢复期 CP 的重新合成;(3)运动训练使骨骼肌 CP 储量明显增多,从而提高磷酸原供能时间;(4)运动训练对骨骼肌内 ATP 储量影响不明显。

(二)糖酵解系统

糖酵解系统是指糖原或葡萄糖在细胞浆内无氧分解生成乳酸过程中,再合成 ATP 的能量系统。供能持续时间为 33 秒左右。由于最终产物是乳酸故称乳酸能系统。1mol 葡萄糖或糖原无氧酵解产生乳酸,可净生成 2~3molATP。

葡萄糖

　ATP
　ADP

葡糖-6-磷酸

果糖-6-磷酸

　ATP
　ADP

果糖-1，6-二磷酸

二羟丙酮磷酸　　　　　　　　　甘油醛-3-磷酸

Pi　NAD
　　NADH

1，3-二磷酸甘油酸

　ADP
　ATP

3-磷酸甘油酸

2-磷酸甘油酸

磷酸烯醇式丙酮酸

　ADP
　ATP

丙酮酸

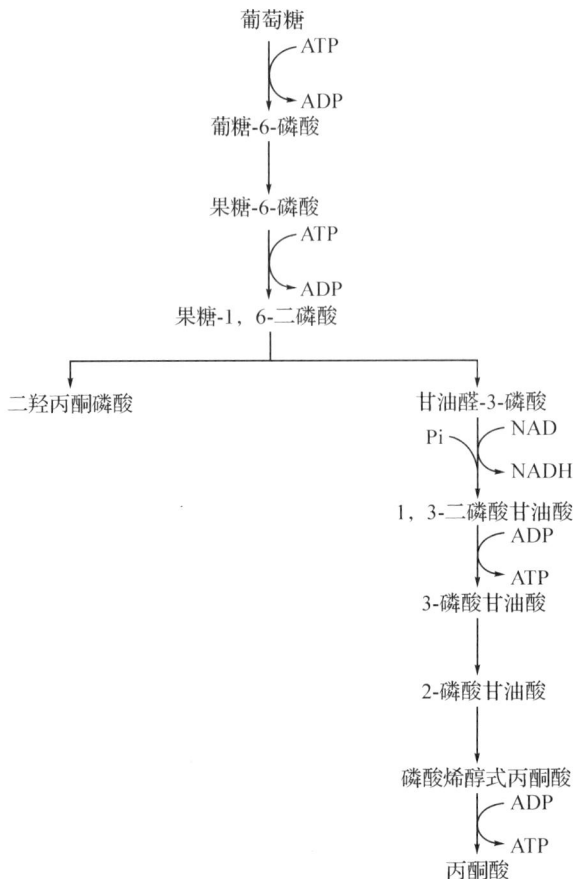

图 6-6　糖酵解过程

特点是:供能总量较磷酸原系统多,输出功率次之,不需要氧,产生导致疲劳的物质—乳酸。由于该系统产生乳酸,并扩散进入血液,因此,血乳酸水平是衡量乳酸能系统供能能力的最常用指标。

乳酸是一种强酸,在体内聚积过多,超过了机体缓冲及耐受能力时,会破坏机体内环境酸碱度的稳态,进而又会限制糖的无氧酵解,直接影响 ATP 的再合成,导致机体疲劳。乳酸能系统供能的意义在于保证磷酸原系统最大供能后仍能维持数十秒快速供能,以应付机体的需要。高水平运动员 400m 跑、800m 跑、100m 游泳等运动的主要供能系统就是由乳酸能供能。专门的无氧训练可有效提高该系统的供能能力。

表 6-3　不同摄氧量项目与血乳酸增加关系

运动项目	总需氧量/升	实际摄入氧量/升	血液乳酸增加量
马拉松跑	600	589	略有增加
400m 跑	16	2	显著增加
100m 跑	8	0	未见增加

【知识与应用】

运动与乳酸能系统

在某些主要由乳酸能供能的运动项目中,运动后即刻测量血乳酸能帮助监控和调整训练强度。另外,在一些训练中,还要求将训练控制在乳酸阈强度(即引起乳酸堆积的强度范围),乳酸堆积过高,将导致运动能力下降,所以 400m,800m 等由主要乳酸供能系统的运动,日常训练中也要经常进行耐乳酸训练。

(三)有氧氧化系统

有氧氧化系统是指糖、脂肪和蛋白质在细胞内(主要是线粒体内)彻底氧化成 H_2O 和 CO_2 的过程中,再合成 ATP 的能量系统。

从理论上分析,体内储存的糖特别是脂肪不会耗尽,故该系统供能的最大容量可认为无限大。但该系统是通过逐步氧化、逐步放能再合成 ATP 的。因此该系统是进行长时间耐力活动的物质基础。在评定人体有氧氧化系统供能的能力时,主要考虑氧的利用率,因此,最大吸氧量和无氧阈是评定有氧工作能力的主要生理指标。马拉松运动是典型的利用有氧氧化系统供能的运动项目。

特点是:ATP 生成总量很大,但速率很低,需要氧的参与,不产生乳酸类的副产品。

表 6-4　运动时人体骨骼肌的代谢能力及三种能量系统的输出功率

能量系统	贮量 /(mmol·kg⁻¹D)		可合成 ATP 量 (mmol·kg⁻¹D)	最大功率 /(mmol·ATP kg⁻¹·s⁻¹)	达最大功率时间	极量运动时间	需氧 /(mmol O₂·ATP⁻¹)
磷酸原系统	ATP	25		11.2	少于 1S		0
			100			6~8s	
	CP	77		8.6	少于 1S		0
乳酸能系统	肌糖原	365	~250 (或总量 1030)	5.2	少于 5s	2~3min	0
有氧系统	肌糖原	365	13000	2.7	3min	1~2h	0.167
	脂肪	49	不受限制	1.4	30min		0.177

注:(1)mmol·kg⁻¹D 每千克干肌肉毫摩尔数;(2)可合成 ATP 量是按人体 20kg 肌肉、15kg 体脂,运动员 V_{O_2max} 为 4L·min⁻¹ 计算;(3)mmol ATP·kg⁻¹·S⁻¹ 每生成 1mmol ATP 需氧量的毫摩尔数。

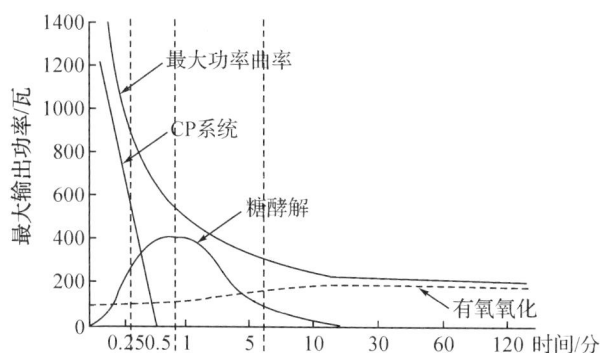

图 6-7　运动时间与最大输出功率及能源系统

表 6-5   人体三个能源系统的特征

能源系统名称	底物	贮量/(mmol/kg)	可合成 ATP 量/(mmol/kg)	可供运动时间	供给 ATP 恢复的物质的代谢产物
磷酸原系统	ATP	4～6		6～8s	CP
	CP	15～17	100	(<10s)	CP6＋ADP→ATP＋C
酵解能系统	肌糖原	365	250	2～3min	肌糖原→乳酸
氧化能系统	肌糖原	365	13000	>3～5min	糖→CO_2＋H_2O
	脂肪	49	不受限制	1～2h	脂肪→CO_2＋H_2O
					蛋白质→CO_2＋H_2O＋尿素

【知识与应用】

不同供能特点的运动项目训练计划的制订

不同运动项目,各供能系统参与供能的比例各有不同,可以根据运动项目供能特点、运动员训练水平与个人特点及训练任务,有目的的选择训练手段。短跑运动员的训练应重点发展无氧系统的供能能力;长跑运动员(如马拉松)应着重发展有氧系统的供能能力;需在几秒内完成的大功率运动,则应重点发展非乳酸能系统的供能能力;有些运动项目,则需要按比例发展无氧与有氧系统的供能能力。

如训练一名 3000m 跑的运动员,先查出 3000m 跑应着重发展哪个能量系统和几种能量系统之间的比例关系。3000m 跑起主导作用的能量系统是有氧系统,其次是乳酸能系统。获知应采用哪种训练方法,可以发展 3000m 跑所需的能量系统。间歇训练和速度游戏(法特莱克)适合发展 3000m 跑运动员所需的能量系统;重复跑接近于发展 3000m 跑的需要。具体的训练计划还需要考虑到运动技术的专门性。总之,为有效发展该项目的主导能量系统,尽可能选择与该项目供能比例最接近的训练方法,制定出合理的实施计划。

四、运动过程中的能量消耗和供应

(一)不同运动项目的能量消耗和供应

运动时候影响能能量代谢的因素,主要是运动强度和运动时间两个变量。二者之间是反比关系。它是由不同能量输出方式的固有能力决定的,即三个能量系统的输出功率和可维持时间的代谢能力。具体表现是:强度大,维持的时间必然短;时间长,维持强度一定小,这样一个规律。任何运动开始阶段均由 ATP－CP 系统供能,当 CP 被消耗约 50% 时,若强度不大氧供充足,则以有氧系统供能;若强度很大氧供不足,则以酵解能系统供能;若持续强度很大,酵解能系统供能加大;若持续强度为次最大强度或大强度时,供氧不足部分的能量由酵解能系统供给,其余由有氧系统供能。

不同的运动项目其能量的消耗能量不同,主要参与供能的物质详见表 6-6。

表 6-6 36 种运动热量消耗(60 分钟)

运动项目	消耗量/(kcal)	运动项目	消耗量/(kcal)
逛街	110	游泳	10
骑脚踏车	184	泡澡	168
开车	82	熨衣服	120
打网球	352	洗碗	136
爬楼梯	480	看电影	66
遛狗	130	洗衣服	114
郊游	240	打扫	228
有氧运动	252	跳绳	448
打拳	450	午睡	48
念书	88	跳舞	300
工作	76	慢走	255
打高尔夫球	186	快走	555
看电视	72	慢跑	655
打桌球	300	快跑	700
骑马	276	体能训练	300
滑雪	354	健身减肥操	300
插花	114	练武术	790
买东西	180	仰卧起坐	432

(二)运动中能源物质的动员

不同运动项目的能量供应具有各自的特征,但运动中不存在绝对的某一个单一能源系统的供能。从运动持续的时间来看,运动开始时机体首先分解肌糖原,持续运动 5—10 分钟后,血糖开始参与供能。脂肪在安静时即为主要供能物质,在运动达 30 分钟左右时,其输出功率达最大。蛋白质在运动中作为能源供能时,通常发生在持续 30 分钟以上的耐力项目。随着运动员耐力水平的提高,可以产生肌糖原及蛋白质的节省化现象。

从运动强度来看,当运动强度小于 $50\%V_{O_2 max}$ 时:脂肪氧化分解供能为能量来源的主要方式,血浆中游离脂肪酸的浓度每两分钟就更新 50%,说明脂肪代谢非常活跃。当运动强度大于 50% $V_{O_2 max}$ 时,碳水化合物分解供能显著加强。

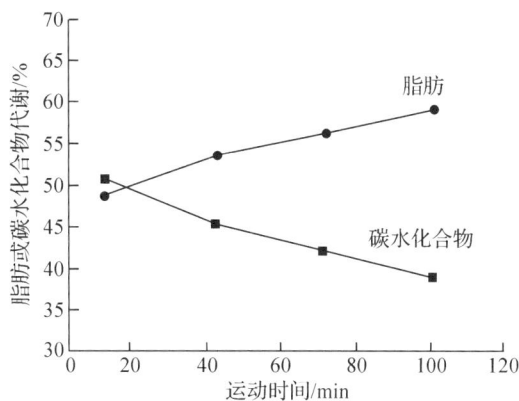

图 6-8 不同运动时间与脂肪、碳水化合物供能比

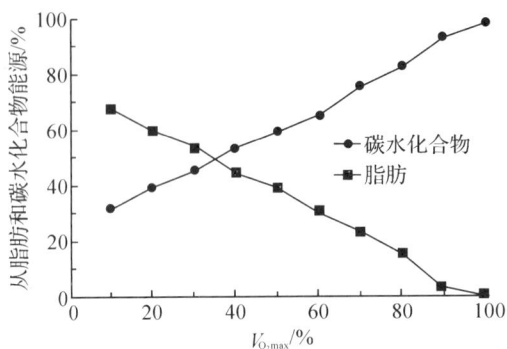

图示交叉的观念，注意当运动强度增加时，以碳水化合物(CHO)为燃料来源的比例也逐渐增加。

图 6-9　不同运动强度与脂肪、碳水化合物供能比

【知识与应用】

我们该怎么进行运动减肥？

大部分人说减肥，其目的就是减去多余的脂肪，那么什么样的运动会使你燃烧最多的脂肪？大强度的跑步、打球？还是慢跑？快步走？

如果把脂肪比作汽油，怎么样的运动才能最大限度地消耗它？长时间小强度的有氧运动，指强度小，节奏慢，运动后心脏跳动不过快，呼吸平稳的一般运动，如散步，太极拳，自编体操等。有氧运动可增加心、脑血液的氧供应，增加大脑的活动量，对缺血性心脏病也十分有利。运动后可使人精力充沛、自我感觉良好。此外，足够的氧供应还可促使脂肪代谢，有利于消耗体内堆积的剩余脂肪，达到减肥的目的。

第三节　体温调节

一、人体体温

（一）概念

人和高等动物机体都具有一定的温度，这就是体温。人和高等动物的体核温度是相对稳定的，故称恒温动物。而正常的体温是机体进行新陈代谢和生命活动的必要条件。

体表温度和体核温度：人体可分为核心与外壳两个层次。前者的温度称为体核温度，后者的温度称体表温度。体核温度相对稳定，各部位之间差异小；体表温度不稳定，各部位之间差异也大。生理学所说的体温，是指身体深部的平均温度，即体核温度而言。

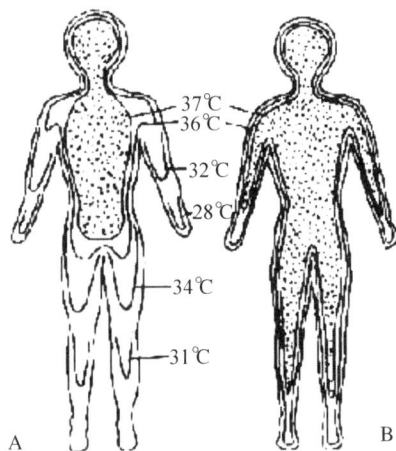

图 6-10　在不同环境温度下人体体温分布

（A：环境温度 20℃；B：环境温度 35℃）

（二）测量部位

由于体核温度特别是血液温度不易测试，所以临床上通常用直肠、口腔和腋窝等处的温度来代表体温。测直肠温度时，如果将温度计插入直肠 5min 以上，所测得的温度值就接近体核的温度，其正常值为 36.9～37.9℃。口腔（舌下部）是广泛采用的测温部位。其优点是所测温度值比较准确，测量也较为方便。但对不能配合的病人，如哭闹的小儿以及躁狂的病人，则不适宜测口腔温。口腔温的正常值为 36.7～37.7℃。腋窝皮肤表面温度较低，故不能正确反映体温，只有让被测者将上臂紧贴其胸廓，使腋窝紧闭形成人工体腔，机体内部的热量才能逐渐传导过来，使腋窝的温度逐渐升高至接近于体核的温度水平。因此，测定腋窝温度时，时间至少需要 10 分钟左右，而且腋窝处在测温时还应保持干燥。腋窝温的正常值为 36.0～37.4℃。

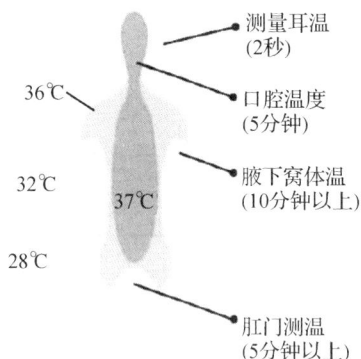

图 6-11　体温的不同测量部位

（三）体温的生理变动

体温是相对稳定的，在生理情况下，体温可随昼夜、年龄、性别等因素而有所变化，但这种变化的幅度一般不超过 1℃。

1. 体温的昼夜周期性变化：体温在一昼夜之间常作周期性波动：清晨 2～6 时体温最低，午后 1～6 时最高。通常认为这种变化现象是由体内存在着的生物钟来控制的。动物实验提示，下丘脑的视交叉上核很可能是生物节律的控制中心。

2. 性别的影响：成年女子的体温平均比男子的高约 0.3℃，而且其体温随月经周期变化。

3. 年龄的影响：新生儿，特别是早产儿，由于其体温调节机构发育还不完善，调节体温的能力差，他们的体温易受环境因素的影响。老年人因基础代谢率低，体温也偏低，因而也应注意保温。

4. 其他因素的影响：麻醉药通常可抑制体温调节中枢或影响其传入路径的活动。特别是此类药物能扩张皮肤血管，从而增加体热发散，也就降低了机体对寒冷环境的适应能力。所以对于麻醉手术的病人，在术中和术后都应注意保温护理。

二、体热平衡

（一）产热

主要产热器官体内的热量是由三大营养物质在各组织器官中进行分解代谢时产生的。但从影响整体体温的角度看，人体主要的产热器官是肝和骨骼肌。肝是人体内代谢最旺盛的器官，产热量最大。安静时，肝血液的温度比主动脉的高 0.4～0.8℃。虽然在安静状态下每块骨骼肌的产热量并不很大，但由于骨骼肌的总重量占全身体重的 40％ 左右，因而具有巨大的产热潜力。骨骼肌的紧张度稍有增强，产热量即可发生明显的改变，在剧烈运动时，产热量可增加 40 倍之多。

当机体处于寒冷环境中时，散热量显著增加，机体通过骨骼肌发生不随意的节律性收缩，即战栗来增加产热量以维持体温。主要分为战栗产热和非战栗产热两种形式。

表 6-7　几种组织、器官的产热百分比

器官	体重占比/%	产热量/%	
		安静状态	劳动或运动
脑	2.5	16	1
内脏(肝)	34.0	56	8
骨骼肌	56.0	18	90
其他	7.5	10	1

(二)散热

1.辐射散热:人体以热射线(红外线)的形式将体热传给外界的散热形式称为辐射散热。人体在不着衣的情况下,21℃的温度环境中,约有 60% 的热量是通过这种方式发散的。辐射散热量的多少主要取决于皮肤与周围环境的温度差;其次取决于机体的有效散热面积,有效散热面积越大,散热量也就越多。由于四肢面积较大,因而在辐射散热中起重要作用。

2.传导散热:传导散热是指机体的热量直接传给同它接触的较冷物体的一种散热方式。

3.对流散热:对流散热是指通过气体来交换热量的一种散热方式。人体周围总是围绕着一薄层同皮肤接触的空气,人体的热量传给这一层空气,由于空气不断流动便将体热散发到空间。对流是传导散热的一种特殊形式。

4.蒸发散热:蒸发散热是机体通过体表水分的蒸发来散失体热的一种形式。据测定,在人的体温条件下,蒸发 1g 水可使机体散发 2.43kJ 的热量。因此,体表水分的蒸发是一种很有效的散热途径。蒸发散热分为不感蒸发和发汗两种形式。人即使处在低温环境中,皮肤和呼吸道也不断有水分渗出而被蒸发掉,这种水分蒸发叫不感蒸发,其中皮肤的水分蒸发又叫不显汗,即这种水分蒸发不为人们所觉察,与汗腺的活动无关。发汗是通过汗腺主动分泌汗液的过程。汗液蒸发可有效地带走热量。因为发汗是可以感觉到的,所以又称可感蒸发。人在安静状态下,当环境温度达到 28℃ 左右时便开始发汗。

表 6-8　温和气候时人体散热方式及其所占百分比

散热方式	散热量/kJ	占比/%
辐射、传导、对流	8786.40	70.0
皮肤水分蒸发	1820.04	14.5
呼吸道水分蒸发	1004.16	8.0
呼出气	439.32	3.5
加湿吸入气	313.80	2.5
粪、尿	188.28	1.5
合计	12552.00	100.0

三、体温调节

(一)温度感受器

温度感受器可分为外周温度感受器和中枢温度感受器两类,前者为游离的神经末梢,后者是神经元。温度感受器又分为冷感受器和热感受器两种。

1.外周温度感受器:此种感受器存在于皮肤、黏膜和内脏中。当局部温度升高时,热感受器兴奋,反之,冷感受器兴奋。这两种感受器各自对一定范围的温度敏感。外周温度感受器对温度的变化速率更为敏感。

2.中枢温度感受器:存在于中枢神经系统内的对温度变化敏感的神经元称为中枢温度感受器。脊髓、脑干网状结构以及下丘脑等处都含有这样的温度敏感神经元。

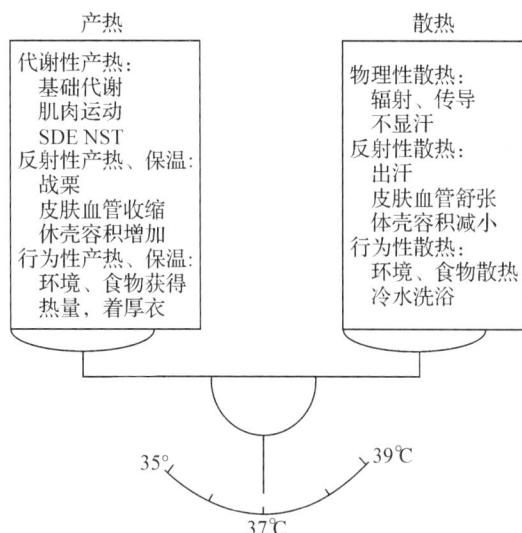

产热

代谢性产热:
　基础代谢
　肌肉运动
　SDE NST
反射性产热、保温:
　战栗
　皮肤血管收缩
　体壳容积增加
行为性产热、保温:
　环境、食物获得
　热量、着厚衣

散热

物理性散热:
　辐射、传导
　不显汗
反射性散热:
　出汗
　皮肤血管舒张
　体壳容积减小
行为性散热:
　环境、食物散热
　冷水洗浴

35℃　　　　　39℃

37℃

图 6-12 体热平衡

(二)体温调节中枢

体温调节中枢虽然从脊髓到大脑皮层的整个中枢神经系统中都存在有调节体温的中枢结构,但主要位于下丘脑。实验表明,PO/AH 在体温调节中枢整合机构中占有非常重要的地位。

体温调定点学说认为,体温的调节类似于恒温器的调节,在 PO/AH 设定了一个调定点,即规定的温度值,如 37℃。PO/AH 体温整合中枢就是按照这个温度来调节体温的。此学说认为,由细菌所致的发热,是由于在致热原的作用下 PO/AH 热敏神经元的温度反应阈值升高,而冷敏神经元的阈值则下降,调定点因而上移。因此,发热开始前先出现恶寒战栗等产热反应,直到体温升高到 39℃以上时才出现散热反应。只要致热因素不消除,产热和散热过程就继续在此新的体温水平上保持平衡。这就是说,发热时体温调节功能并无障碍,而只是由于调定点上移,体温才升高到发热的水平的。当机体中暑时,体温升高则是由于体温调节功能失调引起的。

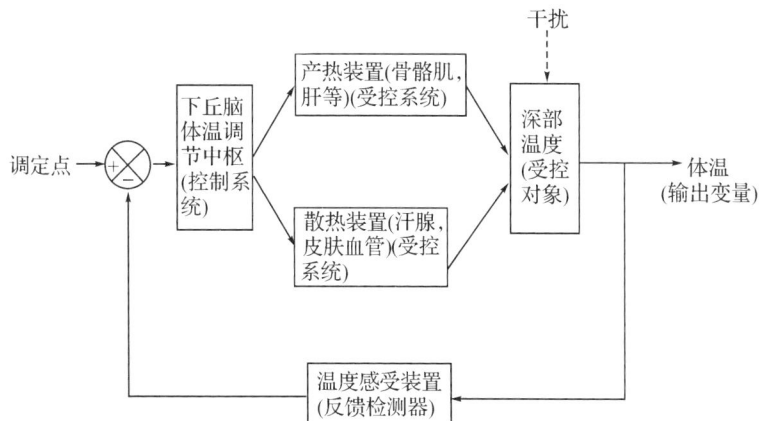

干扰

产热装置(骨骼肌,肝等)(受控系统)

下丘脑体温调节中枢(控制系统)

调定点 +－

深部温度(受控对象)

体温(输出变量)

散热装置(汗腺,皮肤血管)(受控系统)

温度感受装置(反馈检测器)

图 6-13 体温调节过程

【知识与应用】

体温计的发明

伽利略在1592—1595年间发明了温度计。这之后,他的一位医学界的朋友,帕多瓦大学医学教授桑克托留斯设计了一种温度计,用它测量人体温度。桑克托留斯所设计制造的温度计形状像蛇,球状上端放在病人的口中,管子下端放入一个盛水的容器,管子的刻度用玻璃珠标示。这无疑是个粗糙的仪器,但它毕竟是第一个体温计,并且桑克托留斯还曾它来比较太阳和月亮的热度。

法国医生让·荣伊1632年提议制造液体温度计。他把伽利略的温度计反过来装。使用时让发烧病人把盛满水的球握在手里,体热使水膨胀沿管子上升,上升多少视热度高低而定。

1867年,伦敦医生奥尔巴特制成细小便利的体温计,从此体温计才为医学界普遍采用。

红外线体温计在SARS中的应用

1.红外线体温计的工作原理:任何具有一定温度的物体都向周围发射一定波长的红外线,如果检测出红外线的波长,就可以确定物体的温度。

2.红外线温度计优点:第一它能在一秒钟之内测出体温,第二它不用直接跟人体接触,这两个优点是其他测温仪无法做到的,因此它成为了防SARS的头号主力军。

【本章小结】

1.各种能源物质分解代谢过程中所伴随的能量释放、转移、储存和利用的过程,称为能量代谢。人体活动能量的直接能源是ATP,间接来源是糖、脂肪、蛋白质。

2.能量测定的原理是能量守恒定律,测定方法包括直接测定法和间接测定法。影响能量代谢的因素主要有肌肉活动、精神活动、食物的特殊动力作用和环境温度。

3.基础代谢率是指人在基础状态下单位时间的能量代谢,用每小时、每平方米体表面积的产热量来表示,随性别、年龄而异。

4.机体能量的供应可按无氧供能和有氧供能分为三个系统:磷酸原系统、乳酸能系统(糖酵解系统)和有氧氧化系统。

5.不同运动项目的能量消耗和供应主要取决于运动强度和运动时间两个变量。

6.体温是指身体深部的平均温度,临床上通常用直肠、口腔和腋窝等处的温度来代表,生理情况下,体温可随昼夜、年龄、性别等因素而有所变化,但变化幅度一般不超过1℃。

7.安静状态时人体主要的产热器官是肝,而运动时主要的产热器官是骨骼肌。皮肤散热主要有辐射、传导、对流和蒸发四种方式。正常情况下机体处于体热平衡状态。

8.温度感受器分为外周温度感受器和中枢温度感受器。体温的相对恒定是在下丘脑体温调节中枢的控制下,通过增减皮肤的血流量,发汗、寒战等生理反应经常维持于一个稳定的水平,称自主性体温调节。

9.冷热服习是指使机体对冷热环境的耐受力提高的适应性生理变化。

【思考题】

1.试分析比较三种能量系统的特点。

2.影响能量代谢的主要因素有哪些?

3.试述肌肉活动时各能量系统在能量供应过程中的关系。

4.简述人体散热的途径与方式。

第七章　运动与内分泌机能

【学习目标】

1. 掌握激素的概念、作用及作用特征。
2. 熟悉肾上腺素、去甲肾上腺素、生长素及胰岛素等激素的生理作用。
3. 了解激素的分类和作用机制。
4. 熟悉运动过程中一些重要激素浓度的变化特点及其作用。

?

- 呆小症与侏儒症有何不同？
- 为何遇到危险时会心跳加快、血压升高？
- 糖尿病的病人都必须注射胰岛素吗？
- 兴奋剂就是可以使人神经兴奋的药物吗？
- 为什么运动员不能滥用药物？

第一节　概　述

一、内分泌腺与激素

激素（Hormone）是经常用到的一个词汇，也称为荷尔蒙，希腊文原意为"奋起活动"，激素对机体的代谢、生长、发育、繁殖等起重要的调节作用，是我们生命中的重要物质。激素是由内分泌腺或内分泌细胞分泌的高效生物活性物质，在体内作为信使传递信息，对机体生理过程起调节作用。分泌激素的腺体称为内分泌腺，它没有导管，其分泌物直接进入周围的血液或淋巴，从而运输到全身。人体主要的内分泌腺有肾上腺、胰腺、脑垂体、甲状腺等。

人们对于内分泌腺与激素的认识经历了相当长的时间。其中一个影响研究的因素是激素在血液中的量极少，却又发挥着巨大的作用和极大的影响，在科技不发达的过去进行定量研究是相当困难的，现代的先进仪器设备为其研究提供了极大方便，也大大推进了内分泌和激素的研究。激素在血液中含量极少，其作用具有一定的特异性，即一种激素只对一种或某些组织细胞的某些代谢过程起作用，也就是靶作用，受某一种激素作用的器官、组织或细胞便被称为该激素的靶器官、靶组织或靶细胞。

各种激素与神经系统一起调节人体的代谢和生理功能。正常情况下各种激素是保持平衡的,如果因某种原因使这种平衡打破了(某种激素过多或过少),就会造成内分泌失调,会引起相应的临床表现。

二、激素的生理作用

虽然激素在血液中的含量甚微,却有非常重要的作用。激素的生理作用可以归纳为五个方面:①直接或者间接影响(加速或者抑制)体内原有的代谢过程;②促进细胞的分裂、分化与形态的发生及形成,影响机体各器官与组织的发育、生长、成熟以及衰老过程;③影响中枢神经系统和植物性神经系统的发育及其活动(包括学习、记忆和行为);④促进生殖器官和生殖细胞的发育和成熟,调节包括受精、妊娠和泌乳等在内的生理过程;⑤与神经系统密切配合,提高机体对内外环境条件变化的抵抗能力与适应能力,其中包括人体对高强度运动时生理功能变化的适应。

【**知识与应用**】

激素类药物的副作用

目前,激素类药物作为一种药效迅速明显但副作用同时也很严重的药物,一直以来都备受争议,一般医院不到万不得已是尽量避免使用该类药物的。

世界著名制药公司默克公司公布的临床研究结果表明:长期使用激素类药物,可能抑制儿童的生长发育。长期超生理剂量的服用激素,可出现向心性肥胖、满月脸、皮肤变薄、肌肉萎缩、浮肿、恶心、呕吐、高血压、糖尿、伤口愈合不良、骨质疏松、诱发或加重消化道溃疡、儿童生长抑制等。眼部长期大量应用激素类药物,可引起血压升高,导致视神经损害、视野缺损、病毒感染等。

三、激素的分类及作用原理

激素的种类非常繁多,来源也很复杂。按照其作用原理可以概括为两种:非类固醇激素(含氮类激素)和类固醇激素。

(一)非类固醇激素

非类固醇激素(含氮类激素),包括肽类和蛋白质类,如下丘脑多肽、垂体激素、胰岛素和消化道激素等;胺类激素,如肾上腺素、去甲肾上腺素和甲状腺素等。

非类固醇激素作为"第一信使",通过在细胞内生成的环腺苷酸(cAMP)而对细胞内的生化过程发生作用。cAMP为激素作用的细胞内媒体,通常把激素作用的媒体叫"第二信使"(含氮类激素作用机制模式见图7-1)。激素作为第一信使,随血液循环到达靶细胞,与靶细胞膜上的特异性受体结合,形成激素—受体复合物。在 Mg^{2+} 存在的条件下,激素—受体复合物激活腺苷酸环化酶,使 ATP 转化为 cAMP,激素携带的信息就被传递给 cAMP,cAMP 使无活性的蛋白激酶活化,激活磷酸化酶,使靶细胞固有的反应加速或减弱,如腺细胞的分泌、肌细胞的收缩与舒张、神经细胞出现电位变化、细胞膜通透性改变、细胞分裂与分化等。非类固醇激素的作用是通过第二信使实现的,因此这种作用原理又称为第二信使学说。

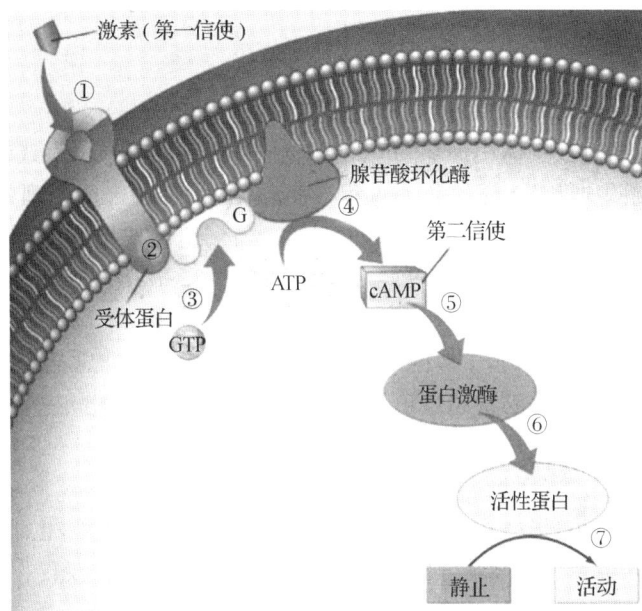

图 7-1 非类固醇的作用过程与机制

（二）类固醇激素

类固醇激素是肾上腺皮质和性腺分泌的激素，如皮质醇、醛固酮和雄性激素等。此外，还有人将脂肪酸的衍生物前列腺素归为第三类激素。

固醇类激素的靶细胞膜上没有特异性受体。这类激素是脂溶性的，分子比较小，可以通过细胞膜而进入胞浆（固醇类激素作用机制见模式图 7-2）。这类激素随血液循环到达靶细胞后，穿过细胞膜进入细胞内部，在胞浆中激素与受体发生结合，形成激素－受体复合物。激素－受体复合物穿过核膜进入细胞核，激活特异的基因而形成信使核糖核酸，诱导某种新蛋白质的合成（如酶类、结构蛋白与调控蛋白质），实现激素的生理效应。类固醇激素的作用是通过影响基因而实现的，因此这种作用原理又称为基因调节学说。

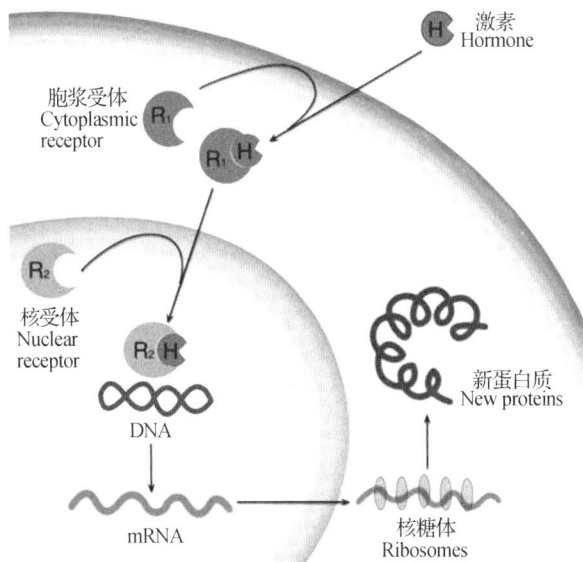

图 7-2 类固醇作用过程及机制

四、激素的作用与特点

（一）激素作用的特异性

激素随着血液和淋巴在身体中循环，并不能作用于所有的组织、器官或者细胞，只是有选择性地对某一些器官、组织或细胞、某些代谢过程产生作用，发挥特定的生理效应，这称为激素作用的特异性。将能够与某种激素发生特异性反应的器官、组织或细胞分别称为该激素的靶器官、靶组织或靶细胞。

（二）激素作用的高效性

激素在血液中的浓度极低，属于体内的微量物质，但却能发挥非常显著的放大效应，是一种高效能生物活性物质。如果分泌量超过正常水平，则会产生某种功能亢进；反之，则会引起某种功能不全或减退。

（三）激素无始动作用

激素既不能像糖、脂肪、蛋白质那样提供代谢所需要的原料与能量，也不能发动一个新的生理过程，只是对原有的生理过程起加强或减弱的作用，有的激素甚至仅仅作为其他激素产生作用的必要条件。

（四）激素间的相互作用

体内的激素在发挥作用时，往往是相互联系的。当几种激素共同参与同一生理活动的时候，几种激素之间表现出协同作用或拮抗作用。例如生长素、胰高血糖素及肾上腺素都可以升高血糖，它们具有协同作用。有些激素不能够直接对某些器官、组织及细胞起作用，但是它的存在是另外一种激素发挥作用的前提，这些激素之间的作用称为允许作用。例如糖皮质激素对儿茶酚胺类激素有允许作用。

激素与神经的作用不同，神经的调节作用迅速而准确；激素的作用较为缓慢、广泛、持久。

第二节　人体主要内分泌腺及作用

人体的主要内分泌腺包括下丘脑、垂体、甲状腺、胰岛、甲状旁腺和性腺（图7-3）。这些内分泌腺分泌的激素、作用的靶器官及其主要的生理功能见表7-1。

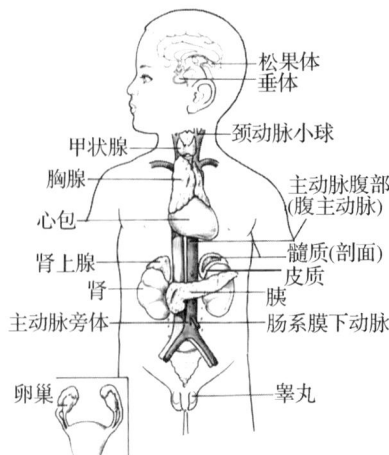

图 7-3　人体的主要内分泌腺

表 7-1　人体内主要内分泌腺分泌的激素及其主要生理作用

化学性质		激素名称	主要来源	主要作用	异常时的主要表现	
					分泌不足	分泌过剩
氨基酸衍生物		甲状腺激素	甲状腺	促进糖和脂肪氧化分解(新陈代谢),促进生长发育,提高中枢神经系统兴奋性。	幼年易患呆小症	甲状腺功能亢进
		去甲肾上腺素	肾上腺髓质	可使多种激素,如促性腺素、促肾上腺皮质激素、促甲状腺激素的分泌受到影响。收缩动脉、静脉,升高血压。		
		肾上腺素	肾上腺髓质	提高多种组织的兴奋性,加速糖原利用,增加骨骼肌血流,增加氧耗,增加心率、心肌收缩力。		
非类固醇激素	肽类及蛋白质激素	胰岛素	胰岛 B 细胞	调节代谢,增加葡萄糖利用和脂肪的合成;降低血糖,调控血糖水平。	糖尿病	
		胰高血糖素	胰岛 A 细胞	调节代谢,刺激蛋白质、脂肪分解功能,使血糖升高。		
		促胰液素	消化管	促进胆汁和胰液中 HCO_3^- 的分泌		
		抗利尿激素	神经垂体	增加肾小管、集合管对水的重吸收,减少水分从尿中排出;收缩血管,升高血压。		
		生长素	腺垂体	促进生长;影响代谢(增加蛋白质合成;增加脂肪动员;减少糖的利用)。	幼年期侏儒症	幼年期巨人症或成年期肢端肥大症
		催产素	下丘脑、神经垂体释放	具有刺激乳腺和子宫的双重作用;促进乳腺排乳(正反馈调节)		
		催乳素	腺垂体、胎盘	发动和维持泌乳		
		促性腺激素	垂体	维持性腺的正常生长发育,促进性腺合成和分泌性腺激素		
		促肾上腺皮质激素	腺垂体、脑	促进肾上腺皮质的功能,从而调节糖皮质激素的分泌与释放		
		促甲状腺激素	腺垂体	促进甲状腺激素的释放		

续表

类固醇激素	肾上腺皮质激素	肾上腺皮质	控制糖类和无机盐等的代谢,增强机体防御能力		
	醛固酮	肾上腺皮质	调节机体的水—盐代谢;促进肾小管对钠的重吸收、对钾的排泄,是盐皮质激素的代表		
	雄性激素(睾酮)	睾丸间质细胞、肾上腺	维持和促进男性生殖器官和第二性征的发育	性器官萎缩、第二性征减退	
	雌性激素	主要是卵巢;肾上腺	维持和促进女性生殖器官和第二性征的发育		
	孕激素(孕酮)	黄体、胎盘	促使子宫内膜发生分泌期的变化,为受精卵着床和妊娠的维持所必需	受精卵种植障碍	

一、下丘脑、垂体

下丘脑和垂体在结构和功能上皆有密切联系。下丘脑能分泌多种神经激素,垂体是重要的内分泌腺,分为腺垂体和神经垂体。下丘脑与腺垂体无直接神经联系,但与神经垂体有直接神经联系。

（一）腺垂体分泌的激素

1.生长素

生长素(growth hormone,GH)对机体的生长发育和代谢起着重要作用。生长素可通过促进氨基酸进入细胞,加速 RNA、DNA 合成使蛋白质合成增加,分解减少。还可刺激胰岛素增加糖的利用,加速脂肪的分解代谢,使组织脂肪量减少。

人在幼年期若生长激素分泌过多,会使生长发育过度导致巨人症;若生长激素分泌过少,则会使身材矮小(智力正常),引起侏儒症。若成年人生长激素分泌过多,则长骨不再长长,但肢体末端和额面部的骨会增长,发生肢端肥大症,内脏如肝、肾也会增大。

【知识与应用】

侏儒症

凡身高低于同一种族、同一年龄、同一性别的小儿的标准身高30％以上,或成年人身高在 120 厘米以下者,称为侏儒症或矮小体型。侏儒症由于多种原因导致的生长素分泌不足而致身体发育迟缓。侏儒症病因可归咎于先天因素和后天因素两个方面。

垂体有病引起的侏儒症,称为垂体侏儒。垂体侏儒的病因有两种,一种是原发性,病因不明,部分属遗传性疾病。一种是继发性,即由于垂体周围组织有各种病变,包括肿瘤,如颅咽管瘤、垂体黄色瘤等;感染如脑炎、脑膜炎等。真正的原发性垂体侏儒,需用激素治疗。如果是继发性的,一旦去除病因就会长高。

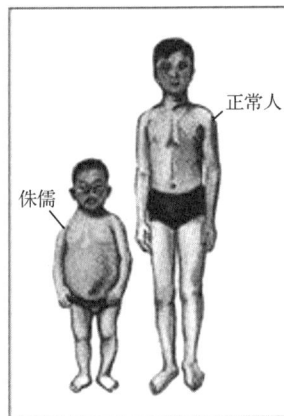

2.催乳素

催乳素(prolactin，PRL)能够促进妊娠阶段乳腺的发育，使乳腺开始并维持泌乳。

3.促激素

促激素包括促甲状腺激素、促肾上腺皮质激素、促黑激素和促性腺激素。促性腺激素又分为卵泡刺激素和黄体生长素两种。它们分别促进相应的靶腺正常生长发育和分泌功能。(1)促甲状腺激素(thyroid-stimulating hormone，TSH)：促进甲状腺增生和甲状腺激素的合成与分泌。(2)促肾上腺皮质激素(adrenocorticotrophic hormone，ACTH)：促进肾上腺皮质增生和糖皮质激素的合成与分泌。(3)促性腺激素(gonadotropic hormone，GTH)：包括促卵泡刺激素(follicle stimulating hormone，FSH)和黄体生成素(luteinizing hormone，LH)，前者能够促进卵泡生长发育成熟并分泌大量雌激素;促睾丸的精子生成。后者促进卵泡排卵、黄体生成和分泌;促睾丸间质细胞分泌雄激素。卵泡刺激素和黄体生成素两者协同作用,可使卵泡分泌雌激素。(4)促黑激素(melanocyte-stimulating hormone，MSH)：促进黑细胞色素中酪氨酸酶的合成和激活,以促进酪氨酸转变为黑色素,使皮肤和毛发等的颜色变深。

(二)神经垂体分泌的激素

神经垂体不含腺体细胞,不能合成激素。所谓的神经垂体激素是指在下丘脑视上核、室旁核产生而贮存于神经垂体的升压素(抗利尿激素)与催产素,在适宜的刺激作用下,这两种激素由神经垂体释放进入血液循环。

1.升压素

升压素(vasopressin，VP)又名抗利尿激素(ADH)。血浆中升压素浓度为 $1.0\sim1.5ng/L$,它在血浆中的半衰期仅为 $6\sim10mim$ 。升压素的生理浓度很低,几乎没有收缩血管而致血压升高的作用,对正常血压调节没有重要性,但在失血情况下由于升压素释放较多,对维持血压有一定的作用。但是,升压素的抗利尿作用却十分明显,因此又称为抗利尿激素。

2.催产素

催产素(oxytocin，OXT)具有促进乳汁排出—刺激子宫收缩的作用。排乳是一典型的神经内分泌反射。乳头含有丰富的感觉神经末梢,吸吮乳头的感觉信息经传入神经传至下丘脑,使分泌催产素的神经元发生兴奋,神经冲动经下丘脑—垂体束传送到神经垂体,使贮存的催产素释放入血,并作用于乳腺中的肌上皮细胞使之产生收缩,引起乳汁排出。催产素对非孕子宫的作用较弱,而对妊娠子宫的作用较强,雌激素能增加子宫对催产素的敏感性,而孕激素则相反。

二、甲状腺分泌的激素

当人遭遇危险而情绪紧张时首先会刺激下丘脑释放促甲状腺激素释放激素,血液中这一激素浓度的增高会作用于腺垂体促进其释放促甲状腺激素,即提高血液中促甲状腺激素的含量,促甲状腺激素进一步作用于甲状腺,使其腺细胞分泌量增加,即分泌大量的甲状腺激素(thyroid hormone)。甲状腺激素的生物学作用主要有下列三方面：

(一)促进生长发育

甲状腺激素促进生长发育作用最明显是在婴儿时期,在出生后头五个月内影响最大。它主要促进骨骼、脑和生殖器官的生长发育。若没有甲状腺激素,垂体的 GH 也不能发挥作用。而且,甲状腺激素缺乏时,垂体生成和分泌 GH 也减少。所以先天性或幼年时缺乏甲状腺激素,引起呆小病。呆小病患者的骨生长停滞而身材矮小,上、下半身的长度比例失常,上半身所占比例超过正常人。又因神经细胞树突、轴突、髓鞘以及胶质细胞生长障碍,脑发育不全而智力低下,他们性器官也不能发育成熟,没有正常的生殖功能。新生儿甲状腺功能低下时,应在一岁之内适量补充甲状腺激素,这对中枢神经系统的发育和脑功能的恢复还有效。迟于此时期,则治疗往往无效。

（二）对代谢的影响

甲状腺激素可提高大多数组织的耗氧率,增加产热效应。这种产热效应可能由于甲状腺激素能增加细胞膜上 Na^+-K^+ 泵的合成,并能增加其活力,后者是一个耗能过程。甲状腺功能亢进患者的基础代谢率可增高 35％ 左右;而功能低下患者的基础代谢率可降低 15％ 左右。因此,甲亢病人喜冷、怕热,甲状腺功能低下者则喜热畏寒。在正常情况下,甲状腺激素主要是促进蛋白质合成,特别是使骨、骨骼肌、肝等蛋白质合成明显增加,这对幼年时的生长、发育具有重要意义。然而甲状腺激素分泌过多,反而使蛋白质,特别是骨骼肌的蛋白质大量分解,因而消瘦无力。在糖代谢方面,甲状腺激素有促进糖的吸收,肝糖元分解的作用。同时它还能促进外周组织对糖的利用。

（三）对神经、心血管系统的影响

甲状腺激素对于一些器官的活动也有重要的作用。它对维持神经系统的兴奋性有重要的意义,甲亢病人烦躁不安、多言多动、喜怒无常、失眠多梦;甲状腺功能低下者则言语迟钝、记忆减退、少动多睡。甲状腺激素可直接作用于心肌,促进肌质网释放 Ca^{2+},使心肌收缩力增强,心率加快。甲亢病人可因心脏做功增加导致心力衰竭。

三、肾上腺分泌的激素

肾上腺是人体相当重要的内分泌器官,分肾上腺皮质和肾上腺髓质两部分,周围部分是皮质,内部是髓质。

（一）肾上腺皮质

肾上腺皮质是与生命有关的内分泌腺。切除动物的肾上腺皮质,如不适当处理,1～2 周内即可死亡。如果切除肾上腺髓质,动物可以存活较长时间。肾上腺皮质可分泌与生命有关的两大类激素即糖皮质激素和盐皮质激素,为类固醇激素。肾上腺皮质激素可以促进醛固酮的分泌。肾上腺皮质还分泌少量性激素。盐皮质激素对人体起着保钠、保水和排钾的作用,在维持人体正常水盐代谢、体液容量和渗透平衡方面有重要作用。正常成人,肾上腺皮质还分泌少量性激素,但作用不明显。当肾上腺皮质某种细胞增生或形成肿瘤时,这些性激素（主要是雄性激素）分泌增加很多,男性患者会毛发丛生,女性患者则会表现出男性化现象。

1. 肾上腺糖皮质激素

肾上腺糖皮质激素主要是皮质醇。肾上腺糖皮质激素在调节三大营养物质的代谢方面以及参与人体应激和防御反应方面都具有重要作用。

该类激素对糖、蛋白质和脂肪代谢都有影响,主要作用是促进蛋白质分解和肝糖原异生。当食物中糖类供应不足（如饥饿）时,糖皮质激素分泌增加,将促进肌肉和结缔组织等组织蛋白质的分解,并抑制肌肉等对氨基酸的摄取和加强肝糖异生,还促进肝糖元分解为葡萄糖释放入血以增加血糖的来源,血糖水平得以保持,使脑和心脏组织活动所需的能源不致缺乏。可促进脂肪组织中脂肪的分解,还会使体内脂肪分布发生变化,四肢脂肪减少,面部和躯干脂肪增加,出现"向心性肥胖"。作为药物使用,大剂量的糖皮质激素有抗炎、抗过敏、抗毒素作用,有抗休克和抑制免疫反应等作用,故医学上应用广泛。

在应激中该类激素也发挥重要作用。如受到惊恐、剧烈运动、创伤、疼痛、饥饿等刺激时,血液中糖皮质激素大量分泌,从而抵御有害刺激,称为"应激反应"。

2.肾上腺盐皮质激素

肾上腺盐皮质激素是由肾上腺皮质球状带细胞分泌的类固醇激素,它的主要生理作用是促进肾小管重吸收钠而保留水,并排泄钾(保钠排钾)。它与下丘脑分泌的抗利尿激素相互协调,共同维持体内水、电解质的平衡。盐皮质激素的保钠排钾作用也表现在唾液腺、汗腺及胃肠道。在天然皮质激素中,醛固酮是作用最强的一种盐皮质激素。其作用是等量糖皮质激素(皮质醇)的500倍。在正常生理状态下,由于糖皮质激素的分泌量很大,故在人体总的理盐效应中由糖皮质激素承担的约占45%,醛固酮也承担45%,另一种盐皮质激素脱氧皮质酮承担10%。平时每日醛固酮的分泌量很少,如因某种情况引起醛固酮分泌过多,其显著的钠水潴留及排钾效应则可引起低血钾、组织水肿、高血压。若盐皮质激素分泌水平过低会导致水钠流失和血压降低的症状。

(二)肾上腺髓质

肾上腺髓质分泌两种激素:肾上腺素(epinephrine,E)和去甲肾上腺素(norepinephrine,NE),两者的比例大约为4:1,以肾上腺素为主,分子中都有儿茶酚基团,故都属于儿茶酚胺类。它们的生物学作用与交感神经系统紧密联系,作用很广泛。著名学者Cannon曾提出应急学说,他提出在机体遭遇紧急情况时,如恐惧、惊吓、焦虑、创伤或失血等情况,交感神经活动加强,髓质分泌激素急剧增加。使得心跳加快,心肌收缩力量增加,心输出量增加,血压升高,血流加快;内脏血管收缩,内脏器官血流量减少;肌肉血管舒张,肌肉血流量增加,为肌肉提供更多氧和营养物质;支气管舒张,以减少气体交换阻力,改善氧的供应;肝糖原分解,血糖升高,增加营养的供给。应急反应所引起的上述机能改变,有助于机体与不利情况进行斗争而脱险。引起应急反应的各种刺激也是引起应激反应的刺激,在上述情况时,两个反应系统相辅相成,都发生反应,使机体的适应能力更为完善。

四、胰岛分泌的激素

胰岛能分泌胰岛素与胰高血糖素等激素。人类的胰岛细胞主要分为A细胞、B细胞、D细胞及PP细胞。A细胞约占胰岛细胞的20%,分泌胰高血糖素(glucagon);B细胞占胰岛细胞的60%~70%,分泌胰岛素(insulin);D细胞占胰岛细胞的10%,分泌"生长抑素";PP细胞数量很少,分泌胰多肽(pancreatic polyeptide)。

(一)胰岛素

胰岛素是促进合成代谢、调节血糖稳定的主要激素。胰岛素的生理作用体现在以下几个方面:

1.对糖代谢的调节

胰岛素能促进组织、细胞对葡萄糖的摄取和利用,加速葡萄糖合成为糖原,贮存于肝和肌肉中,并抑制糖异生,促进葡萄糖转变为脂肪酸,贮存于脂肪组织,导致血糖水平下降。胰岛素缺乏时,血糖浓度升高,如超过肾糖阈,尿中将出现糖,引起糖尿病。

2.对脂肪代谢的调节

胰岛素促进肝合成脂肪酸,然后转运到脂肪细胞贮存。在胰岛素的作用下,脂肪细胞也能合成少量的脂肪酸。胰岛素还促进葡萄糖进入脂肪细胞,除了用于合成脂肪酸外,还可转化为α-磷酸甘油,脂肪酸与α-磷酸甘油形成甘油三酯,贮存于脂肪细胞中,同时,胰岛素还抑制脂肪酶的活性,减少脂肪的分解。胰岛素缺乏时,出现脂肪代谢紊乱,脂肪分解增强,血脂升高,加速脂肪酸在肝内氧化,生成大量酮体,由于糖氧化过程发和障碍,不能很好地处理酮体,以致引起酮血症与酸中毒。

3.对蛋白质代谢的调节

胰岛素促进蛋白质合成过程,其作用可在蛋白质合成的各个环节上:促进氨基酸通过膜的转运进入细胞;可使细胞核的复制和转录过程加快,增加 DNA 和 RNA 的生成;作用于核糖体,加速翻译过程,促进蛋白质合成;另外,胰岛素还可抑制蛋白质分解和肝糖异生。由于胰岛素能增强蛋白质的合成过程,所以,它对机体的生长也有促进作用,但胰岛素单独作用时,对生长的促进作用并不很强,只有与生长素共同作用时,才能发挥明显的效应。

(二)胰高血糖素

与胰岛素的作用相反,胰高血糖素具有很强的促进糖原分解和糖异生作用,使血糖明显升高。胰高血糖素还可激活脂肪酶,促进脂肪分解,同时又能加强脂肪酸氧化,使酮体生成增多。能够使氨基酸进入靶器官肝细胞,异生为糖。能够促进蛋白质分解、抑制其合成。

【知识与应用】

胰岛素的发现

使用胰岛素可控制血糖,胰岛素在糖尿病治疗中占有无可替代的地位。最早发现胰岛素的是加拿大的生理学家费里德里克·班廷(Frederick Banting,1891—1941)。1921 年 5 月,班廷与多伦多大学教授、糖尿病学权威麦克劳德的助手贝斯特合作,开始胰岛素的研究。

7 月下旬,班廷从一条狗的体内切除了结扎后的胰脏,并给这条狗注射了 4 毫升从狗胰脏中提取的混悬液,发现狗的血糖很快下降,第二次注射后仍保持下降后的水平。

继而的激素稳定实验证明:它对碱和蛋白消化酶——胰蛋白酶敏感。由此猜测这种激素是一种蛋白质。贝斯特采用了麦克劳德的建议,使用斯考特乙醇提取法,改进了分离方法。当年圣诞节期间,他们互相注射提取物,除了注射部位略有红肿外,并没有其他危险。于是,将它命名为胰岛素。

费里德里克·班廷

1922 年 1 月,班廷第一次使用从牛胰腺中提取的胰岛素,对一个患糖尿病两年,已被医生放弃治疗的男孩进行治疗,结果这位名叫路得的男孩病情立即好转,活到 77 岁。

1923 年,班廷和麦克劳德获诺贝尔奖。

1965 年 9 月 17 日,我国在世界上首次人工合成牛胰岛素,这也是世界上第一个蛋白质的全合成。

糖尿病

"糖尿病",国外将之称为"沉默的杀手"(Silent Killer)。临床上以高血糖为主要特点,典型病例可出现多尿、多饮、多食、消瘦等表现,即"三多一少"症状,糖尿病(血糖)一旦控制不好会引发并发症,导致肾、眼、足等部位的衰竭病变,且无法治愈。

糖尿病(Diabetes)可分 1 型糖尿病、2 型糖尿病、妊娠糖尿病及其他特殊类型的糖尿病。在糖尿病患者中,2 型糖尿病所占的比例约为 95%。1 型糖尿病多发生于青少年,因胰岛素分泌缺乏，依赖外源性胰岛素补充以维持生命。2型糖尿病是成人发病型糖尿病，多在35—40岁之后发病，占糖尿病患的90%以上。病人体内产生胰岛素的能力并非完全丧失，有的患者体内胰岛素甚至产生过多，但胰岛素的作用效果却大打折扣，即胰岛素抵抗。2型糖尿病患者不需要依赖胰岛素治疗，可通过改变生活方式和口服降糖治疗，若仍无法控制血糖，可考虑联合胰岛素治疗。

妊娠糖尿病是怀孕期间患上的糖尿病，患者在妊娠之后糖尿病自动消失。常常发生于肥胖和高龄产妇。有将近30%的妊娠糖尿病妇女以后可能发展为2型糖尿病。

五、甲状旁腺分泌的激素

甲状旁腺素（parathyroid hormone，PTH）是由甲状旁腺合成的八十四肽，是调节骨中矿物质平衡的关键性激素。正常人血浆中PTH的浓度约为1毫微克/毫升。PTH在循环血液中的半衰期约为20分钟，主要在肾脏内灭活。

PTH动员骨钙入血，使血钙浓度升高。钙离子对维持神经和肌肉组织正常兴奋性起重要作用，血钙浓度降低时，神经和肌肉的兴奋性异常增高，可发生低血钙性手足搐搦，严重时可引起呼吸肌痉挛而造成窒息。若甲状旁腺功能亢进时，则引起骨质过度吸收，容易发生骨折。PTH促进远球小管对钙的重吸收，使尿钙减少，血钙升高，同时还抑制近球小管对磷的重吸收，增加尿磷酸盐的排出，使血磷降低。此外，PTH对肾的另一重要作用是激活 α-羟化酶，使25-羟维生素D3(25-OH-D3)转变为有活性的1,25-二羟维生素 D3(1,25-(OH)2-D3)。

体内的VD3(维生素D3)主要由皮肤中7-脱氢胆固醇经日光中紫外线照射转化而来，也可由动物性食物中获取。VD3无生物活性，它首先需在肝羟化成25-OH-D3，然后在肾又进一步转化成1,25-(OH)2-D3，其作用为促进小肠黏膜上皮细胞对钙的吸收，促进钙、磷的吸收，增加血钙、血磷含量，刺激成骨细胞的活动，从而促进骨盐沉积和骨的形成。另一方面，当血钙浓度降低时，又能提高破骨细胞的活性，动员骨钙入血，使血钙浓度升高。另外，1,25-(OH)2-D3能增强PTH对骨的作用，在缺乏1,25-(OH)2-D3时，PTH的作用明显减弱。

甲状旁腺素的分泌受血钙浓度调节，血钙浓度降低，其分泌增加，反之则减少。

六、性腺

性腺主要指男性的睾丸、女性的卵巢。睾丸可分泌男性激素睾丸酮（睾酮，testosterone），卵巢主要分泌雌激素（estrogen）和孕激素（progestogen）。

（一）睾酮的生理作用

睾酮的主要生理作用包括以下几个方面：(1)影响胚胎发育，促进男性附性器官的生长发育；(2)刺激生殖器官的生长和副性征的出现，还能产生并维持正常的性欲；(3)维持生精作用。睾酮自间质细胞分泌后，可透过基膜进入曲细精管，与生精细胞的相应受体结合，促进精子生成；(4)影响代谢。睾酮可促进蛋白质合成，特别是肌肉、骨骼内的蛋白质合成；影响水、盐代谢，有利于水、钠在体内的保留；使骨中钙、磷沉积增加；(5)睾酮能刺激红细胞的生成，使体内红细胞增多。

（二）雌激素的生理作用

雌激素的主要生理作用有如下几个方面：(1)刺激女性外生殖器、阴道、子宫等附性器官的发育、成熟，并可促使阴道上皮细胞分化和角质化；增加上皮细胞内的糖原，及糖原分解，保持阴道酸性环境，以提高其抗菌能力。(2)增强输卵管与子宫平滑肌收缩。(3)与孕激素配合，保持正常月经周期。(4)刺激并维持女性第二性征，如：使脂肪和毛发分布具女性特征，乳腺发达、产生乳晕、骨盆宽大等。(5)具有保水保钠作用,使细胞外液增多;并可促进肌肉蛋白质的合成,加强钙盐沉着等。(6)能促进骨中钙的沉积,青春期在雌激素影响下可使骨骼闭合。绝经期后由于雌激素缺乏而发生骨质疏松。

(三)孕激素

孕激素的生理作用:(1)使经雌激素作用而增生的子宫内膜出现分泌现象,宫颈黏液变得黏稠,精子不易通过。还可以抑制母体的免疫反应,防止母体将胎儿排出体外造成流产。(2)抑制输卵管的蠕动。(3)逐渐使阴道上皮细胞角化现象消失。(4)促使乳腺小泡的发育,但必须在雌激素刺激乳腺管增生之后才起作用。(5)有致热作用,可能系通过中枢神经系统使体温升高约0.5℃(提高体温调定点)并在黄体期维持高温,使得体温呈双相变化,可以通过对基础体温的检测来检测排卵(BBT)。(6)促使体内钠和水的排出。(7)通过丘脑下部抑制垂体促性腺激素的分泌。孕激素与雌激素既有拮抗作用又有协同作用。孕期此两种激素在血中上升曲线平行,孕末期达高峰,分娩时子宫的强有力收缩,与二者的协同作用有关。

【知识与应用】

女性可以长期补充含有雌激素的保健品吗?

对于成年人而言,长期吃大量雌激素,会产生严重的副作用,让子宫内膜增生过度,增加诱发子宫内膜癌的风险。研究表明,单独吃雌激素的女性,其副作用中心脏病发生率及死亡率增加50%,中风发生率增多41%。女性如果雌激素过少,应当在医生的指导下进行补充。

第三节　激素分泌的调控

激素具有高效能的生物放大作用,其分泌水平的较小变化就可能导致生理功能的巨大变化,甚至引起功能亢进或者低下。因此,激素分泌水平调节在相对稳定状态对机体内环境和生理稳态起着非常重要的作用。激素分泌水平的调节有以下几种途径。

一、下丘脑-腺垂体-靶腺轴的调节

人体的内分泌腺在功能上并不是处于同一个层次上,可分为三个层次。下丘脑属于上位内分泌腺,它受大脑皮质控制,主要分泌各种释放激素或释放抑制激素;腺垂体属于中位内分泌腺,它分泌各种促激素,调控下位靶腺。各个腺体属于下位内分泌腺,它分泌各种促激素,调控下位靶腺,各个腺体属于下位内分泌腺,它们分泌的激素进入血液作用于相应的靶器官、靶组织或靶细胞。激素三个层次的调节效应见图7-4。

下丘脑-腺垂体-靶腺轴由下丘脑-腺垂体-肾上腺轴、下丘脑-腺垂体-甲状腺轴和下丘脑-腺垂体-性腺轴三大内分泌功能轴组成。

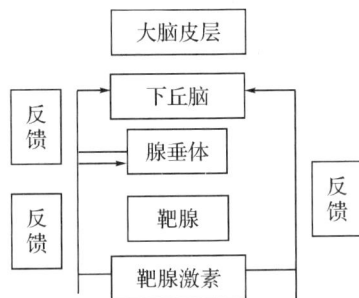

图7-4　激素分泌调节

（一）下丘脑-腺垂体-肾上腺轴

下丘脑—腺垂体—肾上腺轴与机体抵抗内外刺激的应答反应有关，又称为应激轴。运动会刺激大脑皮质，使其发出指令，作用于下丘脑刺激促肾上腺素释放激素分泌，并作用于腺垂体使其释放促肾上腺皮质激素，促肾上腺皮质激素再作用于肾上腺皮质，促使肾上腺皮质激素释放，最后肾上腺皮质激素作用于靶组织，通过增强能量代谢等反应，对运动产生应激。

（二）下丘脑-腺垂体-甲状腺轴

下丘脑-腺垂体-甲状腺轴的调节过程是：在大脑皮质作用下，下丘脑分泌促甲状腺素释放激素作用于腺垂体，使腺垂体释放促甲状腺素并作用于甲状腺；加强甲状腺释放甲状腺素，甲状腺素作用于靶器官、靶组织或靶细胞，增强其代谢活动等。

（三）下丘脑-腺垂体-性腺轴

下丘脑-腺垂体-性腺轴的调节过程是：在大脑皮质作用下，下丘脑分泌粗性腺激素释放激素作用于腺垂体，使腺垂体所释放的促性腺激素作用于性腺；加强了性激素的分泌活动，性激素作用于靶器官、靶组织或靶细胞引起生理效应。

二、反馈调节

反馈调节时机体的一种自我调控过程。对激素而言，它是指激素的分泌活动根据激素在血液中的浓度变化来进行调节。血液中的激素浓度增加到一定水平，会反过来抑制这一急速的分泌；反之，该激素在血液中的浓度下降到一定水平时，又会导致该激素分泌的增加。例如：血糖浓度对胰岛素和胰高血糖素分泌的调节，就是一个典型的反馈调节过程。胰岛 A 细胞分泌的胰高血糖素使血糖浓度升高，当血糖浓度升高到一定水平时，又反馈作用于 A 细胞，抑制 A 细胞活动。胰岛 B 细胞活动被抑制。这种调节过程很像一个闭合环路，从控制论的角度可称之为反馈调节。在人体中的反馈调节中绝大多数是负反馈调节。

三、神经调节

机体的各组织、器官和系统都接受中枢神经系统的调节。因此，内分泌系统的各个内分泌细胞也都直接或间接地受中枢神经系统活动的调节。例如：肾上腺髓质和胰岛组织受自主性神经的直接支配，而绝大多数的激素分泌是由下丘脑内分泌细胞分泌释放激素和释放一直激素，再通过腺垂体分泌促激素来调节激素的分泌。下丘脑的神经内分泌细胞在中枢神经系统与内分泌系统功能活动的调节中起着很重要的桥梁作用。

【知识与应用】

肥胖病人内分泌会失调吗？

肥胖和高血压的病人，会出现高胰岛素血症，即胰岛素的生物学作用被削弱，这时机体对胰岛素产生抵抗，而为了维持一个较正常的血糖水平，他们的机体自我调节机制使其胰岛 B 细胞分泌较正常多几倍甚至十几倍的胰岛素来降低血糖，这便造成了高胰岛素血症。

第四节   运动与激素

体育锻炼与运动训练能够对机体的形态结构及功能产生深刻的影响,在此过程中激素都参与其中。体育运动作为应激源能够引起绝大多数激素发生程度不等的变化。这些变化表现在激素的分泌有反应过程和适应过程两个方面。运动对激素的影响是非常复杂的,与运动项目、持续时间、运动强度及运动者自身的状况有十分密切的关系。以下介绍几种激素对运动的反应及适应。

一、运动与肾上腺髓质激素

肾上腺髓质释放的激素有肾上腺素和去甲肾上腺素(儿茶酚胺类激素),属于应激激素,由肾上腺髓质分泌,在对机体内外环境变化发生的应答性反应中起着非常重要的作用。

（一）在应激反应中的作用

机体在紧急情况下,特别是情绪激烈变化时、遭遇到强烈的生理和病理刺激时(如出血性低血压、低血糖、疼痛、缺氧等情况下),大量的儿茶酚胺会释放入血液。其分泌量可增至平时的100倍以上,其作用是紧急动员各器官系统产生一系列生理反应,如提高中枢神经系统的兴奋性,增强呼吸循环功能,促进分解代谢,改善心肌和骨骼肌的血液供应,有利于对付机体的危急状态。这种生理过程称为应急反应。

【知识与应用】

为什么兴奋时面红耳赤、心跳加快,甚至血压升高?

这是儿茶酚胺类激素在起作用。人在兴奋时,交感神经兴奋,肾上腺素和去甲肾上腺素大量释放至循环中,从而导致心率增加、心肌收缩力量加强、心输出量增加,使得血压升高,皮肤血管扩张,表现出面红耳赤。

（二）儿茶酚胺对运动的反应和适应

1. 儿茶酚胺对运动的反应

肾上腺髓质受交感神经支配,所以肾上腺髓质激素的分泌与交感神经系统的功能密切相关。运动时,交感神经兴奋,所以儿茶酚胺的水平也升高。儿茶酚胺的释放与运动强度及运动的持续时间有关,即运动强度越大,儿茶酚胺升高的幅度也相应越大。中等运动强度时(伴有情绪变化的运动除外),血浆中儿茶酚胺浓度无明显变化。但当运动强度上升到50%－60%最大摄氧量时,血浆中儿茶酚胺浓度随着运动强度的增大和运动持续时间的延长而明显增加。

2. 儿茶酚胺对耐力运动训练的适应

运动训练可使血浆儿茶酚胺反应减弱,未经运动训练者,在较低负荷水平进行运动时即出现浓度增加,而训练有素者进行力竭性运动时,浓度升高的最大值比未经训练者大,尤其是最大摄氧量和最大工作效率很高的人,血浆儿茶酚胺浓度可以上升到最大值。经过训练后,儿茶酚胺反应的减弱,可能有利于节省肌糖原,推迟肌肉疲劳的出现。

机体相对于同一负荷,随着耐力运动训练水平的提高,儿茶酚胺分泌的增高幅度越来越小。这表明耐力训练可使运动时儿茶酚胺的释放量减少,机体的应急适应能力增强。

二、运动与肾上腺皮质激素

肾上腺皮质激素主要是肾上腺皮质分泌的糖皮质激素盐皮质激素,也属于应激激素。

(一)糖皮质激素在应激反应中的作用

机体在遇到感染、中毒、缺氧、高温、冷冻及剧烈运动等刺激时,会产生一系列非特异性的全身性反应,以增强机体对这些不利因素的耐受能力,对抗和减弱其损害。这种综合性反应时在肾上腺皮质激素和肾上腺髓质激素等多种激素参与下,并且通过交感－肾上腺髓质系统作用而发生的,这种反应称为应急反应;通过下丘脑－垂体－肾上腺皮质系统起作用而发生的反应则称为应激反应。实际上,机体在受到刺激时,同时发生应急反应和应激反应,两者相辅相成,共同维持机体的适应能力。

(二)肾上腺皮质激素对运动的反应

人在剧烈运动时,糖皮质激素分泌水平升高,与腺垂体的促肾上腺皮质激素分泌增强有关,据报道,让受试者以80%最大摄氧量的强度跑步20分钟后,静脉血浆中促肾上腺皮质激素水平分别超出安静水平的2～5倍。糖皮质激素的分泌增多是机体对运动刺激发生应答性变化的反应,它的分泌活动与运动刺激的强度呈正相关。糖皮质激素升高有助于促进肝脏的糖异生活动的增强,即促进体内的非糖物质(蛋白质)加速生成葡萄糖,使得运动时机体可利用的氧化供能底物增多。

三、运动与生长激素

生长激素由垂体分泌,其分泌与运动强度有关。中等强度运动时,生长激素分泌升高。运动员在运动时,生长激素的分泌与运动员训练水平有关。在进行相同强度负荷的运动时,训练水平较低者血液中生长激素水平高于训练水平高者。在进行大强度运动后,训练水平较高者血液中生长激素的下降速度快于训练水平较低者。

【知识与应用】

运动越多越有利于身高的长高吗?

多运动有利于身高长长,但运动过量,会影响睡眠,扰乱内分泌,因此运动不能过量。若运动后感觉良好,精力充沛,睡眠食欲良好,表明运动没有过量。若运动后疲劳,浑身无无力,食欲下降,说明运动过量,应及时减少运动量,以免影响生长发育及身高。

四、运动与胰岛素、胰高血糖素

一般而言,在运动中血浆胰岛素水平下降,可以使不活动的组织对血糖的摄取尽可能减少,节省血糖以供剧烈活动的肌肉和脑组织使用。胰岛素分泌对运动的适应表现为在等量运动负荷下,有训练者的血浆胰岛素反应幅度较小,以利增加脂肪的利用和糖异生,从而更好地控制血糖浓度。据报道,短期的运动训练会不会促进胰岛素的活性,并没有一定的结论,有的研究发现短期运动训练会显著降低血浆胰岛素浓度,有的研究则发现不会显著改变。经常运动训练者,在停止运动后再运动,即可马上恢复停止运动前的胰岛素活性。长期运动训练会提高胰岛素的活性,使得运动训练后,血浆胰岛素浓度降低、胰岛素的分泌速率增加、胰岛素的排除速率增加、胰岛素的阻力减少。停止训练会使胰岛素的活性很快的降低。因为运动时糖和脂肪均需要作为底物供能,所以胰岛素水平降低。

运动时胰高血糖素分泌量增加,有利于维持血糖水平,保证中枢神经系统的营养和能量供应,增大心肌收缩力和心输出量。在经过几周的耐力训练以后,运动时的胰高血糖素反应明显降低,这反映了胰高血糖素分泌对运动的适应。胰高血糖素可加速肝脏糖异生过程中的脂动员,以及促进脂肪组织释放脂肪酸。其作用正好有利于运动时继续代谢燃料——葡萄糖和脂肪酸的供应。

五、运动与雄性激素

雄性激素是主要由睾丸间质细胞产生的一种激素。由肾上腺皮质和卵巢也能分泌少量的雄性激素,因此男女体内均含有雄性激素,但男性体内的雄性激素浓度比女性体内的雄性激素高很多。雄性激素属类固醇激素,在化学结构上类似胆固醇。现在,除可人工合成的睾酮之外,还可通过对睾酮分子结构的修饰,得到几百种睾酮衍生物,这些均为合成类固醇,是国际奥委会所列的违禁药物。过去,合成类固醇在竞技体育界的滥用,已造成了极为不良的后果,严重地危害着运动员的身体健康。

雄性激素与体育运动的关系十分密切,比如与运动能力、肌肉力量的增长、疲劳的消除等都有关系。运动会使雄激素水平发生一定程度的变化,其变化与运动强度有关。研究发现,进行短时间的极限运动,睾丸分泌的雄性激素(睾酮、双氢睾酮)增加。而进行小强度长时间运动时,睾丸分泌的雄性激素出现衰竭,而且负荷停止后,睾丸激素需 48h 才能恢复,因而提出男性血睾低于100ng/dL(正常为 250～1000ng/dL),女性低于 20ng/dL(正常为 40～50ng/dL),均可出现过度训练状态。

大量研究表明,运动引起血睾酮变化主要受运动的密度、负荷强度、负荷量、持续时间等因素影响。运动首先引起血睾酮升高,随运动时间延长会升高到一个峰值,随后便下降,如果继续运动,血睾酮会明显低于运动前的水平。运动引起血睾酮升高的原因有多种解释。主要原因是运动使肝血流量减少,血睾酮在肝脏及肝外的清除率下降。另外研究表明,交感肾上腺系统兴奋也是运动引起血睾酮升高的重要原因。长时间大强度运动引起血睾酮下降的原因也有很多。原因之一是长时间运动使泌乳素减少,继而削弱了下丘脑的功能,使睾酮下降。泌乳素在正常生理条件下,可增强黄体生成素对间质细胞的作用,促进睾酮合成。其次,皮质醇水平高可抑制黄体生成素的分泌,长期皮质醇过高可继发低睾酮症。一般认为长期紧张性训练,会使机体释放大量皮质醇从而降低血睾酮的水平。还有一个重要原因是缺锌、硒引起血清睾酮和睾丸睾酮含量下降。长期耐力训练的运动员血清锌含量显著低于非运动员。缺锌对睾丸有特殊损害作用,直接影响间质细胞产生和分泌睾酮,从而引起血清睾酮下降。

运动员机能评定中经常以血清睾酮、皮质醇作为内分泌机能的评定指标。测定恢复期前述两个指标的比值,可了解体内的代谢状态。有数据(表 7-2)显示某运动员赛前两者比值较高,赛后调整,睾酮升高、皮质醇下降,两者比值上升,表明恢复良好。

表 7-2 某优秀男子马拉松运动员比赛前后 T/C 比值①

时间	T	C	T/C
赛前	574	30.3	18.9
赛后	581.7	18.1	32.1
赛后两周	623.9	11.6	53.8

【知识与应用】

兴奋剂(doping):指国际体育组织规定的禁用药物和方法的统称。使用兴奋剂违背体育和医学科学的伦理道德。兴奋剂分为三类:禁用药物、禁用方法和限制使用药物。禁用药物包括刺激剂(咖啡因、可卡因等)、麻醉剂(吗啡、杜冷丁等)、利尿剂(甘露醇、双氢克尿塞等)、蛋白同化制剂(睾酮、沙美特罗等)、肽类激素(生长素、促红细胞生成素)。禁用方法包括血液兴奋剂(血液回输)、尿样篡改法。限制使用药物包括身上先皮质酮类、局部麻醉剂、大麻、乙醇和β—阻断剂。运动员使用兴奋剂是一种欺骗行为。有些兴奋剂使用之后还会损害健康,以合成类固醇药品为例进行说明。滥用此类药物会使肌肉僵硬缺乏弹性,肌肉力量的增长与韧带和肌腱的张力的不平衡易引起运动中关节等部位的损伤,甚至发生骨折。在男性,滥用会造成睾丸缩小萎缩,精子的成长及其功能障碍、鸡胸、早秃等。使女性体毛增多、乳房缩小、子宫萎缩、月经紊乱等。此外长期服用还会产生严重的肝功能失调,甚至会导致肝硬化、肝癌;长期服用还会影响脂质代谢,造成动脉硬化、血压升高,导致冠心病的发生;还会造成心理及情绪的变化;青春期前的儿童服用可影响身高。

【本章小结】

1.激素是由内分泌腺和散在的内分泌细胞分泌的、经体液运输到某器官或组织发挥其特定调节作用的高效能生物活性物质。

2.激素按作用机制分为两类:作用于细胞膜上的特异性受体而产生效应的含氮类激素,作用于胞内受体而发挥作用的固醇类激素。

3.激素作用具有一些共同的特征:生物信息传递、相对特异性、高效能生物放大、激素之间存在相互作用。

4.多数激素的分泌活动受负反馈机制调控,即某种激素分泌增多所引起的生理变化会反过来导致该激素分泌活动减弱。

5.运动作为一种强烈的刺激,会对机体的内分泌产生深远的影响,内分泌腺分泌的激素发生微小的变化即可导致机体生理功能发生巨大变化,引起机能亢进或者低下。

【思考题】

1.简述内分泌腺、激素的概念。
2.试述激素的分类、作用及特点。
3.试述激素的作用。
4.试述胰岛素、胰高血糖素、生长激素的分泌组织和主要生理功能。

① 冯连世.优秀运动员身体机能评定方法.北京:人民体育出版社,2003.

第八章 运动与感觉

【学习目标】

1. 了解各主要感觉器官的功能。
2. 掌握感受器的一般生理特性,光与声音的感受原理。
3. 熟悉视锥细胞和颜色视觉,色觉学说。暗适应和明适应,视野。
4. 熟悉视网膜与耳蜗的生物电现象,平衡觉的产生过程。
5. 了解眼的折光能力异常,瞳孔对光反射。
6. 掌握前庭器官功能稳定性的训练方法。
7. 熟悉本体感受器的结构及功能,运动对本体感受器的影响。

- 为何电灯突然熄灭的瞬间看不清任何物体?
- 白天能看到物体的颜色,而黑暗中却无法分辨颜色,为什么?
- 为何我们能够听到自然界不同的声音?
- 为何有人乘公交车会头晕、恶心、呕吐?
- 无训练经验的人为何不能做快速拉伸?

第一节 感觉器官概述

一、感觉器官的概念

我们能够听到自然界的各种声音,能够看到大千世界的优美景色,能够感受到我们空间位置的变化,能够感知到温热冷暖的变化,是因为我们的体表或组织内部有一些专门感受机体内、外环境改变的结构或装置,我们称之为感受器。例如,视网膜中有感受光线的视杆细胞和视锥细胞;耳蜗中有感受声波的毛细胞。感受器与其附属装置共同构成的器官,如眼、耳、鼻、舌、皮肤等,我们称之为感觉器官。感受细胞能够将机体内、外环境中的各种刺激转变为电信号,以神经冲动的形式通过感觉神经纤传至中枢特定部位,最后在大脑皮质上产生各种感觉。

(一)感受器的一般生理特征

1. 感受器的适宜刺激

每种感受器只能对特定形式的能量变化较为敏感,这种刺激就是该感受器的适宜刺激。例如,视网膜上的视椎细胞和视杆细胞的适宜刺激是 $300\sim800nm$ 光波。耳蜗毛细胞的适宜刺激时 $16\sim20000Hz$ 的声波等。感受器不只是对适宜刺激有所反应,非适宜刺激也能引起一定的反应,只是刺激强度要比适宜刺激强度大得多。

2.感受器的换能作用

各种感受器可将其所接受的各种形成的刺激能量转换为神经冲动传向中枢,故称为感受器的换能作用。因此,感受器又可以被看成是换能器。感受器并不能直接将能量刺激变为神经冲动,而是要首先在感受器细胞或者神经末梢产生过渡性的电位变化。这种在感受器细胞产生的电位为感受器电位,在神经末梢产生的电位为发生器电位。这种电位具有"全"或"无"式是局部兴奋的特点,可以发生"总和"。因此,只有当过渡性的电位变化使该感受器的传入神经纤维去极化并产生动作电位时,才标志着该感受器作用的完成。

3.感受器的编码作用

感受器不仅将外界刺激能量转变成电位变化,同时将刺激的环境信息转移到动作电位的排列组合之中。把这一作用称为编码作用。人类的各种主观感觉的产生正是各感觉中枢通过感受器的编码作用,进行分析综合而获得的。如给人的手部皮肤施加压力刺激,随着压力增大,触压感受器传入纤维上的动作电位频率增高,产生动作电位的传入纤维数目也逐渐增多。但是感受器将刺激能量转化电位变化时,如何在神经电信号传到中进行编码,目前尚不清楚。

4.感受器的适应现象

当一定强度的刺激恒定作用于某一感受器时,随着刺激时间的延长,其感觉神经产生的动作电位频率逐渐减少,此现象称为感受器的适应。感受器不同,适应的速度也不同。例如,皮肤触觉感受器的适应过程发展得快,称为快适应;而肌梭、腱梭及颈动脉窦压力感受器的适应过程发展慢,称为慢适应。感受器的慢适应过程对于动物的生命活动具有重要的意义,有利于机体对某些功能状态进行长时间持续的监测,并根据变化随时调整机体的功能。

第二节　运动与视觉

一、视觉器官概述

研究表明,人脑获得的信息中至少有 70% 来自于视觉。通过视觉我们能够看清楚物体的大小、形状、颜色、动静、远近等,如果眼睛失明就不能够获知绝大部分的信息。获知上述信息的感觉器官是视觉器官(眼睛)。视觉器官(图 8-1)是视觉系统活动的基础,它分为角膜、房水、晶状体和玻璃体组成的折光系统和视网膜构成的感光系统两个部分。光线通过折光系统以后发生折射,在视网膜上成像。视网膜上的感光细胞将物理的刺激转变为神经冲动,经视神经传到丘脑,再向大脑皮质感觉区投射形成视觉。那么,光线经过折光系统如何发生折射的? 视网膜成像的

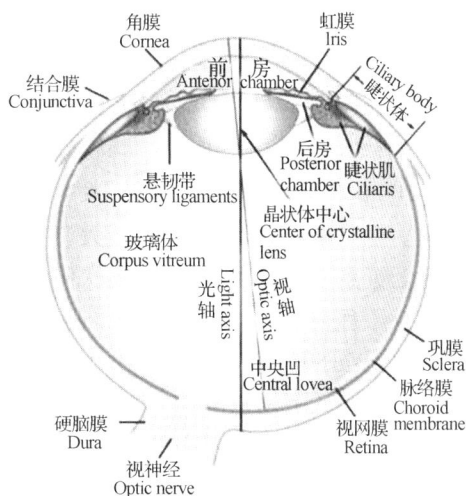

图 8-1　眼球的水平切面

原理是什么呢？

二、眼的折光系统与成像

（一）眼的折光系统

光线由一种介质进入另一种折光率不同的介质时，只要不与折光面垂直，光线便会产生折射。人眼的折光系统是由多个界面组成的复杂光学系统，光线射入眼内要经过角膜、房水、晶状体、玻璃体四个折光率不同的介质，然后才能在视网膜上成像。但并不是任意远的物体都能在视网膜上成像，如果物体过小、离眼睛的距离过远或者物体的光线较弱，就不能被感知。

通常将人眼设计为一个单球面折射系统，其折光原理与实际眼的折光效果基本相同，称为简化眼。如图 8-2 所示：简化眼假定眼球的前后径为 20mm，折光指数为 1.333，光线入眼时只在角膜前球形界面折射一次，节点在角膜后方 5mm 处。此模型和正常安静时的人眼一样，6m 以外的物体 A、B 两点发出的光线，经过节点不折射。这两个光线在节点交叉，在视网膜上形成 a、b 两点，称为物体为 A、B 的一个倒立实像。正常人眼在光线较好的情况下，如果物体在视网膜上成像小于 $5\mu m$，一般不能产生清晰的视觉。

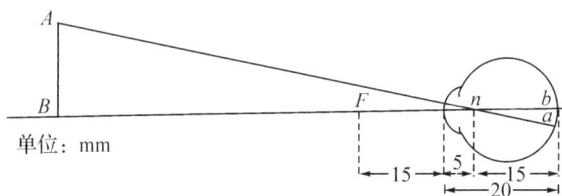

图 8-2   简化眼及成像

（注：n 为节点，AnB 和 anb 是两个相似的三角形，如果物距为已知，就可由物体大小计算出物像大小，也可算出两三角形对顶角（即视角）的大小。）

（二）视觉的调节

正常眼看无限远时（6 米以外），进入眼内的光线近似平行，恰好成像于视网膜上。当物像距离小于 6 米时，成像将移至视网膜后，从而造成视物模糊。正常眼睛在看近物时也能看得很清晰，是因为眼睛发生了调节。正常人的眼球折光系统的折光能力随物体的移近而相应的增强，使物象落在视网膜上而看清物体，这一调节过程称为视调节。视调节是一个复杂神经反射性活动，包括晶状体调节、瞳孔调节、双眼球汇聚三种方式。

1. 晶状体调节

晶状体是一个富有弹性的双凸透镜透明体，通过悬韧带与睫状体相连。当看近物时，睫状肌收缩，悬韧带松弛，晶状体向前后凸出，增加曲率，使物象前移至视网膜上；当视远物时，睫状肌松弛，睫状体后移，此时悬韧带被拉紧，晶状体曲率减小，物像后移至视网膜上。晶状体的调节能力也是有限的，晶状体的最大调节能力可用眼能看清物体的最小距离来表示，这个最小距离称为近点。近点越小，表示晶状体的调节能力越好。晶状体的调节能力随年龄增长而降低，这种现象称为老视。例如儿童的近点平均为 8.3cm，20 岁左右的成人为 11.8cm，而 60 岁的老人则可增至 80cm 甚至更远。

2. 瞳孔调节

一般人瞳孔直径为 1.5～8.0 毫米。看近物时，可反射性引起双侧瞳孔缩小，称为瞳孔调节反射。瞳孔的大小随光线强度而改变的现象，称为瞳孔对光反射。如人从黑暗的电影院走出的时候，眼睛感受到强光会睁不开，就是因为强光刺激视网膜感受细胞后，冲动经视神经传入中枢,到达中脑动眼神经核,再经动眼神经中的副交感神经传出,使瞳孔括约肌收缩,瞳孔缩小,以防止强光对视网膜的刺激。相反,在暗光刺激视网膜瞳孔会反射性扩大,如例如从光线较强的室外进入黑暗的电影院,瞳孔会扩大,增加光线的射入。在运动中,情绪过度紧张可使瞳孔扩大,这是由于交感神经作用的结果,对运动有不良的影响。

3.双眼球汇聚

人的视调节,除晶状体和瞳孔调节外,还可见到两眼视轴汇聚现象,即当双眼注视一个由远移近的物体时,两眼视轴向鼻侧汇聚的现象。其生理意义是视近物时,使物象落在两眼视网膜的对称点上,而不会发生复视。

三、眼的感光机能

(一)视网膜的感光机能

视网膜的功能是能够感受到光的刺激,将光信号转化为电信号。人的视网膜上执行该功能的是两种感光细胞,即视锥细胞和视杆细胞。某些只在白天活动的动物如鸡、鸽子等,其视网膜上以视锥细胞为主;而在夜间活动的动物如猫头鹰等,其视网膜只有视杆细胞。视锥细胞主要分布在视网膜的中央凹处,能接受强光刺激,形成明视觉和色觉,并能看清物体的细节和轮廓,有很强的空间分辨能力。视杆细胞主要分布在视网膜的周边部分,对光的敏感度高,能接受弱光刺激,形成暗视觉。

(二)视网膜的光化学反应

人的眼睛能够看清楚物体,是因为视锥细胞和视杆细胞含有能吸收光能的光敏物质,在光线作用下能发生一系列的化学反应,这种反应称为光化学反应。视锥细胞外段中含有感光色素,称视锥色素。视杆细胞内的感光色素是视紫红质,视紫红质是一种结合蛋白质,由一分子视蛋白与一份子视黄醛的生色基团组成。在光的作用下,视紫红质经过一些化学反应,可迅速分解为全反视黄醛与视蛋白。在这个分解过程中,使视杆细胞去极化,并产生神经冲动,神经冲动沿视神经传到大脑枕叶,产生视觉。视紫红质的化学反应时可逆的。反视黄醛在视黄醛酶的作用下,还原成维生素 A,经眼内和肝脏有关酶的催化而变成顺视黄醛,一旦顺视黄醛生成就和视蛋白合成视紫红质。视紫红质的合成与分解是在暗处视物的物质基础。在暗处,视杆细胞中的视紫红质合成大于分解;而在亮光处,视杆细胞几乎失去感受光线的能力,视锥细胞称为强光刺激的感光系统。

视紫红质在分解与合成的过程中,消耗一部分视黄醛,需要体内贮存的维生素 A 来补充。如果维生素 A 补充不足,就会影响人在暗处的视力,即引起夜盲症。因此,饮食中要增加维生素 A 的摄入。

(三)视锥细胞及色觉

视锥细胞的视色素也是由视蛋白和 11－顺视黄醛组成的,只是视蛋白的分子结构略有不同而已。正是这种差异决定了与它结合在一起的顺视黄醛分子对某种波长的光线最为敏感,因而能够区分出三种不同的视锥色素。

光线本身是没有颜色的,但作用于视网膜的视锥细胞后,能够看清楚颜色,是因为光线作用于视网膜之后,在大脑产生了色觉。人眼能够在光谱上分辨出 100 多种颜色,但主要是红、橙、黄、绿、青、蓝、紫七种颜色。早在 19 世纪初,Young、Helmholtz 便提出了三原色学说,三原色学说认为视网膜上有三种视锥细胞,分别含有对红、绿、蓝三种色光敏感的感光色素。不同波长的光线对三种感光物质的刺激程度不同,故可引起不同的颜色。凡不能识别三原色中的某一种颜色者或者全部颜色都不能分辨的色觉障碍称为色盲。分为全色盲和部分色盲。全色盲极少见，部分色盲多以红色盲和绿色盲比较多见。对某种辨别能力较正常人差者，称为色弱。色盲病人绝大多数是由遗传因素决定的，多因先天缺乏含有某种感光色素的视锥细胞所致。色弱并不是缺乏某种视锥细胞，而是视锥细胞的反应能力较弱，常由后天因素引起。色盲和色弱的患者，不适宜从事与颜色相关的职业。

【名家回顾】

约翰·道尔顿（John Dalton，1766—1844）是18世纪英国著名的化学家兼物理学家。道尔顿在圣诞节前夕买了一件礼物——一双"棕灰色"的袜子送给妈妈。妈妈看到袜子后，告诉他樱桃红色的袜子颜色过于鲜艳，这让道尔顿感到非常奇怪，袜子明明是棕灰色的。疑惑不解的道尔顿发现除了弟弟之外，其他人都说袜子是樱桃红色的。他经过认真的分析比较，发现他和弟弟的色觉与别人不同，原来自己和弟弟都是色盲。道尔顿虽然不是生物学家和医学家，却成了第一个发现色盲症的人，也是第一个被发现的色盲症患者。为此他写了篇论文《论色盲》，成为世界上第一个提出色盲问题的人。后来，人们为了纪念他，又把色盲症称为道尔顿症。

约翰·道尔顿

四、与视觉有关的几个生理现象

（一）视力

也称为视敏度，是指眼对物体微细结构的分辨能力。通常以分辨两点之间的最小距离为标准。视力与中央凹处视锥细胞的大小、眼的折光能力、视觉中枢分析能力及光源、背景等因素有关。由于眼睛的折光能力异常导致的视力下降有近视、远视和散光。检查视力通常用国际标准视力表。在体育运动中，良好的视力是运动员判断人和运动器械的空间位置、速度快慢、距离远近及运动方位的主要条件。

【知识与应用】

近视：

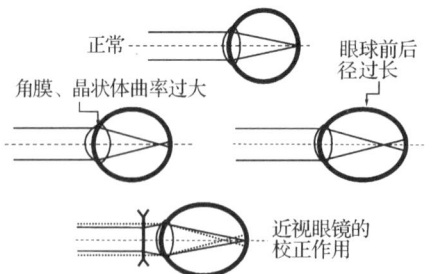

远视：

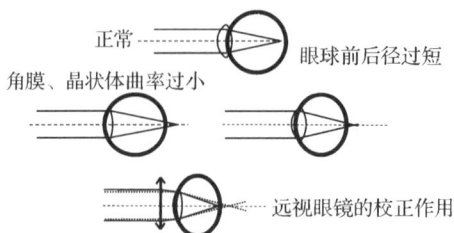

散光：

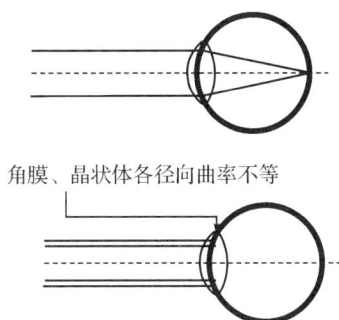

角膜、晶状体各径向曲率不等

近视眼手术：

近视眼手术经过近二十年的发展已经达到了相当高的水平,此项技术经历了 PRK、IK、EK、TK 四个发展阶段。

PRK 多应用于治疗 700 度以下中低度近视的病人,缺点是术后几天内会有疼痛感。破坏了角膜的正常解剖结构,术后可出现角膜浑浊、眩光和屈光回退等并发症。

LASIK(简称 IK,准分子角膜原位磨镶术)是在 PRK 的基础上发展起来的,避免了 PRK 手术后的角膜上皮过度增生和角膜雾状混浊现象,适应范围更广、效果更加稳定。

LASEK(简称 EK,准分子激光上皮下角膜磨镶术)是针对较薄角膜、高度、超高度近视患者的一种全新新激光治疗近视手术,术后屈光度波动极少、屈光回退最少。

TK 手术是 LASIK 技术的最新进展,是根据患者眼球的各项屈光数而"量身定做"设计出来的最佳方案。不但考虑患者的远视、近视度数,更重要的是可进行个体化的综合治疗,使得手术后视力有可能达到或接近人正常视力的极限。

ICL 植入式隐形眼镜是一种高精度手术,ICL 是长期植入眼睛内部,无需维护。植入的ICL 晶体采用高科技生物仿生科技,不会与任何眼睛内部组织发生结合,也不会移位。可以随时把 ICL 晶体取出,具有"不改变眼球组织结构和形状"等优点。

（二）暗适应和明适应

当人从暗处进入明亮环境中,最初不能看清楚物体,过一会便能看清楚,这种现象称之为明适应。这个过程在几秒内即可完成。因为,在暗处时视杆细胞处有大量的视紫红质合成,进入光亮的环境迅速分解,视锥细胞感光并恢复视觉。相反,如果从明亮环境突然进入很暗的环境,也要经过一段时间之后才能看清楚物体,这种现象称为暗适应。暗适应阶段视杆细胞中的视紫红质合成增强。

（三）视野

单眼不动注视正前方一点时,该眼所能看到的空间范围称为视野。正常人的视野范围大小受到面部结构和背景颜色等因素的影响。一般来讲,鼻侧视野小于颞侧。不同颜色的视野也不一样,白色＞黄色＞红色＞绿色。临床上检查视野范围可帮助诊断眼和脑的一些病变。视野大小还是运动员运动成绩的一个重要影响因素。据研究,视野的大小不是一成不变的,可以通过训练提高。因此,在很多运动项目如足球训练中,视野训练是训练内容的重要组成部分。不同项目运动员的视野不同,足球运动员绿色视野较大。

（四）双眼视觉、立体视觉

有些哺乳动物如牛、马、养等,它们的眼睛位于头的两侧,两眼视野完全不能重叠,两眼分别感受不同侧面的光刺激,这些动物仅能产生单眼视觉。人和灵长类动物的双眼位于头的前方,双眼鼻侧视野相互重叠,因此能够产生双眼视觉。当人闭上一只眼睛拿东西时,物件的距离和空间感会变得不一样。当轮流遮盖一只眼睛看某一件近距离的东西时,左右眼睛所看出来的物件位置是不同的。为什么会出现这种情况?因为人的两只眼睛位置不同,同一物体在两眼视网膜上所成的像并不完全相同,右眼看到物体的右侧面较多,左眼看到物体的左侧面多,来自两眼的信息最后经中枢神经系统的综合得到一个完整的立体视觉。双眼视物时,不仅能看到物体的平面,还能看到物体的深度,从而形成立体视觉。一只眼睛单独视物时,根据物体表面的光线反射、阴影的有无以及过去的经验等因素也能产生立体视觉。但是,单眼视物所形成的立体视觉比双眼差得多。

立体视觉是需要后天培养的。初生婴儿一般从三个月至五个月起,开始发展对空间的感觉。到六个月左右,便可达到成年人的立体视觉水平。斜视、弱视都会影响立体视觉发展。立体视觉在各项体育活动中有重要意义。没有立体视觉会影响对空间及距离的判断,例如进行球类运动时,不能够准确地判断球的距离和位置,影响击球、传球、投球、接球等技术动作,特别是在场地范围小、球速快的条件下不能准确地判断对方动作及接传方向。

(五)眼肌平衡

眼球的运动是靠运动眼球的三对眼肌,即上、下直肌,内、外直肌和上、下斜肌控制的。当眼注视正前方时,若对称眼肌紧张度相等,眼球瞳孔在正中央处,称为正视。眼肌不平衡会出现斜视、隐斜视。如果对称眼肌中一条肌肉紧张度大,则瞳孔偏向一方,称为斜视。若一条眼肌紧张度稍大,但在平时靠对抗击紧张度的加强予以补偿,瞳孔仍然保持在正中,称为隐斜视。隐斜视患者的眼肌经常处于紧张状态,非常容易产生疲劳,特别是在运动过程中更容易疲劳,疲劳后调节能力下降,会发展为斜视。因此,患有隐斜视的人在从事要求准确度很高的运动项目中,如射击、射箭和球类等项目,运动成绩会受到一定影响。

运动时维持眼肌平衡,对在运动中准确判断器械的空间位置、距离大小、球运动的速度等都十分重要。特别是对球类项目更为重要。若发现眼球有偏斜的现象,要及时进行治疗或进行眼肌训练。

第三节   运动与听觉、位觉

人生活在大自然之中,要听到外界的各种声音,要保持正常的身体姿势,这是生存所必需的。完成该功能的器官是耳,它分为外耳、中耳和内耳三个部分。其中外耳和中耳是声波的传导装置;内耳又称迷路,包括耳蜗、椭圆囊、球囊和三个半规管,后三部分统称为前庭器官,耳蜗中有接受声波的听觉感受器。外耳、中耳将声波传至内耳,通过内耳的换能作用将机械振动转化为神经冲动,再传至大脑的听觉中枢,从而产生听觉。前庭器官中有接受头部位置改变和对加减速运动刺激的感受器。内耳是听觉和位觉器官的主要部分。听觉对于动物适应环境和人类认识环境意义重大,位觉对于我们感知空间位置的变化、保持身体平衡有重要意义。

一、听觉

听觉的适宜刺激是声波。外界的声波震动经外耳道、骨膜和听骨链引起外淋巴和基底膜振动,刺激毛细胞产生去极化感受器电位。再通过突触传递,在听神经纤维末梢产生总和点位和动作电位,当动作电位沿听神经传向皮层听觉中枢时,则产生听觉。听觉在人类利用语言进行社会交往方面起着重要作用。

为何蝴蝶从耳边飞过听不到,而蜜蜂从耳边飞过可以听得到呢?因为声音必须达到一定响度和频率才能被人感知。人能听到的最低声强称为听阈。当声强增加到一定数值时会让人出现压迫感,甚至痛感,此强度极限称为最大可听阈。人可以听到的振动频率范围约 20～20000Hz,习惯上将此范围称为音频。20000 赫以上的频率叫超声,20 赫以下叫次声。从可听阈到最大可听阈曲线之间包括的面积称为听阈。正常人在音频为 1000～3000Hz 时听阈(图 8-3)最低,也就是听觉最敏感。随年龄增长可听阈逐渐升高。

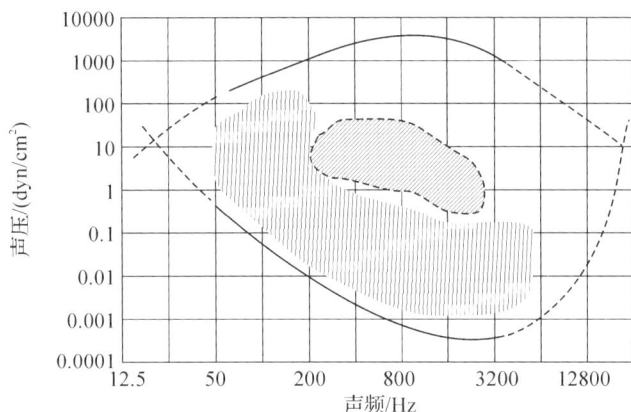

图 8-3　人的正常听阈

(一)外耳与中耳的传音功能

外耳(图 8-4)包括耳廓和外耳道,耳廓有集音和判断声音方向的作用。人耳的耳廓运动功能已经退化,但可通过转动头部来判断声音的方向。声波可以无衰减地通过外耳道传向骨膜,骨膜发生振动,其振动能量经过听骨链作用于内耳卵圆窗上,从而引起内淋巴液振动。

(二)耳蜗的功能

耳蜗(图 8-4)是感音器官,在耳蜗内有一条基底膜,位于基底膜上的螺旋器是声音感受器。基底膜上螺旋器有支持细胞和毛细胞两种,毛细胞的顶部有上百条排列整齐的听纤毛。听纤毛与盖膜直接接触或埋植在盖膜的胶状物质中。基底膜振动时听纤毛弯曲,毛细胞兴奋将机械能转化为生物电,神经冲动沿听神经传向听中枢产生听觉。

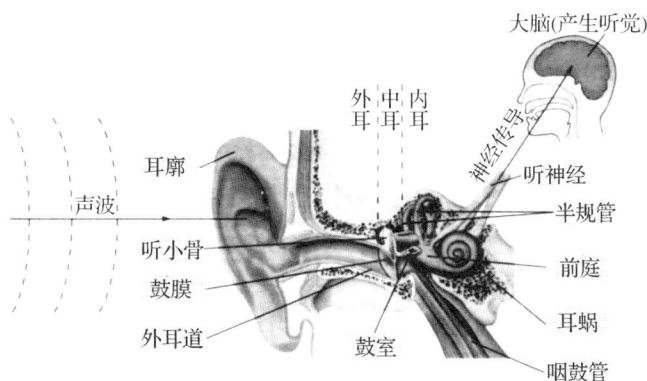

图 8-4　外耳、中耳、内耳

　　人对声音性质的分辨出了耳蜗功能之外,还决定于中枢神经各部位的功能。在体育运动中,运动员借助于听觉和视觉分析活动,可控制动作的节律和速度,提高大脑皮质兴奋情绪,减轻大脑神经细胞的疲劳。

【名家回顾】

　　亚历山大·格拉汉姆·贝尔(Alexander Graham Bell,1847—1922),美国发明家和企业家。

　　1878 年,美国科学家 Bell 发明了第一台炭精式助听器。这种助听器是由炭精传声器、耳机、电池、电线等部件组装而成。贝尔的主要成就是发明了电话。他发明了世界上第一台可用的电话机,创建了贝尔电话公司。被世界誉为"电话之父"。他还改进了爱迪生发明的留声机;他对聋哑语的发明贡献甚大。从 1875 年到1922 年间,他从美国政府那里就取得了三十项专利权。由于这许多发明创造,贝尔在 1876 年接受了费城万国博览会百年纪念奖证书,同年他还获得波士顿大学理学博士学位。次年,他又获得五万法郎的伏尔泰奖金,并成为法国荣誉军团的成员。为了纪念贝尔的功绩,将电学和声学中计量功率或功率密度比值的一种单位命名为"贝尔"。

亚历山大·格拉汉姆·贝尔

【知识与应用】

听觉保护

　　洗头及游泳时,要避免污水进入耳内引起耳朵发炎。不要大力擤鼻涕。异物进入耳道时,切勿自行掏挖,以免弄伤耳膜,应尽快求医。避免长时间收听耳筒收音机或录音机,音量亦不能太大。在噪音环境中,要用手掩着耳朵或戴上护耳用具。在医生指导下,才可服用药物,因为过量服用某些药物可能会导致耳鸣或失听。当发觉耳部不适时,例如痛楚或流脓,应尽快找医生诊治。

二、位觉

　　身体进行变速运动(包括直线加速运动和角加速运动)时引起的前庭器官中的位觉感受器兴奋并产生的感觉,称为位觉(或前庭感觉)。那么前庭器官是由哪些部分组成的? 前庭器官是人体平衡系统的主要末梢感受器官,它位于内耳的颞骨岩部迷路内,由椭圆囊、球囊、三个半规管构成,它和耳蜗紧密相连,总称位听器官。前庭器官小且复杂,弯弯曲曲硬管里套着软管,半规管内和球囊、椭圆囊内还充满着叫内淋巴液的液体,它在维持身体平衡过程中发挥重要作用。

　　(一)前庭器的适宜刺激与生理功能

　　球囊、椭圆囊和半规管之间充满内淋巴,椭圆囊和球囊的壁上有椭圆囊斑和球囊斑,囊斑中有感受性毛细胞,其纤毛插入耳石膜内。耳石膜表面附着耳石,它是由许多小碳酸钙结晶构成。其适宜刺激是耳石的重力及直线正负加减速运动。当头部位置发生变化,如头前倾、后仰或左、右两侧倾斜时,由于重力对耳石的作用方向改变,耳石膜与毛细胞之间的空间位置发生改变,使毛细胞兴奋,冲动经前庭神经传到前庭神经核,反射性地引起躯干与四肢有关肌肉的肌紧张变化。同时,冲动传入大脑皮质前庭感觉区,产生头部空间位置改变的感觉。当人体做直线运动的开始、停止或突然变速时,耳石膜因直线加速度或减速度的惯性而发生位置偏移,使毛细胞的纤毛弯曲、发生兴奋,通过反射活动调整有关骨骼肌的张力,以维持身体平衡。同时也有冲动经丘脑传入大脑皮质感觉区,产生身体在空间的位置及变速的感觉。

三个半规管(图 8-5)互相垂直,分别代表三个平面,称为前、后与水平半规管。每个半规管与椭圆囊的连接处均有膨大的壶腹,壶腹壁上有隆起的结构称为壶腹嵴,壶腹嵴也含有感受性毛细胞。毛细胞的纤毛上覆盖着许多胶状物质,形如帽状,称为终帽。半规管壶腹嵴的适宜刺激为旋转正负加速度。当旋转运动开始、停止或突然变速时,由于内淋巴的惯性作用,使终帽弯曲,刺激毛细胞而兴奋,冲动经前庭神经传入中枢,产生旋转运动感觉。在内耳迷路中,水平半规管主要感受绕垂直轴左右旋转的变速运动,而前、后半规管主要感受绕前后轴和横轴旋转的变速运动。因此,人们可以感受任何平面上不同方向旋转变速运动的刺激,并作出准确的反应。

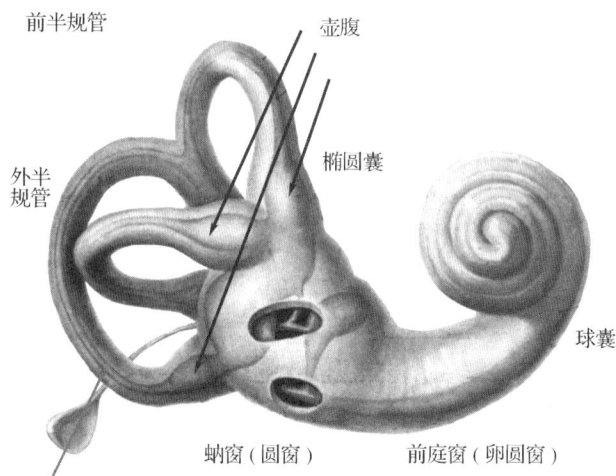

图 8-5　前庭器官

（二）前庭反射

前庭反射是指前庭器官受到刺激产生兴奋后,除引起一定位觉改变以外,还引起骨骼肌紧张性改变、眼震颤及植物性功能改变,例如各种姿势反射及眩晕、恶心、呕吐等植物性神经功能的改变。

1.肌紧张

进行直线变速运动或旋转变速运动时,囊斑和壶腹嵴受到刺激,可反射性地引起颈部和四肢肌紧张改变,以维持姿势的平衡。这些由前庭迷路感受器所引起的肌紧张反射性变化称为迷路紧张反射。如汽车开动时,由于惯性作用,身体会后仰,在这之前椭圆囊囊斑毛细胞的纤毛向后弯曲,反射性地引起躯干部位的屈肌及下肢伸肌的紧张性加强,从而维持身体平衡。同理,电梯上升可以反射性引起屈肌收缩下肢屈,而电梯下降引起下肢伸肌收缩,下肢伸直。这些姿势反射都是为了保持身体平衡、维持身体姿势。

2.眼震颤

由于躯体旋转运动时半规管受刺激而引起眼肌而产生不随意的收缩和放松,称为眼震颤。当头部前倾 30°围绕身体的垂直轴向左侧开始旋转时,两侧眼球先缓慢向右侧移动至眼裂右侧端而不能再移时,突然快速返回眼裂正中。眼球这样快慢反复地、不随意地、有规律地颤动,称眼震颤(图 8-6)。旋转运动时,可引起水平方向上的眼震颤;侧身翻转时可引起垂直方向上的眼震颤,前后翻滚时可引起旋转性眼震颤。检查眼震颤可判断前庭器官的功能状态,眼震颤持续时间的长短可以说明前庭功能有无过敏或减弱。

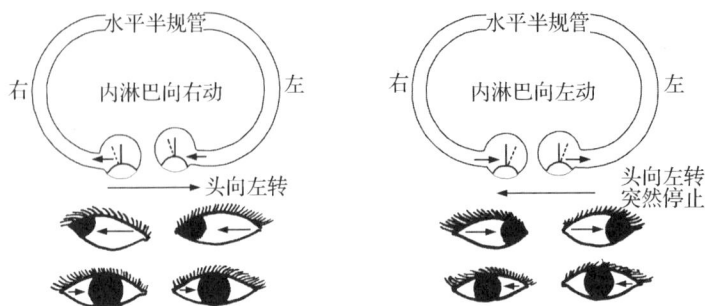

图 8-6　眼震颤

3.自主神经反应

前庭器官受到过强或过久刺激会引发一系列自主神经功能反应,如心率加快或减慢、血压升高或降低、呼吸加速、恶心、呕吐、眩晕、出冷汗、全身无力等现象。出现这种反应可严重地影响机体的工作和运动能力。对于飞行、航海、赛艇、划船的运动员,在训练时或比赛中出现前庭反应将影响训练效果和比赛成绩。对跳水和体操等项目的运动员来说,出现这些情况则难以完成高难度的翻腾或旋转动作。

(三)前庭机能稳定性与运动

刺激前庭感受器而引起机体各种前庭反应的程度,称为前庭功能稳定性。不同人的前庭功能稳定性差异很大,比如说有人晕车、晕船,而飞行员的前庭功能稳定性非常好。前庭稳定性较好的人,在前庭器官受到刺激时所发生的反应就较弱,有利于提高人体的工作能力。在体育运动中,技术动作完成与前庭功能稳定性有较大关系。在从事赛艇、划船、跳伞、跳水、滑雪、体操、武术、链球、投掷及各种球类运动项目的运动员,其前庭功能稳定性高。所以,经常参加这类体育运动的训练,有利于提高前庭功能稳定性。

运动实践证明,前庭功能稳定性可以在训练中逐步提高,主要是通过被动训练法,主动训练法和综合训练法进行。

被动训练法主要是让人在产生加速度变化的器械(如离心机、秋千、电动转椅等)上被动地感受加速度的变化,在训练过程中旋转速度要循序渐进,以免引起过度强烈的前庭反应。主动训练法是主动地选择各种有速度变化的旋转运动进行训练,如球类运动、器械体操、空泛、滚翻、摇头操、吊环旋转、弹网蹦跳、铁饼、链球等。综合训练法则是采用主动训练法与被动训练法相结合的方式进行训练。研究表明,综合训练法比单纯的主动训练法或单纯的被动训练法能更迅速地提高前庭功能的稳定性。

第四节　运动与本体感觉

人在崎岖不平道路上行走,双脚的运动能够根据路面状况而适时作出调整,保持平衡而不至于跌倒。仰卧着的婴儿的小脚被人拉一下接着又被放开,他(她)的小腿就会立即缩回到原先位置。这样的运动都需要本体感知觉(简称本体觉)(proprioception)的参与。本体感觉不像肌力和关节活动那样,用肉眼可以看得见,如果肌力下降、关节活动度下降都可以看得见,不容易被忽视。但是本体感觉是一种深感觉,是一种自觉的或不自觉的感受肢体空间位置的感觉(如人在人在闭眼时能感知身体各部的位置、动作等)。这种感觉来自于肌肉、肌腱和关节囊中分布的各种各样的本体感受器(肌梭与腱梭)，它们能分别感受肌肉被牵拉的程度以及肌肉收缩和关节伸展的程度。这种本体感受器受到刺激所产生的躯体感觉就是本体感觉。借助本体感觉，人们的手可以在闭着眼睛的时候做事，也能感知自己关节的屈伸和运动状态。

一、本体感受器结构与功能

(一)肌梭

肌梭(muscle spindle)(如图 8-7)呈梭型，位于肌纤维之间并与肌纤维平行排列，能够感受肌肉长度的变化。肌梭长约几毫米，内含有 6～12 根肌纤维，称为梭内肌。肌梭外的肌纤维称为梭外肌，它们分别接受 γ 神经元和 α 神经元的支配。

肌梭是一种感受长度变化或牵拉刺激的特殊感受器。当肌肉被拉长时肌梭也随之拉长，于是肌梭的感受部分受到刺激而发生兴奋，冲动经感觉神经传入中枢，反射性

图 8-7　肌梭

地引起被牵拉肌肉收缩。当肌肉收缩时，肌纤维长度缩短，肌梭也随之缩短，于是消除了对肌梭的刺激，使传入冲动停止。肌梭能够防止肌肉拉伸的程度过大或者拉伸的速度过大。由此可见，肌肉的牵张导致与其相反的收缩运动——牵张反射，该运动是本体觉感受器——肌梭兴奋的结果。未经训练的人不能进行快速拉伸，原因是，在动作幅度的端点进行加速可能引起牵张反射导致肌肉损伤。牵张反射对于人的行走(尤其在崎岖不平道路上的行走)具有重要的调节作用。常用膝跳反射(图 8-8)测验检查腿的牵张反射机能是否正常，要求被试将一条腿跷起，交叉搁在另一条腿上，然后敲击跷着的那条腿的膝盖下方部位，敲击拉长了小腿伸肌及其肌梭，导致该肌肉收缩而使搁着的小腿向上弹踢。

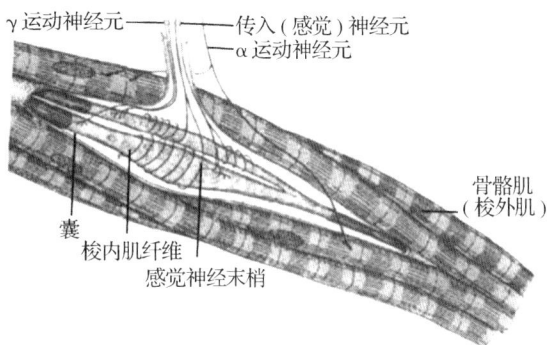

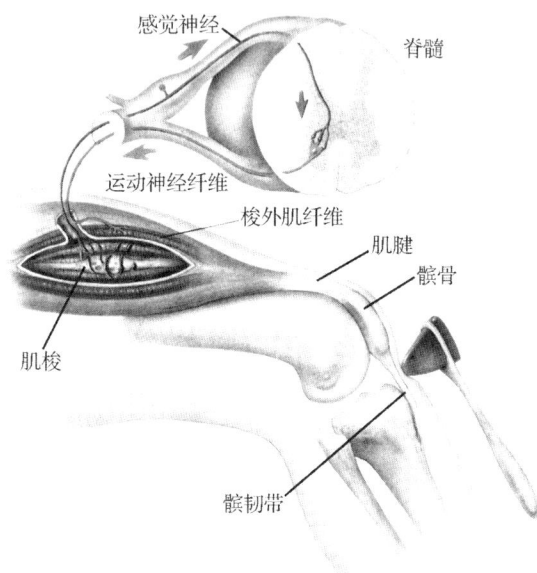

膝跳反射的结构

图 8-8　膝跳反射

（二）腱梭

腱梭（Golgi tendon organ）（如图 8-9），又称高尔基腱器，位于肌肉两端的肌腱内部，分布在腱胶原纤维之间，与梭外肌纤维串联，是一种张力感受器，感受肌肉张力的变化。能够阻止肌肉过度强烈收缩。身体的某些肌肉非常强壮，如果其大量肌纤维同时收缩，就会造成肌肉损伤。肌肉收缩时，其紧张程度增加，导致高尔基腱器兴奋，并将此感觉信息传送至脊髓。脊髓中特定的中间神经元接受到此信息后，就会对运动神经元产生抑制性的作用，从而阻止该肌肉更加强烈的收缩。例如举起一个很重的杠铃，那么高尔基腱器官就会使肌肉接受到一个抑制性信息，不能继续产生运动，使肌肉不会因产生过度或危险性张力受伤。因此，高尔基腱器官的作用是保护肌肉不用过量负荷进行收缩。

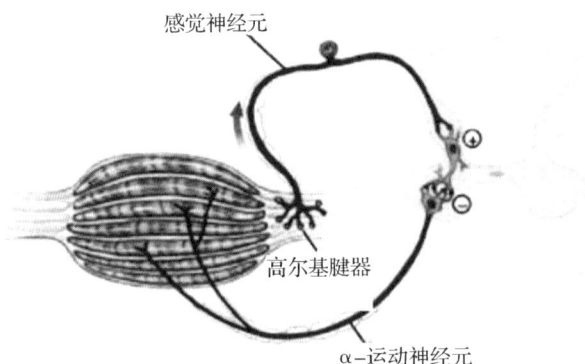

图 8-9　腱梭

总之，上述两种本体感受器的感觉机能是有区别的，肌梭是关于肌肉伸缩长度的感受器，而高尔基腱器是关于肌肉收缩张力的感受器。体育活动时，当肌肉被牵拉或主动收缩与放松时，均会对肌梭和腱梭构成刺激产生兴奋，兴奋冲动传到大脑皮质的运动感觉区，经过分析综合活动，能感知人体的空间位置、姿势以及身体各部位的运动情况。在机体的随意运动和反射活动的控制中，由于来自肌梭和腱梭的传入信息，使运动动作协调一致，密切配合。在等长收缩的情况下，肌梭感觉神经元的兴奋程度变化不大，而高尔基腱器的感觉传入冲动则会增加。一般而言，当肌肉受到牵拉时，传入冲动对同一肌肉的α—运动神经元起兴奋作用，肌梭首先兴奋，引发牵张反射式运动，受牵拉的肌肉因此收缩，以对抗牵拉情形。然而当牵拉力进一步增强时，高尔基腱器就会兴奋，从而使牵张反射受到抑制，以避免肌肉因牵拉过度而受损。

二、运动对本体感受器的影响

人体的一切运动机能都是在本体感受的基础上才能形成。关节周围的肌肉、肌腱、韧带等等结构正常，是关节具有本体感觉功能的物质基础。本体感受器能让我们感知每一动作中肌肉、肌腱、关节及韧带的缩短、放松和拉紧的不同状态，为大脑皮质运动行为进行复杂的分析综合创造条件。当关节发生损伤，或者是手术等等，由于损伤了组织，往往活动减少，严重者完全停止运动，所以必然会导致关节本体感觉不同程度的下降和缺失，而且本体感觉的下降会是全身性的，同时还有神经肌肉控制能力的减弱。当组织损伤逐渐恢复，虽然肌肉力量恢复，但是复杂的运动仍然可能恢复不到正常水平，这也意味着在恢复肌力和关节活动度的同时要注意本体感觉的训练。

经常参加体育训练，不仅会使本体感受器的机能得到提高，而且使肌肉运动的分析能力及动作时间的判断精确力得到发展。例如,不同训练水平的篮球运动员运球快速进攻时,训练水平高的运动员其控球能力强,失球次数少,而且运动速度快,表现出本体感受器具有较高的敏感性。

　　肌肉活动时发生的本体感觉往往被视、听和其他感觉遮蔽,故本体感觉也称为暗淡的感觉。本体感觉能力必须经过长时间训练,才能在意识中比较明显而精确地反映出自己的运动动作。那么,本体感觉该如何训练呢?关于本体感觉的训练,目前常采用运动疗法、平衡功能训练、生物反馈(一种借助精密电子仪器进行的练习)、神经肌肉促通技术(PNF)等方法。

【知识与应用】

PNF 技术

　　本体感觉神经肌肉促进疗法(proprioceptive neuromusclar facilitation,PNF),是利用牵张、关节压缩和牵引、施加阻力等本体刺激和应用螺旋、对角线状运动模式来促进运动功能恢复的一种治疗方法。

　　本体感觉神经肌肉促进疗法由美国康复治疗师 Herman Kabat 于 20 世纪 40 年代提出,以后由其同事 Margaret Knott 和 Dorothy E Voss 于 50 年代正式发表。

　　当时是用于脊髓灰质炎的康复,后又用于中枢神经系统疾病的治疗。该疗法包括螺旋、对角线运动模式的活动,手法治疗技术,本体、皮肤和视听刺激。

【本章小结】

　　1.感受器是指人体感受内外环境变化的刺激,并把它转化为神经冲动的神经末梢装置。感受细胞能把各种刺激转变为感觉神经的动作电位,以神经冲动的形式传向中枢神经系统的特定部位,再经过大脑皮层的分析和综合,产生各种感觉。各种感觉必须由一定的适宜刺激引起。

　　2.视网膜上有视锥细胞和视杆细胞。视锥细胞只能在强光下分辨物体,但能分辨颜色和物体的细微结构;视杆细胞主要感受弱光的刺激,但不能分辨颜色和物体的细微结构。正常眼的折光能力通过视调节能使物象在视网膜上不断清晰。视调节主要通过改变晶状体曲率、瞳孔的大小以及双眼眼轴会聚等方式来完成。

　　3.身体进行变速运动(包括直线加速运动和角加速运动)时引起的前庭器官中的位觉感受器兴奋并产生的感觉,称为位觉(或前庭感觉)。其感受器是前庭器官,它对人体运动状态和头部空间位置较为敏感。当人体进行直线和旋转加速度运动时,反射性地引起相应的运动反应和感觉,对维持机体平衡有重要作用。

　　4.前庭器官受到过强或过久刺激会引发一系列内脏功能反应,如心率加快或减慢、血压升高或降低、呼吸加速、恶心、呕吐、眩晕、出冷汗、全身无力等现象。对运动者来说,在活动或比赛中出现前庭反应将影响运动能力和比赛成绩。前庭功能稳定性可以在训练中通过被动训练法、主动训练法和综合训练法逐步提高。

　　5.肌梭是一种感受长度变化或牵拉刺激的特殊感受器。腱梭是感受肌肉张力变化的感受器。经常参加体育训练,不仅使本体感受器的机能得到提高,而且使肌肉运动的分析能力及动作时间的判断精确力得到发展。肌肉活动时发生的本体感觉往往被视、听和其他感觉遮蔽,故本体感觉也称为暗淡的感觉。本体感觉能力必须经过长时间训练,才能在意识中比较明显而精确地反映出自己的运动动作。

【思考题】

1. 何谓适宜刺激？何谓适应现象？
2. 视网膜上的感光细胞有哪两种？各有何功能？
3. 试述眼折光调节的途径。
4. 通过何种方式可以提高前庭器官功能的稳定性？
5. 简述肌梭和腱梭的结构及功能。

第九章　身体素质

【学习目标】

1. 掌握身体素质的概念和分类。
2. 熟悉肌肉力量的分类及其概念。
3. 掌握影响肌肉力量的肌源性和神经源性因素。
4. 熟悉肌肉力量的测评方法。
5. 掌握有氧运动能力的生理基础。
6. 掌握最大吸氧量的机制和影响因素。
7. 掌握无氧运动能力的生理基础。
8. 了解有氧耐力训练和无氧耐力训练的方法。

- 为什么有时运动后会有肌肉酸痛的感觉？
- 为什么运动训练会使得肌肉变得粗大？
- 为什么有些人适合短距离项目，有些人适合长距离项目？

人们把人体在肌肉活动中所表现出来的力量、速度、耐力、灵敏和柔韧等机能能力统称为身体素质。身体素质是人体各器官系统的功能在肌肉工作中的综合反映。良好的身体素质是掌握运动技能和提高运动成绩的基础。人的一切活动都是在中枢神经系统支配下所实现的不同形式的肌肉活动。这些活动的基本能力可以表现在很多方面，如肌肉收缩力量的大小、收缩速度的快慢、持续时间的长短、关节活动范围的大小以及动作是否灵敏和协调等。

第一节　肌肉力量及其影响因素

肌肉力量是指肌肉紧张或收缩时对抗阻力完成运动的能力。

在很多运动项目中，力量是取得优异成绩的基础。因为人体的运动几乎都是对抗阻力而产生的，当人体进行跑、跳、投等运动时，身体各部位必须表现出很大的力量。力量素质也是影响和制约其他素质的重要因素，如跑速、游速的快慢与肌肉力量大小密切相关。因此，力量素质是一项十分重要的素质。

一、肌肉力量的分类

（一）绝对力量

指肌肉做最大收缩时所能产生的张力，通常用肌肉克服和对抗阻力时表现出来的最大阻力负荷来表示。

（二）相对肌力

指肌肉单位生理横断面积、单位体重、去脂体重、体表面积的肌纤维做最大收缩时所能产生的肌张力。

（三）肌肉爆发力

指肌肉在短时内收缩时所能产生的最大张力，通常用肌肉单位时间的做功量来表示。

（四）肌肉耐力

指肌肉长时间收缩的能力，常用肌肉克服某一固定负荷的最多次数（动力性运动）或最长时间（静力性运动）来表示。

【知识与应用】

例如运动员以最大静力性收缩去对抗一个无法克服的力量，或者进行一次相对于个人而言的最大负重量（1RM）的深蹲起时，神经肌肉系统是以最大的随意收缩使完成动作的肌群发挥最大力量。

自行车运动员在最后冲刺阶段，大腿伸屈肌群是以尽快和尽可能高地发挥肌肉力量形式，连续、快速地完成蹬车动作。

体操运动员在吊环上尽可能长时间的维持十字悬垂动作，就表现为肌肉耐力。

二、影响肌肉力量的因素

（一）肌源性因素

1. 肌肉的生理横断面

肌肉的生理横断面是指横切某块肌肉所有肌纤维所得的横断面积。

据推算，每平方厘米横断面积的肌肉大约能产生 $4.5 \sim 9kg$ 的力。肌肉的生理横断面是决定肌肉力量的重要因素，其生理横断面愈大，肌肉收缩产生的力量愈大。

（1）力量训练可以使肌肉的体积增加，横断面增大，这主要是由于肌纤维增粗的结果。

肌纤维增粗的实质是肌肉中蛋白质含量的增加。因为力量训练可以增加氨基酸向肌纤维内部的转运，使肌组织中收缩蛋白质的合成增加，为力量素质的发展提供了物质基础。

（2）力量训练还伴随着其他形态结构方面的适应性变化，如肌肉的结缔组织增厚，毛细血管网增多和脂肪减少等。

在进行力量训练过程中，对肌肉的结缔组织造成附加的紧张和牵拉，使之变得厚而坚实，表现为肌纤维膜变厚，肌腱和韧带坚实，抗拉力增大。力量训练能使肌肉中毛细血管网增多，为肌肉进行力量性活动时供应充分的氧和营养物质。中等强度的力量训练，可以减少肌肉中的脂肪成分，提高肌肉收缩效率。

（3）在力量训练过程中，随着肌肉肥大还引起一些生物化学方面的变化。

如肌红蛋白含量增加，肌肉的贮氧能力得到提高；力量训练还可以增加肌糖元、磷酸肌酸（CP）的含量，提高三磷酸腺苷（ATP）酶、磷酸果糖激酶的活性，为肌肉收缩提供更充足的能源，从而增大肌肉收缩力量。

2.肌纤维类型

肌纤维按照收缩的特性可分为快肌和慢肌两大类,快肌纤维较慢肌纤维能产生更大的力量。

3.肌肉收缩时动员的肌纤维数量

有学者研究发现低水平运动者肌肉在每次最大动员时候,最多60%肌纤维参与活动;而水平高者,可以募集到90%肌纤维参与活动。而募集越多的肌纤维参与工作,则肌肉力量越大。

4.肌纤维收缩时的初长度

肌肉力量的大小与肌肉收缩前的初长度有关。在一定范围内,肌肉收缩前的初长度越长,肌肉收缩产生的张力和缩短的幅度越大。其增力效应是由牵张反射和肌肉的弹性回缩机制实现的。拉长肌肉时,肌梭受到肌纤维的牵拉而兴奋,通过牵张反射机制来提高肌纤维的收缩力来对抗拉力。

【知识与应用】

例如投掷标枪时候,手臂会有后引的动作;起跳时,会先有下蹲的动作,这些都是为了预先拉长原动肌群,来获得更大的爆发力。

(二)神经系统对肌肉的调节能力

肌肉力量除与肌肉体积大小有关外,还与神经系统对肌肉的调节机能有密切关系。

1.运动中枢的激活

力量训练可以使运动中枢的机能得到改善,表现为运动中枢能够产生强而集中的兴奋过程,发放同步的高频率兴奋冲动,以同时募集更多的运动单位参与工作,并使每一个运动单位发生最大的紧张性变化。

2.肌肉工作的协调能力

力量训练可以改善神经中枢间的协调能力,使支配各肌群的神经中枢能够准确而及时地产生兴奋或抑制过程,并能够适时互相转换,使主动肌、协同肌、对抗肌、支持肌的工作更加协调,从而增大肌肉力量。训练有素的运动员做动作时,肌肉动作电位集中,表明肌肉收缩与放松高度协调,有利于充分发挥肌肉力量。

(三)其他因素

1.年龄和性别

10岁前,男女肌肉力量随生长发育缓慢而平稳的增长;11岁开始,男女生的最大肌肉力量差异明显增大,男生稍快于女生;青春期后,肌肉力量的增长速度很低,女生约在20岁,男生约在20~30岁时达最大力量。40岁以后,人体大部分肌肉力量开始衰退;50岁以后,每10年肌肉力量下降12%~14%;约70岁时候,人体多数肌肉力量只有鼎盛时期的30%~60%。

2.力量训练

力量训练可引起肌肉肥大、发送肌肉神经控制、肌纤维类型转变和肌肉代谢能力增强等。

3.体重

一般我们认为,体重大的人,特别是瘦体重大的人,其绝对力量较大;同样的绝对力量,则体重较轻的人则较大的相对力量。

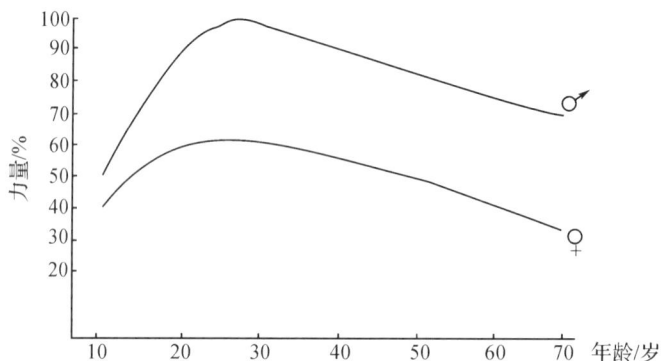

图 9-1　男女不同年龄段力量变化

4.激素作用

睾酮是肌肉生长最直接的刺激因素。能促进肌肉蛋白质的合成,使肌肉力量增大。

第二节　肌肉力量的测评

肌肉力量的测评是指对肌肉力量的大小、变化的速度与幅度进行测量与评价。

一、等长肌力检查

在标准姿位下用测力器测定一个肌肉或肌群的等长收缩肌力。

等长肌力的测定通常指最大等长肌力。常用检查项目如:

(1)握力:用大型握力计测定。测试时上肢在体测下垂,握力计表面向外,将把手调节到适宜的宽仪式。测试 2~3 次,取最大值(图 9-2)。

(2)捏力用拇指和其他手指的指腹捏压握力计或捏力计可测得质量力(图 9-3),其值约为握力的 30%。

(3)拉力:用拉力计测定。测背肌力时两膝伸直,将把手调节到膝盖高度,然后用力伸直躯干上拉把手(图 9-4)。

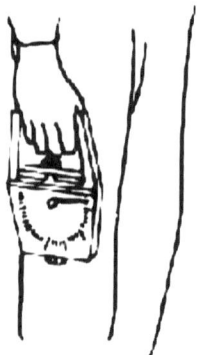

图 9-2　握力测定　　　图 9-3　捏力计　　　图 9-4　拉力测定

（4）四肢各组肌力测定在标准姿势下通过钢丝绳及滑轮拉动固定的测力计,可对四肢各组肌肉的等长肌力进行各别测定,方法见图 9-5、图 9-6。

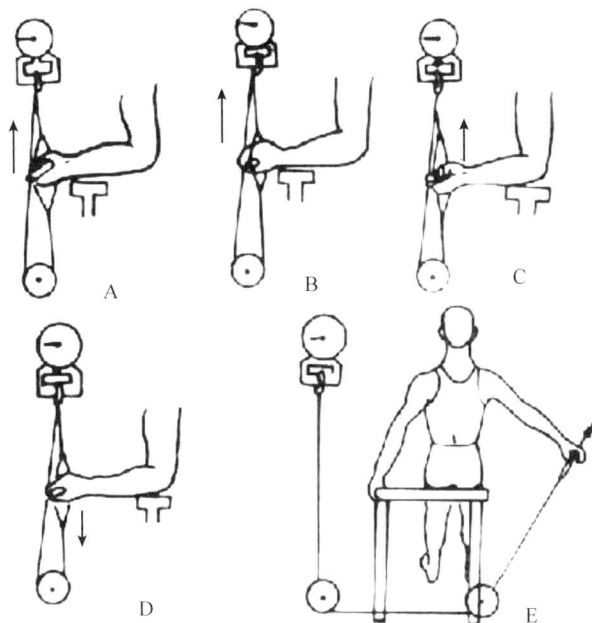

图 9-5　上肢肌力测定

A.屈腕肌力测定(腕中立位);B.伸腕肌力测定(腕中立位);C.屈肘肌力测定(肘屈 90°);

D.伸肘肌力测定(肘屈 90°);E.肩外展肌力测定(肩外展 45°)

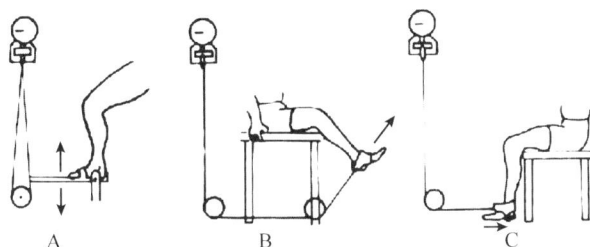

图 9-6　下肢肌力测定

A.踝屈伸肌力(踝中立位);B.伸膝肌力(膝屈 45°);C.屈膝肌力(膝屈 90°)

二、等张肌力检查

等张肌力检查指测定肌肉进行等张收缩使关节作全幅度运动时所能克服的最大阻力。

最大等张肌力:作 1 次运动的最大阻力称 1 次最大阻力(1RM),完成 10 次连续运动时能克服的最大阻力(10RM),测定时对适宜负荷及每次测试负荷的增加量应有所估计,避免多次反复测试引起肌肉疲劳,影响测试结果。

三、等速肌力检查

等速肌力是一种关节运动速度恒定、外加负荷阻力呈顺应性变化的动力性运动概念和动力性肌力评价的方法。

用带电脑的等速测力器进行。测试时肢体带动仪器的杠杆作大幅度往复运动,如图 9-7、

图 9-8 所示。运动速度用仪器预先设定,肌肉用力不能使运动加速,只能使肌力张力增高,力矩输出增加。等速测试法精确合理,能提供多方面的数据,已成为肌肉功能检查及其力学特性研究的良好手段。

常用指标:峰力矩、屈伸肌力矩比、总做功量、峰力矩角度、力矩加速能等。

图 9-7 上海体育学院运动员在等速测力器上测试肘关节肌肉力量

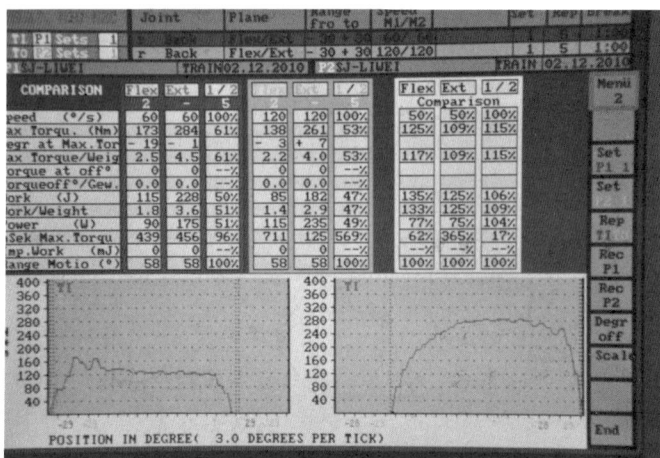

图 9-8 测试结果界面

(肌肉在各个角度时的力量大小)

第三节 肌肉力量的训练

一、肌肉力量训练的一般原则

(一)超负荷原则

负荷是决定力量发展的关键因素。超负荷是指负荷接近本人平时所能克服的最大阻力或超过以往已适应的负荷。超负荷训练能对肌肉产生较大刺激,使肌肉产生相应的生理学适应,导致肌肉力量增加。如果只用平时所能克服的阻力练习,肌肉力量只能保持在原有水平。因此,采用对抗最大或接近最大阻力的练习,能有效地发展肌肉力量。而和训练负荷一样,则也是一个渐进的过程,力量负荷增加过快或者过大时候,容易导致过度训练或者肌肉损伤,不利于肌肉力量的提高。

（二）渐增阻力原则

在力量训练过程中,肌肉由于超负荷训练而使其力量增长,但随着力量的增长,应逐渐地增加负荷,以使肌肉经常保持在超负荷的条件下工作,从而有效地发展肌肉力量,直至挖掘出最大的力量潜力。

【知识与应用】

用 8RM 负荷进行训练为例,当随着力量的增大,8RM 的负荷逐渐可以重复 8 次以上,直至能够重复 12 次(12RM)时,就应该增加负荷,增加了的负荷后又重新成为 8RM。对于训练水平低或力量较弱者,可采用负荷为 10RM,训练到 15RM 的标准;若为发展绝对力量,可以采用负荷为 1RM,训练到 5RM;静力性练习可负荷为 5s,训练到 10s 等方法。

（三）专门性原则

力量训练要有针对性,应尽量与专项力量的要求及专项技术结构特点相一致,表现为发展肌肉力量时,不仅要着重发展与运动专项相关肌群的力量,而且要使这些肌群的运动形式与正式动作在结构上极其相似。

比如增加肌肉的最大力量、爆发力、肌肉耐力都应该制定不同的力量强度和组数进行专门性练习。

（四）合理练习顺序原则

力量训练中应考虑肌群的练习顺序,一般应是先练大肌群,后练小肌群,因为小肌群在负荷中较易发生疲劳,在一定程度上会影响大肌群的工作能力,为了保证大肌群的超负荷训练,大肌群应安排在小肌群疲劳之前练习。

肌肉要轮流交替训练。同一块肌肉不要连续进行练习。交替练习的肌群在每一次练习后能得到一定的恢复,因而在每二次练习时能相对承受更大的负荷。由于肌肉力量与体积的发展与训练强度紧密相关,所以交替练习更有利于肌肉体积和力量的增长。

（五）系统性原则

力量训练间隔频率的安排,对力量增长的效果有不同的影响。

实践证明,训练频率高、力量增长急速者,停止练习后力量消退得也快;而训练频率较低训练时间较长、力量缓慢增长者,停止练习后力量保持时间则相对较长。

对训练间隔频率与力量消退之间关系的研究发现:通过 20 周训练后肌肉力量得到明显增长,以后若停止训练,30 周后力量增长水平完全消退;力量增长后若每 6 周进行一次力量练习,可使力量消退速度大大延缓;若每 2 周进行一次力量训练,则基本能保持力量增长水平。

二、几种肌肉力量训练手段的生理学分析

（一）等张练习（动力性力量练习）

等张练习是肌肉以等张收缩形式进行的抗阻力练习,包括抗体重的专门练习如引体向上和抗外部阻力的力量练习如推举杠铃、哑铃等。

由于等张力量练习是肌肉收缩与放松交替进行的负重练习,不仅能有效地发展肌肉力量,而且还能改善神经肌肉的协调能力。

等张练习的效果与安排负荷的大小、重复次数、动作速度以及动作的结构特点等因素有关：

（1）重复次数少而阻力大的练习，能很快地提高肌肉力量；

（2）中等负荷强度重复次数较多的练习，能更有效地增大肌肉体积；

（3）重复次数多而阻力小的力量练习主要用于发展肌肉耐力。

（二）等长练习（静力性力量练习）

等长练习是肌肉以等长收缩形式进行的抗阻力练习，如悬吊训练、手倒立、直角支撑等。

其生理效应是使神经细胞持续保持较长时间的兴奋，有助于提高神经细胞的工作能力，能有效地发展肌肉绝对力量和静力耐力。

肌肉做等长力量练习时，既节省时间及能量消耗，又能有效地提高力量，特别是对那些动力性练习中不易锻炼到的肌群和力量较弱的肌群，也能有目的地得到锻炼。但等长练习的不足之处是对动作速度及爆发力有不利影响，同时由于缺乏张弛交替的协调支配，对改善神经肌肉的协调性效果不明显。因此，静力性力量练习应和动力性力量练习结合进行，尤其是儿童少年不宜多采用等长练习。

【知识与应用】

最近流行的核心力量训练方法，其中的悬吊训练手法就是典型的等长收缩。

利用悬吊法进行等长力量训练锻炼核心力量示例

（三）等速练习

等速练习是借助于专门的等速练习器进行力量训练的方法。

等速练习器的器械产生的阻力总是和用力大小相适应。在整个练习中，关节运动在各角度上均能受到同等的较大负荷，从而使肌肉在整个练习过程中均能产生较大的张力。

【知识与应用】

3 种肌力训练方法的比较

1.等长肌力训练是一种静力性肌力训练方法。其特点为：

（1）优点：①不伴关节活动，适用于关节活动过程中有明显疼痛的患者，或者患者有关节活动度明显受限或肢体固定时；②具有防治肌肉萎缩，消除肿胀，刺激肌肉本体感受器的作用；③

不需要特殊仪器,容易操作,方便于床上或家中运动;④节约费用。

(2)缺点:①缺乏关节活动,对改善肌肉的神经控制作用较少;

2.等张肌力训练是一种动力性肌力训练方法。其特点为:

(1)优点:①可增强全关节活动范围内的肌力;②可改善肌肉运动的神经控制;③改善局部血液、淋巴循环;④改善关节软骨营养;⑤包括向心及离心训练模式;⑥不需要贵重训练仪器;⑦可允许多个关节同时运动。

(2)缺点:①在活动范围内阻力矩与最大肌力矩不尽一致,影响效果;②训练开始时受惯性力量的影响;③在训练时,较强的肌群可能替代较弱肌群进行收缩;④对有关节挛缩、关节内伤病、运动时疼痛者不适宜;⑤不易进行不同运动速度的训练。

3.等速肌力训练也是一种动力性肌力训练方法,但兼有等长和等张肌力训练的优点。其特点表现为:

(1)优点:①等速肌力训练时,仪器能提供一种顺应性阻力,使肌肉在整个活动范围内始终承受最大阻力,产生最大肌力,从而提高训练效率;②具有较好的安全性。由于等速肌力训练中,患者所遇到的阻力为一种顺应性阻力,当肌力较弱时,仪器提供的阻力相应减少,安全性较好;③一次训练可同时训练主动肌和拮抗肌;④可提供不同的速度训练,适应日常功能和竞技运动的需要;⑤可提供反馈信息,进行最大肌力收缩及次大收缩练习

(2)缺点:①训练时花费时间较多;②需要受过培训的操作人员;③仪器费用较高,不易普及。

(四)离心练习

肌肉产生离心收缩的力量练习称为离心练习。

离心练习的特点是肌肉收缩产生张力的同时被拉长,如推举起杠铃后慢慢放下的动作,相关肌群做离心收缩。

(五)超等长练习

肌肉在离心收缩之后紧接着进行向心收缩的力量练习称为超等长练习。如训练中常用的多级跳、"跳深"(从高处跳下,落地后再向上跳起)等练习,对于发展弹跳力和爆发力等有显著效果。肌肉的离心收缩后紧接着进行向心收缩之所以能产生更大的力量,其原因是由于肌肉弹性体产生的张力变化和肌牵张反射使肌力加强。

【知识与应用】

超等长训练法的典型代表是以跳深为代表的一些冲击性跳跃练习。跳深练习包括从高处跳下和立即向上和向前上反弹起跳两个环节。

(六)全幅度练习

全幅度练习指进行肌肉力量练习时,首先在关节所能达到的最大范围内,大幅度拉伸工作肌群,接着进行大幅度的向心收缩,即力量练习必须在关节所能达到的整个运动范围内进行的一种力量练习方法。

(七)电刺激法

电刺激法是利用电刺激引起肌肉收缩,从而提高肌肉活性。

(1)电刺激的优点:一是能使肌肉最大限度地活跃起来。二是引起肌肉紧张所维持的时间

要比普通方法长、反复次数多,极限力量降低减慢。由于排除了中枢神经系统的疲劳,使运动员在已疲劳后仍可继续对肌肉进行电刺激训练,达到真正大运动量训练。三是比一般力量训练方法消耗能量少;四是对肌肉训练的针对性强。

（2）电刺激的缺点:可能对人体协调能力产生不利影响,如训练量控制不当,会使肌肉负担过重。

【知识与应用】

健美爱好者常用此方法来锻炼到一般力量练习很难练习到的小肌肉群,使肌肉的线条更加立体和分明。

（八）震动

震动力量练习法是通过给予人体施加一定频率（25～60Hz）和强度的机械震动,保持和提高肌肉力量的训练方法。目前有研究震动力量训练如何提高肌肉的爆发力、力量、缓冲能力、弹性势能、柔韧性和协调性。

图 9-9　震动台上的力量训练

三、运动导致的肌肉酸痛

运动所致的肌肉酸痛又分为急性运动酸痛和延迟性肌肉酸痛（DOMS）。

（一）急性肌肉酸痛（又称肌肉痛）

急性肌肉酸痛是指在运动过程中和运动后即刻产生的肌肉疼痛,这种疼痛往往在运动后几分钟至几小时内消失,对运动训练和体育锻炼影响作用不明显。

导致急性肌肉疼痛的主要原因是由于代谢产物的堆积（氢离子和乳酸等）和肌肉肿胀（血浆中的液体成分、肌肉组织）。经常在大强度耐力训练和力量训练后产生肌肉疼痛。

（二）延迟性肌肉酸痛

延迟性肌肉酸痛是指人体从事不习惯运动后所出现的肌肉疼痛或不舒适的感觉。这种疼痛并不是发生在运动后即刻,而是发生在运动后 24～48 小时。

除了既有一般疼痛症状下,往往伴随着身体疲劳,肌肉僵硬、酸胀、肌肉收缩力量和放松能力下降。延迟性肌肉酸痛的出现与运动强度、运动形式和习惯程度有关,而与人体健康水平和身体技能状态关系不大,从事不习惯的中等强度的体育活动都可以造成 DOMS,有训练基础的人从事不习惯的运动,即使运动强度不大,也会出现 DOMS;高水平运动员在训练过程中,增加训练强度面使身体不适应（或不习惯时）,延迟性肌肉酸痛同样出现。

（三）肌肉酸痛的原因

DOMS 主要是由于"过度"使用肌肉所致。肌肉收缩强度过大或持续时间过长,都可造成 DOMS。其中肌肉收缩强度与 DOMS 的关系,更为密切。运动通过多种途径可诱发 DOMS,如肌肉及结缔组织损伤、肌肉中代谢产物堆积、温度增加和中枢神经控制改变等。

（1）高张力导致的肌肉损伤:在运动过程中,由于高机械张力牵拉肌肉和连接组织造成损失,损伤肌肉及牵拉由于损伤所致的粘连组织而产生疼痛。

（2）代谢产物堆积:肌肉收缩过程中代谢产物在肌肉组织中大量堆积造成 DOMS。多数学者认为导致 DOMS 的代谢产物主要是乳酸。

（3）肌肉温度:提高肌肉温度可以导致肌肉组织损伤,造成肌肉纤维坏死和连接组织分解,造成 DOMS。

（四）防治

DOMS 是一种暂时性的肌肉不舒适感觉,一般不经临床治疗,可自行恢复;但由于其运动技能的限制作用,可直接影响运动效果,因此减轻 DOMS 症状、缩短恢复时间可提高运动训练效果。

（1）牵拉活动:牵拉可缓解 DOMS 症状,但这种作用是暂时的,当牵拉活动停止后,DOMS 恢复。

（2）电疗（电刺激）:30 分钟电刺激可使 DOMS 症状明显减弱,而且酸痛时间明显缩短。在运动后恢复中较常使用的方法还有热敷、按摩等。

（3）准备与整理活动:运动前做好充分的准备活动可以减轻肌肉的损伤程度和运动时肌肉的不良刺激而使 DOMS 症状减轻,而运动后做好必要的放松整理活动则有助于加速血液循环、清除代谢产物,缓解由于运动导致 DOMS。

第四节　速度素质

速度素质是竞技能力的重要组成成分。速度素质不仅影响某些运动项目的成绩,对其他的身体素质的发展也有重要的影响。在竞技体育中,速度素质反应运动员进行快速运动的能力。

一、速度素质的分类

速度素质根据其表现形式,可以划分成反应速度、动作速度与位移速度。

（一）反应速度

运动员对各种刺激快速应答的能力。如运动员听到指令枪后到快速启动时的时间长短,就是反应时。在短距离项目中,反应速度对最终的比赛成绩有很大的影响。

（二）动作速度

运动员快速完成某一动作的能力。如跆拳道运动员腿法的效果直接取决于其完成动作的速度。

（三）位移速度

单位时间内,人体重心移过一定距离的能力。包含加速能力、最大速度能力、速度耐力。

【知识与应用】

田径竞速类项目的速度能力主要由反应速度、加速能力、最大速度能力、速度耐力组成;竞距类项目的速度能力表现为起跳和器械出手的速度,而起跳和器械出手的速度有和运动员的移动速度有很大的关系;游泳类项目的速度能力主要取决于反应速度、起跳速度、途中游速度、转身速度和冲刺速度能力等。

二、速度素质的生理学基础

(一)反应速度

反应速度的快慢取决于兴奋通过反射弧所需要的时间,与神经肌肉组织的兴奋性和灵活性有关。反射弧的五个环节中传入神经和传出神经的传导速度基本变化不大,所以反应速度主要取决于感受器的敏感程度(兴奋阈值的高低)中枢延搁和效应器(肌肉组织)的兴奋性。反应速度还与中枢神经系统的兴奋状态有密切的关系,如当运动员处于良好的赛前状态时反应时缩短。

(二)动作速度

动作速度的快慢取决于:

1.纤维类型的组成百分比和面积。快肌纤维比例愈大,快肌纤维愈粗,肌肉收缩速度愈快。

2.肌肉收缩力量。肌肉力量愈大,愈能克服肌肉内部及外部阻力完成更快的工作。凡是影响肌肉力量的因素也将影响动作速度。

3.肌肉组织的兴奋性。组织的兴奋性高,表示刺激强度低且作用时间短就能引起肌肉组织的兴奋。

4.条件反射的巩固程度。条件反射愈巩固,动作愈熟练,动作速度就愈快。

5.动作速度也与神经系统对主动肌、协同肌和对抗肌的调节能力有关。在完成成套动作中,还与肌肉的无氧代谢能力有密切的关系。

(三)位移速度

以跑为例,跑速主要决定于步长和步频两个变量,而步长与步频又受多种生物学因素所制约。

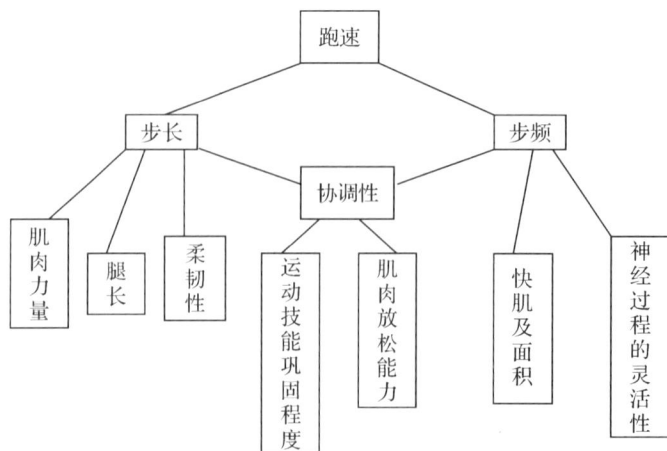

图 9-10　跑速的影响因素

三、速度素质的训练

1.反应速度在很大程度上是由遗传所决定的。通过各种突发信号刺激、专门性练习等可以使人受遗传因素影响的反应速度最大限度地表现并稳定下来。简单反应速度的提高,也取决于运动员对动作熟练的程度。

2.动作速度,所谓的动作速度是一个模糊概念,因为单纯的动作速度是不存在的。我们在实践中所观察到的动作速度,实际上是由运动的物体或人体的其他能力,如力量、协调、耐力、技术等因素,加上速度素质来决定的。所以,动作速度的训练与其他运动素质的训练、技术训练有密切的联系,要培养动作速度,就必须目的地发展相应的运动能力,这是动作速度训练的特殊之处。同时,由于速度素质具有不易转移的特点,因此,在动作速度的训练过程中,训练的任务和内容必须明确,否则收不到良好效果。动作速度主要受肌肉的快速力量影响,任何快速力量练习方法亦是动作速度的训练方法;

3.位移速度是一个综合能力的表现,受到技战术、心理、动作速度等多方面的影响。不同项目的位移速度训练方法也不相同。具体在训练学中重点论述。

四、速度素质的测量

目前对人体运动速度的测试方法,除了常规用的秒表计时外,科研主要是非接触式的运动生物力学测量方法。比如红外线光电分段计、雷达测速、激光测速、影片和录像解析等对反应速度、局部动作速度、整体动作速度进行测量和诊断。

【知识与应用】

在目前游泳比赛中,对优秀运动员进行运动学速度素质测试,可以及时了解每位选手的比赛技术特点以及速度发挥情况。比如可以提供出发10m或者15m段的时间和平均速度,各25m途中游段的时间以及平均游速、划频、划幅等。而这些参数的提供,为实施运动监控,更好地改善运动技术动作,提供了重要的依据。

第五节　耐力素质

耐力素质是指人体在长时间进行工作或运动中克服疲劳的能力。也是反映人体健康水平或体质强弱的一个重要标志。

一、耐力素质的分类

由于对耐力的理解角度不同,因此耐力存在很多分类方法,主要如图9-11所示。

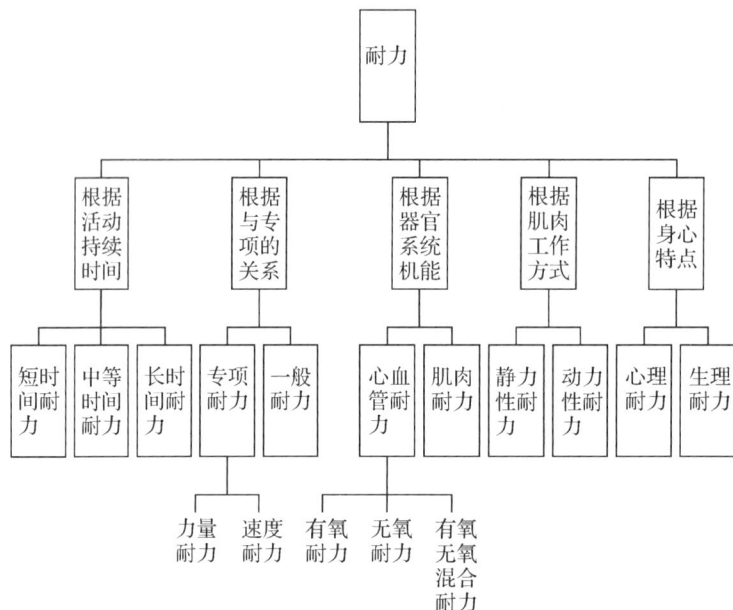

图 9-11 耐力的分类

（一）根据活动持续的时间，可把耐力素质分为短时间耐力、中等时间耐力和长时间耐力

短时间耐力主要指持续时间为 45 秒至 2 分钟运动项目（如 400 米跑、800 米跑）所要求的耐力。运动中的能量供应主要通过无氧过程提供，氧债很高。400 米跑能量的 80% 由无氧系统提供，800 米跑中能量的 60%～75% 由无氧系统提供。中等时间耐力主要指持续时间为 2～8 分钟的运动项目所需要的耐力。其强度小于短时间耐力项目而大于长时间运动项目，供氧不能全部满足需要会出现氧债。3000 米跑中无氧系统提供约 20% 的能量，1500 米跑中能量的 50% 由无氧系统提供。运动所需要的能量由有氧和无氧的混合提供。长时间耐力是指持续时间超过 8 分钟以上的运动项目所需要的耐力。整个运动过程，人体心管和呼吸系统高度动员，心率、每分钟心输出量、肺通气量都达到相当的程度，来保证运动的有氧过程。

（二）根据与专项运动的关系，耐力素质可分为一般耐力与专项耐力

一般耐力是指运动员有机体各器官系统长时间协调工作的能力，并包括以下特征：工作持续时间长，不间断，大肌肉群参加工作，运动强度相对不大，心血管系统的功能与活动形式与时间相适应。

专项耐力是指运动员有机体为了提高专项成绩，最大限度动员机能能力，长时间地承受专项负荷，并保持工作的能力。专项耐力的主要特征是突出体现专项特点，满足专项运动的需求如短跑项目需要保持较长时间快速跑的专项耐力，举重与体操项目则需要保持较长时间发挥力量能力的专项耐力。一般耐力和专项耐力之间存在着密切的相互关系，由于一般耐力是在多肌群、多系统（中枢神经系统、心肺系统）长时间工作的条件下形成的，这就已经为专项耐力的发展创造了良好的条件。无论专项特点如何，良好的一般耐力水平都有助于运动员在专项耐力的发展中获得成功。所以，也常把一般耐力看成是专项耐力发展的基础。

（三）根据器官系统的机能，耐力素质能分为心血管耐力和肌肉耐力

心血管耐力是循环系统保证机体长时间肌肉活动时营养和氧的供应以及运走代谢废物的能力。心血管耐力是影响耐力素质最重要的内在因素。根据运动时能量供应中氧参加的程度，

心血管耐力可分为有氧耐力、无氧耐力、有氧无氧混合耐力和缺氧耐力。有氧耐力是指机体有氧供应比较充足的情况下的耐力,无氧耐力是机体在氧供应不足有氧债情况下的耐力。无氧耐力又可以分为乳酸供能无氧耐力(糖元无氧酵解供能)和非乳酸供能无氧耐力(ATP、CP分解供能)。有氧无氧混合耐力是指机体在具有有氧和无氧双重情况下的耐力。缺氧耐力是机体在严重缺氧或处于憋气状态下的耐力。肌肉耐力是指运动员肌肉系统在一定的内部与外部负荷的情况下,能坚持较长时间或重复较多次数的能力。肌肉耐力和力量水平的发展关系极为密切,发展肌肉的最大力量能有效地促进肌肉耐力水平的提高。根据运动时参与工作的肌肉群数量或身体活动部位,肌肉耐力可分为局部耐力和全身耐力。

(四)根据肌肉的工作方式,耐力素质还可分为静力性耐力和动力性耐力

静力性耐力是指有机体在较长时间的静力性肌肉工作中克服疲劳的能力。如射击、射箭、举重的支撑、吊环的十字支撑等过程中表现出的耐力水平。

动力性耐力则指有机体在较长时间的动力性肌肉工作中克服疲劳的能力。

图 9-12　吊环——静力性耐力　　　图 9-13　马拉松比赛——动力性耐力

(五)根据身心特点分类,耐力分为生理耐力和心理耐力

目前,有关此类耐力的分类结果和界限有很大的争议,有待进一步的研究,这里不做具体介绍。

二、有氧耐力

人体有氧工作能力决定于机体氧运输系统功能和肌肉利用氧的能力。其中心泵功能是制约运氧能力的主要因素;肌肉利用氧的能力主要取决于肌肉的供氧量与肌细胞中线粒体氧化酶的活性、血流量与肌纤维周围的毛细血管等因素。训练可以提高机体有氧能力及最大吸氧量利用率。

(一)有氧耐力的生理学基础

有氧耐力指人体长时间进行有氧工作(依靠糖、脂肪等有氧化供能)的能力。有氧能力的发展水平取决于三方面:运动中所必需的能源物资的储存,提供ATP的有氧代谢能力,肌肉、关节、韧带等支撑运动器官承受能力。

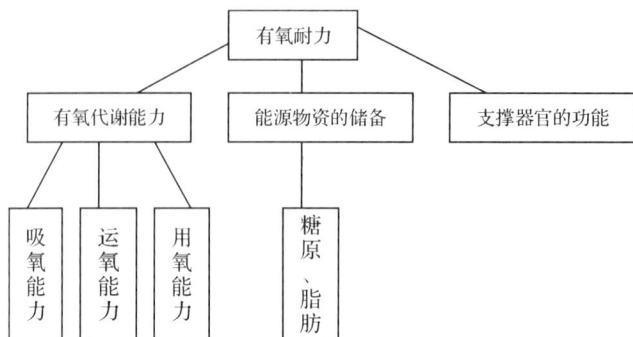

图 9-14   有氧耐力的决定因素

(二)有氧能力的评价

1.最大摄氧量

人体在进行有大量肌肉参加的长时间激烈运动中,心肺功能和肌肉利用氧的能力达到本人极限水平时,单位时间所能摄取的氧量称为最大吸氧量($V_{O_2 max}$)。通常以每分钟为计算单位。最大吸氧量反映机体氧运输系统的工作能力,是评价人体有氧工作能力的重要指标之一。

(1)最大吸氧量的表示方法

最大吸氧量的表示方法有两种:绝对值和相对值。绝对值用 L/min 表示,表示整个机体在单位时间内(每分钟)所能吸收的最大氧量。

由于需氧量与体重成正比关系,而身高、体重存在个体差异,因此用绝对值进行个体间的横向比较是不适的,常用人体的相对值表示最大吸氧量(mL/kg·min)。我国成年男子最大吸氧量绝对值约为 3.0~3.5L/min,相对值 50~55mL/kg·min,男子比女子高。

【知识与应用】

最大吸氧量与运动员所从事项目也存在一定关系。项目不同,最大吸氧量也不同。越野滑雪、马拉松、划船等耐力竞技项目运动员中,最大吸氧量的相对值最大,男子 94mL/kg·min,女子 85.1mL/kg·min。短跑运动员的最大吸氧量最小。我国中长跑运动员一般低于中非国家中长跑运动员,约在 70~75mL/kg·min。可以看出最大吸氧量的大小与耐力训练有关,是评定心肺功能的一项指标。

(2)最大摄氧量的影响因素

最大吸氧量主要决定于心脏的泵血功能和肌肉利用氧的能力。故将心脏的泵血功能称为最大吸氧量的中央机制,而把肌肉利用氧的能力称为最大吸氧量的外周机制。

影响最大吸氧量的主要机制是心脏的泵血功能。心脏泵血功能大小又取决于心脏容积和心肌收缩力。根据 Fink 原理,吸氧量＝心率×每搏输出量×动静脉氧差。可以认为最大吸氧量是最大心率、最大每搏输出量及最大动静脉氧差三者的乘积。在最大心率、每搏输出量不变的条件下,动静脉氧差是影响最大吸氧量的一个重要因素。

肌肉利用氧的能力是影响最大吸氧量的一个外周机制。

肌纤维类型影响肌肉的摄氧能力,研究表明,慢肌纤维有丰富的毛细血管分布,线粒体数量多、体积大,其酶的活性高;慢肌纤维肌红蛋白含量也比较高,有利于增加肌纤维的摄氧能力。耐力训练可以提高慢肌纤维的生理生化代谢功能,在一定范围内可以导致快肌纤维向慢肌纤维的方向变化,提高摄氧和利用氧的能力。所以最大吸氧量取决于心脏的泵血功能和肌肉利用氧的能力。

最大吸氧量还受遗传、年龄、性别及训练因素的影响。

研究发现最大吸氧量的遗传度很大,但进行有计划的训练,重要在于提高训练可增大心容积和心肌收缩力量、有氧氧化酶的活性及毛细血管网的发达,改善骨骼肌的代谢能力,从而提高最大吸氧量。

最大吸氧量与年龄增长有关。青春期前男女最大吸氧量的差异很小,12～13 岁之后逐渐差异显著。成人男子(30～45mL/kg·min)要高于女子 15～20%。13～17 岁为女子的峰值,18～20 岁为男子的峰值。此后,随年龄的增加,男子以每年 2%,女子以每年 2.5%而下降。老年后下降率减为 0.8%～0.9%。60 岁时减少到最大值的 70%。

(3)最大摄氧量的测试方法

直接测定法:通过气体分析仪器,收集受试者的呼出气,分析和计算 V_E、V_{O_2}、V_{CO_2} 浓度等所需要的指针,达力竭运动负荷时测出运动中的最大摄氧量,这种方法称为最大摄氧量直接测定法。

图 9-15　最大摄氧量测试

(美国 PHYSIO-DYNE 公司,MAX-Ⅱ心肺功能测试系统)

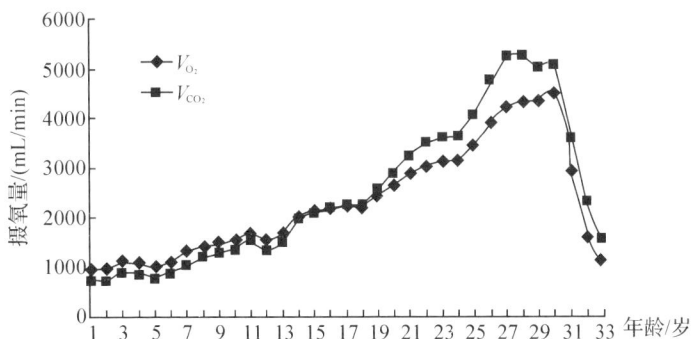

图 9-16　最大摄氧量测试所得结果

间接测定法:采用小于测定最大摄氧量所需要的运动强度,逐级递增负荷,同时测试时遥测运动员心率,根据公式推测出受试者的最大摄氧量,此方法称为最大摄氧量的间接测定法。

2.乳酸阈

乳酸阈是指人体在递增工作强度运动中,由有氧代谢功能开始大量动用无氧代谢功能的临界点,常以血乳酸含量达到 4 毫克分子/升时所对应的强度($V_{O_2 max}$)或功率(瓦)来表示。超过这个临界强度(乳酸阈)时,血乳酸浓度将急剧增加。

乳酸阈比最大摄氧量更能反映实际的有氧工作能力,事实上,任何人在任何情况下都不可能在达到最大摄氧量以后才开始转向无氧代谢。而且不少学者认为,最大摄氧量受到遗传因素影响较大,而乳酸阈受到训练的影响因素较大。浙江体育职业技术学院田径队某队员经过冬训乳酸阈训练后,相同强度下,血乳酸值下降,曲线右移,有氧能力水平提高。

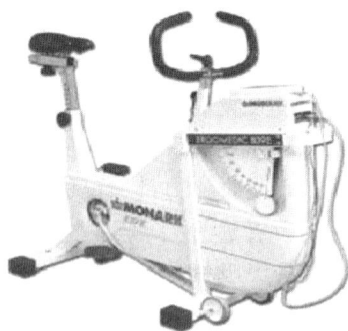

图 9-17　Monark 839E 测功车

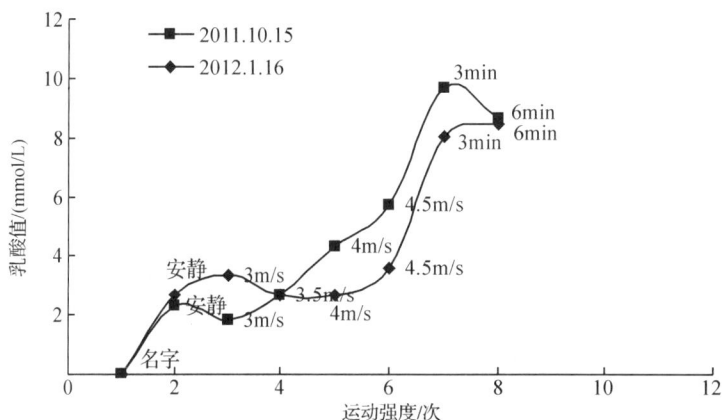

图 9-18　浙江体育职业技术学院田径队员冬训前后相同强度下两次乳酸值对比

【知识与应用】

乳酸阈的运用

1.监测运动员水平:对于高水平运动员来说,进一步训练所能提高的最大摄氧量是很有限的,但测定乳酸阈的变化要敏感的多,因此,耐力训练过程中,阶段性的测定乳酸阈,可以有效地诊断运动员有氧耐力训练水平,及时调整训练计划。

2.制定训练强度:利用乳酸阈作为制定训练强度的指标是有效的,因为利用个体乳酸阈水平为基准进行训练,可抑制肌组织中代谢性酸中毒的早现。研究表明,乳酸阈时的血乳酸浓度可维持 30 分钟而不增加,优秀运动员甚至可达 50 分钟。因此,在田径、游泳等周期性项目中,利用个体乳酸阈值安排训练强度已被广泛利用。同时在足球、手球、橄榄球等项目中利用个体乳酸阈值作为训练强度的指标,发展运动员的有氧耐力的方法也引起了教练员的重视。

三、发展有氧耐力的训练方法

(一)持续训练法

采用长距离的持续性匀速练习,主要用于锻炼心肺功能和发展有氧耐力。长时间的持续训练,可以提高大脑皮质神经过程的均衡性和机能稳定性,提高呼吸和循环系统的机能及 $V_{O_2 max}$,并可引起慢肌纤维出现选择性肥大,肌红蛋白也有所增加。

运动强度的选择十分重要,一般认为,应采用超过本人 $V_{O_2 max}$ 50% 的强度运动,才能使有氧能力显著提高。

美国的库珀(Cooper)提出,运动时的心率应达到 150 次,强度的公式为:安静心率 ＋(最高心率 － 安静心率)×60％,其公式中 60％ 可因人而异,训练水平较高者可乘以 70％,训练水平较低者可乘 50％。上述强度标准可供参考。

近年来国内外学者普遍认为,乳酸阈(ILAT)强度是发展有氧耐力训练的最佳强度。

（二）间隙训练法

在两次练习之间有适当的间歇,并在间歇期进行强度较低的练习,而不是完全休息。

间歇训练与持续训练法相比,完成的总的工作量大,对心肺机能也影响更大。在组间进行适当的间歇后,间歇训练能完成更大的工作量,且用力较少;而呼吸循环系统和物质代谢等功能得到较大的提高。对于发展有氧代谢能力来说,总的工作量远比强度更为重要。

（三）高原训练法

在高原训练时,人们要经受高原缺氧的运动缺氧两种负荷,对身体造成的缺氧刺激比平原上更为深刻,可以大大调动身体的机能潜力,研究表明,高原训练能使红细胞和血红蛋白数量及总血容量增加、并使呼吸和循环系统的工作能力增强,从而使有氧耐力得到提高。

【知识与应用】

我国的高原训练基地主要在青海、云南、甘肃、贵州、吉林等省市,包括多巴、西宁、湟中、湟源、青海湖、尖扎、西海镇、昆明、海埂、呈贡、马龙、玉溪、松茂、会泽、兰州、榆中、刘家峡、清镇、长白山、天池等几十个高原训练基地。

四、无氧耐力

（一）无氧耐力的生理基础

无氧耐力是指机体在氧供不足的情况下较长时间进行肌肉的能力,在长时间缺氧情况下,体内主要依靠糖无氧酵解提供能量。因此,无氧耐力的水平,主要取决于肌肉内糖无氧酵解供能的能力、缓冲乳酸的能力以及脑细胞对血液 pH 变化的耐受力。

1.肌肉内无氧酵解供能的能力

肌肉无氧酵解的能力,主要取决于肌糖元的含量及其无氧酵解酶的活性。

柯斯蒂尔等(1976)发现优秀赛跑运动员腿肌中乳酸脱氢酶活性和磷酸化酶活性短跑运动员最高、中跑居中、长跑最低。表明肌肉无氧酵解能力与无氧耐力素质密切相关。

2.缓冲乳酸的能力

肌肉无氧酵解过程产生的乳酸进入血液后,将对血液 pH 值造成影响。但由于缓冲系统的缓冲作用,使血液的 pH 值不至于发生太大的变化。机体缓冲乳酸能力的强弱,主要取决于血液中碳酸氢钠的含量及碳酸酐酶的活性。

一些研究表明,经常进行无氧耐力训练,可以提高碳酸酐酶的活性,表明血液缓冲乳酸的能力得到加强。

3.脑细胞对血液 pH 值变化的耐受力

尽管机体有缓冲物质,能中和一部分进入血液的乳酸,减弱其强度,但由于进入血液的乳酸量大,血液的 pH 值还会向酸性方向发展,加上因氧供不足而导致代谢产物的堆积,都将会影响脑细胞的工作能力,促进疲劳的发展。因此,脑细胞对这些不利因素的耐受能力,也是影响无氧耐力的重要因素。经常进行无氧耐力训练的运动员,脑细胞对血液中代谢产物堆积的耐受力得到提高。

（二）无氧能力的测试

目前检测和评价无氧运动能力的方法很多,如:(1)肌肉活检法,可直接测定人体骨骼肌中ATP-CP和肌乳酸含量,来评价无氧运动能力,但由于其对作为一种有创性检测,故在优秀运动员身上使用的较少。(2)Quebec的10s踏车试验,测试时间较短,一般是肌肉内非乳酸性无氧能力的表现,其能量主要来源于ATP-CP系统。(3)120s最大试验,这主要是评估乳酸性无氧运动能力,无氧和有氧能量代谢约各占50%。(4)最大累积氧亏的测试,由Medb等人于1988年建立和发展的一种检测和评价人体无氧代谢供能系统提供ATP能力的非侵入性方法。它是通过检测人体在完成2～3min超大强度运动时的需氧量理论值和实际耗氧量之差所获得。最大累积氧亏的测试可以较好的评价乳酸系统供能的能力。(5)Wingate无氧功率测验,这是1970年由以色列Wingate体院学院提出的,之后得到了广泛的验证和推广,目前已作为无氧功的标准方法。测试以脚踏车测功器或者手摇测功器为工具,全力运动持续30s的时间,以测量受试者的无氧能力。通过此方法,可以测得受试者的最大无氧功率,平均无氧能力,功率衰减率等。WAnT指标与其他类型的无氧实验结果有着高度相关。

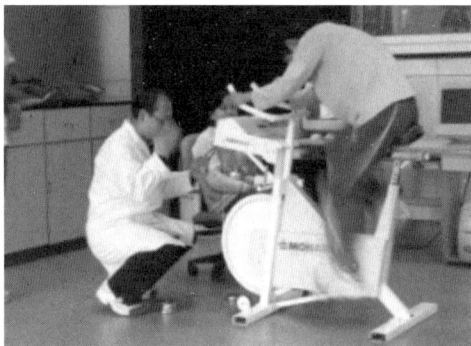

图 9-19　Wingate 无氧测试(monark 894E)

五、无氧耐力的训练

（一）间歇训练

练习强度和密度较大,间歇时间较短,练习时间一般应长于30s,以1～2min为宜。

间歇训练是发展无氧耐力最常用的训练方法。与有氧训练的间歇训练有区别。

要考虑的因素:

①练习强度(需氧量应远大于摄氧量)

②练习时间(运动时间要远超过乳酸能系统供能时间)

③间歇时间的组合与匹配.

④原则:要以运动中能产生高浓度的乳酸为依据。

（二）缺氧训练

指在憋气或减少吸气的条件下进行练习的方法,其目的是造成体内缺氧,以提高无氧耐力。

缺氧训练要强调运动训练的强度,否则将成为有氧耐力的训练。缺氧训练不仅可以在高原自然环境中进行,而且在平原特定环境下,也可以模拟高原训练,同样可以取得一定的训练效果,如利用低氧舱或者低氧房等。

第六节 灵敏和柔韧素质

一、灵敏素质

概念：灵敏素质又称灵巧或机敏素质，是指人体迅速改变体位，转换动作和随机应变的能力。

它是运动者各种运动技能和身体素质在运动中的综合表现，是一种复杂的素质。灵敏素质在需要迅速改变体位的运动项目中显得十分重要。如球类、体操等项目中的迅速启动、急停和快速转变方向等是提高运动成绩的重要基础。

灵敏素质具有项目特点。如，体操的灵敏主要表现为对身体姿势的控制和转换动作的能力；球类的灵敏主要表现为对外界环境的变动及时而准确地转换动作以做出反应的能力。

（一）灵敏素质的生理学基础

1.大脑皮层神经过程的灵活性及分析综合能力，是灵敏素质的重要生理学基础。大脑皮层神经细胞能在内外环境条件发生变化时迅速做出反应，并及时调整或修正动作。

2.各感觉器官功能的改善和提高也是灵敏素质增强的因素之一。球类运动员在场上要"眼观六路，耳听八方"，反应迅速，需要有敏锐的视觉、听觉和皮肤感觉等。体操运动员要反应敏捷、准确，需要有准确的本体感觉和位觉。

3.灵敏素质又是运动技能与身体素质的综合表现。在实践中，掌握的运动技能越多越熟练，大脑皮层中暂时性神经联系的接通越迅速、准确，动作就会显得更加灵巧。灵敏素质还需要其他身体素质的保证，如一定的力量、速度和耐力等，都是良好的灵敏素质所必需的。

4.灵敏素质还受年龄、性别、体重、疲劳等因素的影响。一般认为，少年时期灵敏素质发展最快，男孩较女孩灵活（尤其在青春期后），体重过重对灵敏不利，身体疲劳时灵敏也会有所下降。

（二）灵敏素质的训练

1.提高大脑皮层神经过程的灵活性。通过让运动员随各种信号改变动作的训练，以提高其灵敏素质。

2.要反复练习各种基本技能，熟练掌握多方面的运动技能。

3.还要发展其他身体素质。

二、柔韧素质概念

图9-20 灵敏性锻炼方法示例——快速爬行法

柔韧素质是指运动时关节的活动幅度或范围的能力。

（一）柔韧素质的生理学基础

1.肌肉、韧带组织的伸展性

肌肉、韧带组织的伸展性取决于：（1）性别和年龄。（2）中枢神经系统的兴奋性，如在比赛时情绪高涨柔韧性会提高。（3）肌肉的温度，通过准备活动提高肌肉的温度，降低肌肉的黏滞性，有利于柔韧性的提高。

2.关节面的结构

关节面的结构是影响柔韧性最不容易改变的因素,基本上是由遗传决定,但训练可以使关节软骨增厚。研究证明,跑 10 分钟后膝关节软骨厚度比静止不动要增加 12%～13%。其原因是活动关节软骨交替地受到加压和减压的作用,使关节液由关节腔渗入软骨,引起关节软骨增厚。

3.关节周围组织的体积

身体脂肪或肌肉体积过大都将影响邻近关节的活动幅度使柔韧性降低。如:胖子的肚子很大,两手很难触到地面,经过减肥后,就有可能触到地面。

4.中枢神经系统对骨骼肌的调节能力

中枢神经系统对骨骼肌的调节能力的改善,主要是调节主动肌与对抗肌之间的协调性的改善,使主动肌收缩时对抗肌充分放松,降低动作的阻力,保证动作幅度的加大。

(二)柔韧素质的训练

1.拉长肌肉和结缔组织的训练

发展肌肉、韧带伸展性练习,一般可分为爆发式牵拉练习和缓慢式牵拉练习两种。通常所用的"拉韧带"和"压腿"就是缓慢式牵拉练习,这种练习是在做好准备活动之后,使关节的肌肉和韧带慢慢拉长到一定程度,然后坚持 8～10s 再还原。这种练习方法一般不会超过组织的伸展程度,可以有效地避免损伤,同时可以通过反牵张反射使被拉长肌肉放松,从而收到更大的锻炼效果。

爆发式牵拉是指,"摆腿"和"踢腿"等练习。进行这种练习虽然有疼痛感,但它不仅可以发展柔韧性,同时还有助于提高张力。研究表明:当拉长的长度相同时爆发式牵拉练习比缓慢式牵拉练习的张力大两倍。为了有效地发展柔韧性和张力,在运动实践中可用两种方法进行交替练习。

2.提高肌肉的放松能力

主动放松肌肉的能力越好,关节活动时所受肌肉牵拉的阻力越小,关节活动幅度就越大。

3.柔韧性练习与力量训练相结合

柔韧性的提高,要有一定的肌肉力量作基础。

4.柔韧性练习与训练课的准备活动相结合

通过准备活动,可使体温升高,降低肌肉黏滞性,提高其伸展性,此时增加柔韧练习能收到较好的效果,并可避免损伤。

5.柔韧性练习要注意年龄特征并要持之以恒

儿童少年韧带的伸展性大,年龄越小,柔韧性越好,成年后,一般很难显著发展动作幅度,甚至幅度减小。因此从儿童少年开始进行系统训练,是发展柔韧素质的重要手段。成年后,只要经常坚持练习,已经达到的柔韧性可以保持很久。

图 9-21   简便锻炼肩关节柔韧性方法

【本章小结】

1.力量素质是所有素质的基础,力量的大小决定于骨骼肌的解剖生理特点、能量供应和神经调节。力量练习的方法有动力性练习、静力性练习、等速练习、超等长练习和点刺激法。发展力量应遵循的原则有超负荷原则、渐增阻力原则、专门性原则、安排练习的顺序原则、系统性原则。

2.速度素质可分为反应速度、动作速度、周期性运动的位移速度。

3.耐力素质从供能的角度分为有氧耐力和无氧耐力。

4.灵敏素质又称灵巧或机敏素质,是指人体迅速改变体位,转换动作和随机应变的能力。

5.柔韧素质是运动时关节的活动幅度或范围的能力。

【复习题】

一、名词解释

身体素质　　力量　　　　　速度素质　反应速度　动作速度　位移速度
耐力素质　有氧耐力　　　无氧耐力　反应时　　　RM　　　　灵敏素质
柔韧素质

二、问答题

1.简述力量素质的生理基础。

2.简述力量训练的原则及其主要内容,影响力量训练的因素。

3.试述影响速度素质的生理因素。

4.试述影响有氧耐力的生理因素。

5.试述无氧耐力的生理基础。

第十章 运动技能

【学习目标】

1.掌握运动技能的定义、生理本质及形成的生理过程。

2.了解运动技能的分类和影响运动技能形成的因素。

- 突如其来的外界干扰为何会影响动作?
- "望梅止渴"、"看见杨梅能止渴"和"吃到杨梅而止渴"有何不同?
- 为什么训练初期运动成绩提高得快,而后期则提高得慢?

第一节 运动技能的定义和生理本质

一、运动技能的定义

关于运动技能的定义,不同的学科各有说法,其中以心理学和生理学,尤其是运动生理学的定义较为普遍。心理学中的定义偏重于对学习过程变化的表述,而生理学中的定义则更偏重与运动技能形成机制的联系。

运动生理学认为,运动技能(motor skill)是指人体在运动中掌握和有效地完成专门动作的能力。这种能力包括大脑皮质主导下的不同肌群间的协调性,换言之,运动技能是指在准确的时间和空间内大脑精确支配肌肉收缩的能力,这需要精确的力量和速度依一定的次序和时间去完成所需要的动作。

二、运动技能与身体素质的关系

身体素质训练是运动技能学习的基础,没有良好的身体素质,就不可能学到和获得高水平的运动技能。同时,在运动技能提高的过程中,也相应地提高了身体素质,所以二者是相辅相成的关系。两者的不同之处在于:运动技能的数量是相对无限的,而身体素质形成是相对有限的;运动技能是人出生以后,通过学习获得的,而身体素质是先天与后天共同影响的产物;身体素质的评估大部分可以量化,而对运动技能的评估不易量化;身体素质的发展,在于人体机能能力的不断提高和增强,而运动技能水平的提高则在于运动技能的不断改进和创新。身体素质是运动技能的基础,随着运动技能水平的提高,身体素质也会得到发展,身体素质的提高又为进一步改善运动技能打下了良好的基础。

身体素质可以分为 10 多种,它们与运动技能都有紧密的关系,但是从技能形成的生理依据来看,力量、平衡、灵敏素质与运动技能的关系最为密切。

三、运动技能的分类

运动技能可分为闭锁式和开放式两类,通常而言,开放式比闭锁式的动作更复杂。

当一种运动技能的完成主要依靠内部的、由本体感受器输入的反馈信息来调节时,这种技能叫闭锁式运动技能,如体操、游泳、田径等。闭锁式运动技能一般具有相当固定的动作模式。因此,掌握这种技能就要通过练习,使自己的动作达到某种理想的定型。

当一种运动技能的完成主要依赖于周围环境提供的信息,而正确地感知周围环境成为运动调节的重要因素时,这种技能叫开放式运动技能,如球类、击剑、拳击等。开放式运动技能要求人们具有处理外界信息变化的随机应变能力和对事件发生的预见能力。

四、运动技能的生理本质

运动技能是指在运动过程中按一定技术要求完成的随意运动行为,这种行为必须在体育锻炼与运动训练中通过学习才能获得。运动技能学习的生理学本质是建立运动条件反射的过程,但与一般的运动条件反射相比,其不同点有下列三个方面:第一,参与形成运动条件反射活动的中枢不是一两个,而是许多个既有运动中枢,又有视、听、皮肤感觉和内脏活动中枢参与活动,这种反射是复杂的;第二,反射活动不是单一的,而是一连串的,一个接一个,前一动作的结束便是后一动作的开始,彼此连锁;第三,在条件反射过程中,肌肉的传入冲动(本体感受性冲动)起重要作用。没有这种传入冲动,条件刺激便得不到强化,同时由运动中枢发放神经冲动传出至肌肉效应器官引起活动。这个复杂过程条件反射就不能形成,运动技能就不能掌握。

由此可见,形成运动技能就是建立复杂的、连锁的、本体感受性的运动条件反射。在学会运动技能以后,大脑皮质运动中枢内支配的部分肌肉活动的神经元在机能上进行排列组合,兴奋和抑制在运动中枢内有顺序地、有规律地、有严格时间间隔地交替发生,形成了一个系统,成为一定的形式和格局,使条件反射系统化。大脑皮质机能的这种系统性称为运动动力定型。

运动动力定型建立后,能使肌肉的收缩和放松有顺序地、有规律地、有严格时间间隔地进行,并符合动作要求的规格。运动动力定型越巩固,就越能轻松自如地完成动作。虽然,旧的动力定型表现有一定的巩固性,但是只要新的环境条件长时间地代替旧的环境条件,新的动力定型也会形成,这就是大脑皮质机能的可塑性。大脑皮质所建立起来的动力定型越多,动力定型的改建就越容易,大脑皮质的机能灵活性也越高。运动实践证明,基本技术掌握得越多,越熟练,则不仅学习新的运动技能越快,而且战术运用自如,在实践中才会有丰富的创造力,形成独特的技术风格。

【知识与应用】

随意运动的反射本质

谢切诺夫曾提出"一切随意运动,严格地讲,都是反射",并指出"脑的活动的一切外部表现,其实都归结为肌肉运动"。其生理机理被认为是:人的随意运动是从感觉开始,以心理活动为中继,以肌肉的效应活动而告终的一种反射。以后巴甫洛夫在《所谓随意运动的生理机制》一文中,从理论上阐明随意运动的生理机理是暂时性神经联系。他用狗建立食物—运动条件反射实验证明，大脑皮质动觉细胞可与皮质所有其他中枢建立暂时性神经联系，包括内、外界刺激引起皮质细胞兴奋的代表区在内。

因此，随意运动的生理基础是以大脑皮质为活动基础的暂时性神经联系，学习和掌握运动技能，其生理本质就是建立运动条件反射的过程。

运动条件反射的形成条件在体育教学中的应用

1. 条件刺激物必须在非条件刺激物之前出现

如在给狗建立食物性条件反射时，先响铃，后（相隔时间不能长）给食物，引起狗唾液分泌，经多次重复后，狗一听到响铃，未吃食物也会引起唾液分泌。在建立这一条件反射的铃声（条件刺激物）必须出现在食物（非条件刺激物）之前，如果倒过来，铃声就失去了意义。在体育教学中，让学生看教师的示范，听教师生动形象的讲解，就具有这种意义和作用。

2. 大脑皮层必须处于适宜的兴奋状态

如果兴奋性太高，兴奋容易扩散，影响条件反射的建立。如体育教学中，刚做完游戏，学生由于激烈的争夺兴奋异常，教师应安排必要的过渡，待学生情绪安定下来之后再进行讲解、示范和组织教授新动作。如果兴奋性太低，也不利于条件反射的建立。如学生刚午睡后兴奋性很低，此时体育教师应采取做游戏、生动的讲解等措施来提高学生的兴奋性，尤其要注意做好充分的准备活动。

3. 要有适宜的刺激强度

一定范围内，条件刺激物和非条件刺激物强度越大，越容易建立条件反射。但如果刺激强度过大，就会成为劣性刺激，大脑皮层反而转为抑制。而刺激强度太小，则不能引起大脑皮层适度兴奋，也难以建立条件反射。如体育教学中运动负荷和动作难度、进度等的安排应符合学生实际水平，力求示范准确、讲解生动。

4. 尽量避免其他因素的干扰

建立条件反射过程中，要尽量避免其他因素的干扰，以免产生外抑制而影响条件反射的建立。如体育教学中，一方面要尽可能保持教学环境的相对安静以避免相互干扰，另一方面应教育学生提高学习自学性以减少外界额外刺激的干扰。

【名人回顾】

谢切诺夫（Ivan Mikhailovitch Sechenov）被称为"俄国生理学之父"，俄国生理学学派和心理学的自然科学学派的奠基者。

谢切诺夫在生理学领域中的主要贡献如下：提出了"有机体是自动调节系统"的思想并加以论证、研究和发现了中枢抑制现象（被称为"谢切诺夫抑制"）、提出了新的反射学说。1863年谢切诺夫发表《脑的反射》一书，明确提出"有意识和无意识生活的一切活动就其发生方式而言都是反射"，把反射活动推广到神经系统的高级部位，即推广到大脑的活动。这一研究方向成为后来巴甫洛夫创立高级神经活动学说的思想背景。

谢切诺夫

此外，谢切诺夫还是达尔文著作《人类的起源和性的选择》俄文版的编译者，是进化论学说的传播者，并且还以进化论观点对生理学和心理学的许多问题发表了自己的见解，是俄国进化论生理学和心理学的先驱者。

第二节　运动技能的形成过程及影响因素

一、运动技能的形成过程

运动技能的形成,是由简单到复杂的建立过程,并有其建立、形成、巩固和发展的阶段性变化和生理规律。一般说来,可划分为相互联系、完整统一的四个时相,或称四个过程:泛化过程、分化过程、巩固过程和自动化过程。

(一)泛化过程

泛化过程是指动作学习的初期,学生通过教师的讲解和示范以及自己的运动实践所获得的初步感性认识,对运动的技能内在规律并不完全理解。动作表现为动作僵硬,不协调,不该收缩的肌肉收缩,出现多余的动作,而且做动作很费力。这些现象是大脑皮质细胞兴奋扩散的结果。

该过程的神经特点是皮质内抑制尚未确立,所以大脑皮质中的兴奋与抑制都呈现扩散状态,使条件反射暂时联系不稳定,出现泛化现象。此过程应抓住动作的主要环节和学生掌握动作中存在的主要问题进行教学,不应过多强调动作细节,而应以正确的示范和简练的讲解帮助学生掌握动作。

(二)分化过程

分化过程是指随着练习的深入,学生对该运动技能的内在规律有了初步的理解。动作表现为一些不协调和多余的动作逐渐消除,大部分错误动作得到纠正,能比较顺利地和连贯地完成完整动作技术。初步建立了动力定型,但定型尚不巩固,遇到新异刺激(如有外人参观或比赛等)或强烈刺激干扰,多余动作和错误动作可能会重新出现。

该过程的神经特点是大脑皮质运动中枢兴奋和抑制过程逐渐集中,由于抑制过程加强,特别是分化抑制得到发展。在此过程中,教师应特别注意错误动作的纠正,让学生体会动作的细节,促进分化抑制进一步发展,使动作日趋准确。

(三)巩固过程

巩固过程是指通过进一步反复练习,运动动力定型趋向于巩固。动作表现为不仅动作准确、协调、省力,而且在环境条件改变和其他干扰刺激出现时,动作也不易受到破坏。

该过程的神经特点是大脑皮质的兴奋和抑制在时间和空间上更加集中和精确。此过程中一方面教师应指导学生进行技术理论学习,加深对动作内在联系的认识以提高动作质量,另一方面学生还应不断练习以强化巩固动力定型,避免定型消退。

(四)自动化过程

自动化过程是指随着运动技能的巩固和发展,动作会更加熟练自如,可在"低意识控制"下完成运动技能,即出现自动化现象。动作表现为练习某一套技术动作时,可以在无意识的条件下完成,即自动化。

该过程的神经特点是大脑皮质暂时联系达到非常巩固的程度,第一信号系统的活动已经从第二信号系统的影响下相对地"解放出来"。完成自动化动作时,第一信号系统的兴奋不向第二信号系统传递,或者只是不完全地传递,这时的动作是无意识的,或是意识不完全。但自动化动作也并不是永远无意识进行的,当接受外界刺激异常时,大脑皮质的兴奋就会提高,对自动化动作又会产生意识。可以这么说,在无意识完成自动化动作时,仍然必须在大脑皮质参与下才能实现。在皮质参与下所实现的有机体的反应,有的是有意识的,有的可以是无意识的。由于进行自动化动作时第一信号系统的活动经常不能传递到第二信号系统中去,因此,如果动作发生少许变动和误差,往往不易觉察,如果重复多次,变质的动作就会被巩固下来。所以该过程中仍应不断检查动作质量,以达到精益求精。

二、运动技能形成的影响因素

在体育运动实践中,运动技能形成过程并不是截然划分的,而是逐渐过渡的,各过程的出现和持续时间的长短,受许多因素的影响,既与教学方法、训练水平有关,又与学生学习的积极性和目的性有密切关系。从生理角度来分析,可归纳为以下几个方面:

(一)多种感觉机能的作用

运动技能的形成过程,就是在多种感觉机能参与下同大脑皮质动觉细胞建立暂时性神经联系的过程,除视觉、听觉、位觉、皮肤感觉起重要作用外,也与内脏感觉机能有着密切的联系,在完成任何动作时各感觉机能都同时起作用。特别是本体感觉,对形成运动技能具有特殊意义,还应充分发挥视觉与本体感觉、听觉与本体感觉、位觉与本体感觉、皮肤感觉与本体感觉间的相互作用。

(二)大脑皮质的机能状态

研究证明,大脑皮质适宜的兴奋性,是建立条件反射和形成运动动力定型的良好条件。若大脑皮质的兴奋性过高,兴奋点扩散,难于集中;若大脑皮质兴奋性过低,暂时联系也不易接通。因此,教学和训练中,要使大脑皮质处于适宜的兴奋状态。图 10-1 反映了应激水平(大脑兴奋性)与技能水平之间的关系,从曲线可以看出,应激水平在适度的时候运动成绩最好,应激水平过低或过高都不能取得好成绩。这就是耶克斯(Yekes)和多德森(Dougdsen)发现的反 U 曲线。

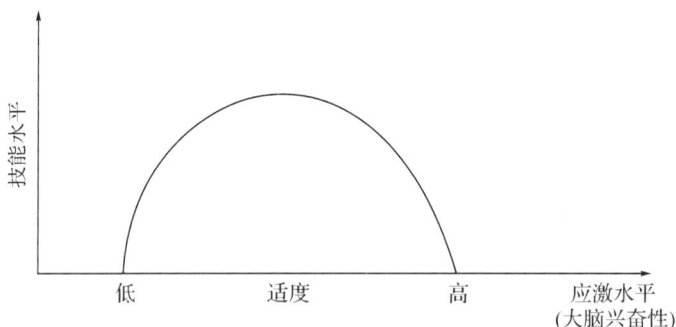

图 10-1 应激水平与技能水平之间的关系

(三)反馈信息的作用

运动技能的教学和训练中,教师应根据不同情况,科学地运用反馈原理来提高教学训练水平。如要求学生在进行某一练习之前先想象完成该练习的主要环节,启发学生的积极思维从而产生反馈信息,加深他们对动作或战术的理解;比赛前想象动作完成过程和胜利后的喜悦,从而产生反馈信息以强化和激发成功完成比赛动作的动机;训练结束后要求学生去做回忆,写训练日记,通过反馈和强化,加深对教学训练主要内容的理解,有助于提高教学训练效果。

运动技能的泛化过程中教师应充分利用视觉的反馈作用,加强示范与模拟练习,不断强化视觉与本体感觉之间的沟通,但应注意不要过多地抓住动作细节;巩固过程中教师应多运用语言反馈信息,以强化动作与思维的沟通;纠正错误动作时,对初学者不应过多地给予阴性的反馈信息(即强调其错误的一面),而应当经常给予阳性的反馈信息(即肯定其对的或正确的一面),多用"应当怎样做"而少用或不用"不能怎样做"一类语言,对高水平运动员可以直接指出其错误。

(四)训练水平的影响

研究表明,训练水平高的运动员在学习新动作时,泛化过程很短,对动作的精细分化能力强,形成运动技能快;运动新手在学习新动作时,泛化过程较长,对动作的分化能力差,掌握动作慢。

对于某个体而言,运动成绩或技术水平的提高又存在一个共同的规律,即训练初期运动成绩提高得快,而后期则提高得慢。主要原因是学习新技术初期,过去已经掌握的与新技术有关的相似动作及动作经验俱在迁移作用,有助于新技术的掌握。但到了后期,随着技术水平的提高,对运动条件反射的精确性的要求越来越高,与训练初期形成的运动条件反射差距很大,这就相当于需要重新建立新的运动条件反射。在学习新技术的初期是粗糙的分化,而到了后期则要求进行精细的分化。技术水平越高,对分化的精度要求也越高,因此,这种分化抑制的建立也就越困难。

(五)运动技能之间的相互影响

各种运动技能在很多基本环节或附属细节方面有着相近或相同的动作,在实践中彼此会产生相互影响,其影响有好的方面,也有坏的方面,在运动实践中应充分利用良好的影响,消除不良影响,以加速运动技能的形成。

运动技能之间的良好影响,表现为原有的运动技能可以促进新的运动技能形成,或同时学习几种运动技能时可以彼此促进,或新的运动技能的形成有助于原有运动技能的巩固和完善。如学习吊环前摆上的动作时,原来已经掌握双杠前摆上动作的运动员,学习起来就比较容易,掌握新运动技能也比较快。运动技能之间的不良影响表现在:原有的运动技能妨碍新的运动技能形成;新形成的运动技能破坏原有的运动技能;当同时形成几种运动技能时,彼此妨碍。如在体操教学中,运动员掌握了单杠挂膝上的动作之后,常常对学习骑上的动作产生不良影响。

运动技能的相互影响规律,对安排动作学习顺序是有意义的。例如,游泳时,先学爬泳,后学仰泳等就较快,原因是爬泳姿势比较接近人在生活中的基本动作,同时具备其他几种姿势的某些基本环节。

【知识与应用】

第一信号系统与第二信号系统

第一信号系统:第一信号也称显示信号,指直接作用于各种感觉器官的具体的条件刺激,如声、光、味等。对第一信号发生反应的大脑皮质机能系统是人和动物共有的第一信号系统,是人类感觉和表象的生理学基础。

第二信号系统:人类所特有的言语和文字可以代替第一信号引起条件反射,所以言语和文字是"信号的信号",称为第二信号。对言语、文字发生反应的大脑皮质机能系统是人类所特有的第二信号系统,是言语和思维的生理学基础,是以第一信号系统的活动为基础的,二者协同作用,具有共同的活动规律。

【本章小结】

1.运动技能是指人体在运动中掌握和有效地完成专门动作的能力。可分为闭锁式和开放式两类,通常而言,开放式比闭锁式的动作更复杂。运动技能学习的生理学本质是建立运动条件反射的过程,形成运动技能就是建立复杂的、连锁的、本体感受性的运动条件反射。

2.运动动力定型是指大脑皮质运动中枢内支配的部分肌肉活动的神经元在机能上进行排列组合,兴奋和抑制在运动中枢内有顺序地、有规律地、有严格时间间隔地交替发生,形成了一个系统,成为一定的形式和格局,使条件反射系统化。

3.运动技能的形成,是由简单到复杂的建立过程,并有其建立、形成、巩固和发展的阶段性变化和生理规律。一般说来,可划分为相互联系、完整统一的四个时相,或称四个过程:泛化过程、分化过程、巩固过程和自动化过程。

4.运动技能形成的影响因素如下:多种感觉机能的作用、大脑皮质的机能状态、反馈信息的作用、训练水平的影响、运动技能之间的相互影响。

【思考题】

1.理解下列术语:

运动技能　　运动动力定型　　自动化

2.运动技能的生理本质是什么?

3.运动技能形成过程分为哪几个阶段? 影响运动技能形成的因素有哪些?

4.在实践中如何运用运动技能相互作用的良好影响促进教学和训练?

第十一章　运动过程中的机能活动变化规律

【学习目标】

1. 掌握准备活动的生理学机制。
2. 了解"极点"和"第二次呼吸"的生理学机制。
3. 掌握运动性疲劳产生机制的几种学说及应用。
4. 熟悉运动性疲劳的判别方法。
5. 掌握运动性疲劳的主要恢复手段。

- 为什么有时候跑步到一半会肚子疼,坚持一会儿又自然好了?
- 为什么准备活动不充分,就容易受伤?
- 为什么我会疲劳?
- 为什么疲劳后有些人恢复得快,有些人恢复得慢?

第一节　赛前状态与准备活动

一、赛前状态

人体参加比赛或训练前某些器官、系统产生的一系列条件反射性变化称为赛前状态。它可产生在比赛前数天、数小时或数分钟。

（一）赛前状态的生理变化及其产生机制

赛前状态的生理变化主要表现在神经系统兴奋性提高,物质代谢加强,体温上升,内脏器官活动增强。例如,心率加快、收缩压升高、肺通气量和吸氧量增加,还可能有出汗和尿频等现象。赛前状态反应的大小与比赛性质和运动员的机能状态和心理状态有关。比赛规模愈大愈关键、离比赛时间愈近,赛前反应愈明显;运动员情绪紧张、训练水平低、比赛经验不足也会使赛前反应增强。

赛前状态产生的机制可以用条件反射机制解释。人们在日常的比赛或训练过程中,比赛场地、器材、观众、广播声和对手的表现等信息不断作用于运动员,并与比赛或训练中肌肉活动时的生理变化相结合。久之,这些信息就变成了条件刺激,只要这些信息或刺激出现,赛前的生理变化就表现出来,因而形成一种条件反射。由于这些生理变化是在比赛或训练的自然环境下形成的,所以其生理机制属自然条件反射。

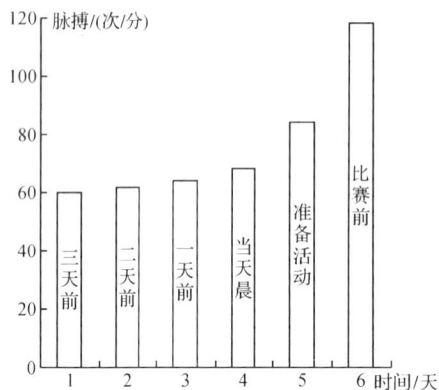

图 11-1　赛前脉搏

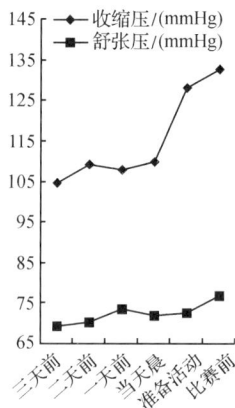

图 11-2　赛前动脉血压

（二）赛前状态的生理意义及其调整

1.不同赛前状态对运动能力的影响

（1）准备状态

其特点是中枢神经系统兴奋性适度提高,植物性神经系统和内脏器官的惰性有所克服,进入工作状态时间适当缩短,从而有利于发挥机体工作能力和提高运动成绩。

（2）起赛热症

其特点是中枢神经系统的兴奋性过高,表现为过度紧张、常有寝食不安、四肢无力,全身微微颤抖、喉咙发堵等不良生理反应,因而使运动员工作能力和运动成绩下降。

（3）起赛冷淡

其特点一般是由于赛前兴奋性过高,进而引起了超限抑制,表现为对比赛淡漠,浑身无力,因此不能发挥机体工作能力。

2.如何调整不良的赛前状态

赛前状态是自然条件反射,因而可塑性很强。为了提高运动能力,必须对起赛热症和起赛冷淡进行调整,使之达到准备状态。这种调整包括:要求运动员不断提高心理素质,正确认识比赛意义、端正比赛态度;经常参加比赛,积累比赛经验;赛前做好准备活动,如果运动员兴奋性不高,可做些强度较大的与比赛内容近似的练习;如果运动员兴奋性过高,准备活动的强度可小些,可安排一些轻松的和转移注意力的练习。按摩可调整兴奋性,例如:强度较大的叩击能提高兴奋性,强度较小的揉、抚摩能降低兴奋性。赛前遵守作息制度亦很重要,作息制度应尽量与比赛条件相一致。

【知识与应用】

适应场地:一些运动员在到达比赛地后,一般在一到两天内达到最高兴奋性,故一些不需要特殊场地适应的比赛选手不会提前很早到达比赛地,以防止最高兴奋性出现在比赛前,从而影响比赛期间的整体状态。

二、准备活动

准备活动是指在比赛、训练和体育课的基本部分之前,有目的进行的身体练习。

（一）准备活动的生理作用和机制

1.提高中枢神经系统的兴奋性,增强内分泌腺的活动,为使正式练习时生理功能迅速达到最适宜程度做好准备。

2.增强氧运输系统的活动,使肺通气量、吸氧量和心输出量增加,心肌和骨骼肌中毛细血管网扩张,工作肌能获得更多的氧供应。

3.体温适度升高。准备活动时,由于肌肉频繁地收缩和舒张,促进体内的物质和能量代谢,使产热过程加强,体温升高。体温升高可以提高酶的活性,体温每上升 1℃,代谢率增加 13%。

肌肉温度升高 2℃时,肌肉收缩速度约增加 20%;体温适度升高能使神经传导速度加快,肌肉收缩速度增加,促进氧合血红蛋白的解离,有利于氧的供应。人体活动的最佳体温是 37.2℃,而肌肉温度为 38℃。

4.降低肌肉的黏滞性,增强弹性,防止运动损伤。

5.增强皮肤的血流,有利于散热,防止正式练习时体温过高。

准备活动对其后进行的正式练习有良好的影响,其主要生理机制是通过预先进行的肌肉活动在神经中枢的相应部位留下兴奋性提高的痕迹,这一痕迹产生的生理效应能使正式练习时中枢神经系统的兴奋性提高,调节功能得到改善,内脏器官的功能惰性得到克服,生化反应加快进行,有利于机体发挥最佳功能水平。

痕迹效应不能保持很久,研究证明准备活动后间隔 45 分钟,其痕迹效应将全部丧失。

(二)准备活动的内容与顺序

准备活动的生理机理与赛前状态不完全相同。赛前状态是在各种刺激作用下产生的自然条件反射,而准备活动则更侧重对身体各器官、系统引起的痕迹效应。这种痕迹效应牵涉到神经系统的兴奋后作用,内分泌腺某些激素的分泌,以及体温升高产生的温度效应。

"痕迹"在体内残留的长短依存于准备活动刺激强度的强弱和准备活动与正式运动间的间隔时间长短。因此准备活动的量及强度,与正式运动间隔的长短是十分关键的问题。

1.一般准备活动的量与强度应较正式运动小,以免由于疲劳影响运动成绩。

根据对各种项目的准备活动的调查发现,项目差异和个体差异都很大。每个运动员可以根据项目特点,个人习惯,季节气候及赛前状态,编制适宜的准备活动。通常以微微出汗及自感已活动开为宜。

2.间隔时间多长合适,是个值得研讨的问题。古巴一名棒球教练曾用超量恢复理论研究了棒球投手试投(专门性准备活动)与正式投的最佳间隔时间为 3～6 分钟。准备活动经过休息后,身体机能水平正好处于超量恢复的上升阶段,就是最好的间隔时间。因此,教练员和运动员应该根据实验或总结以往的经验找到这一最佳间隔时间。

3.准备活动的内容大都包括一般性准备活动和专门性准备活动。

专门性准备活动的动作结构、节奏、强度等与正式运动相近,许多项目的专门性准备活动十分重要(如球类、体操等)。

【知识与应用】

有人研究篮球运动员如果只做一般性准备活动与不做准备活动相比,投篮命中率增加37%,如果一般性及专门性准备活动都做了,投篮命中率就增加到 58%,有明显的不同。

(三)影响准备活动生理效应的因素

准备活动的时间、强度、与正式练习的时间间隔以及内容和形式等,是影响准备活动生理效应的主要因素。准备活动的强度以 $45\% V_{O_2max}$ 强度,心率约达 100～120 次/min,时间在 10～

30min 之间为宜。还应根据年龄、季节、运动专项、训练水平和个人特点等因素适当加以调整。

总之,准备活动的强度和时间应以体温上升为主要标志。准备活动结束到正式练习开始时的间隔一般不超过 15min,在一般教学课中以 2～3min 为宜。

第二节　进入工作状态

在进行运动练习时的开始阶段,人体各器官系统的工作能力不可能立刻达到最高水平,而是在运动开始后一段时间内逐步提高的,机体工作能力逐步提高的过程称为进入工作状态。例如 100m 赛跑在 40～50m 处达到最高速度,篮球比赛中的投篮命中率往往在开赛后数分钟才达到最高水平。

一、进入工作状态的生理机制

人体运动除了受物理惰性影响外,主要受生理惰性影响。具体表现在:

1. 反射时:人体的随意运动或反射活动都是在中枢神经系统的控制和整合下完成的,从感受器将刺激能量转化为神经冲动,到神经冲动的传导、突触传递、中枢间功能活动的逐渐协调和肌肉收缩都需要时间。动作愈复杂,需要的时间愈长。

2. 肌肉活动必须依赖内脏各器官的协调活动与之相配合才能获得能源物质、氧以及清除代谢产物,这一协调活动需要机体各种调节机制的参与。表现为:

(1)内脏器官的生理惰性比运动器官大。支配内脏器官的植物性神经不仅传导速度慢,而且传导途径中突触联系较多(神经冲动每经过一个突触需要0.3～0.5ms)。

(2)在调节内脏器官产生持续活动中,神经－体液调节作用更为重要。首先由神经系统调节内分泌腺分泌激素,激素随血液循环到达所支配的器官,改变其功能状态,这一系列的生理活动,比神经调节的惰性大得多。因此,内脏器官的生理惰性大是进入工作状态缓慢的主要原因。

【知识与应用】

研究表明,在不做准备活动的情况下跑 1500m,呼吸和循环系统的活动需要在运动开始后 2～3min 才能达到最高水平,而骨骼肌在 20～30s 内就可发挥出最大工作效率。

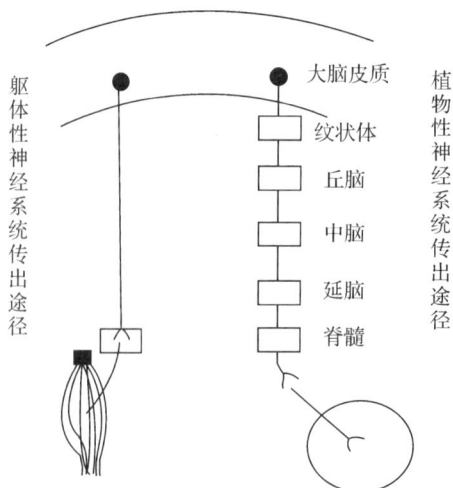

图 11-3　躯体性神经系统和植物性神经系统传出途径模式

二、影响进入工作状态的主要因素

为提高运动练习效果应尽量缩短进入工作状态的时间。进入工作状态所需时间的长短取决于工作强度、工作性质、个人特点、训练水平和当时机体的功能状态。

在适宜运动负荷下工作强度越高,进入工作状态的时间就愈短。动作愈复杂、活动变换愈频繁,进入工作状态愈慢。训练水平愈高,当时的功能状态愈好,进入工作状态愈快。年龄和外界因素(场地、气候等)也能影响进入工作状态的时间。儿童少年进入工作状态的时间比成年人短。场地条件好,气候温暖适宜能激发运动欲望,迅速调动身体功能,极早适应工作。良好的赛前状态和充分的准备活动有助于机体缩短进入工作状态的时间。

三、"极点"与"第二次呼吸"

(一)"极点"及其生理机制

进行具有一定强度和持续时间的周期性运动时,在运动进行到某一段时程,运动者常常产生一些难以忍受的生理反应,如呼吸困难、胸闷、头晕、心率急增、肌肉酸软无力、动作迟缓不协调,甚至想停止运动等——这种状态称为"极点"。

"极点"是机体在进入工作状态阶段产生的生理反应,其原因主要是内脏器官的功能惰性与肌肉活动不相称,致使供氧不足,大量乳酸积累使血液的 pH 值降低,这不仅影响神经肌肉的兴奋性,还反射性地引起呼吸循环系统活动紊乱,这些功能的失调又使大脑皮层运动动力定型暂时遭到破坏。

(二)"第二次呼吸"及其生理机制

"极点"出现后,如依靠意志力和调整运动节奏继续运动下去,一些不良的生理反应便会逐渐减轻甚至消失,动作变得轻松有力,呼吸变得均匀自如。这种现象称为"第二次呼吸"。

"第二次呼吸"产生的原因主要是由于运动中内脏器官惰性逐步得到克服,氧供应增加,乳酸得到逐步清除;同时运动速度的下降使运动的每分需氧量下降,从而减少了乳酸的产生,这样机体的内环境得到改善,被破坏了的动力定型得到恢复,于是出现了"第二次呼吸"。它标志着进入工作状态阶段的结束。

(三)影响"极点"与"第二次呼吸"的因素

"极点"出现的迟早,反应的强弱以及消失的快慢等,与运动项目、运动强度、训练水平、赛前状态、准备活动和呼吸等因素有关。

中长跑项目中运动者的"极点"反应较明显,运动强度愈大,训练水平愈低,气候闷热,"极点"出现得愈早,反应也愈明显,消失得也愈迟。良好的赛前状态与适当的准备活动能推迟"极点"的出现和减弱"极点"反应。在"极点"出现时,应注意加深呼吸以减少血液中二氧化碳的浓度,这有助于"极点"反应的减轻和更快消失,以及第二次呼吸的出现。

四、稳定状态

在进行运动练习时,进入工作状态阶段结束后,人体的机能活动在一段时间内保持在一个较高的变动范围不大的水平上,这种机能状态称为稳定状态。稳定状态可分为真稳定状态和假稳定状态。

(一)真稳定状态

在进行小强度和中等强度的长时间运动时,进入工作状态阶段结束后,机体所需要的氧气可以得到满足,即吸氧量和需氧量保持动态平衡,这种状态叫真稳定状态。

在真稳定状态阶段,肺通气量、心输出量、血压及其他生理指标保持相对稳定,运动中的能量供应以有氧氧化供能为主,乳酸的产生很少,运动的持续时间较长,可达几十分钟或几小时。

真稳定状态保持时间长短的关键取决于氧运输系统的功能,该功能愈强,稳定状态保持的时间则愈长。

(二)假稳定状态

在进行强度较大、持续时间较长的运动时,进入工作状态结束后,吸氧量已达到并稳定在最大吸氧量水平,但仍不能满足运动练习对氧的需要,这种状态称为假稳定状态。

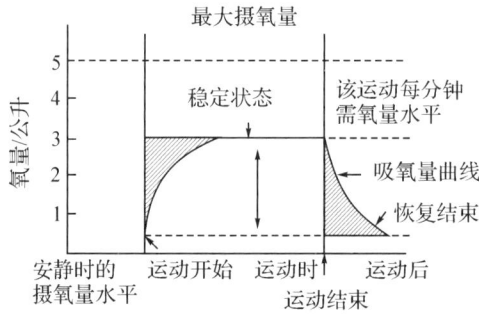

图 11-4　运动各个状态时,机体摄氧量和该运动需氧量的关系

由于吸氧量不能满足需氧量,所以机体的无氧供能成分增加,乳酸的产出率大于清除率,使血乳酸增加,pH 值下降,运动不能持久。

【知识与应用】

(一)

"第一拐点":标志进入工作状态(动员阶段)结束、稳定工作状态开始。

"第二拐点":标志稳定工作状态结束、人体整体工作效率明显下降、疲劳开始。

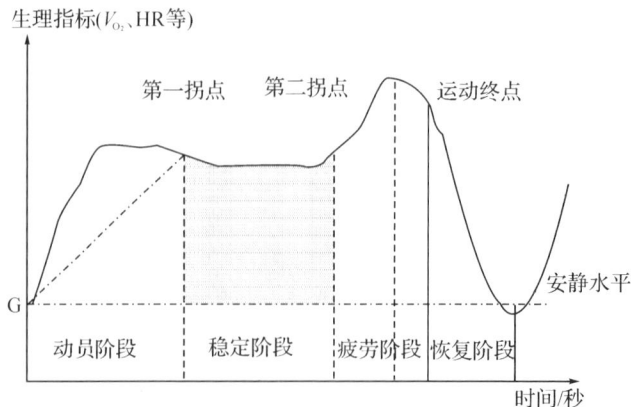

图 11-5　运动各阶段摄氧量和心率等关系

(二)

在假稳定状态阶段,与运动有关的其他生理功能基本达到极限,如心率可达 200 次/min,心输出量达 30L,呼吸频率 60~80 次/min,肺通气量达 120~150L,收缩压 26~32kPa 等。同时肌肉的电活动加强,表明募集了新的运动单位以代偿肌肉的疲劳。

第三节 运动性疲劳

一、概念及其发展过程

运动性疲劳是机体生理过程不能持续将其机能维持在一特定水平上和/或不能维持预定的运动强度。特点是:

(1)把疲劳时体内组织和器官的机能水平与运动能力结合起来评定疲劳的发生和疲劳程度;

(2)有助于选择客观指标评定疲劳,如心率、血乳酸、最大吸氧量和输出功率间在某一特定水平工作时,单一指标或各指标的同时改变都可用来判断疲劳。

运动性疲劳是运动本身引起的机体工作能力暂时降低,经过适当时间休息和调整可以恢复的生理现象,是一个极其复杂的身体变化综合反应过程。

二、心理疲劳与身体疲劳

疲劳一般分为心理疲劳和身体疲劳。心理疲劳是由于心理活动造成的一种疲劳状态,其主观症状有注意力不集中,记忆力障碍,理解、推理困难,脑力活动迟钝、不准确。行为改变表现为动作迟缓,不灵敏,动作的协调能力下降,失眠、烦躁与不安等。

身体疲劳是由身体活动或肌肉活动引起的,主要表现为运动能力的下降。身体疲劳分为全身的、局部的、中枢的、外周的等类型。身体疲劳常因活动的种类不同而产生不同的症状。

在运动竞赛和运动训练中,身体疲劳和心理疲劳是密切联系的,故运动性疲劳是身心的疲劳。

三、运动性疲劳产生的机制

从本世纪初,就开始了对运动性疲劳的系统研究。迄今关于运动性疲劳产生机制的理论,最具代表性的有:

(一)"衰竭学说"

衰竭学说认为疲劳产生的原因是能量物质的耗竭。其依据是,在长时间运动中,产生疲劳的同时常伴有血糖浓度降低,补充糖后,工作能力有一定程度的提高。

坎农(Cannon)等发现,狗运动到精疲力竭时,注射肾上腺素后又能继续跑动,因肾上腺素可使肝糖元进一步分解,从而使血糖水平提高。

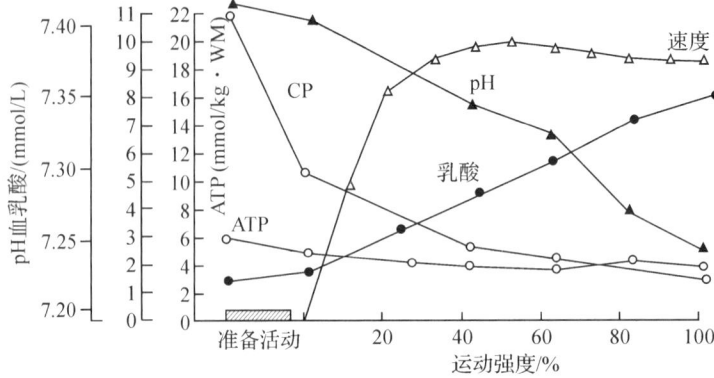

图 11-6　CP 贮备下降程度与运动强度的关系

（二）"堵塞学说"

堵塞学说认为疲劳的产生是由于某些代谢产物在肌组织中堆积。其依据是,疲劳的肌肉中乳酸等代谢产物增多。

卡尔森（Karlsson,1975）的研究认为,乳酸堆积会引起肌肉机能下降。

乳酸堆积可引起肌肉组织和血液 pH 值（酸碱度）的下降,阻碍神经肌肉接点处兴奋的传递;抑制磷酸果糖激酶（PFK）活性从而抑制糖酵解,使 ATP 合成速率减慢。pH 值下降,还使肌浆中 Ca^{2+} 的浓度下降,从而影响肌凝蛋白和肌纤蛋白的相互作用,使肌肉收缩减弱。

（三）内环境稳定性失调学说

内环境稳定性失调学说认为疲劳是由于 pH 值下降,水盐代谢紊乱和血浆渗透压改变等因素引起的。

当人体失水占体重 5％时,肌肉工作能力下降约 20％～30％,失水量过多时,易发生中暑。美国哈佛大学疲劳研究所曾报导,在高温下作业的工人因分泌汗液过多,致使疲劳,严重疲劳时给予饮水仍不能缓解,但饮用含 0.04％～0.14％的氯化钠水溶液可使疲劳有所缓解。

（四）保护性抑制学说

按照巴甫洛夫学派的观点,运动性疲劳是由于大脑皮质产生了保护性抑制。运动时大量冲动传至大脑皮质相应的神经细胞,使其长时间兴奋导致消耗增多,为避免进一步消耗,便产生了抑制过程,这对大脑皮质起到保护性作用。

1971 年雅科甫列夫发现,小鼠在进行长时间工作（10 小时游泳）引起严重疲劳时,大脑皮质中 r-氨基丁酸水平明显增高,该物质是中枢抑制介质。其他因素如血糖下降、缺氧、pH 值下降、盐丢失和渗透压升高等,也会促使皮层神经细胞工作能力下降,从而促进疲劳（保护性抑制）的发生和发展。

（五）突变理论

爱德华兹（Edwards,1982）从肌肉疲劳时能量消耗,肌力下降和兴奋性丧失三维空间关系,提出了肌肉疲劳的突变理论,并认为这是运动性疲劳的生物化学基础,认为疲劳是运动能力的衰退,形如一条链的断裂现象。这条肌肉疲劳控制链为:

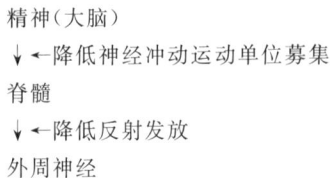

精神（大脑）

↓←降低神经冲动运动单位募集

脊髓

↓←降低反射发放

外周神经

↓←损坏神经肌肉间转换

肌膜

↓←损害动作电位

横管系统←Na^+，K^+，H_2O平衡紊乱

↓←降低兴奋性

Ca^{2+}

↓←活动性下降

↓←能量供应减少

肌动球蛋白间连接

↓

横桥紧张＋热←热损伤

↓←肌肉受损

力量及功率输出

突变理论的特点在于：单纯的能量消耗，肌肉的兴奋性并不下降，在 ATP 耗尽时，才引起肌肉僵直，这在运动性疲劳中不可能发展到这个地步；在能量和兴奋性丧失过程中，存在一个急剧下降的突变峰，兴奋性突然崩溃，并伴随力量或输出功率突然衰退。突变理论把疲劳看成是多因素的综合表现。

（六）自由基学说

自由基是指外层电子轨道含有未配对电子的基团。在细胞内，线粒体，内质网，细胞核，质膜和胞液中都可以产生自由基。由于自由基化学性质活泼，可以与机体内糖类、蛋白质、核酸及脂类等发生反应，因此，能造成细胞功能和结构的损伤和破坏。

自由基学说认为，自由基与运动性疲劳有着密切的关系，是导致运动性疲劳的重要原因。研究发现，剧烈运动后自由基产生过多，可造成肌纤维膜、内质网完整性丧失，妨碍了正常的细胞代谢与机能；还造成胞浆中 Ca^{2+} 的堆积，影响了肌纤维的兴奋—收缩耦联，使肌肉的工作能力下降；自由基能引起线粒体呼吸链产生 ATP 的过程受到损害，使细胞能量生成发生障碍，影响了肌纤维的收缩功能；另外，还有一些重要的酶由于自由基的作用而失活，从而产生一系列病理变化，也能导致肌肉收缩能力下降产生疲劳。

四、运动性疲劳的部位及不同类型运动的疲劳特点

（一）运动性疲劳发生的部位

疲劳发生的部位可能发生在中枢部位，也可能发生在外周部位。

1. 中枢疲劳

中枢疲劳可能发生在从大脑皮层直至脊髓运动神经元的中枢神经系统中。中枢运动神经系统功能紊乱可改变运动神经的兴奋性，使神经冲动发放的频率减少。

【**知识与应用**】

近年来的研究证实，激烈运动时，脑干和丘脑的 5 羟色胺（5-HT）明显升高，5-HT 含量升高可激发倦怠、食欲不振、睡眠紊乱等疲劳症状。另外，运动时脑中氨含量也增加，脑氨增加可引起许多酶活性下降，ATP 再合成速率下降，大脑中 ATP 和 CP 水平明显降低，糖元含量减少，γ-氨基丁酸水平升高，思维和意识变异，肌肉无力，呼吸急促等，从而引发各种疲劳症状。

2.外周疲劳

外周疲劳可能发生的部位是从神经—肌肉接点直至到肌纤维内部的线粒体结构等。这些部位中所发生的某些变化与运动性疲劳有着密切的联系。

（1）神经—肌肉接点

肌肉兴奋依赖于终板去极化，乙酰胆碱（Ach）是运动神经末梢把兴奋传向肌肉的神经递质。若骨骼肌出现疲劳状态，运动神经末梢释放乙酰胆碱量减少，则不能完成预期有效负荷。这种状态被称为突触前衰竭。

（2）肌细胞膜

肌细胞膜具有许多极为重要的功能以保证肌细胞的存活和进行收缩运动。

长时间或者大强度的运动导致内环境发生改变，从而引起肌细胞膜的通透性发生改变，影响了肌细胞膜的正常功能，使肌力下降，导致运动性疲劳的发生。

（3）肌质网

肌质网终池具有贮存 Ca^{2+} 及调节肌细胞浆 Ca^{2+} 浓度的重要作用，这些作用在肌肉收缩和放松过程中都起关键的调节作用。研究证明，运动时有多种因素可以影响肌质网的机能（如 ATP 含量减少，酸中毒，自由基生成等），进而影响了钙离子的代谢和调节作用，因此与运动性疲劳的产生常有着密切的关系。

（4）线粒体

有学者认为，在进行持续时间很长的精疲力竭运动过程中，由于肌细胞浆 Ca^{2+} 浓度过分上升就会使 Ca^{2+} 大量进入线粒体，线粒体转运 Ca^{2+} 的顺序优先于氧化磷酸化作用，所以，在这时机体的耗氧量虽然增大而 ATP 的再合成速度却减慢，这样就导致细胞功能降低。

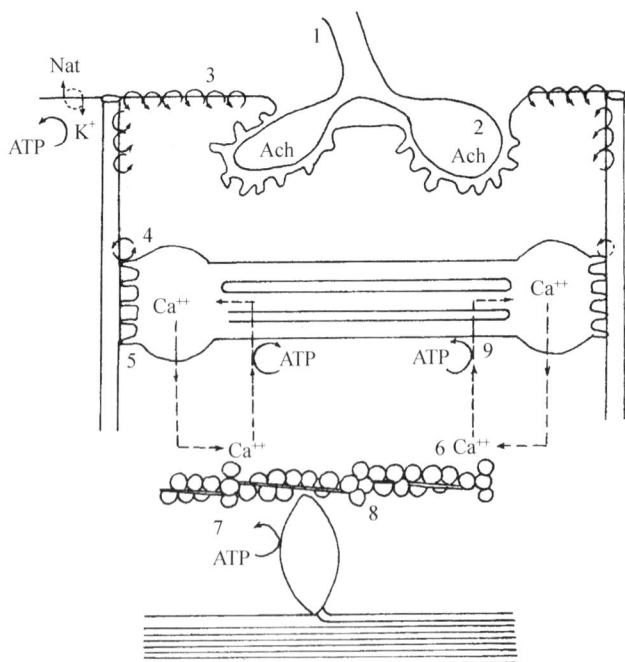

图 11-7　外周疲劳可能发生的部位

（二）不同类型运动的疲劳特点

运动性疲劳是一个极为复杂的问题，由于运动的负荷和性质不同均会对人体功能产生不同影响。研究表明,在不同时间的全力运动时,疲劳发生的主要原因不同;在不同代谢类型的运动项目中疲劳的特点也不相同。

不同运动项目的疲劳存在一定的规律性,短时间最大强度运动的疲劳是由于肌细胞内代谢变化导致 ATP 转换速率下降所致。长时间中等强度运动疲劳往往与能源贮备动用过程受抑制有关。

非周期性练习和混合性练习,其技术动作的不断变化是加深疲劳的重要因素。实验证明,习惯性的、自动化程度高的、节奏性强的动作不易疲劳,而要求精力高度集中以及运动中动作多变的练习,则较易产生疲劳。

在静止用力练习时,中枢神经系统兴奋冲动降低,肌肉中血液供应减少以及憋气引起的心血管系统功能下降是产生疲劳的主要原因。

五、运动性疲劳的判断

科学的判断运动性疲劳的出现及其程度,对合理安排体育教学和训练有很大实际意义。然而,疲劳的表现形式多种多样,引起疲劳的原因和部位也不尽相同,目前还没有一个准确判断疲劳的方法。这里仅介绍几种较为简单可供判断疲劳参考的生理指标测定方法。

(一)肌力测定

1. 肌肉力量:(一般选用较为简单的握力或者背力)可早晚各测一次,求出其数值差。如次日早晨恢复,可判断为正常肌肉疲劳。

2. 呼吸肌耐力:可连续测 5 次肺活量,每次测定间隔 30 秒,疲劳时肺活量逐次下降。

(二)神经系统功能测定

1. 膝跳反射阈值:疲劳时该指标增高。

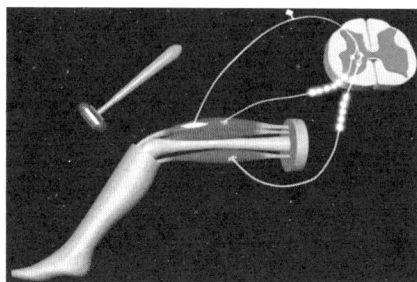

图 11-8　膝跳反射结构

2. 反应时:疲劳时反应时延长。

3. 血压体位反射:受试者坐姿,休息 5 分钟后,测安静时血压,随即仰卧在床上 3 分钟,然后把受试者扶起成坐姿(推受试者背部,使其被动坐起),立即测血压,每 30 秒测一次,共测 2 分钟,若 2 分钟以内血压完全恢复,说明没有疲劳,恢复一半以上为轻度疲劳,完全不能恢复为重度疲劳。

(三)感觉器官功能测定

1. 皮肤空间阈:受试者仰卧、横伸单臂、闭眼,测试人员持触觉计或两脚规,拉开一定距离,将其两端以同样的力轻触受试者前臂皮肤,先从感觉不到两点的距离开始,逐渐加大两脚针距离,直到受试者感到了两点的最小距离为皮肤空间阈,又称两点阈。阈值较安静时增加 1.5~2 倍为轻度疲劳,增加 2 倍以上为重度疲劳。

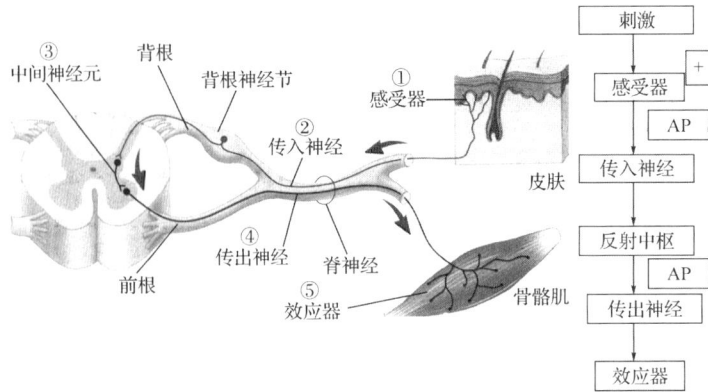

图 11-9　神经传导路径

2.闪光融合频率:受试者坐位,注视频率仪的光源(如红色),直到将红光调至明显断续闪光融合频率为止,又称临界闪光融合频率。测三次,取其平均值,疲劳时闪光融合频率减少。如轻度疲劳时约减少 $1.0\sim3.9\mathrm{Hz}$,中度疲劳时约减少 $4.0\sim7.9\mathrm{Hz}$,重度疲劳时减少 $8\mathrm{Hz}$ 以上。

(四)生物电测定

1.心电图:疲劳容易导致心电图波形异常。

2.肌电图测定:疲劳时,肌电振幅增大,频率降低,电机械延迟延长。这些均表明神经——肌肉功能下降。

3.脑电图测定:脑电图可作为判断疲劳的一项参考指标。疲劳时由于神经细胞抑制过程的发展,可表现为慢波成分的增加。

(五)主观感觉判断(RPE)

瑞典生理学家冈奈尔·鲍格(Borg)在 1973 年研制了主观感觉等级表,鲍格认为:"在运动时来自肌肉、呼吸、疼痛、心血管各方面的刺激,都会传到大脑,而引起大脑感觉系统的应激。"因此,运动员在运动时的自我体力感觉,也是判断疲劳的重要标志。

RPE 的具体测试方法是:在运动现场,放一块 RPE(主观体力感觉等级表)板。锻炼者在运动过程中,指出自我感觉是第几号,以此来判断疲劳程度。如果用 RPE 的编号乘 10,相应的得数就是完成这种负荷的心率。

(六)生化指标

利用一些简单的生化指标能很好地判断机体是否处于疲劳状态

表 11-1　常用生化判断运动性疲劳指标

指标	评定方法
心率	晨脉明显加快
血红蛋白	处于较低水平或下降趋势
红细胞	处于较低水平或下降趋势
血乳酸	安静值超范围,运动时的最大血乳酸值下降
血尿素	晨安静值在 8.0mmol/L 以上为疲劳,持续几日超过 8.0mmol/L 或持续升高为过度疲劳
血清 T/C	下降 25% 并持续不回升为疲劳,下降 30% 或持续下降为过度疲劳
血清 CK	晨安静值持续高于 300U/L 或完成定量负荷时的值明显升高
尿蛋白	运动后比原来负荷后的值突增 3~4 倍。晨安静时,连续几日处于较高水平或持续升高
尿胆原	晨安静时,在 4~6mg% 为疲劳,连续几日超过 4~6mg% 为过度疲劳
尿潜血	完成定量负荷后,出现阳性或连续几日在晨安静为阳性
IgG,IgM,IgA	明显下降

（七）一般观察法

表 11-2　不同程度疲劳表征对比

内容	轻度疲劳	中度疲劳	重度疲劳
自我感觉	无任何不适	疲乏、腿痛、心悸	除疲乏、腿痛、心悸外，还有头痛、胸痛、恶心，甚至呕吐现象，有些征象存在时间较长
面色	稍红	相当红	十分红，或苍白，有时呈紫蓝色
排汗量	不多	甚多，特别是肩带部分	非常多，尤其是躯干部分；在颞部及汗衫和衬衣上可出现白色盐迹
呼吸	中等加快	显著加快	显著加快，并且表浅（其中有少数深呼吸出现），有时呼吸节奏紊乱
动作	步态稳定	步伐摇摆不稳	摇摆现象显著，出现不协调动作

第四节　恢复过程

恢复过程是指人体在体育运动结束后，各种生理功能和能源物质逐渐恢复到运动前状态的一段功能变化过程。

一、恢复过程的一般规律

消耗和恢复过程可简要地分为三个阶段：

第一阶段：运动时能源物质主要是消耗，体内能源物质逐渐减少，各器官系统功能逐渐下降。

第二阶段：运动停止后消耗过程减少，恢复过程占优势，能源物质和各器官系统的功能逐渐恢复到原来水平。

第三阶段：运动中消耗的能源物质在运动后一段时间内不仅恢复到原来水平甚至超过原来水平，这种现象叫"超量恢复"或"超量代偿"，保持一段时间后又回到原来水平。

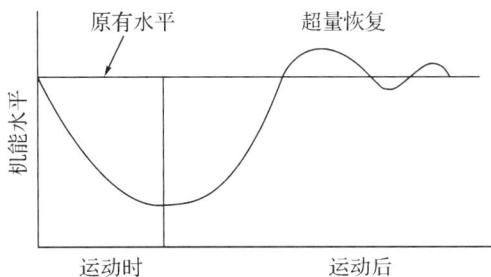

图 11-10　疲劳恢复过程

【知识与应用】

让两名实验对象分别站在一辆自行车的两侧同时蹬车，其中一人用右腿蹬车左腿休息，另一人用左腿蹬车右腿休息,当运动至筋疲力尽时,测定运动腿股外肌的肌糖原含量接近于零。运动后连续 3 天食用高糖膳食不参加任何运动,结果运动腿股外肌肌糖原含量比安静时多一倍。

超量恢复的程度和时间取决于消耗的程度,在一定范围内肌肉活动量愈大,消耗过程愈剧烈,超量恢复也愈明显。如果活动量过大,超过了生理范围,恢复过程就会延缓。运动实践证明,运动员在超量恢复阶段参加训练和比赛,能提高训练效果和创造优异比赛成绩。

二、机体能源储备的恢复

(一)磷酸原的恢复

磷酸原的恢复很快,在剧烈运动后被消耗的磷酸原在 20～30 秒内合成一半,2～3 分钟可完全恢复。磷酸原的恢复主要是由有氧氧化系统供能。运动中磷酸原消耗的愈多,其恢复过程需要的氧也愈多。

(二)肌糖原储备的恢复

肌糖原是有氧氧化系统和乳酸能系统的供能物质,也是长时间运动延缓疲劳的一个因素。影响肌糖原恢复的速度有两个主要因素,一是运动强度和运动持续时间;二是膳食。

【知识与应用】

长时间运动(1h 耐力性运动后,再进行 1h 最大力量性运动)致使肌糖原耗尽后,如用高脂肪与蛋白质膳食 5d,肌糖原恢复很少,如用高糖膳食 46h 即可完全恢复,而且前 10h 恢复最快。在短时间、高强度的间歇训练后,无论食用普通膳食还是高糖膳食,肌糖原的完全恢复都需要 24h,而且在前 5h 恢复最快。

(三)氧合肌红蛋白的恢复

氧合肌红蛋白存在于肌肉中,每千克肌肉约含 11mL 氧。在肌肉工作中氧合肌红蛋白能迅速解离释放氧被利用,而运动后几秒钟可完全恢复。

(四)乳酸的消除

乳酸是糖酵解的产物,其中仍蕴藏有大量的能量可以被利用。以往的研究中,认为乳酸绝大部分用于合成肝糖元才能被再利用。近几年的研究认为,乳酸在工作肌中被继续氧化分解利用占绝大部分。

布鲁克斯(1986)对肌乳酸生成后的转运过程明确地概括为"乳酸穿梭"。包括:

(1)工作肌内乳酸穿梭:指运动过程中工作肌内生成的乳酸在工作肌不同类型的肌纤维中进行重新分配和代谢的过程。在肌肉收缩时,乳酸主要在Ⅱb 型快肌纤维中生成。生成后即不断"穿梭"进入Ⅱa 型肌纤维或 ST(I)型中氧化利用。所以,工作肌生成的乳酸大约有 50% 未进入静脉,再加上来自动脉血中的乳酸,一起在Ⅱa 或 I 型肌纤维中氧化为 CO_2 和 H_2O,同时释放出能量,供给肌纤维收缩利用。

(2)经血管的乳酸穿梭:指运动时工作肌内生成的乳酸不是在工作肌本身中进行代谢,而是穿出肌细胞膜后经过弥散作用进入毛细血管,再通过血液循环将乳酸运输到体内其他各器官中进一步代谢。乳酸经血液循环,主要到达内脏区域,运动时心肌从血液中摄取乳酸后加以氧化利用,肝脏和肾脏也摄取乳酸作为糖异生作用的底物。

表 11-3 力歇运动后的恢复所需要时间

恢复过程	恢复时间	
	最少	最多
肌中磷酸原(ATP 和 CP)恢复	2min	3min
非乳酸性氧债的偿还	3min	5min
氧合血红蛋白恢复	1min	2min
肌糖原的恢复(长时间运动后)	10h	46h
(间歇运动后)	5h	24h
肌肉和血液中乳酸的消除:(运动性恢复)	30min	1h
(休息性恢复)	1h	2h
乳酸性氧债的偿还	30min	1h

三、促进人体机能恢复的措施

运动性疲劳是体内多种因素综合变化的结果,因此必须采用多种科学手段才能加速机体功能的恢复。

（一）活动性手段

1.变换活动部位和调整运动强度

谢切诺夫在 1903 年进行测力描记实验中发现,右手握测力器工作到疲劳后,以左手继续工作来代替安静休息,能使右手恢复的更迅速更完全。他认为,在休息期中来自左手肌肉收缩时的传入冲动会加深支配右手的神经中枢的抑制过程,并使右手血流量增加。用转换活动的方式来消除疲劳,也叫积极性休息。研究还证明,与安静休息相比较,活动性休息可使乳酸的消除快一倍。

2.整理活动

整理活动是指在正式练习后所做的一些加速机体功能恢复的较轻松的身体练习。通过整理活动,可减少肌肉的延迟性酸疼,有助于消除疲劳;使肌肉血流量增加,加速乳酸利用;预防从激烈活动骤然停止可能引起的机体功能失调。例如,跑到终点后站立不动,血液大量集中在下肢扩张的血管内,使静脉回心血量减少,因而心输出量下降,血压降低,造成暂时性贫血,产生不适感,甚至出现"重力性休克",整理活动可避免这种情况的出现。此外,整理活动也有利于再从事其他的练习。

（二）营养性手段

运动能力恢复的关键在于恢复机体的能量储备,包括肌肉及肝脏的糖元储备、关键酶的活性(维生素 B 复合体及微量元素等)以及体液、元素(如铁)平衡、细胞膜的完整性等。补充营养无疑是恢复的物质基础。

1.能源物质的合理调配

把运动中需补充的热量按照蛋白质、脂肪、糖三者的比例划分为按需要均衡进补的定式。大多数项目运动员的膳食中三种能量的补充比例为 1.2：0.8：4.5;耐力性运动项目因其训练负荷的特点,要求膳食中糖的含量较高,故三种能量的搭配比例为 1.2：1：7.5;运动负荷量比较小的项目,稍稍比普通人的能量补充高一些,三种能量的搭配比例为 1：0.6：3.5。

三大营养物质摄取总量应以能满足机体代谢需要为依据。

2.营养物质的补充方法

（1）糖

由于糖是体内重要的能源物质,因此,运动中糖的适量补充,无疑是提高运动能力的一个促力因素。长时间运动、尤其激烈比赛时,应注意运动前、运动中和运动后糖的补充。

研究表明，运动前补糖宜安排在赛前数日内或赛前的 1.5～2 小时。运动中补糖可安排在每隔 15～30 分钟或每隔 30～60 分钟为宜，运动后补糖的时间越早越好，最好不超过运动后的 6 小时。关于糖的补充量，一般认为，应限制在每小时 50g 或每公斤体重 1g。

（2）蛋白质

运动员对蛋白质的需要量高于一般人。日本及东欧一些国家提出运动员每公斤体重应获得 2g 蛋白质甚至 2g 以上，西欧一些国家报告提出每公斤体重 1.4g 蛋白质即可满足运动员的需要。国内根据估测氮平衡的实验结果，提出运动员蛋白质的供给量应为总热能的 12％～15％，约为每公斤体重 1.2～2.0g 蛋白质。

（3）脂肪

运动员没有必要专门补充脂肪，膳食中适宜的脂肪量为总热量的 25％～30％即可。游泳及冬季运动项目，如滑雪、滑冰等，因机体散热量较大，食物中脂肪可比其他项目高些，但也不宜超过总热量的 35％。

（3）维生素

维生素参与机体的各种代谢，缺乏或不足时即可对运动能力产生不利的影响，表现为做功量降低、疲劳加重、肌肉无力等。补充缺乏的维生素，可以提高运动能力。

（4）矿物质

参加运动训练使身体负荷加大，由于大量排汗使身体对钾、钠、钙、磷、镁、铁的需求量增加，特别是对钾和钠的需求量明显增加，因而必须从食物中补充。

（三）营养品手段

促进人体疲劳恢复的药剂很多，一般分为化学药物和中草药两类。

1. 化学类的药品有提高肌肉代谢作用的葡萄糖酸钙、次黄嘌呤核苷、三磷酸腺苷以及激素、类固醇等等。使用化学类药物要有科学依据，要根据运动应激与应激系统活动程度掌握好药物的剂量、效应和时间曲线。若使用不当易违犯国际奥委会的规定。

2. 应用中医药调理的目的在于提高机体抗病能力，增强免疫，改善代谢调节，提高训练效果。通过外源性的抗氧化剂的补充可以减少大强度运动时氧自由基的损害，常用的抗氧化剂有 VE、VC 和一些中草药，如人参、当归、生地、酸枣仁、阿魏酸、五味子等。

【知识与应用】

1. 长期大强度训练会引起血浆容量增加，大强度运动引起红细胞破坏加剧，加上训练中大量出汗增加了铁的丢失以及铁摄入量不足等原因，容易导致运动员发生"运动性贫血"。作为女性运动员，由于生理周期的原因，通过经血丢失铁较多，更容易发生贫血症状，影响训练效果和运动员的身体健康。因此在训练期内应该注意尽量避免发生这种情况。

根据引起"运动性贫血"的几个原因，我们可从以下几个方面着手，有的放矢解决问题：服用生血中药——长白景仙灵，刺激机体生成更多的红细胞；补充优质铁源——海默飞或者海默醇等，增加机体铁的摄入；补充强抗氧化剂——番茄红素，提高机体的抗氧化能力，保护细胞膜，防止红细胞遭到破坏，从而起到维持红细胞浓度的作用。

2. 睾酮是机体内的雄性激素，主要功能为促进体内的合成代谢，促进蛋白质的合成和组织的修复。男子血睾酮正常浓度维持在 9.5～35mmol/L；女子为 0.35～3.5mmol/L。正常的睾酮水平是肌糖原快速恢复所必需的，同时睾酮可刺激红细胞的数量增多，从而使红细胞的压积增加，睾酮对于运动员的疲劳恢复，竞技状态的保持有至关重要的影响，为了维持良好的睾酮水平,科研人员会给运动员服用一些促睾酮类的产品,如蒺藜皂甙、廷伟、婷伟等,这些大部分是由天然中药成分合成,促进人体自身的睾酮合成。要注意,一些类固醇的药物也能迅速提高睾酮,但此类产品属于兴奋剂,运动员不得服用此类产品。

（四）睡眠

人体自身的睡眠对疲劳的恢复是最重要的手段,通过睡眠使精神和体力得到恢复。

【知识与应用】

事实表明,睡眠时大脑皮层兴奋度降低,体内分解代谢处于最低水平,而合成代谢则处于较高水平,很多促合成类激素都是在人体深睡眠时分泌,这有利于体内能量的蓄积。运动员若睡眠不足,则很容易造成疲劳累积。研究发现,一周左右的低质量的睡眠就可以造成睾酮水平的明显下降

（五）物理手段

在大强度和大运动量训练之后,常采用按摩、理疗、吸氧、针灸、气功等医学物理手段加速机体恢复。

（六）心理学手段

训练和比赛之后,采用心理调整措施恢复工作能力,能够降低神经—精神的紧张程度,减轻心理的压抑状态,加快恢复消耗掉的神经能量,从而对加速身体其他器官系统的恢复产生重大影响。

对身体起作用的心理手段、种类非常多。其中主要有:暗示性睡眠—休息,肌肉放松,心理调整训练（个人和集体的）,各种消遣和娱乐活动,舒适的生活条件等。

【本章小结】

1.在进行运动练习时的开始阶段,人体各器官系统的工作能力不可能立刻达到最高水平,而是在运动开始后一段时间内逐步提高的,机体工作能力逐步提高的过程称为进入工作状态。

2.在进行剧烈运动开始阶段,内脏器官的活动满足不了运动器官的需要,出现一系列暂时性生理机能低下综合征称为极点。

3.在进行体育运动时,人的机能能力逐渐提高的生理过程和机能状态叫进入工作状态。

4.运动性疲劳产生机制的理论,最具代表性的有：衰竭学说、能量衰竭学说、代谢产物堵塞学说、内环境稳定性失调学说、中枢保护性抑制学说、自由基学说、突变理论。

5.恢复过程是指人体在运动过程中和运动结束后,各种生理机能和能源物质逐渐恢复到运动前水平的变化过程。

【思考题】

1.如何依据赛前状态的生理变化调整和提高机体的工作能力?

2.进入工作状态产生的原因是什么?

3.试述运动性疲劳产生机理的学说。

4.简述运动性疲劳的判断方法及测定指标。

5.简述乳酸消除的途径及时程。

6.论述促进人体功能恢复的基本手段。

7.试述恢复过程的阶段特点及超量恢复的实践意义。

第十二章　运动训练的生理学分析

【学习目标】

1. 掌握运动训练原则。
2. 了解生理学监控的方法和手段。
3. 掌握过度训练的定义和处理方法。
4. 掌握高原训练的生理学基础。
5. 掌握减控体重期间的方法和生理学分析。
6. 熟悉冷热环境下人体的生理学变化。

?

- 为什么一段时间不训练后,运动水平会下降?
- 作为运动员,经常要配合科研人员进行各类的测试,做测试的目的是什么?
- 为什么要进行高原训练?
- 冬天和夏天训练需要注意哪些不一样的防护?

第一节　运动训练原则

一、可训练性和可逆性原则

（一）可训练性原则

可训练性原则是指人体的形态结构、生理机能、身体素质等方面通过体育锻炼而获得某些积极的适应性改变。生物机体能对外界环境刺激产生适应的能力是可训练性原则的生理学基础。

体育课或训练课增强机体各器官功能的过程本质上就是这种积极的生理适应过程。人体各器官生理功能在适宜的生理负荷刺激下产生一系列适应性变化,表现为各器官功能明显增强,肌纤维类型、线粒体等发生良好的适应性变化,并能使体内代谢过程产生积极的适应。

人体各器官功能可以通过训练得到提高与适应,也会受遗传因素的影响,例如人体有氧供能系统及乳酸供能系统的能力就受遗传因素很大的制约。遗传因素与后天可训练性因素是密切相关的。先天遗传因素规定了人体生理功能发展的可能性范围,后天训练可以将这些遗传潜力充分发掘,从而使各器官生理功能达到遗传能力的上限。如果能根据运动员的遗传特征选择适合各自特点的项目及训练方法,使训练和运动员的遗传特征吻合,人体各器官功能将最大限度地获得提高。

体育课与训练课通过身体练习掌握一定的运动技能,从而建立起运动条件反射的生理过程,具有明显的后天获得性特征。体育课和训练课的任务在于选择和采取合适的教学与训练方法加速运动条件反射的建立与巩固。

（二）可逆性原则

通过训练增强体质的生理本质是积极的适应过程。但是一旦训练中止,由于应激过程的中止,则会使已经获得的适应逐步消失。由此可见,通过训练提高与增强了的生理功能是可逆的,可因中断训练而下降甚至逐步消失。可逆性不仅在长时期中止运动后有所表现,即使在短时间停止运动也会表现明显。

表 12-1　某运动员卧床二十天休息前后的指标比较

指标	卧床休息前	卧床 20 天后
最大吸氧量/(mL·kg^{-1}·min^{-1})	43	31.8
心率/(bt·min^{-1})	192.8	196.6
最大心输出量/(L·min^{-1})	20.0	14.8
最大搏出量/(mL)	104	74.2
心容积/(mL)	868	770

肌肉经过 10 周训练后力量明显增长,如中止训练则 30 周后则所获得的力量增长则完全消退,此外肌肉萎缩的同时导致肌纤蛋白和肌浆蛋白减少,肌肉中糖元、ATP、CP 等的减少。运动技能如果长时间中止练习(相当于条件反射不予强化),则已经掌握的运动技能会逐渐生疏而最终不能完成。从运动技能的可消退性角度提示训练的可逆性。

因此,在锻炼与训练上应注意保持经常性和持续性,提倡科学地安排全年训练计划,坚持全年训练,并注意训练的周期及节奏,使通过训练获得的各器官系统的良好功能、身体素质及掌握的运动技能得到不断提高,避免因训练中止而下降和消退。

图 12-1　俄罗斯运动员霍尔金娜停训前后对比

二、全面身体锻炼原则

儿童少年时期是生长发育旺盛时期,在教学训练过程中应给身体各器官系统以全面影响,使身体各器官系统均承受一定的负荷。

表 12-2　不同训练方式对少年生长发育的影响

组别	训练年限/(月)	体重增加/(kg)	身高增加/(cm)	肺活量增加/(mL)	握力增加/(kg)	背力增加/(kg)
全面身体训练组	10	3.5～4.5	1.5～2.5	300～500	4～6	8～10
单项训练组	10	1.5～2.5	1～1.5	150～250	2～3	4～6

不同的运动项目对身体的影响不同。全面身体练习能使不同项目练习引起的机体不同生理生化变化起互补和促进作用,使各项身体素质获得全面提高。因此,锻炼的内容应力求全面多样,使人体各器官系统得到全面的影响。

体育课、训练课应将全面身体训练和专项身体训练及专项技术训练应合理地结合起来,注意年龄、训练水平、季节及竞赛等的合理安排。年龄愈小、训练水平愈低、开始训练的时间愈短,全面训练的比重应该愈大。随着年龄的增长和训练水平的提高,可逐渐增加专项训练的比重,但不能忽视身体全面训练。在冬季宜增大一些全面身体训练的比重。

【知识与应用】

对于肌肉力量训练来说,若长期只练到屈肌,而不练到伸肌,在高强度的训练和比赛中,很容易造成肌肉的拉伤。例如对于径赛运动员来说,若长期练股四头肌等大腿前群肌肉,股后群肌肉比较薄弱,在一些强度练习中,股后群肌肉就很容易造成损伤。

利用现代技术发现,顶尖的优秀运动员,伸肌力量应在屈肌力量的 70%～80% 左右。而目前一些力量测试结果显示,如果不注意伸肌力量的练习,运动员伸肌力量仅为屈肌力量的 50% 或者更低水平。

三、循序渐进和超负荷原则

(一)循序渐进原则

循序渐进原则是指在体育教学与训练中应从易到难、由简到繁、从小到大地进行。循序渐进原则的生理学基础是生物机体对刺激的适应规律及运动条件反射的建立和巩固规律。

人体各器官系统形态结构、生理功能和生化变化是在教学与训练影响下,经多次重复刺激作用下产生的适应性增强过程。运动技能的建立或习得必须遵循从易到难、由简到繁、从小到大的循序渐进原则,才易于掌握。

(二)超负荷原则

超负荷原则是指运动训练的负荷应该超过以往的常量负荷.

恢复过程的强度、超量恢复的大小和持续时间等都取决于消耗过程的强度,在一定范围内,肌肉活动量愈大,消耗过程愈剧烈,超量恢复过程愈明显,机体各器官系统结构和功能的良好改善也愈明显,体质增强效果也愈显著。在生理范围内,对强度小的刺激条件反射建立慢,对较强的刺激则条件反射建立快。超量负荷的刺激是一种生理范围内较强的适宜刺激,对运动技能的形成有加速作用。

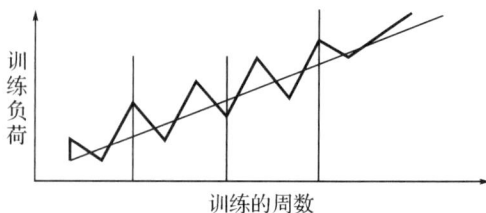

图 12-2　超负荷的增加模式

超负荷的量通过控制两个因素而改变:训练的强度和训练的量(由训练的次数和持续时间组成)。在生理范围内超负荷愈大,适应的效果和能力的提高就愈显著。

为使训练能在超负荷条件下持续进行,应增加负荷。负荷的增加是周期性的逐步增加。训练较重的阶段应衔接以强度较小的恢复阶段,即在一个周期的训练高峰后衔接一个训练强度和量较低的阶段,使逐渐增加的超负荷刺激伴随着恢复和适应。

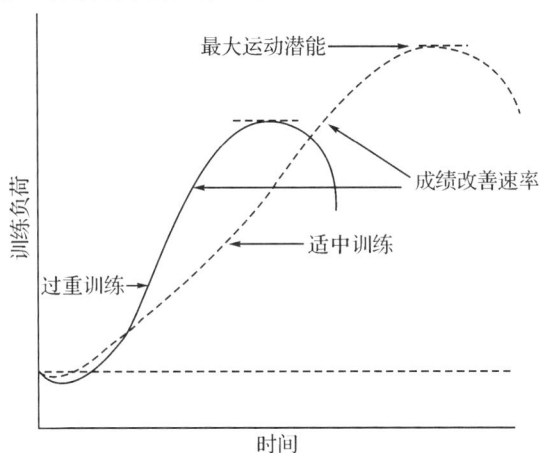

图 12-3　不同超负荷安排身体机能的不同发展速率

四、专门性原则

专门性原则是指训练内容与运动项目的体能要求应保持一致性。

训练负荷对人体所产生的应激往往作用于机体某特定系统或部分,较少影响其他系统或部分。如右臂重复负荷弯举,只会引起右臂肱二头肌的肥大,而对右臂的三头肌或左臂的肱二头肌影响很小。短跑训练主要影响无氧供能系统能力,对有氧供能系统影响很小。

运动引起的机体能源物质的超量恢复过程只发生在运动部位肌纤维及其酶活性变化和各器官系统发生的适应性变化体现出运动项目的特点,不同的运动训练对运动性心脏肥大的形成产生不同的影响。例如,举重、摔跤和投掷等力量项目的运动员心脏以心壁增厚为主,而游泳、长跑、滑雪和自行车等耐力项目的运动员心脏以心腔容积增大为主,也伴有心壁增厚。

第二节　运动训练过程中的生理监控

运动生理负荷的检测与调控,是实现科学化运动训练和体育锻炼的核心要素和重要内容,也是应用生理学原理指导体育运动实践的重要方面和具体体现。

在体育锻炼和运动训练中,准确掌握运动者身体对运动负荷的生理学反应,及时调整运动负荷量是科学化运动的关键环节之一,也是运动生理负荷监测的目的。训练量不大,达不到训练效果,运动量过大,又容易造成过度疲劳和运动伤病等。运动训练的生理监控就是运用生理学方法和指标对训练计划、训练质量、训练效果和运动员的功能与健康状况等方面进行动态监测与评价。

一、监测的基本原则

(一)不干扰原则

不干扰原则是指在试验实施生理负荷实时监测时,操作过程和使用的监测器材都应尽量避免干扰运动员正常训练过程。

（二）简便原则

简便原则是指符合监测的方法和手段要简便易行，包括操作程序简便、检测指标精少、监测器材小巧等。简便原则是监测方法与手段具有很强操作性的基础。如果监测操作程序繁琐、过程复杂，运动员佩戴的传感器过多或过重，将给监测者带来诸多不便，从而影响训练过程的监测。

（三）可靠性原则

可靠性原则是指监测所获得的数据要稳定可靠。这是对运动生理负荷进行分析和调控的基本保障。监测数据的可靠性与监测器材的性能和工作状态、数据采集手段和条件控制、被监控者的生理机能状态和个体差异等因素有关。因此，在测试前应该认真检查仪器设备，规范数据采集程序，观察被测者的机能状态，尽可能的排除各种干扰因素。

【知识与应用】

为了确保数据的可靠性，在测试采样时候，还应该防止应激反应。如采血可造成有些运动员的情绪紧张，使其机体的应激性增加，血中的肾上腺皮质激素水平升高，全身整体机能工作水平提高，从而影响数据的真实性。

（四）无创性原则

无创性原则是指在监测采集过程中，尽量采用不造成受试者创伤的监测方法和手段。如采用表面电极采集心电、肌电信号等。无创性监测方法和手段是人体机能监测的发展方向。

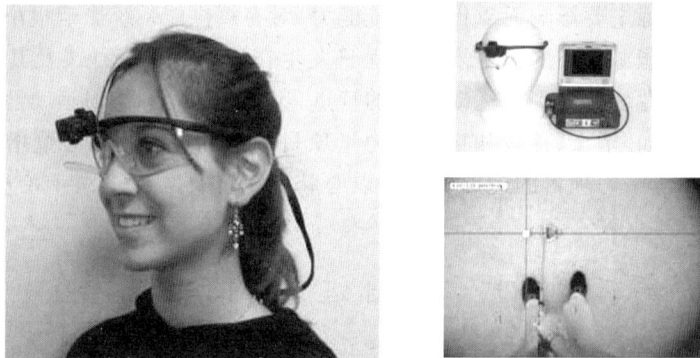

图 12-4　眼动观察仪

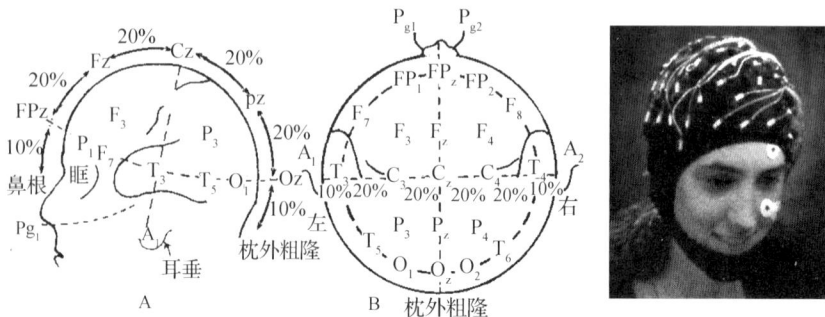

图 12-5　脑电图测试

（五）连续性原则

连续性原则是指在实施生理负荷监测时,运用连续采样的方式进行数据采集,以保证数据的连续性和统一性,从而减小采样误差,以便较为完整的了解整个运动过程中生理负荷量的变化规律和特征。从理论上将,采集的密度越大,持续采样的时间越长,样本数量越大,所获得数据的可靠性就越高。

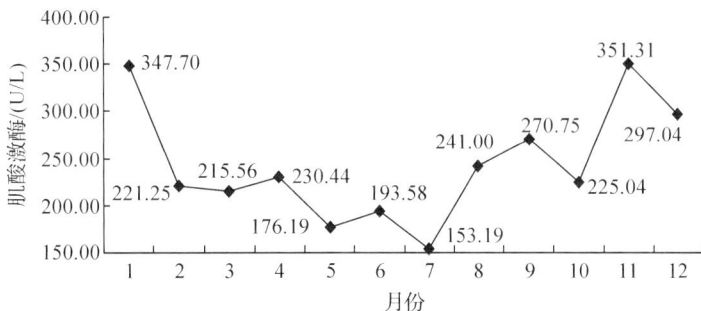

图 12-6 全年观察研究队员肌酸激酶变化情况

【知识与应用】

有些指标比如血液中的肌酸激酶、尿素氮等,个体差异较大,如果在测试时,仅仅通过一次测试,横向比较,对分析目前运动员的生理状态的好坏误差较大,只有通过连续的测试,得出每个运动员的规律性的变化,才能对其机能状态做出比较准确的判断。

二、运动员生理监控的检测方法和指标选择

目前监测运动员运动训练的方法主要分为现场监控法和实验室监控法两种形式,采集的样本包括肌肉、血液、尿液、汗液、呼出的气体、心率、负荷强度以及完成情况等。

（一）现场监控法

现场监控是指在训练场馆对实际训练计划、训练效果和训练质量进行检查、评价、实施控制的方法。现在监控能密切结合运动训练的专项特点,通过专项训练手段,将运动员在专项训练中的情况综合反映出来。现场监控法主要有两种:(1)通过专门的训练器械的测量、分析和评价运动员的专项训练水平,对具体训练手段实施控制。(2)通过专项训练手段来测量、分析和评价运动员的专项训练水平,并对具体训练手段实施控制。例如,对长跑运动员运用便携式遥测心率仪、便携式气体代谢分析仪、便携式乳酸测试仪进行测定,定量分析分段距离的负荷强度;将对比赛成绩贡献较大的分段距离作为监控运动员的专项耐力指标,并建立相应的评价和训练控制标准。

【知识与应用】

目前随着计算机、遥测技术的广泛运用和先进的监测设备的应用(如 Polar 遥测心率仪的应用),监测的手段有了很大的改善,为实现现场监控,且不干扰正常训练提供了可靠的保障。

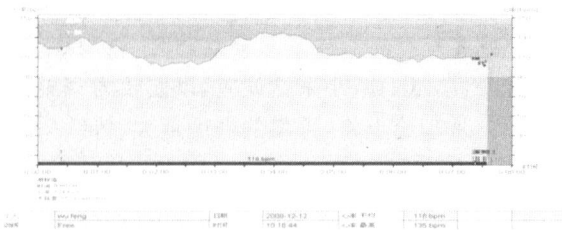

Polar 心率表以及测试结果

（二）实验室监控法

将训练过程中反映被监测者生理负荷变化的生物学信息及时采集或记录下来，待训练结束后进行分析处理，属于滞后分析。该方法是人们较为熟悉且常用的一类运动生理负荷监测方法。

指标体系：

（1）运动系统：运动系统的生理学指标主要有肌肉力量、肌电图和关节伸展度等。

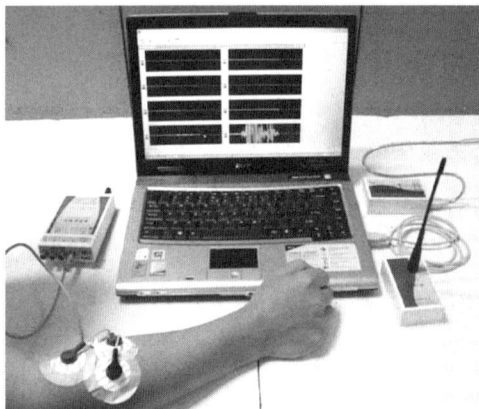

图 12-7　表面肌电图测试

（2）循环系统指标：循环系统指标包括心脏形态、结构和心血管功能方面的指标。反映心脏形态的指标主要有心脏体积、心脏重量、容积等。主要采用测定手段是超声心动图。而反映心血管功能的指标主要有心率、心电图、心输出量、心指数、每搏输出量和动脉血压等。

【知识与应用】

心率：清晨起床前，清醒，空腹，静卧时的心率称为基础心率。在运动实践中常用基础心率作为了解和评价运动员对负荷适应及身体适应状况的指标。

在正常情况下基础心率是相当稳定的，身体健康功能良好时基础心率稳定，基础心率随着训练年限的延长和训练水平的提高而减慢。通常安静时窦性心率范围是每分钟 60～100 次，经常参加体育锻炼的青少年安静时的基础心率低，心率储备高，心血管机能潜力大。基础心率的突然加快往往提示有过度疲劳或者疾病的存在。耐力项目运动员安静时心率低于其他运动员。评定运动员安静心率时，应采用自身前后对比，多用于运动时的对照。

一般情况下，运动时心率的快慢和运动强度有关，强度越大，心率越快。运动后心率的下降速度快慢，反映运动员身体机能的恢复情况。

（3）呼吸系统和能量代谢指标：这主要包括肺活量、肺通气量、摄氧量、最大摄氧量和呼吸肌耐力等。这些指标可通过肺活量计和气体分析仪等仪器设备测得。

肺活量是反映呼吸系统功能的有效指标。经常参加体育锻炼的人群呼吸系统发育良好，在安静时所测定的肺活量较大。

最大吸氧量被认为是反映心肺功能的最重要的综合指标。

极量负荷时，有训练的耐力运动员最大吸氧量达每公斤体重83～85毫升（约每分钟5～6升），有训练的青少年耐力运动员最大吸氧量达每公斤体重65～79毫升。一般健康人每公斤体重45～55毫升（每分钟3～3.5升）。关于最大摄氧量的测试方法和手段在第九章中有提到。

（4）生化指标：包括血红细胞、血红蛋白、血乳酸，肾上腺皮质激素、睾酮等。其中，血乳酸、血红蛋白、睾酮和皮质激素等指标，仍然是目前体育科学训练中最为广泛的监测指标，他们能反映机体内代谢供能方式、生理负荷量的积累和整体机能水平等变化信息。

睾酮：睾酮是反映机体合成代谢的情况。一般来说，身体机能良好时，血清睾酮水平变化不大，且有体能增强伴随着血睾酮增加的趋势，而在过度疲劳、训练强度过大和机能状态不好时，血睾酮水平则会下降，所以可将血睾酮作为评定运动员机能状态的指标。但血睾酮个体差异变化范围较大，如果仅凭一次的指标，很难反应运动员机能的好坏。

皮质醇：皮质醇是代表机体分解代谢快慢的指标。运动后皮质醇持续保持较高的水平，会导致机体分解代谢旺盛，不利于疲劳的消除。皮质醇变化常常和睾酮一起使用，共同说明运动员机能情况。

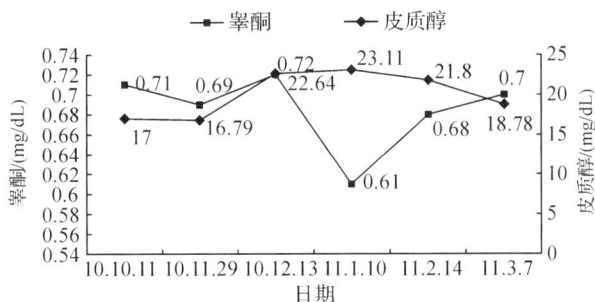

图 12-8　运动员一段时间内睾酮和皮质醇变化趋势

血红蛋白：简称血色素，是红细胞中一种含铁的蛋白质。主要功能是运输氧和二氧化碳，并对酸性物质起缓冲作用，参与体内酸碱平衡条件。它在监测中主要综合反应运动员在运动过程中的血液携氧能力，在运动员营养评定中，通过测定血红蛋白观察机体是否处于贫血状况。在高原训练中，它是评定运动员对缺氧适应的指标。在一般的大负荷训练中，教练员也可根据此来判断训练量是否合适，了解运动员是否处在疲劳状况，从而及时调整运动量大小。一般人群血红蛋白含量男为 120～160g/L，女性为 110～150g/L。

血乳酸：血乳酸的变化和动用的能量系统有关系，运动时以动用磷酸原供能为主时，乳酸较少，一般不超过 4mmol/L；以糖酵解系统供能为主时，可达 15mmol/L 以上；以有氧氧化系统供能为主时，则在 4mmol/L 左右。

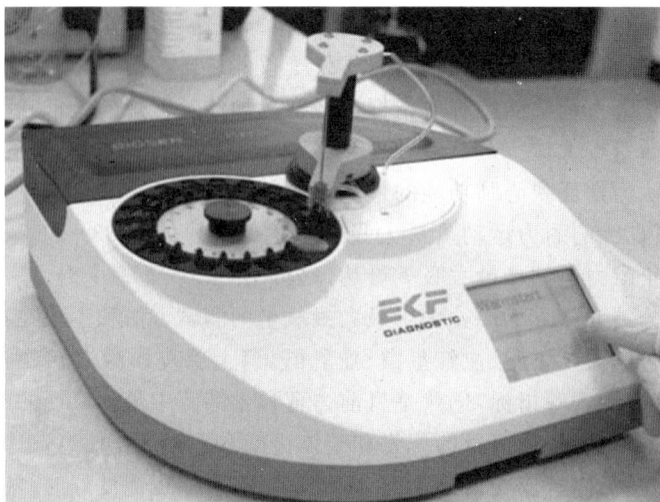

图 12-9　EKF 全自动乳酸仪

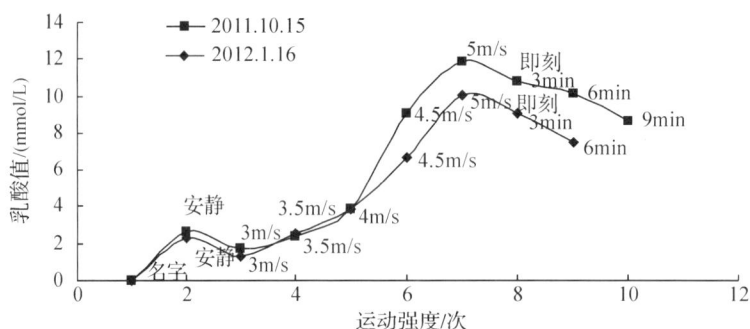

图 12-10　某 400m 田径队员两次进行乳酸阈测试的不同结果

第三节　过度训练

一、过度训练

（一）过度训练的概念

过度训练即运动疲劳综合征，是最为常见的运动性疾病。主要由于运动员机能不能适应训练安排引起的一系列功能紊乱和病理状态。

（二）发病原因

1.连续大强度训练和比赛，运动训练安排缺乏节奏，缺少必要的调整是发生过度训练的最主要因素。

2.忽视了"循序渐进"和"系统性"原则。

3.训练中忽视运动员个人特点，缺少区别对待。

4.运动员受伤后恢复训练不系统，过早地参加正规的训练和比赛。

5.生活规律遭到破坏,休息不足,旅途劳顿,营养不良等。

（三）发病机理

1.中枢神经系统失调:大脑皮层的兴奋抑制平衡遭到破坏,破坏了运动员原先建立的动力定型,从而引起的一种各个组织、器官的功能失调。

2.能源枯竭:高强度训练和比赛消耗大量的能量,如果能量供应不足就会导致体内能源物质大量消耗,造成能源枯竭。

3.疲劳物质积累:高强度的训练和比赛会造成疲劳物质积累,如果长期积累得不到恢复,就会破坏机体代谢平衡,造成过度疲劳。

4.机体内环境改变:高强度的训练和比赛会导致机体内环境变化。如果不及时调整就会破坏机体内环境平衡。

（四）处理与措施

1.调整训练量,合理安排训练负荷。

2.保证运动员休息。

3.合理的疲劳恢复手段。

4.合理的营养补充。

5.适当的心理恢复手段。

二、停训

练习者骤然停训或明显减量训练可引起体内一些系统和器官的功能紊乱,这种紊乱症状有的学者称为停训综合征。常历时数周或数月。

表现为:情绪状态稳定性差;胸闷,气憋,心前区不适、隐痛,心律不齐（出现早搏）等;消化系统的症状为食欲下降、腹胀、胃部不适、便秘等;神经精神系统的症状为烦躁不安、头痛、乏力、易激怒、失眠、自主力失控等;个别练习者可出现神经性尿频、尿急、脱发、消瘦等症状。

为了预防练习者出现停训综合征,关键的措施是尽量采取逐渐减少运动负荷量的办法。

（一）经过一段时期有氧运动训练,全身各系统都会发生程度不同的适应性改变

有氧运动训练引起的心血管系统和骨骼肌系统的适应并非为永久性的。当停止训练一段时间后心血管系统的功能和骨骼肌代谢能力会下降。如心搏量、心肌收缩性、心肌肥厚、血容量、体温调节、骨骼肌毛细血管数量和氧化酶活性等发生改变。

运动员因停止运动训练可使心血管和代谢的运动适应性明显减退。一般经适当训练,可使最大摄氧量增加 5%～25%,停止运动 2 周后,增加的最大摄氧量开始消退,停训 4～12 周可消退 50%,停训 10 周至 8 个月可下降至训练前的水平,要经几个月的再训练才能恢复至需要的水平。

为保持机体的运动适应,防止停训综合征,必须保持一定的健康运动,通常是适量的耐力运动。美国运动医学会建议作 60%～90% 最大储备心率或 50%～85% 最大摄氧量的耐力运动,每次 15～60 分钟,每周 3～5 次。可做跑步、阻力自行车、登楼、做拉力器、举哑铃、手摇功率计运动或徒手体操。可能时尽量选择与专项运动有关的运动方式进行。

（二）减量训练与停训的生理反应有相似之处外,减量训练具有以下一些特点

1.减少训练次数

每周训练 3～4 次对维持心血管的功能明显优于每周训练 1～2 次者。在训练次数减少 2/3 的情况下,至少 15 周内最大摄氧量可维持在原先的数值上。

2.训练持续时间

训练持续时间减少 1/3 或 2/3 后,在 15 周内还可维持最大摄氧量,但对 80% 最大摄氧量以上的耐力时间明显缩短若训练次数从每周 6 次降至 1 次,运动持续时间又减少 2/3 的情况下,则原有的训练效果难以维持,可出现停训后各种生理反应。减量训练虽然在一定时间内可维持最大摄氧量水平,但亚极量耐力持续时间却缩短了。

3.训练强度

运动强度(可用运动时的心率进行估计,心率大则强度大)在减量训练时是维持最大摄氧量的主要因素。当减少训练强度 1/3、2/3 后,短时间内即可引起最大摄氧量降低。

三、恢复训练

运动员在停训后发生训练适应消退的同时,某些适应仍在不同程度上保留及变化组合,提示了高水平运动员在停训一段时间后,经过恢复性训练仍可出现新的训练适应空间而创造运动佳绩。

恢复训练后,应合理安排运动量和强度。每次训练时间不宜太长,训练内容多样化,不能"单打一"地运动。

1.恢复方法可进行关节活动练习,需做相邻关节的联合运动,以牵伸多关节肌肉。

2.恢复肌肉功能。停止运动会引起失用性肌萎缩。肌肉功能恢复不全不仅影响运动能力,损害关节稳定,也会引起关节重复损伤及发生创伤性关节炎,使运动员最终停止运动的重要因素,因此防止肌肉萎缩及消除疲劳十分重要。肌力练习应该选择不引起疼痛的肌肉练习方式,如等长练习、多点等长练习、短弧等速练习等。

3.恢复运动协调与专项运动技术定型。终止训练使运动技术定型消退,熟练的动作变得生疏、动作变形。恢复正式训练及比赛前,应恢复运动协调及正确运动技术的训练。这种训练实际上是一个运动技术的再学习的过程,有时需数月。在教练员指导下在运动场上进行。

4.防护支持带及运动支架的使用。其作用在于限制关节一定方向的活动度,加强关节稳定性,从而保护愈合未坚的韧带肌腱,保证其良好愈合,同时便利提早进行康复性训练及技术性训练,从而加速恢复运动能力,减少创伤再发的机会。在很多关节韧带损伤中有重要作用。防护支持带使用广泛,常用的有贴胶、弹力绷带、黏胶绷带、黏胶弹力绷带等,用于手指、腕、膝、踝等关节。各种宽度及硬度的腰围可用于限制腰椎活动度。

第四节　特殊条件下的训练

人体对外界环境变化的反应,总是和这些环境变化相适应,并通过体内一系列调节功能实现的。作为锻炼身体或者运动竞赛,人们往往要在各种不同的环境和不同的生理状态下进行运动,如滑雪运动员要在 0℃ 以下的严寒滑行、登山的低氧低压环境、高温高热的环境下的锻炼和比赛,又比如对于一些有控重情况的运动员来说,这些特殊的环境和生理状态都对人体生理功能调节提出特殊要求。

一、高原环境对运动能力的影响

高原环境具有低压、低氧、寒冷、日照时间长、昼夜温差大等特点,其中对人体影响最大的是由于大气压力降低所致的低氧。大气压力随着海拔高度的上升而呈规律地降低,氧的分压也随之降低。这种低压低氧的刺激会导致人体生理功能和运动能力产生一系列的变化。

【**知识与应用**】

1. 高原环境对氧运输系统产生深刻影响。

在高原实测的人体 V_{O_2max} 表明,高度愈高,下降得愈多。男性在海拔 1500m 高度 AV·UO_2max 下降 58%、3000m 时下降 24.5%、4500m 时下降 29.5%;女性在 1500 m 时下降 5.4%、3000m 时下降 14.6%、4500m 时下降 24.1%。当海拔高度升高到 1524m 时 AV·UO_2max 开始减少,开始阶段每升高 300m,AV·UO_2max 约下降 3%,高度愈高下降的速率愈快。

2. 高原环境对运动能力的影响,因海拔高度及运动项目不同而有差异:

①导致运动能力下降的临界高度大约在海拔 1200m;

②运动持续时间超 2min 以上的全身性耐久运动,到高原后运动成绩下降;

③短距离项目由于高原空气稀薄,减少了跑进时消耗在克服空气阻力上的能量,所以成绩有所提高;

④对速度与全身耐久力关系不大的项目受高原影响不大,对投掷类项目来说,需要利用空气升力的项目(如标枪等)可能受影响,而铅球、链球成绩由于空气阻力下降反而会提高。

(一)高原习服

高原反应指在平原生活的人进入高原,机体由于生活环境的突然改变而发生的诸多生物学效应。高原的低氧环境会给人体,特别是呼吸循环功能带来不利影响,但对高原居民不会有特殊的不良反应,这就是身体对缺氧产生了适应,或称高原习服。

高原习服可分为短期习服(几天、几周、几个月)和长期习服。最初的习服包括酸碱平衡的变化,使肺通气的调节和氧的结合能力得到改进;更长期的习服包括氧运输能力、细胞代谢效率、肺和肌肉的血管分布增加等。

高原习服的实际作用在于逐渐改善耐力项目和长时间运动的能力,而对长期习服后对最大无氧能力的影响尚未有研究报道。

(二)高原训练是一种在低压缺氧条件下的强化训练

高原训练对人体有两种负荷,一是运动缺氧负荷,在平原也有;另一种是高原缺氧的负荷,是平原所没有的。这两种负荷的相加,造成比平原更为深刻的缺氧刺激,以调动身体的机能潜力。

研究表明高原习服获得的适应是可逆的。在 2300m 的高原要达到一定程度的习服,最少必须停留 2 周,一般需 3~4 周的时间,但通过习服获得的适应变化,返回平原 2 周后可消失。

高原训练对提高呼吸功能,最大摄氧能力以及耐缺氧能力有一定好处,能提高运动能力。优秀游泳运动员经高原训练后红细胞增生,血红蛋白增加,从而提高了身体运输氧能力;血液中能促进氧合血红蛋白的 2,3-二磷酸甘油酸增多,有利于氧向组织弥散。我国中长跑运动员经过三个月高原训练后,最大吸氧量提高了 5%,肺活量提高了 2%,极限负荷提高了 4%~5%,呼吸商提高了 7%。

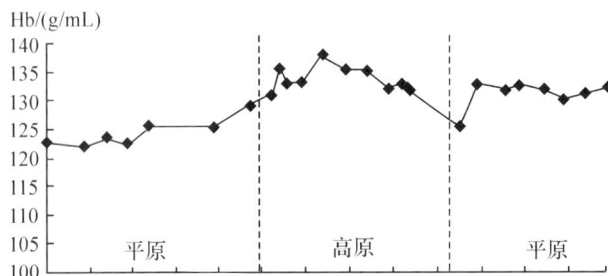

图 12-11　某次高原训练前后运动员血红蛋白的变化情况

（三）高原训练要取得理想的效果应处理好的几大因素

1.高原训练的适宜高度：高度能对机体产生深刻的缺氧刺激，机体又能承受比较大的训练量和强度。1000～3000m 的高原训练都有效果，但有人认为 2000～2500m 的高度最佳，而最高的高度不宜超过 2700m。

2.持续时间：在高原训练的持续时间最少要三周。从平原到高原，人体要有一个适应的过程。有学者认为在 2000m 左右高度训练，持续时间以 45～50 天为合适。

3.强度：在高原训练中，掌握好强度最关键。

（1）高原训练的强度要根据运动员训练水平而定。

（2）根据比赛目标而定。如 800 m 跑要在比赛中达到什么预期水平，在训练中则要求有部分手段要接近比赛的要求。

（3）高原训练的强度要和下山后的强度衔接起来，下山后的平原强度要比高原的强度高。

4.高原训练后出成绩的时间：与高原训练的时间、强度有密切关系。

德国认为在高原的训练强度比较大（3 周），下山后第一周是下降的，10～14 天好转，18～21天是最佳状态。苏联指出，在高原上经过 2～5 周强度不是很大的训练，在训练末期有个减负荷过程。下山后，有三个时期能够提高成绩。第一个时期，下山后的 2～6 天（然后有一个下降）；第二个时期，14～24 天；第三个时期，35～45 天。

上述诸因素中，最难掌握的是适当的强度，即负荷既不过大，又要足够。要达到这种适当，除了教练的经验，运动员的感受和反应，最重要的是要有科学测试及从反馈信息中对强度的控制。

二、体重控制阶段的生理学分析

（一）体重控制的方法及其对运动能力的影响

不同项目的运动员为了获得更好的比赛成绩和更好的身体机能往往有控制体重的要求。一般通过训练、饮食等各种方式，来降低或升高运动员的体重。一般来说，体重控制必须以不影响运动能力为基本原则。运动员降体重是指运动员有目的、有计划地在训练过程中缓慢降低以脂肪为主的体重，使之保持在一定的体重范围或在赛前较短时间内快速减轻体重的过程。按照降体重的速度可以将降体重归纳为两大类：快速降体重和慢速降体重。快速降体重指运动员每周降体重幅度大于其自身体重的 4%或短期内每天降体重幅度大于其自身体重的 1%；慢速降体重指运动员每周降体重幅度大于其自身体重的 2%而小于其自身体重的 4%。

1.快速降重法

快速降体重通常在较短的时间内（一般为赛前 4～10 天）完成。主要目的是在临近比赛时保证高强度的训练，减少以体内水分为主的重量，快速降低体重至参赛标准。该方法经常作为赛前应急的减重方法。快速减重对运动员血液循环和微循环有不良的影响。同时，这种减重方法会引起血红蛋白和血糖的降低、心脏负荷增加、背力、腿力下降以及肌蛋白、无机盐、微量元素和维生素的流失,同时伴有疲劳、头晕、肌肉尤其是下肢肌肉抽搐等。

2.慢速降重法

慢速降体重是在比赛前较长一段时间内开始减重,通常至少要在赛前1个月,进程较慢,周期较长。主要是通过赛前高强度、大运动量的对抗练习和模拟实战训练来提高专项能力,尤其是比赛的能力,与此同时,适当增加有氧运动的比例,以提高脂肪代谢,最大限度地降低身体脂肪含量。

3.减重的操作过程

(1)确定目标体重

运动员体脂率高,机体运动能力相对小;体脂比例过小,则会影响机体代谢(特别是女运动员),不利于最大运动能力的发挥。因此,确定合适的理想体重非常重要。慢速控重首先是确定理想体重,即运动员需要减去多少体重,而减重主要以减少体脂为目标. 理想体重的计算公式为:理想体重=(体重-体重×体脂%)/(1-期望体脂%)。

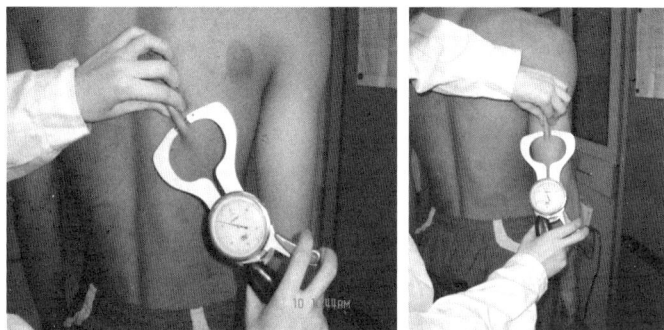

图 12-12　运动员皮脂厚度测量

【知识与应用】

理想体脂率因人而异。目前,许多优秀重竞技项目运动员,以体脂率为5%作为最低限。但体脂率不是越低越好,随着身高体重增加,正常体脂的低限也随之增加。有研究对跆拳道队32名运动员体重、体脂等进行测量与评价,结果发现,随运动员级别的增加,其皮褶厚度、体脂百分比也递增。也有研究发现在优秀拳击运动员中,小级别的运动员平均体脂率在8%以下,中体重级别的运动员的平均体脂率为10%,大体重级别运动员的体脂率平均在14%以上。

(2)饮食控制

所谓饮食控制就是指限制摄入脂肪和过量的碳水化合物,其本质是限制热能的摄取量,造成热能负平衡,达到消耗体脂、减轻体重的目的。通常饮食控制期间的能量摄入在18～31kcal/kg体重/天,使每日热能亏空量在1000～1500kcal。慢速降体重期间不应过分控制饮水,日摄入量应保持在2500mL左右,不得少于500mL/d,以保证体内代谢产物的排出。

(3)增加运动量

增加运动量是降体重的主要方法。运动促使能量消耗、脂肪氧化、胰岛素敏感性增加,这都能引起体重下降。饮食控制能使得体脂含量减少,但并不能避免瘦体重随之下降。如果在进行饮食控制的同时加大运动量,特别是增加有氧运动的比例,不但减轻的体重大部分是脂肪,而且还能防止肌肉组织的损失。由于肌体动员脂肪氧化酶的活性较慢,有氧时间应该持续在30分钟以上,才能达到控重效果。

(4)脱水法

人体内含有的水分因年龄、性别而异。成年人一般水分含量约为体重的60%,其中细胞内液占45%,其余15%为细胞外液,人体脱水降低体重主要是减少细胞外液。对于赛前依靠减脂不能满足降重需要的运动员,可采用脱水法。目前常用方法有:桑拿法、穿降重服运动法等。但快速降体重使体内水分丢失、肌蛋白分解,机体内环境剧烈变化,短时间内机体调节机制无法适应该变化,对运动员的生理机能、运动能力和心理都会带来极大的影响,不利于运动水平的发挥,甚至会对运动员的身体造成伤害。

脱水只能减少体内水分,不能减少体脂,仅依靠脱水减轻体重的效果不会持久,而且对运动员的运动能力和健康水平都有负面影响。因此,运动员用脱水方式快速降体重需特别慎重,限制饮水、排汗等降重方法只可在一定限度内应用,作为赛前达到目标体重的一种辅助措施。

【知识与应用】

目前低氧减肥法在很多地方流行,由于低氧环境,能够加速燃脂;提高基础代谢率,促进脂肪、蛋白质的代谢,增加能量消耗;降低食欲。低氧训练对身体成分的不同影响的相关文献报道差异很大,推测这与低氧的程度、低氧暴露时运动训练强度、低氧暴露时间有关,也可能于对象的年龄、性别等多种因素相关。

低氧舱运动

三、热应激与热服习

人体在热环境中运动会造成正的热平衡,因此,客观存在会引起人体一系列的热应激与热服习。

(一)运动中热应激

在热环境中运动时,血管扩张,使工作肌肉及皮肤毛细血管血流量增加,散热加强。为代偿肌肉、皮肤血流量增加,机体将出现内脏血管收缩,因此,最大吸氧量可下降6%～8%,肌肉的耐力也将下降。在热环境中运动,甲状腺素分泌会受到抑制,能量代谢水平将有所降低;因内脏血流量的减少,尿量也明显减少;在热环境中运动,排汗会明显增加,体内热量的散发加快,与此同时,钠流失也增加。

(二)热损伤的危害

在热环境下运动可能造成脱水(体液过多丢失)、热痉挛(骨骼肌不随意地收缩)、热衰竭(因循环血量不能满足皮肤血管的舒张所引起的低血压和虚弱)和中暑(下丘脑体温调节功能不足)等热损伤。

（三）热损伤的预防

1. 安排有规律的饮水（含饮料）并注意电解质的补充；可在运动前 30min 喝 400～600mL 水。

2. 安排在较凉爽的时间进行训练与比赛。

3. 在热环境中运动要寻找练习间歇在皮肤上洒凉水。

4. 运动前体重下降 3％ 以上者不允许在热环境中运动。

5. 有计划、有步骤地安排服习的训练。

（四）热服习

热服习是指使机体对热环境的耐受力提高的适应性生理变化。热服习的主要生理变化包括：皮肤等外周组织的导热能力增强、血浆量增多、排汗能力增加、开始出汗的皮肤温度阈值下降、皮肤上出汗的分布范围扩大、心率降低等。热服习时血浆量可增加 12％，这也有助于保证每搏输出量、中央循环血量和排汗能力。在运动初期保证深部体温控制在适当的范围内，服习时排汗阈值下降更有利于运动水平的发挥。运动训练是热服习的基础，因此，运动训练时应适当安排在能引起热应激的热环境中进行训练。很多研究表明，即使在常温下进行训练（主要是耐力性训练）也能提高身体的耐热性，使机体在负荷时体温、皮肤温度上升程度减少，心率也趋降低。

四、冷应激与冷服习

（一）冷应激

人体在寒冷的环境下运动，机体的反应可归纳为产热和保温两个方面。在冷刺激下，人体肾上腺、甲状腺、胰岛素等分泌的有关激素，交感神经末梢释放去甲肾上腺素均可促使机体的产热量增加。同时在冷刺激时皮下血管收缩，使皮肤及皮下组织血流量减少，导致体内散热减少。寒冷还会使肌肉黏滞性增加，以致影响运动技能的发挥，运动损伤的概率增加。

（二）冷服习

人体经常有规律地在寒冷环境下运动训练，可以产生冷服习。如在生理功能提高后，可以穿着较少的衣服在寒冷中完成训练计划。评定人体的冷服习有以下三种基本方法：

1. 测定产生寒战的皮肤温度阈值；服习者寒战发生推迟。

2 测量手和足的温度；服习者手、足温度保持正常而未服习者温度下降。

3. 观察在寒冷中入睡的能力；服习者入睡能力提高。

图 12-13　滑雪运动员戴护目镜进行滑雪

【知识与应用】

运动员为什么要进行夏训和冬训?

运动员在长期的运动训练中,体温调节可以在较大范围内实现对冷和热环境的服习,这样才能保证在特殊气温环境下仍然具有良好的运动能力。对冷的服习是通过神经系统调节,使皮肤血管收缩,减少皮肤血流量以及血流速度,并使肌肉收缩,产生寒战,从而减少散热,增加产热;对热的服习是通过增加皮肤血流量,皮肤血管扩张及血流速度加快,并促使汗腺大量发汗,增加机体的散热量。

【本章小结】

运动训练原则:可训练性和可逆性原则、全面身体锻炼原则、循序渐进原则和超负荷原则、专门性原则运动训练监控的主要方法有现场监控法和实验室监控法。

人体机能评定主要涉及形态学和生理生化学指标,评定内容重点在骨骼肌系统、血液循环系统、呼吸系统、能量代谢系统等方面高原训练要取得理想的效果要注意高原训练的高度、训练的强度、时间、下高原后距离比赛的时间。

【思考题】

1.试述超负荷原则和渐增负荷、专门性、可逆性与个别对待等训练原则的概念与实践应用的意义与方法。

2.简述训练的生理评定原则和运动心率的测定与评价。

3.简述停训与恢复训练的生理机制,以及对运动能力的影响与防治的方法。

4.热环境和冷环境下各应进行怎么样的防护?

5.举例说明人体机能评定的方法。

第十三章　儿童少年的生理特点与体育锻炼

【学习目标】

1.了解年龄阶段的划分。
2.熟悉儿童少年的生理特点。
3.熟悉儿童少年的身体素质发展规律。
4.掌握儿童少年体育锻炼的注意事项。

- 儿童少年年龄阶段如何划分?
- 哪些因素影响了儿童少年的生长发育?
- 儿童少年时期可以与成人一样经常进行大运动量训练吗?
- 儿童少年进行大负荷力量锻炼对身体有何危害?
- 儿童少年运动训练时可以进行长时间憋气吗?

儿童少年时期是人的一生中生长发育非常迅速的时期,体内代谢非常旺盛,各器官、组织的结构和功能具有较大的可塑性。因此,在儿童少年生长发育最快、可塑性最强的这一阶段进行高质量训练,指导儿童少年参加体育锻炼,对于其身体发育及身体素质的发展都有重要的意义。另一方面,对于参加专业训练的儿童少年来说,抓住该阶段进行运动训练可以为今后竞技能力的提高奠定坚实的基础,教练员必须掌握儿童少年的生理特点及运动训练中该注意的问题,使运动训练符合儿童少年发育的一般规律。

第一节　儿童少年的生长发育

一、儿童少年的年龄界定与青春发育期

(一)儿童少年年龄界定
根据生长发育的规律以及形态、生理和心理特点,有以下年龄阶段的划分:
婴儿期:从出生到 1 岁;
幼儿期:1～3 岁,托儿所年龄期;
学前期:3～6、7 岁,幼儿园年龄期;
学龄儿童:6、7 岁～11、12 岁,小学年龄期;
少年期:13～17 岁,中学年龄期;
青年期:18～25 岁,大学年龄期。

（二）青春发育期

青春发育期是由儿童少年过渡到成人的一个迅速发展的阶段，以生长突增为开始的标志，以性成熟为结束的标志。青春发育期分为前期、中期和后期三个阶段。前期：以身体形态突增为标志，女孩为10～12岁，男孩为12～14岁（乡村男女孩比城市晚一年）。中期：为性成熟期，形态发育减慢，女孩为13～16岁，男孩为14～17岁。后期：身体发育达完全成熟阶段，女子为17～23岁，男子为18～24岁。

青春发育期男性喉结增大，音调变粗，肌肉强健，体毛增多，睾丸发育成熟，开始遗精。女性音调变高，乳房隆起，乳头突出，骨盆变宽，皮下脂肪增厚，生殖器官发育增大，外生殖器颜色加深，并出现月经。

二、生长、发育基本概念

（一）生长

生长是指随着年龄的增长，体内细胞体积的增大或细胞数量的增加以及身体化学组成成分的变化，包括形态生长和化学生长。身体重量和大小的增加即是形态生长；全身或局部化学组成成分的变化是化学生长。

（二）发育

发育是指随着年龄的增长，身体各系统、各器官、各组织功能的分化和不断完善，心理、智力和体力的发展。发育涉及人体达到成熟过程中所出现的一系列变化，如胚胎时期器官和组织的分化，出生后循环和呼吸功能的发展，消化功能的建立等。

实际上，生长和发育密切相关，相互依存的，在个体上不能分割，往往同时进行。在一个器官生长的过程中，即在形态逐步增大，重量逐渐增加的过程中，必然伴有功能的分化和增强。而一个器官功能的完善又必须以形态为基础，形态发育到一定程度时才能有功能的健全。所以生长和发育是密不可分的，生长和发育达到了一定阶段，就意味着成熟。虽然生长发育彼此并非同一概念，彼此间在不同时期也是有差别的，但通常是以生长发育的整体概念来观察和论述机体变化的。

（三）成熟

成熟意味着生长发育的结束，是指生长和发育过程达到一个比较完备的阶段，标志着机体在形态和机能、心理方面都达到成人水平，表现为身高、体重达到一定水平，各器官、系统功能基本完善，骨骼和牙齿的钙化基本完成，性器官具有繁殖子代的能力等。

三、儿童少年生长发育的一般规律

（一）有阶段性和有程序性的连续过程

儿童少年的生长发育不是成人的缩影，而是由量变到质变的复杂过程，是一个随其生长发育，包括身体形态、生理及机能不断变化，对外界环境适应性不断发展变化的过程。儿童少年的生长发育程序，既有连续性又有阶段性，前一阶段是为后一阶段的发展打基础的。

儿童少年的生长发育过程，可划分为几个年龄阶段，各年龄期按顺序衔接，不能跳越，前一年龄段的发育为后一年龄段的发育奠定相应的必要基础。任何一个阶段的发育有障碍，都会对后一阶段产生不良的影响，致使后一年龄段延缓达到。例如，从婴儿阶段进入幼儿前期阶段，在此之前必须经过一系列的逐渐变化。如，在会说单词前，必须先学会发音，同时要学会听懂单词；在能吃固体食物前必须先能吃半流质食物；在会走路之前，必须先经过抬头、转头、翻身、直坐和站立等发育步骤。

儿童少年身体各部的生长发育是有一定程序的,胎儿和婴幼儿期发育遵循"头尾发展律"。从生长速度看,胎儿期头颅生长最快,婴儿期躯干增长最快,2～6岁期间下肢增长幅度超过头颅和躯干。因此,儿童的身体比例不断变化,由胎儿2个月时特大的头颅(占全身4/8)、较长的躯干(3/8)、短小的下肢(1/8)发展到6岁时较为匀称的比例(头占1/8,躯干占4/8,下肢占3/8)(图13-1)。从动作发育看,儿童会走路前必须先经过抬头、转头、翻身、直坐、爬行、站立等发育阶段。手部动作发育的规律性更明显,新生儿只会上肢无意识乱动;4～5个月开始有取物动作,但只能全手一把抓;10个月时才会用手指拿东西;2岁左右手的动作更准确,会用勺子吃饭;手部精细动作(如写字、画图等)要到6～7岁左右才基本发育完善。儿童少年期(包括青春期),身体各部形态的发育程序是:四肢先于躯干,下肢先于上肢,呈现出自下而上、自四肢远端向躯干的顺序生长发育。这种程序,称为"向心发展律"。青春期足的生长突增最早开始,也最早停止生长;足突增后小腿开始突增,然后是大腿、骨盆宽、胸宽、肩宽、躯干高,最后是胸壁厚度。上肢突增的顺序依次为手、前臂和上臂。手的骨骺愈合也由远及近,顺序表现为指骨末端－中端－近端,掌骨－腕骨－桡骨、尺骨近端。

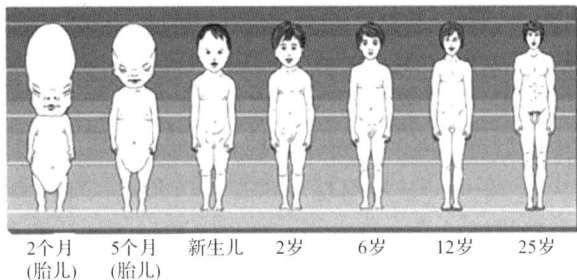

2个月 5个月 新生儿 2岁 6岁 12岁 25岁
(胎儿) (胎儿)

图 13-1 身体各部分成比例发育

(二)身体各系统的发育规律

出生后神经系统的发育处于领先地位。5～6岁时发育速度最快,并迅速接近成人水平。此时大脑的重量已达到成人脑重的90％。在这个时期,一定要为其提供最佳的营养,并提倡对儿童进行最优的早期教育。6～20岁之间脑的重量仅增加10％,但是随着大脑细胞不断地进行复杂的分化,机能也随之提高。图13-2中的总体发育是指运动系统、循环系统、呼吸系统和消化系统,它们与形态指标的发育曲线基本一致,呈波浪式上

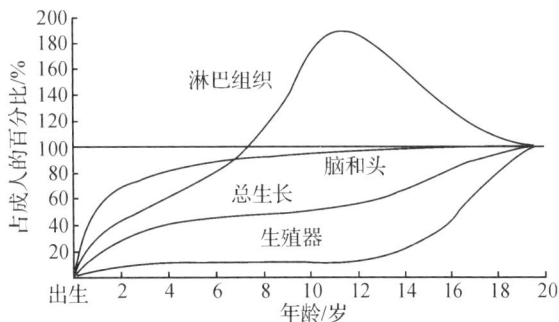

图 13-2 各系统器官生长发育不平衡

升。淋巴系统的发育在10岁左右已达高峰,12岁已达成人的200％,但在10～20岁期间随着其他系统的逐渐成熟和免疫功能的完善,淋巴系统则逐渐萎缩。因此要特别注意10岁前儿童的疾病防治工作。所以,对给儿童少年进行体检时,淋巴系统状况不应以成人标准来衡量。生殖系统发育最晚,在10岁以前几乎不发育,当身体发育进入第二突增期以后才迅速地发育,并逐渐出现男女不同的第二性征变化。

人体生长发育过程是在神经系统的协调下,机体与外界环境因素的相互作用下进行的,各系统器官的发育是彼此密切相关的。某一系统的发育可能为另一系统的发育打下基础。因此,

任何系统的发育都不是孤立的,而是互相影响,互相制约的。

人体除身高、体重生长外,全身的肌肉、骨骼、心脏、血管、肾脏、肝脾、呼吸器官、消化器官及血液量等也要生长。它们的生长与身高、体重呈同样的生长模式。出生后第一年增长最快,以后逐渐减慢;到青春期出现第二次生长突增,其后的生长又缓慢下来,直到成熟。

（三）生长发育的两次交叉规律

人体的生长发育是快慢交替的,从发育速度曲线上看,不是随年龄上升呈直线上升趋势,而是呈波浪式上升趋势。生长发育的两次交叉规律是指在少年儿童生长发育过程中,男女儿童因发育时间不同而出现的身体形态指标的两次交叉现象。

在整个生长发育期间,人体和大多数器官、系统有两次生长突增高峰,第一次突增期是在胎生期,第二次突增期是在青春发育初期(这个时期女比男约早2年出现)。仅以身高、体重为例,身长的第一个增长最快的阶段,是在胎生中期(4～6个月)。体重的第一个增长最快的阶段,是在胎生期(7～9个月)。出生后,身高与体重的增长速度便开始减慢;但在第一年内身长、体重增长速度也相对较快,到了2岁以后,生长发育速度急剧下降,并保持相对的稳定,大约平均每年身高,只增长4～5厘米,体重平均每年只增加1.5～2公斤。在青春期前(7～9岁),多数形态指标,男生都大于女生。直到青春期开始(女学生约从10岁,男学生约从12岁),又开始出现了第二次生长发育的突增期,

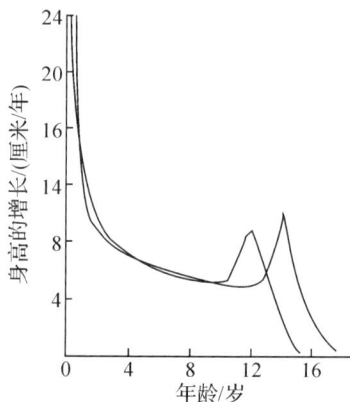

图 13-3　生长发育的两次交叉

这个时期,身高年增长值一般为5～7厘米,个别的学生可高达10～12厘米;体重年增长值一般为4～5公斤,个别的可达8～10公斤。大约三年以后,生长速度又开始减慢,直到女约17岁、男约22岁左右,身高才基本停止增长。10岁以后,女生进入青春期,许多形态指标超过男生。到13岁时,男生身体各部位迅速生长发育,女生的增长速度减慢下来,致使男生各项形态指标又超过女生。因此男女生大部分形态指标在青春期形成两次交叉(图13-3)。男生在第二次突增期间增长幅度大,生长时间的持续又较长,故造成了一般成年后男比女高的现象。

人生的第二次突增期非常重要。因某种因素影响了儿童少年在突增期的突增,其后果是难以逆转的。如果过了生长发育期,即使是增加再多的营养,也是挽回不了的,特别是在身高方面。所以,在儿童少年的青春发育期间,要为其创造良好的条件和环境,提供足够的营养,督促其进行适量的体育锻炼,这对他们的一生都将会产生重要而积极的影响。

四、影响儿童少年生长发育的因素

人是在一定的环境中成长起来的,儿童少年的生长发育是人体的遗传性和适应性这对矛盾相统一的过程。因此,儿童少年生长发育受到遗传、后天营养、运动锻炼及其他社会因素共同影响。

（一）遗传因素

在自然环境、社会环境等方面的条件一致的条件下,个体之间生长发育仍然存在着一定的而差异,这体现了遗传因素的对生长发育的影响(表13-1)。如在同等生活条件下成长的非洲和欧洲儿童,其平均身高虽无明显差异,但非洲儿童的腿长超过欧洲儿童。在同一家族中,子女的身高与父母的身高密切相关。在比较同卵双生、异卵双生和同胞之间的差异时发现,在各对双生之间相

关程度中,同卵双生最高,异卵双生稍高于同胞,而远低于同卵双生子。在功能方面,遗传的影响也是非常明显的(表 13-2)。当然,遗传影响儿童少年的生长发育,但遗传潜力的发挥还有赖于后天的环境条件,遗传只为儿童少年的生长发育所能达到的水平提供了可能。因此,在儿童少年生长发育的过程中,良好的环境是不能忽视的因素。

表 13-1　主要体型特征的遗传度　　　　　　　　　　（单位:%）

项目	男	女	项目	男	女
身高	75	92	胸围	54	55
坐高	85	85	臂围	65	60
臂长	80	87	腿围	60	65
腿长	77	92	体重	68	42
足长	82	82	去脂体重	87	78
头宽	95	76	心脏形态	82	82
肩宽	77	70	肺面积	52	52
腰宽	79	63	胸廓形态	90	90
盆宽	75	85	膈肌形态	83	83
头围	90	72			

13-2　几种生理指标的遗传度[①]　　　　　　　　　　（单位:%）

指标	遗传度
安静心率	33
最大心率	85.9
肺通气量	73
最大摄氧量	69~93.6
神经系统功能	90
月经初潮时间	90
血型	100
血压	42

(二)营养

营养是儿童少年生长发育的物质基础,只有营养充足,才能够为身体的生长发育提供足够的热量和各类营养元素,才能保证新陈代谢的顺利进行。

儿童少年每日热能需要可归纳为基础代谢、食物特殊动力作用、活动、排泄与分泌、生长发育等五个方面。由于生长发育旺盛,所以他们的热能需要显著超过成人。例如,按千克体重计算,新生儿要比成人多消耗 2~3 倍热量;3~6 个月婴儿每天约 15%~23% 的热量用于生长发育。青春期对热能和营养素的需求也非常旺盛,其相对需要量仅次于出生后的第一年,它们与机体生长速度的密切相关程度,远超过与年龄的相关。最明显的表现是:同年龄的儿童若正处于青春期生长突增阶段,对热能和营养素的需求将显著超过尚未进入青春期者。青少年体内身体成分的性别差异,导致对热能的不同需求。男孩具有更多的瘦体重,而女孩有较多的脂肪。瘦体重需要更多的热能和营养素,所以男孩比女孩需要更多的热能。

参加专业运动训练的儿童少年尤其要注意营养的补充,因为运动消耗热量,需要从食物营养中获取,所以,专业运动员的营养供应标准应该比一般儿童少年高。如果能量供应不足,不仅影响训练效果,而且会影响身体发育。国外有研究发现,营养不良的儿童体格发育、头围、智商等都较正常营养的儿童低。因此要将营养与运动有效结合,促进儿童少年的生长发育。

①全国体育院校成人教学协作组编写.人体生理学.北京:人民体育出版社,1999.

（三）运动锻炼

"流水不腐，户枢不蠹"，"生命在于运动"，运动可以调节机体的新陈代谢，长期运动促进人体形态的改善，并能提高机体的免疫能力，提高身体素质。

经常参加体育锻炼的儿童少年身高、体重、胸围等的增长幅度一般都会高于不经常锻炼的儿童少年。体育锻炼也可以通过增加能量消耗，调节体重，防止肥胖，使体形更加匀称。经常参加运动锻炼能够促进骨的长长和长粗，使骨密质增大。经常参加体育锻炼可以使肌纤维增粗、体积增大、弹性增强，肌肉变得更加发达。经常参加运动锻炼可以使心肌收缩力量增强、心脏容积增大、心脏质量增加、窦性心率徐缓。经常参加运动锻炼可以使儿童少年的肺活量增加，据研究证实，每周参加 4～5 次游泳训练、坚持 2～5 年的少年比每周只参加 2 次体育课的对照组少年肺活量年增长均值高 200～300mL。经常参加运动锻炼可以使大脑和神经系统、内分泌系统得到锻炼，从而提高神经工作过程的强度、均衡性、灵活性和抗疲劳能力，并能提高人的反应速度，增加生长激素和皮质激素等的分泌，增强非特异性免疫系统的功能。

（四）社会因素

除了营养、运动、遗传的影响之外，社会因素对儿童少年生长发育的影响也是多方面的，这主要取决于社会经济发展水平，家庭经济条件及父母受教育的程度，家庭及社会生活条件等。

生长发育有明显的城乡差别。国内外的调查均显示，城区儿童的发育水平高于近郊区，近郊区儿童发育水平高于远郊区。环境污染也是影响儿童少年发育的重要社会因素，工业化污染不仅会引起各种疾病，如沙眼、慢性扁桃体炎等，而且还会影响儿童身心发育。

家庭是社会的组成细胞。社会经济状况中的许多因素，如生活方式、家庭气氛、生活制度、居住条件、饮食和行为习惯、父母的性格、爱好和对子女的期望、态度等，主要通过家庭直接或间接地影响着儿童的生长发育。其中，家庭经济状况、双亲的受教育水平和文化素养，以及他们的育儿方式等，对儿童少年身心发育的潜移默化作用最大。

（五）生活作息制度

合理安排生活作息制度，做到有规律、有节奏，保证足够的户外活动和学习时间，定时进餐，充足睡眠，对生长发育有良好的促进作用。

人体各组织、器官、系统的活动都有一定的节奏和规律。在合理生活制度下，包括大脑在内的身体各部分活动和休息得到适宜交替，加上及时补充营养，保证能量代谢正常进行，有利于促进充分发育。睡眠对大脑皮层功能的恢复过程更为重要；睡眠又是各种能量物质的储备过程，生长激素的脉冲性分泌高峰阶段。儿童少年应有充足的睡眠。儿童进餐后需要一定时间的休息，保证饭后血液能集中于胃肠道，帮助消化、吸收。饭后不应立即从事大运动量的锻炼，否则可能影响消化道的正常功能。为保证儿童少年有充足、合理的营养摄入，在注意平衡膳食的同时，还应安排好膳食制度（包括每次进餐的数量、间隔和时间等）。体育锻炼是每日生活作息制度必不可少的内容；每天应保证一小时左右的运动，尤其户外活动，对增强体质、促进生长发育作用很大。

（六）气候和季节

有关地理气候因素对生长发育的影响报道，因为无法控制其他影响因素的干扰作用，迄今为止其对生长发育的影响作用尚未得到肯定结论。但是，我国历次全国规模的儿童生长发育调查都证实，生长发育水平存在显著的南北差异。北方地区男、女青少年的身高、体重均值均大于南方。初步分析表明，地理气候因素在其中发挥重要影响。

气候对生长发育有一定的影响作用。人类对恶劣气候的适应性本身就说明气候对生长发育有影响作用。居住在北极圈的因纽特人体重相对重,皮下脂肪层厚,胸廓前后径大,颈和四肢相对短;这种体型适合在寒冷环境中保持体温。赤道热带居民的体重通常较轻、皮下脂肪层薄、胸壁薄、颈和四肢相对长、躯干较小;这种体型适合在炎热环境中散热。这些都是千百万年以来人类对环境的长期适应性表现。

季节对生长发育(尤其身高、体重)有明显影响。春季身高增长最快,秋季体重增长最快。体重增加的季节差异尤其显著,9－11月增加较快,而在炎热季节有些儿童体重不但不增加,甚至还有减轻趋势。

(七)环境污染

工业生产及日常生活中排出的废气、废水、废渣等,均可造成严重的环境污染,不仅给人类健康带来威胁,而且严重阻碍儿童少年的心身发育。

铅是环境污染物中毒性最大的重金属之一。随着工业和交通运输业的迅猛发展,铅污染日益严重。由于铅污染,在非职业接触铅人群体内普遍可检出铅,其中尤以儿童铅中毒引起广泛关注。铅是多亲和性毒物,主要损害神经、心血管和消化系统。儿童年龄越小,机体越稚嫩,对铅的吸收量越大而排泄量越少,骨铅越易向血液和软组织中移动,所以对铅的毒性越敏感,受到的危害也越大。

近年来,室内空气污染对儿童少年健康及生长发育的影响也受到很大关注。从建筑装修材料中释放出的甲醛、挥发性有机化合物、苯、甲苯和氡气;从日用品(化妆品、杀虫剂、清洁剂等)中挥发出的有机化合物;从二氧化碳、宠物、植物排出的生物污染物等。儿童正处在生长发育关键期,免疫系统较脆弱。长期吸入含有烟尘、有害气体、病菌病毒污染的空气,不仅易诱发各种疾病(如哮喘病,白血病等),而且将使儿童的各种生理功能受到不利影响,进而影响身高和智力。

被动吸烟对生长发育的影响近年来受到高度重视。在吸烟家庭里成长到7岁的儿童,其阅读能力明显低于不吸烟家庭者。因此,对儿童居室内的空气应进行经常性的检测,同时加强通风换气。

第二节　儿童少年的生理特点

二、儿童少年运动系统的特点

(一)运动系统的特点

1.骨骼

儿童少年骨骼比较柔软,软骨成分多,水分和有机物质(如骨胶原)多,无机盐较少高(如磷酸盐、碳酸钙)少,故弹性大而硬度小,不易折断,但易弯曲变形。随着骺软骨不断骨化并增生,骨长长、增粗,水分逐渐减少,坚固性逐渐增强,韧性降低,骨化在20～25岁左右完成,骨不再长长,但其内部结构仍然在变化。在骨完全骨化前,身体任何部位过大的负荷都会影响骨骼的正常生长。

2.关节

儿童少年关节的关节面较厚,关节窝较浅,关节囊和关节内外的韧带松弛、薄弱,伸展性也较大,关节周围的肌肉细长而薄弱。儿童少年关节的灵活性和柔韧性都比成人好,关节的灵活性和稳固性容易得到发展,但关节的牢固性和稳定性均不如成年人。体育运动中如果用力不当,则容易发生关节损伤或者脱位。因此在参加对抗性运动时要注意保护。

3.肌肉

儿童少年肌肉中水分多,蛋白质、脂肪和无机盐类较少,肌肉细嫩而富有弹性,收缩机能较差。随着年龄的增长,有机物增多,水分开始减少,肌肉重量不断增加,肌力逐渐增加。肌肉重量的增加主要是由于肌丝和肌原纤维增加导致肌纤维肥大造成的。与成人相比,儿童少年的肌肉百分比较低(表 13-3),能量储备较少,收缩力量和耐力较差,易疲劳但也易恢复。身体各部分肌肉发育不平衡,大肌肉、上肢肌发育先于小肌肉、下肢肌,躯干肌先于四肢肌。

表 13-3　不同年龄儿童少年肌肉占体重的百分比

年龄/岁	肌肉重量占体重的百分比/%
4	20
8	27
15	32
17	40
成年人	44

(二)体育教学与训练中应注意的问题

针对上述儿童少年运动系统的特点,在教学和训练中要注意如下问题:

1.保持正确的身体姿势。平时无论是动态还是静态姿势都要端正。要经常注意变换体位,避免过久地做同一动作,防止造成脊柱弯曲、骨盆或肢体变形。如有很多学生平时看书写字时弓着背,长此以往形成驼背。

2.负重练习要慎用,负荷不宜过大,宜用伸展练习发展力量。适当的负荷有利于骨的生长,但过重的负荷会使骨化过早完成,影响身体发育。宜多采用伸展活动、弹跳等练习,不宜采用重负荷的力量练习。如果负荷过大,会导致脊柱变形、骨骼发育异常及扁平足。较大负荷的力量练习应该在 15 岁以后进行,而且应该以动力性练习为主。如果要进行静力性力量练习,时间不宜过长。

3.均衡发展肌肉力量。在发展大肌肉群力量的同时,要有计划地通过日常游戏、手工活动等多种形式的运动发展儿童少年小肌肉群力量,促进肌肉平衡发展,提高动作的协调性和精确性。

4.发展儿童少年的柔韧性。利用儿童少年关节活动度大的特点,儿童少年期可充分发展关节的柔韧性。体操、武术、技巧、跳水等项目的训练适宜早期进行,但也要重视发展关节牢固性的练习,以防关节损伤。

5.注意选择合适的锻炼场所。做跑、跳等运动应避免在过硬的地面上进行,以免造成关节损伤及防止骺软骨过早骨化。

6.注意营养补充。儿童少年时期机体生长发育非常快,需要注意营养物质的补充,特别是钙、磷的供应,从而保证骨骼的正常生长发育。

三、心血管系统的功能特点

(一)心血管系统

1.血液

儿童少年血液总量的绝对数量比成人少,但每公斤体重的相对血量比成人多。新生儿的血液总量占体重的 15%,7 岁时占体重的 12%,以后随着年龄的增长血液总量占体重的百分比逐渐下降,约 15 岁左右时达到成人水平。血液中油性成分与成人也有差异,如新生儿血液中红细

胞约为 $550\sim750$ 万个/ mm^3 ,血红蛋白为 $15g\%\sim23g\%$,以后逐渐下降,15 岁左右接近成人水平。新生儿血液中的白细胞数量为成人的两倍,数天后减少,各类白细胞比也与成人不同。随年龄增长,白细胞总数减少,各类细胞的比例有所改变,至 15 岁左右与成人无异。儿童血小板数量与成人相近。

2.心脏、血管

儿童少年心脏的容积和体积较小,心脏的相对重量和容积均和成人相近。由于儿童少年神经调节不够完善、新陈代谢比较旺盛,故心率较快;儿童少年的心肌纤维较细,收缩力弱,心脏泵血力小,故每搏输出量和每分输出量均比成人低,但相对心输出量即单位体重的心输出量与成人差不多,甚至大一些。

儿童少年的血管因易扩张而相对较粗,心脏比较容易将血液输送到血管内,因而血压较成人低。随着年龄增长,心率减慢,心肌收缩力量加强,血管外周阻力增大,血压逐渐升高。从青春发育期开始到性成熟期,因心脏发育速度增快,血管发育相对滞后,加之性腺、甲状腺等分泌旺盛,可引起血压明显升高,称为"青春性高血压"。青春性高血压一般多见于身体发育良好、身体增长迅速的青少年,其特点是收缩压较高(但一般不超过 20kPa),具有起伏现象,舒张压则在正常范围。

(二)体育教学与训练中应注意的问题

基于儿童少年的心血管系统存在上述特点,在体育教学与训练中应注意如下问题:

1.儿童少年不宜过早进行专项耐力训练和竞赛活动,但可适当进行一些匀速的低强度耐力练习以发展心肺功能,但是距离不宜过长,尤其要严格控制运动强度。 $12\sim13$ 岁后,力量和耐力练习的比例可逐渐增加。

2.儿童少年运动训练的运动量不宜过大,尤其是出现青春性高血压的人运动量更要合理安排。尽量减少憋气、紧张性和静力性练习,以免心脏负担过重。

四、呼吸功能

(一)生理特点

儿童少年肺容积较小,肺泡壁的弹性纤维和肺泡数量较少,呼吸肌的力量较弱,胸廓容积下,起到狭窄,呼吸时弹性阻力和气道阻力较大。故每次呼吸的深度不及成人。但儿童少年的新陈代谢旺盛,耗氧量大,呼吸中枢兴奋性较高,因而呼吸频率较快。但因呼吸阻力较大、呼吸肌力量(即肺通气的动力)又弱,所以肺活量较小。同时,由于儿童少年氧运输系统功能较差,最大通气量和摄氧量都较低,故在运动时通气量的增加主要依靠呼吸频率的增加来实现。

(二)体育教学与训练中应注意的问题

1.应以速度性练习为主,不宜进行过多的耐力、力量及静力练习。12 岁后可逐渐增加此类练习的比例以提高氧运输系统的能力。

2.注意动作与呼吸的正确配合。凡是使胸廓扩张的动作应吸气,反之应呼气;要避免憋气或屏气动作。

3.注意呼吸道卫生,养成用鼻呼吸的习惯。

五、供能系统

(一)供能系统的特点

1.无氧代谢

儿童少年骨骼肌中磷酸原及肌糖原的储量都低于成人,且在运动时运用的速率也低于成人。意味着儿童少年磷酸原系统和糖酵解功能系统的能力较成人低,相应的无氧代谢能力也较差。儿童少年的无氧能力可以用台阶实验和 Wingate 无氧功率法测定。儿童少年的无氧功能随年龄的增大而增大。女孩的最大无氧功出现在 10 岁左右。因此,在运动或训练中除应该注意年龄的差异外,还要注意性别的差异。运动后血乳酸的浓度变化可以反应运动中糖酵解供能的情况。亚极量强度运动后,儿童少年的血乳酸和及乳酸的浓度都低于成人;短时间激烈运动后最大血乳酸和及乳酸值随年龄的增大而增高。

2.有氧代谢

有氧代谢主要包括糖和脂肪的有氧氧化。儿童少年的肝糖原贮量比成人低,肌肉占体重的百分比和肌糖原的贮量也较成人低,加上最大摄氧量水平低,因此他们糖的有氧氧化能力也不及成人,在长时间肌肉工作中易发生血糖水平的下降,耐久力差。

最大摄氧量是一项反映有氧代谢能力的有效指标。不论男孩或女孩,该值均随年龄的增加而增加。青春期前,男女的最大摄氧量的差别不大。男孩的最大摄氧量在青春期时会与身高和雄性激素的分泌量同时出现一个激增,16~18 岁时一个缓增期。女孩则在 14 岁时达到一个最大值,然后又随年龄增长而出现降低的趋势。儿童少年单位体重的最大摄氧量与成人的差异并不大,其耐力成绩随年龄的提高反映出体内氧利用率的提高。

(二)体育教学与训练中应注意的问题

1.由于儿童少年的机体产生乳酸和耐受乳酸的能力较差,因此儿童少年进行体育训练要注意调整运动强度,以保证运动量的完成。且不要过分强调无氧能力的运动训练。

2.儿童进行耐力性训练时,距离和时间要比成人短一些,同时也应该安排一些耐力练习,以提高体内糖原的贮备量,增强心脏功能,增加最大摄氧量,发展有氧工作能力。

六、神经系统功能

(一)生理特点

儿童青少年时期脑重增长迅速,12 岁时接近成人水平,神经系统功能日趋完善。

6~13 岁的儿童少年神经系统的兴奋性随年龄的增长逐渐提高,兴奋过程占优势。此期主要表现为好动,注意力不集中。因此,学习和掌握动作较快,但兴奋容易扩散,多余和错误动作较多,动作不协调,不准确。儿童少年神经细胞工作能力低,易疲劳,但神经细胞的物质代谢旺盛,合成速度较快,因此疲劳后,恢复也较快。13 岁以后,抑制过程加强,兴奋和抑制逐渐趋于平衡。

儿童的神经活动中第一信号系统占主导地位,形象思维能力较强,善于模仿;但第二信号系统相对较弱,抽象思维能力较差。9~16 岁阶段,第二信号系统功能发展较快,抽象思维能力逐渐提高。16~18 岁,两个信号系统的功能及其相互关系更加完善。

(二)体育教学与训练中应注意的问题

1.体育活动内容要多样化,避免单调及静止性活动。活动中可穿插游戏和竞赛等,同时安排短暂的休息,以免出现疲劳。

2.不宜做过难的动作,应多安排以游戏和模仿性质为主的练习,全面发展基本技能。

3.多采用直观形象的教法。如采用动作示范,看录像、图片等教学方法,同时应多采用简单易懂、形象生动的口令和口诀帮助理解。年龄越小,直观教学法越重要。随年龄增长,又要注意发展其抽象思维的能力,增强其对运动技术的理性认识。

七、内分泌功能

内分泌对儿童少年的新陈代谢、生长发育和运动能力都有很大作用,其中脑垂体、肾上腺、甲状腺、胸腺和性腺的发育特别重要。

垂体在 4 岁前和青春期生长速度最快。腺垂体分泌的生长激素是促进生长发育的重要激素。垂体功能低下,人体生长迟缓,甚至患侏儒症;如机能亢进,生长速度过快,可造成巨人症。肾上腺皮质所分泌的雄性激素与性发育有关。14～15 岁的青少年甲状腺发育最快,它对骨的骨化过程、生长、发育、牙齿生长、面部外形、身体比例等方面都能产生广泛的影响10 岁以前儿童少年的性腺生长十分缓慢,青春期开始后生长速度加快,促进性器官和第二性征出现。

【知识与应用】

肥胖及低体重儿童少年的体育锻炼

对于单纯性肥胖儿童少年,运动原则为:长时间、低强度、次数多。轻度运动达本人最大心率的 60%～70%,锻炼效果显著。持续 20～30 分钟以上脂肪才可以分解,每次持续时间 40～50 分钟较为适宜,每周运动 3～5 次。有氧运动为主,结合柔韧性、协调性、灵敏性及力量锻炼。注意增加运动的趣味性。

对于低体重儿童少年,运动原则为,中小负荷强度,每次运动 30 分钟左右,每周 3～4 次,建议采用跳跃摸高、单杠悬垂等锻炼方式,可有效促进筋肉蛋白质的合成,增加体重。同时要结合其他锻炼方式,注意运动后的营养补充。

第三节　儿童少年的身体素质发展

儿童少年的身体素质随着年龄的增长而发展,运动训练和体育锻炼可以加速身体素质的发展。因此,在儿童少年身体素质的发展应该遵循年龄特点,采取科学的训练方法。

一、儿童少年身体素质发展的规律

(一)身体素质的自然增长

儿童少年各项身体素质随年龄增长而增长的现象,称为身体素质的自然增长。到青春期,因生长发育明显加速,身体素质的增长速度快、幅度大;到性成熟期结束,增长的速度则开始减慢。12 岁以前男女之间各身体素质的差别不大,到 13～17 岁差别明显增大,18 岁以后各身体素质趋于稳定。儿童少年身体素质增长的速度呈波浪式,不同年龄阶段各项身体素质的增长速度不同,即使在同一年龄阶段,不同身体素质的发育速度也不一样。青少年 25 岁以后身体素质自然增长结束,若不再进行训练,身体素质一般不再进一步提高。

(二)身体素质发展的阶段性

各项身体素质的发展都包括增长阶段和稳定阶段两个阶段。增长阶段表现为身体素质随年龄的增长而增长,分快速增长阶段和缓慢增长阶段。在增长阶段之后身体素质的发展速度明显变慢或趋于稳定;进入稳定阶段,身体素质不再随年龄的增长而增长,甚至有所下降。虽然儿童少年各项身体素质的发展是由增长阶段过渡到稳定阶段,但有先后之别,依次为速度—耐力—力量素质。同时不同身体素质的增长阶段和稳定阶段也因年龄和性别有所差异(表 13-4)。稳定阶段基本上能保持到 25 岁左右。

表 13-4　儿童少年身体素质增长阶段和稳定阶段的年龄

身体素质	增长阶段年龄		稳定阶段年龄	
	男/岁	女/岁	男/岁	女/岁
60 米跑	7～15	7～12	15 以后	12 以后
400 米跑	7～15	7～12	15 以后	12 以后
1 分钟快速仰卧起坐	7～16	7～15	16 以后	15 以后
立定跳远	7～18	7～18	18 以后	18 以后
屈臂悬垂	7～19	25	19 以后	25 以后

(三)身体素质发展的敏感期及达最高水平的年龄

在身体素质的发展过程中,在不同年龄阶段,各项身体素质增长的速度是不同的,人们把身体素质增长特别快的年龄阶段,称该项身体素质的敏感期(sensitive period)。评定某项身体素质敏感期的标准,是以年增长率的均值加上一个标准差,即年增长率大于或者等于标准值的年龄阶段为敏感期,低于标准值的为非敏感期,各项身体素质都有其发展的敏感期(表 13-5),对普通儿童少年而言,在其敏感期发展相应的身体素质对日后的身体技能学习都将打下坚实的基础。

男子在 19～22 岁各项身体素质达到高峰,23 岁以后缓慢下降;女子 11～14 岁出现第一个波峰,14～17 岁出现停滞或下降,18 岁以后回升,19～25 岁出现第二次波峰呈双峰型。

表 13-5　身体素质敏感期[①]

素质指标	男/岁	女/岁
60 米跑	7～10　14～15	7～10
400 米跑	7～11　13～14	7～11
1 分钟快速仰卧起坐	7～10　12～13	7～9
立定跳远	7～10　13～14	7～11
屈臂悬垂	7～10　13～14	7～8

二、儿童少年主要身体素质发展的特点

(一)力量素质的发展

1.绝对力量

7～9 岁为儿童少年力量发展的第一个可训练阶段。因为在 7 岁后随着整个身体的生长和各器官、系统机能的发展,肌肉长度开始改变,相对力量有所提高。女孩从 10 岁开始,绝对力量的自然发展可分为四个阶段:第一阶段,10～13 岁,力量增长的速度很快,特别是屈肌的力量,绝对力量可提高 46%。第二阶段,13～15 岁,力量增长的速度明显下降,绝对力量只增加 8%。

①王瑞元主编.运动生理学.北京:人民体育出版社,2002.

第三阶段,15～16岁,力量增长14％。第四阶段,16～21岁,绝对力量增长很慢,只增长6％,接近最大力量。男孩在10岁以前与女孩差异不大,增长速度也较慢,从11岁起男孩与女孩出现差异,增长速度也开始加快。在11～13岁期间力量增长最快,18～25岁力量增长缓慢,到25岁左右达到最大力量。

2.相对力量

对男、女孩来说,相对力量发展都较平缓,虽然绝对力量快速增长,但相对力量增长的速率并不大,甚至在个别年龄阶段,例如从12～14岁,每年只增长2％～3％。形成这种现象的原因有两个:一是体重增长较快;二是在身高增长的最快时期肌肉横断面增长缓慢。要增加相对力量可进行全面训练,通过改变肌肉重量与体重的比例,改善相对负荷与肌肉力量的相互关系,不使肌肉出现过度肥大,而提高相对力量。

3.速度力量

男、女孩在7～13岁速度力量增长都很快,13岁后,男女之间的差别越来越大,男孩的增长速度大于女孩,到16～17岁时增长速度下降。在儿童时期,速度力量的发展与最大力量的发展相比,速度力量发展要快些和早些。所以,在儿童时期发展速度力量可收到较好的效果。

4.力量耐力

男孩从7～17岁,力量耐力的发展是直线上升。女孩15岁前是持续上升的,但15岁后则开始产生停滞,直至下降。

(二)速度素质的发展

1.反应速度

儿童少年反应速度大幅度提高,在12岁时反应速度达到第一次高峰点。在性发育阶段,反应速度稍减慢。到20岁左右出现第二次高峰点。

2.动作速度

儿童从7岁起步频自然增长,13岁以后下降。在阻力较小时,动作频率主要决定于协调性。因此,应在协调性最佳发展期进行增加步频的训练。

3.位移速度

男女孩7～13岁期间跑的最高速度的发展几乎是平行的,从13～16岁期间男女之间产生差异,男孩持续增长,女孩落后于男孩。7～13岁时提高跑速最快的时期,而10～13岁期间尤为突出,增长值最大。如果将男女性别分开,男孩在8～13岁、女孩在9～12岁增长最快。

(三)耐力素质的发展

男孩在10岁时,耐力素质出现首次大幅度提高;13岁时,再次出现较大幅度的提高;16岁时,耐力有最本质的提高;15岁时,男孩已进入性成熟期,此时耐力增长明显减慢。女孩9岁时,耐力素质首次出现大幅度的提高;12岁时,耐力指标再次提高;14岁后,即进入性成熟期,耐力水平逐渐降低;15～16岁,耐力水平下降最大,16岁后下降速度减慢。

(四)协调能力的发展

儿童少年6～9岁是发展一般协调能力的最有利时期,9～14岁是发展专门协调能力的最有利时期。随着发育的成熟,从11～12岁起开始素质训练,力量、速度及耐力则可较快地发展。协调能力的自然发展在13～14岁(个别人到15岁)达到高峰。协调能力在学习技术动作的过程中可从灵活性、空间定位能力和节奏感等方面表现出来。

(五)柔韧素质的发展

男子19岁、女子20岁达到最高均值,随后趋于稳定或下降。15岁以前女孩的柔韧素质明显高于男孩。儿童少年时期开始训练是发展柔韧素质的最主要方法。成年以后只要经常坚持，已达到的柔韧性可以保持很长时间。在发展柔韧素质的同时也要结合力量练习。

【本章小结】

1. 根据生长发育的规律，将儿童少年的年龄划分婴儿期、幼儿期、学前期、学龄儿童、少年期、青年期。

2. 生长是指随着年龄的增长，体内细胞体积的增大或细胞数量的增加以及身体化学组成成分的变化，包括形态生长和化学生长。身体重量和大小的增加即是形态生长；全身或局部化学组成成分的变化是化学生长。

3. 发育是指随着年龄的增长，身体各系统、各器官、各组织功能的分化和不断完善，心理、智力和体力的发展。发育涉及人体达到成熟过程中所出现的一系列变化，如胚胎时期器官和组织的分化，出生后循环和呼吸功能的发展，消化功能等。实际上，生长和发育密切相关，相互依存的，在个体上不能分割，往往同时进行。

4. 影响儿童少年生长发育的因素有运动锻炼、营养、遗传因素、社会因素、季节气候、家庭等。

5. 在体育锻炼过程中，应该根据儿童少年运动系统、心血管系统、呼吸系统、神经系统、内分泌系统等生理特点来安排教学和训练计划。

6. 儿童少年身体素质发展的特点有身体素质发展的自然增长、身体素质发展的阶段性、各项身体素质达到最高水平的年龄。应根据儿童少年不同年龄阶段身体素质发展的特点，确定体育锻炼和运动训练的方案。

【思考题】

1. 如何划分儿童的年龄阶段？

2. 试述儿童少年生长发育的一般规律。

3. 儿童少年骨骼有何特点？在体育教学中应注意哪些问题？

4. 如何根据儿童少年的身体素质发展规律安排体育教学和训练？

第十四章 老年人与体育锻炼

【**学习目标**】

1.掌握衰老的概念和分类。

2.了解衰老的可能机制和老年人划分标准。

3.了解体育锻炼对延缓衰老的作用。

4.理解并掌握老年人体育锻炼方案的制订和注意事项。

- 为什么会衰老?
- 衰老:锻炼能起什么作用?
- 老年人锻炼是不是要避免做力量练习?

人口学家指出:如果说 20 世纪是控制人口数量的世纪,则 21 世纪将会成为全世界对付人口老龄化的世纪。根据联合国规定标准:老年人口占总人口的比例达到 10％的社会,就成为老年人社会。据有关统计资料表明:1999 年 10 月,我国 60 岁以上老人达 1.26 亿,占我国人口总数的 10％,由此,我国已步入人口老龄化社会。而且据专家预测,2025 年中国 60 岁以上老年人将达到 2.8 亿,占我国总人口的 18.4％。

2050 年 4.1 亿,占总人口的 27.4％。因此,研究老年人的健康越来越受社会关注,而体育锻炼、合理的营养和良好的心态并称为老年健康的三大基石。

第一节 老年人与衰老

一、衰老的概念

国外的定义如下:Aging is a general decline in organic functions as well as a decrease in adaptiveness to change and to restore disrupted homeostasis. 直译为:衰老是生物体各种功能的普遍衰弱,以及抵抗环境伤害和恢复体内平衡能力的下降。

国内的定义为:衰老是一切多细胞的生物随着时间的推移自然发生的必然过程,在机体和组织各级水平出现有害的改变,并表现出功能性、适应性和抵抗力的减退。

总之,衰老是生物体的形态、结构和生理功能逐渐衰退的总现象。有两层含义:一是其增殖分化的停止;二是其同时能够维持细胞的基本功能。

二、衰老的分类

可分为生理性衰老和病理性衰老。

1.生理性衰老:随着年龄自然增长,使生理机能和形态结构出现一系列衰老特征的退行性变化,对内环境变化的适应能力逐渐下降直到生命终止,称为生理性衰老。

2.病理性衰老:由于体内体外的因素使人体与外环境之间推动平衡,引起人体发生病理性改变,导致生理性衰老提前出现而缩短寿命,称为病理性衰老。典型的主要有早年衰老综合征等。

【知识与应用】

早年衰老综合征,简称早老症(Hutchinson-Gilford progeria syndrome,HGPS),是一种极端罕见的先天遗传性疾病,患者衰老速度相当于正常儿童的 5 至 10 倍,患病的孩子虽然出生时看似正常,但一年多后就会出现加速衰老症状,皮肤出现皱纹,头发掉落,患上老年人常见的心血管疾病、关节僵硬等,通常寿命不会超过 13 岁,并且大部分死于动脉粥样硬化引起的并发症,如心脏病、脑卒中等。荷兰学者研究表明,新生儿早老症的发病率为 4 百万分之一。据报道,世界范围内曾有 140 例左右早老症儿童,目前存世约 80 例。

早年衰老综合征(早老症)[①]

早老症的发病是由一个基因核纤层蛋白 A(lamin A)的单点突变引起的,该突变通常发生在胚胎发育的早期。对早衰症的疗法目前没有一项被证实是有效的,大部分的治疗集中在减少并发症。

2011 年 2 月 23 日在线刊出的 Nature 杂志报道,萨克医学研究院基因表达实验室的 Juan Carlos Izpisúa Belmonte 教授成功地从早老症患者的皮肤细胞诱导生成了诱导干细胞(iPS),并使之分化成为平滑肌细胞,这可能为研究人类早老症提供了非常理想的模型。

三、衰老的机制

现代科学的迅速发展,推动了对衰老机制的研究,目前各国学者对衰老机制的认识主要分为以下两类:

1.遗传程序学说:这一类学说认为衰老过程是由人体生物钟所预设的,通过遗传因素按各自的程序预先已作好安排,按时由特定的遗传信息激活一些组织产生特异性的退行性变化,最终导致衰老死亡。包括衰老基因学说、修饰基因学说、密码限制学说、DNA 损伤学说(辐射、环境污染特别是重金属的污染对 DNA 造成损伤从而导致衰老)

2.细胞损伤学说:此类学说认为细胞总体的衰老可以反映机体的衰老,而机体的衰老是以总体细胞的衰老为基础的,细胞衰老主要表现为对环境变化适应能力的降低和维持细胞内环境能力的降低。包括消耗学说、生活速度学说、内分泌学说、大脑衰退学说、体细胞突变学说、细胞代谢失调学说、自由基学说、生物膜损伤学说、交联学说(主要指胶原纤维交织成网络破坏原有的功能)

---

① 图片来源:http://www. progeria. be

四、老年人划分标准

随着人类社会的不断发展,人类的平均寿命也在不断的延长,人们对老年人的年龄概念也在不断地修改。一般而言,60 岁以上为老年人。世界卫生组织(WHO)对老年人的划分标准如表 14-1 所示。

表 14-1 WHO 提出的老年人划分标准[①]

年龄/岁	称呼
44 以下	青年人
45~59	中年人
60~74	年轻的老年人
75~89	老年人
90 以上	长寿老人

需注意的是,每个老年人的差异很大,机体不同的器官系统衰老的速度也不同,而生物年龄与实际纪元年龄也有一定的差距,因此,不能简单地将一个年龄的划分作为所有器官系统衰老的起点。

【名人回顾】

1948 年,Frederick W. Kasch(1913—2008)成为美国圣地亚哥州立大学体育系助理教授,并执教体操和棒球。那时公众健身俱乐部非常少,运动训练仅存在于运动员中,主流的观点认为心脏病患者和其他病后恢复期的病人应尽可能避免运动。Kasch 博士对该观点提出质疑,并于 1958 年开始了全美第一个成人健身计划,该计划的受试对象为心血管病患者,记录了长期运动对心血管系统老化的影响,监测指标包括 EKG、血压、体重、体脂百分比和最大摄氧量,该计划共持续了四十年,开创了长期研究的先河。经过四十年规律性体育锻炼,Kasch 博

Frederick W. Kasch

士和他的同事们发现,相比于静态人群,该健身计划的参与者出现以下良好效应:高血压患者血压降低、体脂百分比降低且长期维持在较低水平、最大摄氧量也有所增加。此外,当其他同龄者安静血压正经历"与年龄有关"的增加时,该计划的受试者仍保持着正常的安静血压,Kasch 博士的报道为规律运动对成人(包括患者)的良好效应提供了有力的证据。

Kasch 博士发表了 100 多篇学术论文和报告,并获得很多荣誉,圣地亚哥州立大学分别在 1990 年和 1999 年创建了以他的名字命名的运动实验室和基金。

---

① 耿德章.世界卫生组织对老年人划分标准表.1994.

第二节　老年人的体育锻炼

一、运动对衰老机体的影响

(一)衰老过程中生理机能和运动能力的变化

衰老常伴随着各种慢性病的发生和生理机能的下降,随着年龄的增长,老年人体内脂肪量逐渐增加,各系统、器官的机能都有逐年下降的趋势,不仅体内物质代谢明显降低,基础代谢值和蛋白质的更新也只相当于青年人的80%左右。在心血管系统方面,心缩力下降,外周阻力加大,使心脏对大强度的工作适应能力下降,恢复相对较慢;在呼吸系统方面,肺活量、最大通气量明显降低;在运动系统方面,肌肉发生松弛,肌力明显下降,同时韧带、肌腱的弹性减弱,关节僵硬活动幅度变小。横向和纵向研究均显示最大摄氧量随着年龄的下降与个体体力活动下降和体脂百分比增加有关,大多数60岁以上者最大摄氧量均呈下降趋势,应付日常活动的能力也下降,从而引起心肺功能的下降。下表为20岁和60岁男性机能能力和身体成分的比较。

表 14-2　20 岁和 60 岁男性机能能力和身体成分的比较[①]

指标	年龄/岁	
	20	60
最大摄氧量/(mL/kg · min)	39	29
最大心率/(次/分)	194	162
安静时心率/(次/分)	63	62
最大每搏输出量/(mL)	115	100
最大动静脉氧差/(mL/min)	150	140
最大心输出量/(L/min)	22	16
安静时收缩压/(mmHg)	121	131
安静时舒张压/(mmHg)	80	81
肺总容量/(L)	6.7	6.5
潮气量/(L)	5.1	4.4
肺余气量/(L)	1.5	2.0
脂肪百分比/%	20.1	22.3

①乔奇·A·布茹克司著,杨锡让等译.运动生理学.北京:北京体育学院出版社,1988.

（二）运动对衰老机体的影响

适宜的运动可以延缓衰老进程、提高老年人生活质量。研究显示，20岁以上人群最大有氧功率每年下降1%，而保持良好运动习惯和体形的中年人其最大摄氧量下降幅度是普通人群的1/2。机体生理功能变化规律在在30岁之前呈上升趋势，之后呈衰退趋势，其中40～60岁期间衰老速度最快，但同年龄阶段时运动者的生理功能较好。

运动对老年群体的影响可以通过横向和纵向研究获得，横向研究是将老年运动员和同年龄非运动员对照组进行比较，纵向研究则是对受试老年群体作数月锻炼前后的比较。简要总结如下：

1. 横向研究显示，相比于老年非运动员组，耐力训练项目的老年运动员组 $V_{O_{2max}}$ 更大、HDL水平更高而 TC 和 LDL 水平更低、胰岛素敏感性和糖耐量增加、力量更大、反应能力更快而绊倒危险性较低。

2. 纵向研究显示，老年受试组在经过数月的耐力性运动以后，变化如下：

（1）$V_{O_{2max}}$ 和摄氧量动力学（kinetics of oxygen uptake）与年轻运动群体一样出现提高，但效果的显现要比后者需要更长久的锻炼时间。男性 $V_{O_{2max}}$ 的增加主要归因于外周（骨骼肌）和中央（心肺功能）适应，而女性 $V_{O_{2max}}$ 的增加主要归因于外周适应。

（2）血脂代谢改善，但是该变化与体脂下降相关，而不是与运动本身相关。

（3）血压降低；

（4）胰岛素敏感性和糖耐量增加

（5）肌力和骨密度保持或有上升，需强调的是，力量训练对肌力的增加非常有利，并且在降低绊倒率风险性中起重要作用。

【知识与应用】

1998年美国运动医学会 Corbin 等的研究报告构建出一个体力劳动活动金字塔的结构，作为人们开始规律性锻炼的指引，指出每个人都应进行3～5次/周、20～60min/次，强度为60%～90%HRmax 的体力活动。

第一层为日常生活中的体力活动（Lifetime physical activity）：如步行、上下楼梯及做家务等，运动量约等于每天进行30min快走。

第二层为"积极性有氧运动或积极性运动及娱乐"（Aerobic activity，Active sports and recreation）：如健身操、踏台阶、篮球、网球、自行车及排球等。由于这类活动的强度比"日常生活体力活动"的强度大，所以每周参与频率也会相对减少。

第三层为"柔韧性及肌肉适能锻炼"（Exercise for flexibility，Exercise for strength & muscular endurance）：包括伸展运动及肌肉耐力锻炼。ACSM 建议，身体主要的肌肉群都应进行3～7次/周的柔韧性练习和2～3次/周的肌肉耐力练习以保持肌肉的弹性及力量。伸展运动时的强度应为被伸展的肌肉群有"轻微不适但不致疼痛"的感觉即可。至于，每周应有2～3次的锻炼。

第四层为"休止状态"（Rest or inactivity）：该层主要作用是机体获得适时休息的机会，但长期久坐会造成全身乏力、倦怠等不利反应从而引发各种病症。

在金字塔的应用上应注意"层次越高，其参与频率也相应降低"，如第一层的练习应每天进行，而第二、第三层的活动进行频率可较少，除正常睡眠以外，第四层应只占每日很少的部分，从而达到强身健体的终极目标。

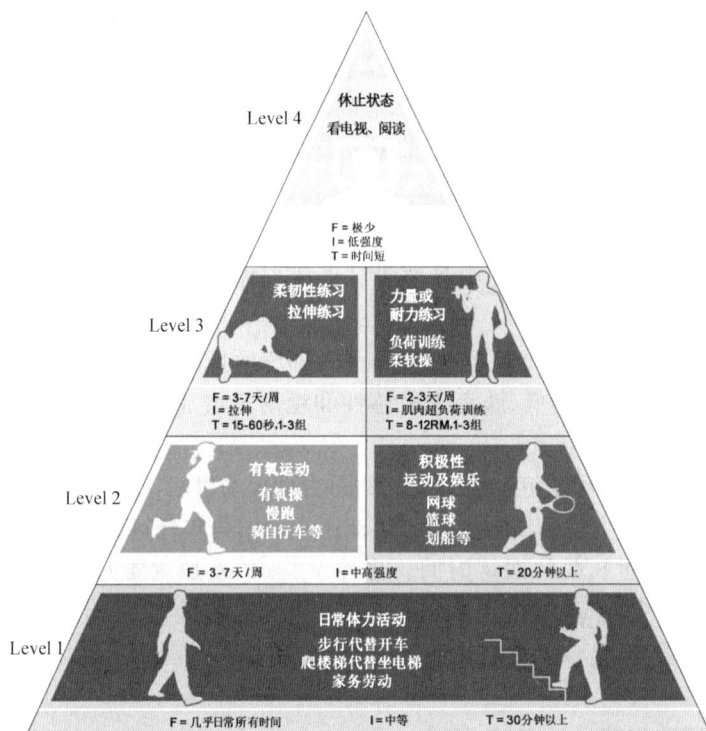

体力活动金字塔

二、运动的注意事项

（一）运动开始前的医学检查、运动试验和体力评价

老年人在体育锻炼之前，必须进行病史等询问、健康诊断等医学检查，尤其注意进行心肺功能的运动负荷试验，并对其身体成分、人体形态等进行评价，以作为运动计划制定的依据。

（二）锻炼要因人而异，循序渐进，持之以恒

应以"练"代"赛"，避免运动过度。运动前应做好准备活动，以便适应运动过程，运动后应做好整理运动，以利于促进运动后恢复。要合理安排运动与休息，做到劳逸结合，并根据身体状况和外界环境条件的变化及时进行调整。

（三）加强医务监督，特别要注意慢性病老人的运动监护

老年人常伴有各种慢性疾病，应在运动过程中加强对其医务监督，及时了解其健康水平和功能状态，以免发生运动损伤和运动意识。就老年运动个体而言，也应加强运动的自我监督，强化自我保健意识和能力，运动中如遇不适，应及时终止，以确保健康和安全。

最好每周作一次体能评估，每月作一次医学健康检查，依评估结果作锻炼计划的调整。调整锻炼计划时，以增加持续时间为先，再增加运动频率，最后才增加运动强度。如运动形式造成肌骨受伤，待休息痊愈后应及时调整改变运动方式。

三、体育锻炼方案的制订

ACSM 和美国心脏协会对老年人体育锻炼建议涉及以下几个方面。

（一）运动强度、运动频率和运动持续时间

中等强度的有氧耐力运动，每周至少 5 次，每周至少 30min；或者较高强度的有氧运动，每

周至少 3 次,每周至少 20min;或者两种强度组合运动。心率是评价监测老年人强度的简易指标,中等强度阈值常为 60％ 的最大心率(即 50％ 摄氧量),其适宜心率为 110～130 次／min ,主观运动强度"稍感费力"。表 14-3 为主观体力感觉等级表。

表 14-3　主观体力感觉等级

RPE	主观运动感觉
6	安静
7	非常轻松
8	
9	很轻松
10	
11	轻松
12	
13	稍费力
14	
15	费力
16	
17	很费力
18	
19 非常费力	

（二）运动方式

以有氧运动为主,结合适宜的力量练习和柔韧性练习。

1.有氧运动:连续有节奏地大肌群活动。如:轻快步行、健身跑(慢跑)、游泳、太极拳、五禽戏、门球、老年健身操等。

2.力量练习:每周至少两次包括主要肌群的力量训练,每次练习时负荷为 10～15RM。肌力在 50 岁时下降仅为 10％～20％,但此后下降速度非常快。肌力的下降有一部分原因是由于老年人体育活动水平降低,但 60～80 岁人群肌力下降的主要原因是由于肌肉量的丢失。有研究报道老年人(＞65 岁)每周进行一次力量训练所致的肌力增长幅度与每周进行两次力量训练相似。

3.柔韧性锻炼:每周至少完成两次柔韧性运动,每次至少 10min。如柔软体操等。

经常跌倒的老年人可增加平衡性练习,如脚腕和脚屈曲的简单锻炼系列、平衡垫等,多种运动形式的锻炼对跌倒的预防更有效。

（三）准备活动和整理活动

通常采用 10min 左右的快走、慢跑等作为准备活动,以增加关节活动性,防止运动损伤;

整理活动可采用按摩、自我抖动肌肉、柔软体操等方式,以促进疲劳恢复,时间也在 10min 左右。

表 14-4 介绍了老年人有氧运动、阻力和柔韧性训练的处方建议,活动类型和强度应根据患者平素健康状况和能量需要来设定,训练方式应多样化,以便保持运动兴趣并达到更为理想的

效果,体质差的患者应将椅子或床上活动作为运动的起点。

表 14-4　老年人有氧运动、阻力和柔韧性训练的处方建议

运动类型	频率和时间	强度	级数
一般运动	每周 1 次或累计活动≥30min	符合以下标准中 1 项即可评为中等强度:(1)运动时可以不费力地说话但不能唱歌;(2)有些困难(Borg RPE* 评分为 12～14 分);(3)极限心率的 65%～75%(如果患者感到不适,可调至极限心率的 55%～64%)	隔一段时间增加 1 次强度,使之维持在中等强度
有氧运动	连续或间歇运动 20～60min(每段时间最少运动 10min),3～7d/周.运动频率取决于运动强度,首选 7d/周	中等强度(见以上标准)	不改变运动强度,隔几周增加运动时间。然后保持运动时间,但要间断地、短暂地增加运动强度(例如,步调增加 20 步,然后回到舒适的步调 3min,重复做)
柔韧性训练	每周训练 2～3 次。每 1 种伸展运动重复 3～4 次,在两次伸展之间休息一会儿(30～60s)。保持静态伸展状态 10～30s。	利用静态和动态的技巧来伸展所有的肌群。在中度不适的位置保持伸展状态	在常规运动中增加新的伸展运动,逐渐从静态姿势到动态的移动,或减少对平衡支持的依赖性

表 14-5 是一位 70 岁退休老人的运动处方,主诉睡眠不好,无精神,腰部僵硬、膝盖疼痛。他的股四头肌和腹部肌肉无力,臀部屈肌和腿后肌群发紧。此处方涉及了生活方式的改变、有氧运动、柔韧性训练和递增阻力训练。

表 14-5　老人运动处方举例

处方	内容
改变生活方式	(1)散步:每天早晨或晚上,无论天气如何,每天都坚持与妻子一起散步;Borg RPE 评分为 13～14 分 (2)爬楼梯:上一段楼梯,下两段楼梯 (3)将车停在停车场周边,步行至入口处 (4)院子里运动:如果天气允许,1d/周
有氧运动	(1)散步:同上述 (2)小组循环训练:骑自行车或在当地老年中心踏椭圆机训练,50min/次,2 个早晨/周
柔韧性训练	(1)平衡球:伸展腰肌、胸肌、腿腓肠肌和 Achiles 肌腱,早晨 5min/d,晚上 10min/d。参考医生提供的伸展运动图解 (2)瑜伽:第 1 个月,每周日早晨练习 60min,然后再咨询医生
递增阻力训练	(1)小组循环训练:在当地老年中心进行全身力量和运动范围训练,50min/次,2 个早晨/周;Borg RPE 评分为 12～15 分 (2)平衡球:核心肌肉训练(腹部弯曲、伸展)每隔 1d 看电视做 1 次,每次运动重复 10 次

注:PRT＝递增阻力训练;△1-RM＝一次重复最大限度,为通过全范围运动能够举起的最重的重量,姿势良好,重复 1 次;V_{O_2}＝氧利用量。

【**本章小结**】

1.衰老是一切多细胞的生物随着时间的推移自然发生的必然过程,在机体和组织各级水平出现有害的改变,并表现出功能性、适应性和抵抗力的减退。

2.衰老是生物体的形态、结构和生理功能逐渐衰退的总现象。有两层含义:一是其增殖分化的停止,二是其同时能够维持细胞的基本功能。

3.衰老常伴随着各种慢性病的发生和生理机能的下降,表现在物质代谢、心血管系统、运动系统等方面的机能水平明显降低,并伴随体内脂肪量的增加等。

4.适宜的运动可以延缓衰老进程、提高老年人生活质量,具体表现在心血管系统、血脂代谢、运动系统等方面的机能改善。

5.老年人的体育锻炼必须在医学检查的基础上循序渐进的安排适合自己的运动方案,并加强运动过程中的医务监督。

【**思考题**】

1.解释和理解以下术语:

衰老　生理性衰老　病理性衰老　主观体力感觉等级表

2.衰老过程中人体生理机能下降主要表现在哪些方面?

3.老年人参加体育锻炼的意义和注意事项有哪些?

4.给老年人制定一个体育锻炼方案。

第十五章　女性与体育运动

【学习目标】

1.明确女性解剖生理特点、运动能力与男性的性别差异。

2.掌握女性卵巢周期、月经周期等生理特点及运动的影响。

3.了解妊娠期生理变化对运动的影响及锻炼过程中的潜在问题。

4.明确妊娠期体育锻炼的绝对禁忌症和相对禁忌症。

5.掌握女性月经期、妊娠期体育锻炼方案。

> • 运动能力也有"男女不平等"现象吗?
>
> • 女性月经期可以运动吗?
>
> • 女性运动可以预防妊娠糖尿病吗?

女性的身体结构与生理特点是其运动能力的基础,与男性相比,女性的形态和机能有很多特点,青春发育后,这些特征更为明显。女性激素周期性分泌使女子月经周期生理活动呈现出规律性变化,并在相当程度上影响女性参与运动的程度与运动表现。

第一节　女性的生理和运动能力特点

一、女性的生理阶段的划分

根据性腺卵巢分泌功能的变化,可以将女性一生划分为五个生理阶段,各阶段之间并无截然的分界线,但各有特点,和男子较大的差距开始于青春期。

(一)幼年期

幼年期(childhood)指卵巢机能尚处幼稚状态的年龄阶段,10~12岁之前。该阶段卵巢开始有少量卵泡发育,但仍不到成熟阶段,女性特征开始呈现。

(二)青春期

青春期(adolescence or puberty)指卵巢机能由幼稚向成熟过渡的年龄阶段,以月经来潮为标志。该阶段的显著特点是卵巢及生殖器官明显发育,第二性征形成,开始出现月经。

(三)性成熟期

性成熟期(sexual maturity)指卵巢功能成熟的年龄阶段并有性激素分泌及周期性排卵的

时期。约从 18 岁开始,持续近 30 年。该阶段性腺及性器官发育完全成熟,生殖器各部和乳房都有不同程度的周期性变化,是女性生殖机能最旺盛的时期,又称为生育期。

(四)更年期

更年期(menopause)指卵巢功能由旺盛向衰退过渡,并直至萎缩的年龄阶段,约为 44~54 岁左右。该时期的显著特点是月经由不规律到完全停止(闭经)。

(五)老年期

老年期(senility)指卵巢功能完全终止的年龄阶段。60 岁以上,卵巢功能消失,生殖器官萎缩,内分泌功能逐渐衰退,各器官的机能能力均明显降低。

二、女性解剖生理特点和运动能力

(一)体型、身体成分的特点和运动能力

青春发育期之前,男性和女性在身高、体重等形态特征上均无显著性差异。女性青春期的生长加速期比男性约提前 2 年出现,约从 10~12 岁开始,此阶段开始后,男女身体成分出现较大的性别差异。相比于同时期的男性,发育成熟的女性身体成分的差异主要表现在体重和去脂体重较轻,而体脂较重。女性体脂含量约占体重的 28%~30%,主要分布在胸、腹、臀、大腿等部位的皮下,皮下脂肪约为男子的 2 倍。女性较高的体脂可能会增加身体在运动时的载重负担,研究证实,男女运动员最大摄氧量的差距,与女子较高的体脂肪有关,如果排除脂肪因素,男女在有氧运动能力的性别差异低于 10%。

青春期后,女性肩窄、骨盆宽、大腿和腰粗、胸围窄、臀部和下肢脂肪沉积较多;而男性肩宽、骨盆窄、胸围宽、臀围大、腹部和上肢脂肪沉积较多,出现男女体型的性别差异。由于女子特有的肩窄盆宽体型,决定了女子具有身体重心较低且稳定性较高的特点,因此平衡能力强于男子,但奔跑速度及负重能力则受到一定限制。

女性骨骼重量占体重的 15%,约较男子轻 10%左右,抗弯能力较差,但韧性较佳。脊柱椎骨间软骨较厚,弹性和韧性优于男子,因而,柔韧性优于男子,有利于完成劈叉等动作。女子约从 30 岁开始骨中矿物质逐渐丢失,绝经后女性骨骼的矿物质(特别是钙)减少更加明显,极易产生骨质疏松。骨质疏松导致骨密度及抗张强度下降,增加了骨折的危险性。

(二)氧运输系统特点和运动能力

相比于男性,女性的有氧能力较弱,这与女性最大摄氧量较低有关,女性平均值仅为男性的 70%~75%。主要原因是由于女性氧运输系统的特点所致:

1. 心血管机能水平较男子弱

女性心脏的重量较男子约轻 10%~15%,体积约小于男子 18%,容量小 150~200mL;安静状态女性心率较快,约快于男子 10 次/min 左右,每搏量少于男子 10~15mL,收缩压平均低于男子 14kPa(10.5mmHg),舒张压约低 0.68kPa(5.1mmHg)。因此,在亚极限运动的任何强度下,女性都必须依靠加快心率来代偿较低的每搏输出量以保证足够的心输出量。

2. 呼吸机能较男子低

女子的胸廓较小,呼吸肌力量较弱,安静时呼吸频率较男子快 4~6 次/min,且呼吸深度浅;女子的肺活量约为男子的 70%,$V_{O_2 max}$ 比男子少 0.5~1L。不论是在相对能量输出相同还是绝对能量输出相同时,女子的肺活量、肺通气量和肺容量均较男子低,从而制约了女子运动中机体氧的供应。

3. 血量和血红蛋白水平较男子少

女子血容量较少,约占体重的 7%,男子达 8%;女子的红细胞数量为 380~420 万/mm³,血

红蛋白为 $11.5 \sim 14g\%$，均低于男子，每千克体重的血红蛋白女子约为 $8.3g$，男子可达 11.6，全血中血红蛋白的总量女子仅为男子的 56%。较低的血红蛋白导致较低的动脉氧水平，从而动静脉氧差较男子低，导致运输到活动肌肉的氧较少，因此是造成最大摄氧量水平较低的原因之一。

（三）骨骼肌特点和运动能力

在青春发育期，女孩的肌肉发育慢于男孩，肌肉体积、重量、力量均低于男孩，这主要是由于雄性激素的同化作用引起的。女子肌纤维尽管在分布及组织化学特性方面均与男子基本相同，但其肌纤维的横截面积小于男子，导致肌肉的收缩力量较小。女性肌肉约占体重的 $21\% \sim 35\%$，仅占男子肌肉重量的 $80\% \sim 89\%$。女子肌纤维尽管在分布及组织化学特性方面与男子基本相同，但其肌纤维的横截面积则小于男子，因此肌肉的收缩力量较小。以往的研究表明女性上肢肌力比男子弱 $40\% \sim 60\%$，而下肢肌力仅弱 $25\% \sim 30\%$，除去体重的影响因素，男女在肌力上的差异约 20%。因此，女子在需要绝对力量及绝对速度的项目（如投掷、跳跃、短跑、举重等）中，其运动能力明显弱于男子。

研究表明，女性体内一些糖有氧代谢酶的活性较男子高，女运动员的糖有氧代谢能力比男子强。女子肌肉内的甘油三酯较男子多，在低于 $80\% V_{O_2 max}$ 的运动时，女子动用脂肪供能的能力比男子好，因此认为女子在有氧氧化供能能力上较男子具有更大的优势和潜力。但由于前述男女在氧运输系统等存在着的一系列差别，导致女子的有氧能力总体上还是不及男子。无氧运动能力方面，女子的磷酸原和乳酸能容量、无氧代谢酶活性、碱储备含量、肌肉量等均较男子低，因此这方面的能力男子远大于女子。

此外，由于女子的肌肉、韧带弹性好，关节活动范围大，因而动作幅度大而稳定，具有较好的柔韧性。女子在精细动作协调和动作程序化的速度等方面优于男子，而男子在目标动作技巧方面优于女子。运动训练导致女子肌力增加的原因是：改善了神经的控制，增强了神经冲动的传递，使原来不活动的肌纤维活动起来，募集更多的运动单位参与了工作，而与骨骼肌体积增加的关系不密切。

第二节　月经周期与运动

一、卵巢的内分泌功能

卵巢是女性生殖腺，主要功能是产生卵细胞和分泌激素，卵巢主要合成和分泌的激素有雌激素和孕激素两种，此外还合成和分泌少量的雄激素。

（一）雌激素

雌激素的主要作用是刺激女性生殖器官、乳腺和副性征的发育和功能，促进排卵。此外，雌激素还可以刺激成骨细胞的活动，加速骨的生长，促进骺软骨的愈合和骨骼中钙的沉积，绝经期由于雌激素的缺乏而易出现骨质疏松现象。

（二）孕激素

孕激素的主要作用是促进子宫内膜的增生和降低子宫肌的兴奋性，有利于受精卵的着床和胚胎"安静"环境的保持，从而维持正常妊娠。孕激素的另一个重要作用是和雌激素共同促进乳腺导管和腺泡的发育,做好泌乳准备。此外,孕激素还有产热作用,可使基础体温在排卵后升高1℃,由于体温在排卵前表现短暂降低,排卵后升高,所以临床上将这一体温变化作为判断排卵日期的标志之一。

二、月经周期与运动

（一）月经周期和月经

月经周期(menstrual cycle)是女性特有的生理现象。指女性在生育年龄阶段,由于性激素分泌的月周期性变化引起的子宫内膜发生一次脱落、出血、修复和增生的周期性变化。通常,一个月经周期平均持续 28 天左右。但是,提前或延后 7 天左右仍属正常。在每个月经周期中,均发生一次子宫内膜出血的生理现象,称为月经(menstrual)。每次月经持续的时间称为月经期,一般持续 2～7 天,每次月经的出血量约为 20～100 mL。在月经期,由于子宫内膜的纤维蛋白溶解系统特别旺盛,因而经血不凝固。

（二）月经周期的时相划分与生理变化

1.月经后期(也称卵泡期、增生期):卵泡发育为成熟卵泡的过程,特征是子宫内膜增生,血管和腺体增长;

2.排卵期:成熟卵泡发生破裂并排出成熟卵细胞的过程,特征是子宫内膜进一步增厚,雌激素分泌出现高峰;

3.月经前期(也称分泌期、黄体期):排卵后黄体形成的过程,特征是雌激素和孕激素大量分泌,子宫内膜进一步增生加厚,为妊娠做好准备;

4.月经期:若未受孕而出现黄体退化的过程,特征是雌激素雌性激素与孕激素分泌下降,子宫内膜血管痉挛,内膜剥落流血,出现月经。

（三）月经周期与运动能力

有研究报道,人体有氧工作能力及整体体能以黄体期为最强,卵泡期及排卵期其次,经前期及月经期最弱,认为在女运动员的训练和竞赛安排中,应充分注意女子体能与月经周期的关系,使大负荷训练与体能的高峰时期相吻合,从而使负荷作用达到最佳状态,提高训练效果和比赛成绩。但女运动员在月经周期不同阶段的反应有较大的个体差异,也有运动员的运动能力并不受月经周期的影响,

（四）运动对月经周期的影响

1.运动与月经初潮

第一次来月经称之为月经初潮。月经初潮年龄并不一样,一般波动范围在 10～17 岁之间。月经初潮时,不少女子会有不同程度的反应,如发现兴奋性提高,或感到疲劳、嗜睡、情绪不稳、郁闷或易怒及腹部下坠等轻度不适。初潮出现时间早晚与遗传、营养、种族、生活环境、气候、体重和体脂含量等因素相关,报道发现许多运动员都会出现月经初潮延迟的现象,特别是体操和芭蕾运动员最多,认为长期训练会使月经初潮推迟,但这种延迟也可能是由于运动员体脂成分过低所致。

2.运动与月经紊乱

月经紊乱(menstrual disorders),也称月经失调,是指与月经有关的多种疾病,包括月经的周期、经期、经量、经色、经质的改变以及痛经、闭经、经前期紧张综合征等伴随月经周期前后出现的某些症状为特征的多种病症的总称。研究认为运动强度大或运动时间过长的运动,易导致运动性月经不调。但停止运动训练后,会得到纠正而恢复正常月经周期。

（1）运动性闭经

闭经（amenorrhea）指一年月经来潮少于四次者，大量研究证实，由于运动而引起的运动性闭经的产生与女性运动员承受的长期大强度、长时间训练有关。普通人群闭经发生率约为 3%，而长跑运动员闭经发生率近 24%。图 15-1 显示：随着周跑步训练距离的增长，运动性闭经的发生率也随之增加，提示大运动量对运动性闭经的出现有着直接或间接的影响。目前认为这种现象的出现一方面可能是由于运动引起血液中各种激素水平变化，导致下丘脑的反馈改变，从而影响了

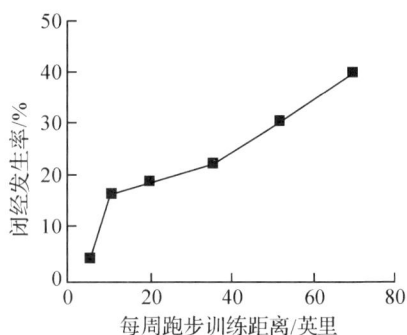

图 15-1　跑步训练距离与闭经发生率的关系[1]

女性性激素的释放；另一方面也可能是由于大运动量引起心理压力增加，导致血液中儿茶酚胺等水平增加从而影响了女性生殖功能的紊乱。

（2）痛经

痛经（dysmenorrhea）是指经期前后或行经期间，出现下腹部痉挛性疼痛，并有全身不适，严重影响日常生活者。有研究显示女性运动员人群痛经出现率高于非运动人群，原因尚不明。近年来的许多研究表明，子宫内膜和血中前列腺素（prostaglandins）含量增高是造成痛经的决定因素。当月经周期开始时，存在于子宫内膜细胞内的前列腺素被释放出来，从而引起子宫肌肉的收缩。过多的前列腺素会使子宫肌肉处于缺氧状态，引起"痉挛"，并导致肠道平滑肌的收缩，出现腹泻、恶心及呕吐。

（五）月经期的体育锻炼

1. 建议的体育锻炼项目

通常而言，身体健康且月经正常的女性在月经期可以做适当的体育锻炼，但应掌握好运动量，选择运动强度小、锻炼时间不长、不憋气的运动项目，如徒手操、活动性游戏、乒乓球等，改善盆腔内的血液循环，起到柔和按摩子宫并帮助经血排出的作用。此外，适当的体育活动也可以调节大脑皮层的兴奋和抑制过程，减轻全身不适感。

2. 不宜的体育锻炼项目

女性月经期的锻炼过程中应避免进行快速奔跑和跳跃动作，如速度赛跑、跳高跳远、劈叉、支撑跳跃等练习，尤其应避免较大负重力量、增加腹压的练习，如举重、俯卧撑、仰卧起坐等，以免引起经血过多，也可能会造成子宫移位，影响月经的周期，甚至引起盆腔炎等疾病。此外，由于经期女性需慎对游泳运动，因为月经期间机体全身与局部对病菌侵袭的抵抗力降低，子宫内膜容易成为细菌繁殖的温床，所以游泳时水中病菌可能从阴道进入子宫、输卵管或腹腔等处，引起炎症，从而影响身体健康。对于从事专项训练的游泳运动员，则需要在有严格保护的条件下下水。从事一般体育锻炼的女性，经期不宜参加对抗性较强的运动和各种激烈的比赛。

3. 女运动员月经期训练的注意事项

女运动员应根据经期的身体机能状况和训练情况，并严格遵循个别对待的原则来适当地安排训练与比赛。如果月经周期正常，且运动成绩无变化，可以在减少运动量和缩短训练时间的前提下继续进行训练和比赛。如果出现经期紊乱的情况则因根据情况适当调整运动负荷，具有

---

① Powers S K, Howley E T. Exercise physiologn (7th Edition), New York: Mcgraw-Hill Companies Inc., 2008.

月经紊乱的女运动员在月经来临的前几天，一般应减少运动量。患有月经过多、月经过频（月经周期少于 20 天）或痛经的女运动员，月经期间应考虑暂停训练和比赛。

【知识与应用】

女运动员三联症（The female athlete triad）

1992 年，ACSM 首次提出女运动员三联症（The female athlete triad，FAT）这一概念，包括饮食紊乱、闭经和骨质疏松。2007 年 ACSM 对 FAT 的定义作出了全新概括：可利用能量（energy availability）、月经功能（menstrual function）和骨骼健康（bone health）三方面相互联系、相互影响出现的一种病理征象，每一个方面都包含了从健康到疾病的范围，

并表现出不同程度的症状，主要临床症状可表现为饮食紊乱、功能性下丘脑性闭经和骨质疏松，下图提示了 FAT 的各种临床表现的动态变化。

图中右上角的三角形为正常状态，左下角的三角形代表不健康的情况，即运动员长时间高强度运动但没有增加膳食能量摄入或严格限制饮食或临床进食障碍的运动员。随着运动员的饮食和运动训练的变化，其能量供应、月经状况和 BMD 处于动态变化中。膳食摄入量减去锻炼消耗的能量被称为能量供应，能量供应直接影响参与新陈代谢的激素，间接地影响雌激素水平和月经功能，从而影响骨密度。

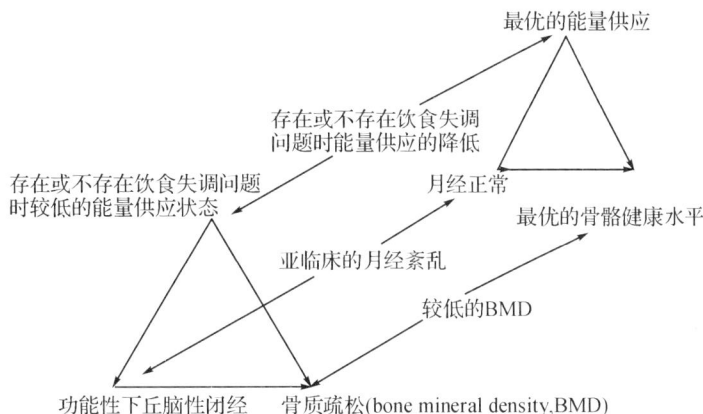

过度限制能量会造成可利用能量过低，使机体由健康状态向病理方向发展，从而出现 FAT 的一种征象——可利用能量低下，严重者可伴有饮食紊乱。饮食紊乱是 FAT 的临床症状之一，主要包括厌食症和贪食症。FAT 引起的闭经属于继发性闭经，是功能性下丘脑性闭经的一种。一旦功能性下丘脑性闭经形成，若想通过药物治疗来恢复正常的月经周期将十分困难。

第三节 妊娠期女性的体育锻炼

过去的 30 年里，关于妊娠期女性与体育锻炼的研究层出不穷。运动过程中会发生许多生理变化，包括体温的变化以及对儿茶酚胺水平、血流再分配、肺功能、心输出量、产妇肾血流量等的影响，不同类型的运动以不同的方式影响着妊娠期的女性，对大多数妊娠期女性而言，运动是安全有益的。

一、女性妊娠期概述

（一）妊娠期的定义

妊娠期即怀孕期，是胚胎和胎儿在母体内发育成熟的过程。从妇女卵子受精开始至胎儿及其附属物自母体排出之间的一段时间。为了便于计算，妊娠通常从末次月经的第一天算起，约为 280 天（40 周）。由于卵子受精日期很难绝对准确，实际分娩日期与推算的预产期可以相差 1～2 周，临床上将妊娠 37 周至 42 周之间，均列为足月妊娠。

（二）妊娠期女性的生理变化特点

1. 生殖系统和乳房的变化

（1）以子宫的变化最为显著：宫体逐渐增大变软，自妊娠 12～14 周起，子宫出现不规律无痛性收缩。宫颈黏液增多，形成黏稠黏液栓，有保护宫腔免受外来感染侵袭的作用；

（2）卵巢出现妊娠黄体，于妊娠 6～7 周前产生雌激素及孕激素，以维持妊娠继续。黄体功能于妊娠 10 周后由胎盘完全取代，黄体开始萎缩；

（3）输卵管伸长、阴道 pH 值降低、外阴皮肤增厚且大小阴唇色素沉着；

（4）乳房增大，充血明显；

2. 心血管和代谢方面的变化

（1）血量增加 40％～50％；

（2）血液稀释、红细胞比容下降易缺铁；

（3）心率加快；

（4）心输出量增加；

（5）妊娠早期及中期血压偏低，在妊娠晚期血压轻度升高。

3. 泌尿系统变化

（1）肾血浆流量增加、肾小球滤过率增加；

（2）泌尿系统平滑肌张力降低，输尿管增粗及蠕动减弱。

4. 消化系统变化

（1）齿龈肥厚，易出血；

（2）胃肠平滑肌张力降低，贲门括约肌松弛；

（3）胃酸及胃蛋白酶分泌减少、肠蠕动减弱。

5. 内分泌系统的变化

（1）腺垂体增大，卵泡刺激素及黄体生成激素分泌减少，无排卵；

（2）催乳激素（PRL）从妊娠 7 周开始增多，至妊娠足月分娩前达高峰；

（3）皮质醇、醛固酮、睾酮增加。

6. 皮肤的变化

（1）腺垂体分泌促黑素细胞激素增加，使黑色素增加，导致色素沉着；

（2）面部出现妊娠斑，腹部有妊娠纹。

7. 骨骼、关节及韧带的变化

孕妇姿势：重心前移，头、肩后仰，腰部前挺。孕期常见肌肉骨骼并发症如下：

（1）耻骨骨炎；

（2）下肢浮肿疼痛；

（3）肌肉和/或关节疼痛（由于脱水而引起的）；

(4)怀孕期由于关节松弛所致的疼痛加剧;

(5)神经压迫症;

(6)运动伴随的子宫收缩;

(7)下腰痛。

二、妊娠期女性的体育锻炼

(一)运动对妊娠期女性的影响

妇女妊娠期参加体育锻炼对母亲和胎儿有无影响?过去曾有学者认为怀孕期锻炼会使子宫血流减少、胎儿高温、孕妇和胎儿低血糖、能量分配紊乱等,这些因素会增加孕妇的身体消耗,减轻孕妇体重,有损于胎儿和胎盘的发育并引起早产。但大量的研究证明,在确定没有妊娠并发症的情况下,对大多数妊娠期女性而言,运动是安全有益的。学者对妊娠期规律性(2～3次/周)参加有氧锻炼(游泳、有氧舞蹈、步行等)的女性所进行的研究表明,与不活动组相比,运动组孕期、产程、第1分钟新生儿阿普迦评分及新生儿重量均与不活动组无显著性差异。指出:孕期参加有氧锻炼对母亲和胎儿未见有害影响,相反经常锻炼而有氧代谢水平高的母亲主动分娩时间缩短,这可能与其良好的心肺功能有助于延缓分娩过程中疲劳的产生有关。

研究报道,虽然相比于未孕状态,孕期妇女心血管和代谢水平发生了一些变化,但中等强度运动并不会影响胎儿的氧供,且胎儿心率也没有显示出受到不良影响。运动过程中随着强度和持续时间的递增,胎儿心率也增加,在运动后恢复期逐渐恢复到正常水平。孕期26周在做亚量运动时心输出量比8周时更高,动静脉氧差更低,这提示更多的心输出量被分到了其他地方(如子宫),肌肉血流量稳定。运动对妊娠期女性益处主要如下:

1.心肺系统方面:提高心肺储备、提高或保持有氧体适能水平,并减少了高血压的风险。有证据显示,孕前惯于久坐的妇女妊娠期的运动会使其最大摄氧量的预期值升高,而相对最大摄氧量(mL/min/kg)稳定或略有升高。而相比于未怀孕的女运动员对照组,训练有素的女性运动员妊娠36～44周后绝对最大摄氧量更高,这提示,妊娠和训练的结合比单纯训练更能提高适应性。

2.骨骼肌方面:提高和/或保持了肌力和线条,促进好的身体姿态的形成,防止和/或帮助减少了腰背疼痛,保持或促进了骨盆底部肌肉的完整和恢复。

3.内分泌系统方面:可能会延缓甚至防止妊娠期糖尿病的发生。运动可能有利于孕妇尤其是重度肥胖的孕妇(BMI>33)对妊娠期糖尿病的初级预防,ACOG已将运动作为对那些通过单纯的饮食治疗仍未达到安全血糖水平的妊娠期糖尿病者的辅助治疗手段,参加低强度运动锻炼的妇女可能会延缓甚至避免使用胰岛素治疗。

4.分娩方面:降低妊娠期和生产时的风险,有利于孕母对生产做好准备,并减少新生儿并发症的风险。通过运动,孕妇在分娩时呼吸及用劲等方面都能巧妙地配合,也能使骨盆内的肌群及软产道松弛,使胎儿易娩出,为顺利分娩创造良好条件。

5.其他方面:改善妊娠中的不适症状(腰痛、水肿、麻木、静脉曲张及痔疮等),防止获得过量脂肪等。

(二)妊娠期妇女体育锻炼的注意事项

1.妊娠期女性生理变化对运动的影响及锻炼过程中的潜在问题

(1)心肺功能变化的影响

与怀孕有关的心肺功能变化是妊娠期女性在休息和运动过程中特别要注意的,妊娠期妇女心肺功能变化对运动的影响主要有:①安静和亚量运动时摄氧量轻度增加;②负重练习时氧耗明显增加;③安静和亚量运动时心率更高;④前六个月安静和亚量运动时心输出量增加,后三个月心输出量较低且低血压风险增加。

ACOG 对妊娠期妇女参加体育锻炼的建议主要是强调要遵循一些固定参数,如运动时心率不能超过 140b/min 等,而目前的研究主要强调了孕妇避免仰卧位进行运动以避免静脉回流量的减少和体位性高血压,并鼓励由体重负荷运动(weight-bearing)转向体重支持运动(weight-supported),认为这样可以降低孕妇运动过程中的损伤风险性,并且可以将运动所致的体温升高幅度维持在正常范围内。研究显示正常运动导致的孕妇体温升高对胎儿发育几乎没有影响,而从孕中期开始孕妇就应该尽可能地避免仰卧位休息或运动,因为这样子宫通常会妨碍子宫腔静脉,限制血流量,降低心脏泵血量,导致出现体位性高血压症状(严重低血压水平会引起恶心甚至晕厥)。应警惕出现早期症状如头晕、满脸通红、恶心等,久坐不动也与心输出量(血流量)显著减少有关,血压也可能会导致腿脚或全身浮肿。

(2)解剖结构变化的影响

妊娠期妇女解剖结构变化对运动的影响主要有:①雌激素和耻骨松弛激素水平提高(第 12 周达到高峰);②韧带/关节松弛;③体重增加,身体重心改变;④身体姿态改变,腰椎前曲增加 60%;⑤前 12 周,骨盆中子宫紧闭,20 周时子宫从骨盆突出,髋关节活动幅度(ROM)受限;⑥浮肿(特别是最后 8 周)。

鉴于以上变化,妊娠期女性运动过程中普遍存在一些潜在问题,如主要关节/周围的韧带疼痛、腰背/坐骨神经/骶骨关节疼痛、耻骨联合疼痛、膝关节/足部疼痛、神经压迫综合征(如:腕管综合征)等,因此,对其参加体育锻炼过程中应建议尽量减少或避免冲击活动(impact activities)/深蹲或单腿运动/姿势、拉伸时避免关节超伸、借助适当的锻炼工具进行稳定性训练、避免长时间静止站立和坐姿,在进行大肌肉群的力量训练时重点主要放在训练技巧上,而不是负重多少、进行游泳训练或水中有氧运动以减少对关节的压力和帮助减轻水肿等。

2. 运动的绝对禁忌症、相对禁忌症和警告信号

据美国妇产科学会(American College of Obstetrics and Gynecology,ACOG)2003 年颁发的孕妇锻炼指南妊娠期女性体育锻炼应注意:

(1)绝对禁忌症

若妇女孕期有以下有氧运动的绝对禁忌症情况之一者,绝对不应参与任何锻炼计划:①显著血液动力障碍及严重心脏病;②限制型肺疾病;③子宫颈口松弛症;④多次妊娠有早产风险;⑤第二(4~6 个月)、第三孕期(7~9 个月)持续性出血;⑥妊娠 26 周后胎盘前置;⑦宫内发育迟缓;⑧有先兆流产症状;⑨胎膜破裂;⑩先兆子痫;⑪妊娠期高血压。

如果孕妇已经完全消除了以上绝对禁忌症并得到医生的许可,开始参与锻炼计划,则必须在运动过程中警惕以下标志和/或症状的出现。若遇到任何以下的相对禁忌症,则应立即停止运动并向妇产科医生咨询。为安全其见,此种情况下医生可能会建议孕妇进行物理治疗,应密切监控理疗方案以优化孕期生活质量。

(2)相对禁忌症

有以下相对禁忌症情况之一者在健身锻炼过程中应进行严格的医务监督:①严重贫血;②心律失常;③慢性支气管炎;④控制不佳的 I 型糖尿病;⑤重度肥胖(BMI>33);⑥重度消瘦(BMI<12);⑦孕前习惯于久坐生活方式者;⑧胎儿宫内生长受限;⑨控制不佳的高血压;⑩骨科限制;⑪控制不佳的癫痫症;⑫控制不佳的甲状腺功能亢进症;⑬酗烟(>20 支/天)。

（3）运动过程中的警告信号

若在运动过程中出现以下警告信号，应立即停止运动并向妇产科医生和/或物理治疗师咨询：①阴道出血；②肌肉/关节痛；③呼吸窘迫；④眩晕；⑤恶心；⑥气短；⑦心跳过速或不规律；⑧行走困难；⑨体重增加不足；⑩头痛；⑪胸痛；⑫肌肉无力；⑬小腿疼痛或肿胀（排除血栓性静脉炎的可能）；⑭早产/持续收缩；⑮胎动减少。

3.妊娠期妇女体育锻炼的注意事项

（1）锻炼方案制定前应由专业医务人员对孕妇的整体健康状态（包括产科和医疗风险）做全面的检查，在排除禁忌症的前提下，进行运动方案的制订。

（2）孕期许多变化都有可能会干扰从事某种体力活动过程中的应变能力，每项活动或运动都应由专业人士彻底审查并清除潜在的风险，如跌倒或腹部受损伤的可能性；

（3）有早产或胎儿发育不良风险的活跃型孕妇需在孕期后六个月减少运动量；

（4）训练有素的运动员怀孕期仍能维持中等强度运动，剧烈运动则应遵医嘱；

（5）孕早期（前三个月）勿仰卧；

（6）运动过程中保持正常呼吸，运动中体温不超过 39 度；

（7）孕妇运动时有较多的水分及钠的散失，而水及钠盐为胎儿及母体所必需，脱水可能引起抽筋，子宫敏感性，妊娠晚期早产，因此要注意无论在什么天气状况下都应补充充足水分；

（8）防止高温、缺氧状态和腹部受伤。运动中若出现腹痛、出血、胎膜破裂或缺少胎动，应立即停止锻炼，并请妇产专科医生检查。

（三）妊娠期体育锻炼方案的制订

1.准备活动和整理活动

正式运动刚开始时做大约 3～5min 的准备活动，动作应缓慢以便机体温度有逐渐适应的过程；运动结束后做整理活动，如缓慢的牵拉；

2.运动强度

运动强度以低到中等强度为宜，通常运动靶心率不能超过 140～150b/min，自觉运动强度（RPE）12-14。有案例研究显示训练有素的女运动员妊娠期运动心率＞150b/min 时对胎儿并无不利影响，这可能归因于胎儿的保护性生理适应机制。ACOG 认为孕妇可以按 ACSM 的建议每天做一次 30min 的中等强度运动，对于专业或业余运动员而言，如果在孕期体征允许的情况下继续保持有氧运动，其有氧能力在怀孕期间会下降得很少。相比于久坐的妇女，业余运动员体脂率增加较少，因此在整个孕期代谢更活跃。

3.运动时间和运动频率

至少每次锻炼 20～30min，运动频率 5～7 次/周；最近有文献报道，SOGC 认为孕前习惯于久坐生活方式的妇女妊娠期锻炼应循序渐进，从每周 3 次，每次 15min 逐渐增加到每周 4 次或 4 次以上，每次 30min。

4.运动方式

（1）有氧练习

运动方式的选择上提倡以有氧训练为主（步行、游泳等），避免仰卧/高冲击训练，对孕妇比较适宜的项目有：游泳、有氧舞蹈、慢跑、散步等，不建议的项目为有身体碰撞的运动（增加腹部外伤危险），如曲棍球、拳击、橄榄球、足球；高危险的运动（增加摔倒/外伤的危险），如体操、马术、溜冰、滑雪和滑水、滑翔、剧烈球类运动、举重、潜水等。运动方式选择的基本原则是延续妊娠前所习惯做的运动，因为平日所习惯做的运动是最安全的，只是在运动强度及运动时间等方面较非妊娠时减少 20%～30% 为宜。

（2）力量练习

妊娠期体育锻炼可适当增加 0.5～1.5kg 的轻负荷力量训练,其重复次数最多做 12～15次,每周可安排 2～3 次。力量训练要考虑重复次数和姿势,避免拉伸。应遵循"轻负荷、多重复次数"的原则,如平时腿部肌肉能以 15.8kg 做 8～12 次者,怀孕期间可尝试以 9kg 做 15 次。避免前进正压腿(walking lunges),因为压腿动作可能会增加盆腔结缔组织受伤的风险。

5.运动过程中的监控

Mottola 等建议用"谈话试验(Talk test)"(当没有停顿以喘气就不能继续谈话时应降低运动强度)和 RPE 作为个体制定运动处方的额外指南。"谈话试验"是用来评估运动强度的方法之一,通过评价运动过程中说话的能力来判断从事该运动的难度。一般来说,如果运动过程中能自由交谈,说明运动强度对运动者而言较低(相当于 RPE4～5 级),如果运动过程中气喘无法自由交谈,说明运动强度较高(相当于 RPE8～9 级)。

此外,还应按以下心率范围以作额外监控:

(1)年龄＜20 岁,140～155b/min;

(2)20～29 岁,135～150b/min;

(3)30～39 岁,130～145b/min;

(4)年龄＞40 岁,125～140b/min。

【知识与应用】

国外研究认为,孕妇的运动方式可由体重负荷运动(weight-bearing)转向体重支持运动(weight-supported)。体重负荷运动中(如走路)能源消耗的一个途径是用于克服地心引力,体重增加了运动的强度。随着怀孕期体重的增加,女性能量消耗也逐渐增多。而体重支持运动中(如骑自行车、游泳等)能源消耗与体重无关,而是基于外功和机械功。典型的体重支持运动是游泳,水中锻炼不仅是体重支持的(由于浮力的因素),而且静水压力也起到了重要作用。

【本章小结】

1.女子的身体结构与生理功能是女性运动能力的基础。女性激素周期性分泌使女子月经周期生理活动呈规律性变化,并对运动能力有一定影响。

2.根据性腺卵巢分泌功能的变化,可以将女性一生划分为幼年期、青春期、性成熟期、更年期、老年期五个生理阶段。

3.女性解剖生理特点和运动能力有关。女性特有的肩窄盆宽体型,决定了女子具有身体重心较低且稳定性较高的特点,而由于有氧运输系统和骨骼肌生理特点的限制,使女性有氧运动能力、无氧运动能力及肌肉力量等低于男性。

4.女性在生育年龄阶段,由于性激素分泌的月周期性变化引起的子宫内膜发生一次脱落、出血、修复和增生的周期性变化,称为月经周期。在每个月经周期中,均发生一次子宫内膜出血的生理现象,称为月经。月经周期可分为月经后期、排卵期、月经前期、月经期四个时相。

5.健康女性月经期可做适当的体育锻炼,宜选择强度小、不憋气的项目,避免剧烈跑跑跳、负重较大增加腹压的练习,非专业运动员不宜进行游泳运动和对抗性训练和比赛。

6.在排除了绝对禁忌症和相对禁忌症的前提下,健康妇女妊娠期间进行有规律的适量运动,对母体和胎儿是有益的。但体育锻炼过程中应注意妊娠期女性生理变化对运动的影响,进行运动过程中的适时监控,避免可能的潜在问题,选择中低强度、有氧练习为主的锻炼方式。

【思考题】

1.名词解释:

　　更年期　月经周期　月经紊乱　闭经　妊娠期　谈话试验

2.简述女子主要的解剖生理特点与运动能力的关系。

3.简述月经周期的时相划分与生理变化。

4.月经期应如何进行体育锻炼?

5.妊娠期体育锻炼的绝对症和禁忌症有哪些?

6.简述妊娠期体育锻炼方案的制订。

第十六章　糖尿病人群的体育锻炼

【学习目标】

1. 掌握糖尿病的典型症状和分型。
2. 比较Ⅰ型和Ⅱ型糖尿病特征。
3. 了解糖尿病诊断标准。
4. 了解糖尿病人群参加体育锻炼的益处和注意事项。
5. 掌握糖尿病人群体育锻炼方案的制订。

?
- 是不是只有老年人才会得糖尿病?
- 怎样能尽早地发现糖尿病?
- 为什么有些糖尿病人群运动时还会发生低血糖现象?

第一节　糖尿病概述

随着经济的发展和人民生活方式的改变,无论是在发达国家还是发展中国家,糖尿病的发病率均呈逐年上升趋势。据报道,世界范围内 60 岁以上者糖尿病发病率为 20.9%,20～60 岁之间的人群发病率也有 9.6%。鉴于此,世界卫生组织将其认定为 21 世纪最严重的慢性病之一,并与国际糖尿病联盟共同确定每年的 11 月 14 日为"世界糖尿病日"。中国糖尿病的流行程度也正在增加,2007 年的糖尿病和代谢综合征患病率变迁全国调查显示,中国 20 岁以上人群糖尿病患病率达到了 9.7%,估计 9240 万 20 岁或 20 岁以上的成年人(人口的 9.7%)有糖尿病,而 1482 万成年人(15.5%)有前驱糖尿病,后者可以发展为显性糖尿病,并且和心血管疾病密切相关。

一、糖尿病的定义

糖尿病(diabetes mellitus)是由遗传因素、免疫功能紊乱、微生物感染及其毒素、自由基毒素、精神因素等各种致病因子作用于机体导致胰岛素分泌不足(Ⅰ型糖尿病)和/或功能障碍(Ⅱ型糖尿病)而引发的糖、蛋白质、脂肪、水和电解质等一系列代谢紊乱综合征,临床上以高血糖为主要特点,糖尿病(血糖)一旦控制不好会引发并发症,导致肾、眼、足等部位的衰竭病变,且无法治愈(图 16-1)。

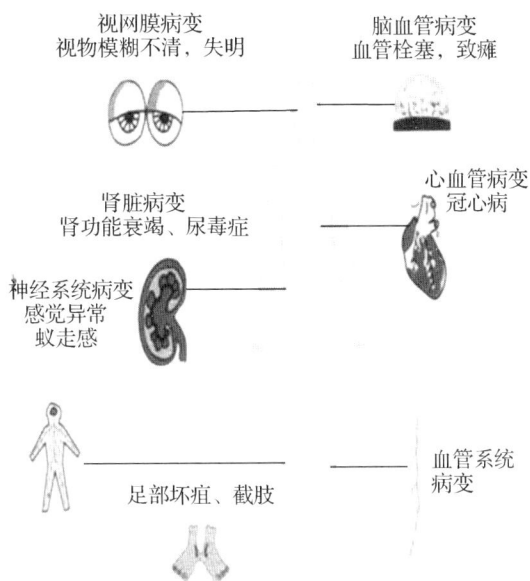

图 16-1　糖尿病的慢性并发症

二、糖尿病的分类

糖尿病常分为Ⅰ型糖尿病和Ⅱ型糖尿病两类,前者多因胰岛素分泌不足或缺乏引起,后者则多表现为胰岛素抵抗。Ⅰ型糖尿病也称胰岛素依赖型糖尿病,多发生于青少年,需依赖外源性胰岛素补充以正常血糖浓度,常伴有病毒感染,起病快,发展急骤,典型症状主要为:尿频/口渴、饥饿、快速的体重下降、体弱倦怠、易怒、恶心呕吐等。Ⅱ型糖尿病占糖尿病总数的比例约90%～95%,与体重增加、肥胖相关,有些Ⅱ型糖尿病患者也需口服或注射胰岛素来刺激胰腺分泌更多的胰岛素。Ⅱ型糖尿病的治疗包括节食和运动,以降低体重控制血糖。表 16-1 对两种类型糖尿病进行了比较总结。

表 16-1　Ⅰ型糖尿病和Ⅱ型糖尿病特征比较

特征	Ⅰ型糖尿病	Ⅱ型糖尿病
发病率	5%～10%	90%～95%
发病年龄	<20 岁	>20 岁
发病情况	快速	缓慢
家庭史	不明显	明显
治疗	必须使用胰岛素	必要时须使用胰岛素
胰腺分泌胰岛素量	没有或几乎没有	正常或较多
酮酸中毒	常见	少见
体脂	正常/消瘦	多有肥胖倾向或超重

三、糖尿病的判定标准

血糖的正常值和糖代谢异常的诊断切点主要依据血糖值与糖尿病并发症的关系来确定。目前,常用的诊断标准和分类有 WHO(1999 年)标准和美国糖尿病学会(ADA)2003 年标准。我国目前采用 WHO(1999 年)糖尿病诊断标准(如表 16-2 和表 16-3 所示)。

表 16-2　糖代谢分类

糖代谢分类	WHO 1999/(mmol/L)	
	空腹血糖	餐后 2 小时血糖
正常血糖(NGR)	<6.1	<7.8
空腹血糖受损(IFG)	6.1~7.0	<7.8
糖耐量减低(IGT)	<7.0	7.8~11.1
糖尿病(DM)	≥7.0	≥11.1

表 16-3　糖尿病的诊断标准

糖尿病	静脉血浆葡萄糖水平/(mmoL/L)
1.糖尿病症状(典型症状包括多饮、多尿和不明原因的体重下降)加(1)或(2)或(3)	
(1)随机血糖(指不考虑上次用餐时间,1 天中任意时间的血糖)	≥11.1(200)
(2)空腹血糖(空腹状态指至少 8 小时没有进食热量)	≥7.0(126)
(3)无糖尿病症状者,需另日重复检查明确诊断	≥11.1(200)
2.无糖尿病症状者,需另日重检查明确诊断	

注:①随机血糖不能用来诊断 IFG 或 IGT。②静脉血浆葡萄糖水平只有相对应的 2 小时毛细血管血糖值有所不同。糖尿病:2 小时血糖≥12.2mmol/L(>220mg/dL);IGT:2 小时血糖≥8.9mmol/L(≥160mg/dL)且<12.2mmol/L(<220mg/dL)。

　　我国资料显示,仅查空腹血糖,糖尿病的漏诊率较高,理想的调查是同时检查空腹及 OG-TT 后 2 小时血糖值。口服糖耐量实验(OGTT 试验)是在当血糖升高的程度未达到糖尿病诊断标准,使诊断不能确诊时而进行的糖尿病检验措施。方法是让患者在空腹情况下口服 75 克葡萄糖,于 2 小时后抽血检查血糖水平。

　　此外,还需注意糖耐量异常(IGT)和空腹葡萄糖受损(IFG)这两类人群,前者是指空腹血糖未超过 7.0mmol/L,但 OGTT 试验 2 小时后的血糖水平升高,超过正常的 7.0mmol/L,但仍未达到 11.1mmol/L 的糖尿病诊断标准的人群。后者是指空腹血糖升高,也未达到糖尿病的诊断标准,即空腹血糖在 6.1~7.0mmol/L 之间的人群。这两类人群被称为是 Ⅱ 型糖尿病的后备军,即发生 Ⅱ 型糖尿病危险性非常高。据报道,每年有大于 5% 的 IGT 者将发展成为 Ⅱ 型糖尿病。

【知识与应用】

哪些人群需要做 OGCT?

　　大多数筛查性计划均把空腹葡萄糖或随机血糖作为第一步检查。然而,流行病学研究结果提示,若使用目前的诊断标准,有相当数量的人可能仅有空腹血糖或负荷后血糖异常。若这部分人群不行 OGTT 检查,则可能会被误认为正常。所以建议只要是已达到糖调节受损的人群,均应行 OGTT 检查,以降低糖尿病的漏诊率。需要强调的是糖化血红蛋白(HbA1c)不能用来诊断糖尿病和糖尿病前期,同样 OGTT 检查也不能用来监测血糖控制的好坏。

第二节 糖尿病人与体育锻炼

运动是各类糖尿病患者及其高危险群的有效治疗方法之一。运动对食物的动员和利用有明显的作用,运动中肌葡萄糖的摄取可增加到 20 倍以上,还可引起机体生理的、代谢的和激素反应的适应和提高,达到控制血糖水平、降低心血管疾病危险因子、改善血脂成分、增加胰岛素敏感性、控制体重等良好的效应,因此,适量的体育锻炼是糖尿病人调节血糖的有效治疗手段之一。

【知识与应用】

运动对糖尿病人的十大益处(Top 10 Benefits of Being Active)

美国糖尿病协会(American Diabetes Association)将运动对糖尿病的益处总结为以下十点:

1. 改善血糖。运动能增强胰岛素敏感性,促进糖原分解、降低血糖水平。(Improve blood glucose management. Activity makes your body more sensitive to the insulin you make. Activity also burns glucose (calories). Both actions lower blood glucose.)

2. 降血压。运动能增强心脏泵血功能、减缓心率。(Lower blood pressure. Activity helps your heart pump stronger and slower.)

3. 改善血脂水平。运动能使 HDL 增加、LDL 和 TG 水平降低,从而有利于心脏适能。(Improve blood fats. Exercise can raise good cholesterol (HDL) and lower bad cholesterol (LDL) and triglycerides. These changes are heart healthy.)

4. 减少胰岛素和糖尿病药物用量。运动能降低血糖和体重,从而使糖尿病患者对胰岛素和药物的需用量减少。(Take less insulin or diabetes pills. Activity can lower blood glucose and weight. Both of these may lower how much insulin or diabetes pills you need to take.)

5. 降低体重并保持。运动能促进能量消耗从而达到降重的效果,坚持运动能使降重效果达到保持。(Lose weight and keep it off. Activity burns calories. If you burn enough calories, you'll trim a few pounds. Stay active and you'll keep the weight off.)

6. 降低其他健康问题(如心脏病、癌症和骨量丢失等)罹患风险。(Lower risk for other health problems. Reduce your risk of a heart attack or stroke, some cancers, and bone loss.)

7. 改善睡眠、保持良好的精神状态。(Gain more energy and sleep better. You'll get better sleep in less time and have more energy, too.)

8. 减缓压力、改善焦虑和抑郁等症状。(Reduce stress, anxiety, and depression. Work out or walk off daily stress.)

9. 强健骨骼和肌肉。体重负荷运动(如走路等)、力量训练(如小计负荷抗阻力练习)能有利于骨骼和肌肉的健壮。(Build stronger bones and muscles. Weight-bearing activities, such as walking, make bones stronger. Strength-training activities, such as lifting light weights (or even cans of beans), make muscles strong.)

10. 增加柔韧性。(Be more flexible. Move easier when you are active.)

一、Ⅰ型糖尿病人的体育锻炼

多年研究表明,运动对Ⅰ型糖尿病的控制是有利的,研究者指出Ⅰ型糖尿病实施运动计划的难度在于必须保持饮食、胰岛素和运动处方三种治疗手段的长期性和规律性,而运动是否有效取决于运动开始前患者是否处于合理控制血糖的状态,即接近正常血糖浓度。

图 16-2 显示的是某项长期锻炼计划对合理控制住血糖的Ⅰ型糖尿病者和未使用足够量胰岛素的Ⅰ型糖尿病者影响的比较。胰岛素缺乏会引起酮症状(Ketosis),能合理控制住血糖的Ⅰ型糖尿病者在运动锻炼计划的实施过程中血糖趋向正常,提示血糖得以更好地控制;而未注射足够胰岛素的Ⅰ型糖尿病者却显示出血糖上升趋势。出现不同的效应的主要原因是Ⅰ型糖尿病患者由于内分泌失调,在运动适应性和维持血糖恒定方面会受到影响:前者有足量的胰岛素,因此不仅能使血糖在运动中被肌肉所用,而且能调节由于肝糖释放所引起的血糖正常升高;而后者由于缺乏足量的胰岛素治疗,运动过程中身体与胰岛素相拮抗的激素(counter-insulin)将相对强势,因此运动中虽然血糖利用升高,但仍然会出现肝糖释放所引起的血糖升高,从而导致高血糖(hyperglycemia)。相反,当此类患者给予过量外源性胰岛素造成血液中胰岛素浓度居高不下时,又可能会导致运动时肌组织对血糖或其他能源过度吸收,进而产生低血糖症状。

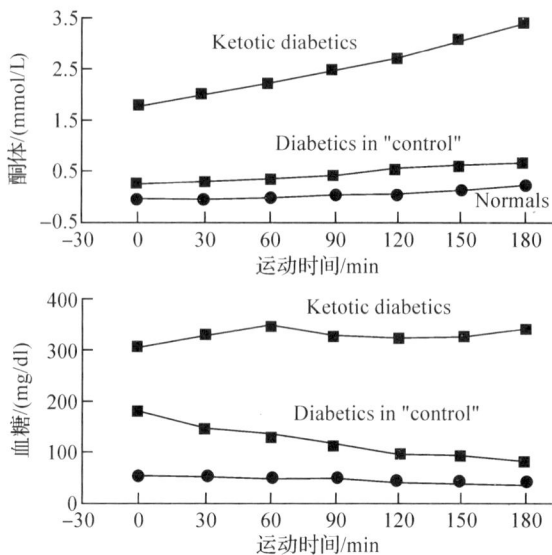

图 16-2　长期锻炼计划对三类人群血糖和酮体的影响比较[1]

(注:normals:健康人群;ketotic diabetics:未使用足够量胰岛素的糖尿病者;
diabetics in "control":合理控制住血糖的糖尿病者)

一般而言,针对成年无并发症的Ⅰ型糖尿病患者的运动建议原则,也适用于儿童,但必须注意儿童血糖具有较大的变异性。因此尤其需要注意要将血糖控制在正常的范围,并且在运动时需有专人协助。此外,在青少年成长期间,激素的改变会使血糖的调控更加困难与复杂,尽管如此,规律运动对于儿童少年Ⅰ型糖尿病患者是安全且有益的。

(一)运动的注意事项

如前所述,Ⅰ型糖尿病者体育锻炼过程中最需要考虑的就是防止高血糖和低血糖症的出现,这需要个体在运动中(包括运动前、中、后)对血糖浓度进行自我监控,并适时根据锻炼强度、持续时间和机能状态调整糖和胰岛素摄入。应注意以下几点:

1.运动前应进行必要的医学检查,有以下症状者尤其注意要与医生讨论运动种类及运动量

①Berger M,et al. Metabolic and Hormonal Effects of Muscular Exercise in Juvenile Type Piabetics. Diabetologia,1977,13:355—65.

的设定,并在运动过程中最好有专业人士的指导和监控:

(1)年龄>35 岁;

(2)年龄>25 岁,且Ⅰ型糖尿病史>15 年,或Ⅱ型糖尿病史>10 年;

(3)有冠状动脉疾病症状;

(4)有微血管疾病症状;

(5)自主神经病变。

2.如果血糖水平>250mg/dL 且出现酮症状,应立即停止运动;血糖水平>300mg/dL 而未出现酮症状,应慎重运动,可减少运动量和强度,避免剧烈运动;

3.正使用胰岛素和/或胰岛素促分泌剂者,如果运动前血糖水平<100mg/dL,则应当摄入糖类;

4.胰岛素或食物摄入量有变时需及时鉴别;

5.了解血糖对不同类型运动方式的适应性变化;

6.伴有自主或外周神经病变、肾病等的糖尿病者需加强锻炼过程中的医务监督;

7.运动过程中随身携带易吸收的糖类:如水果、饼干、饮料等。

(二)体育锻炼方案

1.准备活动(warm up)和整理活动(cold down):对于糖尿病患者的运动建议标准与正常人的一样,锻炼方案应包含 5~10min 的低强度有氧运动（如走路、骑车等)作为准备活动和整理活动,对于运动时会使用到的肌群应先特别进行温和的伸展运动（gently stretched)。准备活动的目的是为了肌肉、心脏、肺脏能达到进行更高强度运动的准备状态,整理活动的目的是为了尽快使心率逐渐回复至运动前水平,缓解疲劳。

2.运动强度、频率和时间:以中小强度($40\%\sim60\% V_{O_2 max}$)锻炼3~4 次/周;每次运动 20~30min;心率为 $50\%\sim80\%$ 储备心率。美国糖尿病协会 2000 年的"糖尿病与运动"报告中,以持续时间为 60min 的运动进行的强度,认为中等强度以上的运动不适宜糖尿病者。

表 16-4　以 60min 运动为基础的运动强度分级

强度	$V_{O_2 max}/\%$	相对强度(最大心率%)	自觉疲劳程度分级(RPE)
极轻	<20	<35	<10
轻度	20~39	35~54	10~11
中度	40~59	55~69	12~13
重度	60~84	70~89	14~16
极重度	>85	>90	17~19
最大程度	100	100	20

(引自陈吉棣,2002)

3.运动模式:宜选择无负重的非竞赛性运动或轻微家务劳动为主,如骑自行车、游泳、水上练习、打太极拳等,最好兼顾趣味性以便长期坚持。年轻且无其他并发症者也可加上适量小负荷的力量训练(40~60%1RM,15~20 次重复次数),勿屏气。

二、Ⅱ型糖尿病人的体育锻炼

Ⅱ型糖尿病者多数起病比较缓慢,且常伴有其他危险因素:肥胖、高血压、高胆固醇等,流行病学证据表明,Ⅱ型糖尿病与体力活动缺乏、体质下降、肥胖等因素相关。运动和饮食是一切治疗的基础和保障。目前的研究表明长期规律性体育锻炼能提高胰岛素敏感性、改善胰岛素抵抗,对于Ⅱ型糖尿病患者与相关代谢性综合征具有潜在的改善作用,而且通常Ⅱ型糖尿病患者在运动过程中发生低血糖的状况较少,且规律运动明显有助于增加身体对胰岛素的敏感度来抑制高血糖症状,从而对Ⅱ型糖尿病产生有利的影响。

对于老年患病者而言,规律性运动一方面可以防止老化所造成的体适能衰退、肌肉质量与肌力的减少,另一方面也能将体适能维持在较佳状态,使慢性心血管疾病的发生率减少,改善生活品质。研究显示,老化造成的胰岛素敏感度下降在某种程度上与身体活动量减少有关,大样本的群体研究显示,缺乏身体活动者Ⅱ型糖尿病的倾向明显较高,而老年糖尿病患者如果从事良好的运动训练,其身体代谢能力可以维持与正常族群一样的状态,且没有太多的负面并发症状发生。

（一）运动的注意事项

1. 与Ⅰ型糖尿病相似,Ⅱ型糖尿病者运动前也应进行必要的医学检查,并在运动过程中最好有专业人士的指导和监控。

2. 运动应循序渐进,以中等体力活动开始（增加体力活动的分级）,如果能达到每天锻炼一次则最好。资料显示,运动引起的胰岛素敏感性改善不会持续很久,国内有学者发现表明终止运动锻炼3天后,已获得改善的胰岛素敏感性会随之消失。

3. 由于Ⅱ型糖尿病者往往伴随有临界高血压,因此需对运动强度和持续时间进行控制,运动量宜小不宜大;

4. 运动过程中随身携带易吸收的糖类:如饮料等。

（二）体育锻炼方案

1. 每周体育锻炼所消耗的能量应至少达到1000kcal。

2. 中等强度（60%V_{O_2max}）有氧锻炼4~7次/周,每日运动更好,每次运动20~60min,50~90%最大心率。

3. 宜选择中等强度、全身肌肉都参与活动的节律性有氧运动,如慢跑、骑自行车、游泳、登山、健身操等。

4. 基于过去10~15年的研究资料,美国运动医学学会（American College of Sports Medicine,ACSM）推荐,Ⅱ型糖尿病者在健身计划中应当加入抗阻力运动,而且与有氧运动相比,抗阻力运动可以使胰岛素敏感性提高持续稍长时间,原因可能与前者能提高肌肉总量有关。因此,在没有禁忌症的情况下,鼓励Ⅱ型糖尿病者每周进行3次力量训练,运动覆盖所有大肌群,每组重复8~10次,重量以患者每组最多能做8~10次为标准,（即8RM）,逐渐增加到3组。

【知识与应用】

Ⅱ型糖尿病防治中的三级预防

Ⅱ型糖尿病的一级预防,是预防尚未发生糖尿病的高危个体或糖尿病前期患者发展为Ⅱ型糖尿病;Ⅱ型糖尿病的二级预防,是在已诊断的Ⅱ型糖尿病患者中预防Ⅱ型糖尿病并发症的发生和发展;Ⅱ型糖尿病的三级预防就是减少Ⅱ型糖尿病并发症的加重和降低致残率和死亡率,改善Ⅱ型糖尿病患者的生活质量。

代谢综合征

代谢综合征（Metabolic Syndrome,MS）是多种代谢成分异常聚集的病理状态,是一组复杂的代谢紊乱症候群,是导致糖尿病和心血管疾病的危险因素,其发生可能与胰岛素抵抗有关。成人 MS 定义为满足下列条件之二者:TG 升高,HDL 降低,高血压、FPG/T$_2$DM 升高。库克等人[62]根据 NHANES 1988—1994 中少年 MS 患病率的情况进行评估,提示用年龄修改后的成人治疗小组 III 标准来定义儿童 MS(即满足以下条件之三者视为 MS:血糖升高、腹部肥胖,伴随 HDL 降低或 TG 升高的血脂异常,高血压)。

【本章小结】

1.糖尿病多种致病因子作用于机体导致胰岛素分泌不足和/或功能障碍而引发的一系列代谢紊乱综合征,以高血糖为主要特点。

2.糖尿病常分为 I 型糖尿病和 II 型糖尿病两类,前者多因胰岛素分泌不足或缺乏引起,后者则多表现为胰岛素抵抗。

3.血糖的正常值和糖代谢异常的诊断切点主要依据血糖值与糖尿病并发症的关系来确定,我国目前采用 WHO(1999 年)糖尿病诊断标准。

4.运动对糖尿病人的控制作用主要表现在控制血糖水平、降低心血管疾病危险因子、改善血脂成分、增加胰岛素敏感性、控制体重等方面。

5.对于 I 型糖尿病而言,实施体育锻炼方案的重点在于保持饮食、胰岛素作用和运动三种治疗手段的长期性和规律性,而运动是否有效取决于运动开始前患者是否处于合理控制血糖的状态。

6.对于 II 型糖尿病而言,运动和饮食是一切治疗的基础和保障,规律性运动明显有助于增加身体对胰岛素的敏感度来抑制高血糖症状。

7.糖尿病人群的体育锻炼方案应根据糖尿病类型、病人年龄等情况而制定,在必要的医学检查的基础上进行个人运动强度、时间、模式的选择,并注意运动过程中的自我监控。

【思考题】

1.什么是糖尿病?其主要特征是什么?

2.糖尿病通常可以分为哪几种类型?其发病原因有何不同?

3.糖尿病人进行体育锻炼有哪些益处?

4.如何根据糖尿病的不同类型制定相应的体育锻炼方案?

第十七章　心血管疾病人群的体育锻炼

【学习目标】

1. 了解心血管疾病的定义和常见形式。
2. 了解高血压的主要表现和分级标准。
3. 了解冠心病的主要发现和发病机制。
4. 理解并掌握高血压病人、冠心病人参加体育锻炼的益处和注意事项。
5. 掌握高血压人群、冠心病人体育锻炼方案的制订。

> • 吃得越咸越可能得高血压？
>
> • 怎样通过体育锻炼来控制"高血压"？
>
> • 高血压病人做力量训练会不会使血压更高？
>
> • 冠心病人是不是应该多静少动？

心血管疾病（cardiovascular disease，CVD），又称循环系统疾病，是一系列涉及循环系统（包括心脏和血管）病变的统称，是目前世界上死亡率最高的病症，其防治已成为医学、运动医学领域的研究热点之一。CVD 的发生是多种因素共同作用的结果，但缺少必要的体育活动是共同的基本诱因之一。

CVD 形式多样，一般都是与动脉硬化有关，最常见的就是高血压和冠心病。

第一节　高血压人群的体育锻炼

一、高血压的概述

高血压（hypertension）是一种以动脉血压持续升高为主要表现的慢性疾病，以舒张压升高为主要表现，常引起心、脑、肾等重要器官的病变并出现相应的后果。全世界高血压病患者大约有 10 亿人，据 2003 年的研究资料显示，中国 35～74 岁的成年人高血压患病率为 27.2％，即全国约有 1.3 亿高血压病患者。但 2002 年全国居民营养与健康调查显示，我国人群高血压的知晓率、治疗率和控制率仅分别为 30％、25％和 6％，意味着我国事实上高血压人群中不知道自己患高血压的占 70％。近年人由于新医改政策的落实、居民健康档案的建立等有效措施，人群高血压的知晓率、治疗率和控制率有所提高，估测分别达到了 35％、30％和 8％～10％，但总体上仍处于较低水平。

高血压在儿童中不常见,但在青春期中期却有可能出现。对于 18 岁以上的成年人,世界卫生组织(WHO)和国际高血压协会已制定了分级标准,具体见表 17-1。

表 17-1　世界卫生组织(WHO)和国际高血压协会制定的高血压分级标准 [①]

类别 Classification	收缩压 Systolic blood pressure	舒张压 Diastolic blood pressure
理想血压 ideal blood pressure	＜120	＜80
正常血压 normal blood pressure	＜130	＜85
正常高值 high-normal blood pressure	130～139	85～89
Ⅰ级高血压(轻度) mild hypertension	140～159	90～99
亚组:临界高血压 subgroup: critical hypertension	140～149	90～94
Ⅱ级高血压(中度) moderate hypertension	160～179	100～109
Ⅲ级高血压(重度) severe hypertension	≥180	≥110
单纯收缩性高血压 pure systolic hypertension	≥140	＜90
亚组:临界高血压 subgroup: critical hypertension	140～149	＜90

二、高血压者的体育锻炼

高血压的预防在于尽早的鉴别潜在的致病因素,尽可能地防止或延缓血压升高的态势。运动是预防、治疗和控制高血压的基石,尤其对于临界高血压或有高血压家族史者而言,更应提倡改变生活方式进行防治,而运动是该举措的重要组成部分。曾有报道高血压病人经过一次单纯的急性运动或经过长期运动锻炼血压可以下降 5～7mmHg,而且,一次耐力训练后血压下降能持续 22 小时(运动后低血压),基础血压越高的病人下降越明显。运动虽然不能对所有的高血压病人降压有效,但即使血压不下降,适宜的运动也能降低病人 CHD 危险性。

1. 运动的注意事项

(1)体育锻炼对于 WHO 分级中的临界性高血压、轻度和中度高血压效果较好,对中度高血压病合并有靶器官损害,特别是伴有左室肥厚、蛋白尿、肾功能不全以及 WHO 重度高血压病患者均不作选择对象。绝对禁忌症为高血压患者伴有心力衰竭、不稳定型心绞痛、主动脉瓣狭窄、肥厚性心肌病、心动过速、急性感染和眼底出血等。

(2)体育锻炼对血压下降的影响可能存在性别和年龄差异。据报道,女性通过运动获得的血压下降要比男性明显,中年人通过运动获得的血压下降幅度要比青年人和老年人大。

(3)运动计划的强度应根据病人的症状和体征、总的心血管风险和存在的合并症等心血管

①　刘国仗.高血压的诊断与分类.中华内科杂志,1999,38(8):572－573.

状况评估制定。对准备高强度运动计划的超过 45 岁以上男性和 55 岁以上的妇女,平板运动试验可能是必要的。

(4)体育锻炼过程应配合饮食等其他生活方式的调节:

①伴有超重体形者应降重;

②限制酒精摄入(每天<30mL 白酒、720mL 啤酒、240mL 葡萄酒或 60mL 威士忌酒);

③降低盐的摄入(Kaplan's 研究报道限盐饮食会使收缩压和舒张压分别下降 5mmHg 和 3mmHg,且每公斤体重的丢失与收缩压和舒张压分别下降 1.6mmHg 和 1.3mmHg 有关);

④饮食中保持充足钾、钙、镁的摄入;

⑤戒烟;

⑥限制饮食中脂肪总量、饱和脂肪酸和胆固醇的摄入。

【知识与应用】

平板运动试验

平板运动试验是一种心脏负荷试验,运动方式采用活动平板,通过改变运动时的速度和坡度逐级增加运动负荷量,从而增加心肌的耗氧量,每级运动时间为 2～3min。运动过程中对患者进行连续监护和心功能评定(观察 ECG、HR、BP、症状等),有重要的临床价值。作为一种无创性检查手段,目前心电图运动平板试验的临床应用,已从单纯判断心肌缺血,逐渐发展到分析病情及评价疗效和预后等方面。活动平板试验国际上尚无统一方案,目前 Bruce 及其改进方案在临床上应用较为广泛。

2.体育锻炼方案

(1)合理运动量的锻炼计划应该能消耗每周 700～2000kcal 热能;

(2)运动强度:以有氧运动为主,ACSM 建议保持和发展心肺功能的运动处方在很大程度上是适合原发性高血压患者的,因此推荐运动强度可为 40%～85%V_{O_2max}。Hagberg 报道,目前为止,大多数的研究都认为强度低于 70%V_{O_2max} 的运动比强度高于 70%V_{O_2max} 的运动降压效果好,Pescatello LS 等则分析认为 40%～60% V_{O_2max} 范围内的中强度有氧耐力运动能够给高血压患者带来最大限度的好处和最低限度的不良影响。这种中等强度的运动可通过 4～5d/周,30～40min/d 快走达到,而这样的运动强度和时间是在大多数中、老年人的能力之内的。

(3)运动频率:运动频率为>3 次/周,最好是每天运动一次,每次持续时间 20～60min。

由于许多研究已经证明了无论是正常人群还是高血压患者在一次急性运动后都会出现血压的暂时显著下降,即运动后低血压(post-exercise hypotension)现象,因此较高的运动频率应该会带来更好的降压效果。

(4)运动模式:运动模式的选择要以有氧代谢运动为原则,避免运动中做推、拉、举之类的静力性力量练习或憋气练习,可选择全身性的、有节奏的项目如:太极拳、步行、健身跑、游泳、娱乐性球类等。

3.高血压运动处方中的力量训练

目前推荐的治疗高血压力量训练主要为循环抗阻训练,指一系列中等负荷、持续、缓慢、大肌群、多次重复的力量训练,以增加肌力,并可增强心血管机能。运动强度为 40%～50%最大一次收缩,每节在 10～30s 内重复 8～15 次收缩,各节运动间休息 15～30s,10～15 节为 1 个循环,每次训练 2～3 个循环,每周训练 3 次。训练以大肌群为主,如腿、躯干和上臂。但是,与有氧运动处方研究相比,力量练习方案研究仍缺乏以高血压患者为受试对象的研究。对这一问题研究的关键点应该放在将增强肌肉力量练习转变为增加肌肉耐力练习上,使有氧运动成为运动的主要代谢方式。具体而言,就是通过选择适当的运动阻力与动作重复次数,组合成适合高血压人群康复锻炼的负荷方案。

在保证安全的前提下,设计个体化运动方案进行循环抗阻训练还应遵循相应的训练原则,运动强度、时间如前所述。训练方式以器械训练为好,以精确定量。同时在活动时宜采用单侧肢体运动,两侧交替进行,以减轻心血管应激。更重要的是,这种方案的探索和确定需要实时监测受试对象的血压,特别是舒张压。图 17-1 显示的是刘俊玲等介绍的一种用于降血压的肌肉抗阻运动实验流程,实施事先拟订的方案并实时监测受试者血压,若血压反应正常则继续该方案,否则尝试降低阻力并增加动作频率,若改进方案后血压反应正常则继续实施该方案,否则尝试减少上肢负荷并（或）增加下肢负荷,

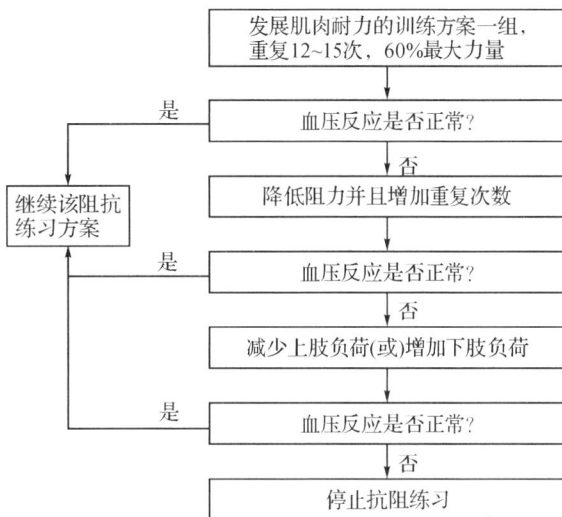

图 17-1　肌肉抗阻运动实验流程[①]

如此通过反复尝试而获得适宜的肌肉抗阻练习方案,如经多次尝试终无法获得适宜方案则停止肌肉抗阻练习。

总之,目前研究人员对于力量训练降血压的作用尚没有达成共识,原因于各项研究的运动方案和观察对象等因素不尽相同,标准不够统一。因此,运动医学界权威机构认定的有关高血压运动处方的内容中仍然未推荐力量训练作为首选运动形式。但是作为一种能够增强肌肉力量,提高身体素质,从而促进健康的运动形式,绝不应该被排除在高血压运动处方之外,而是应该在目前研究的基础上对其进行可行性修正,让高血压运动处方中的力量训练变得更加安全而有效。

第二节　冠心病人群的体育锻炼

一、冠心病的概述

冠心病(coronary heart disease,CHD)是冠状动脉粥样硬化(atherosclerosis)后心肌血液供应不足所致的一种疾病。其发病机制是由于脂质代谢不正常,血液中的脂质沉着在原本光滑的动脉内膜上,在动脉内膜一些类似粥样的脂类物质堆积而成白色斑块,这些斑块渐渐增多造成动脉腔狭窄,使血流受阻,导致心脏缺血,产生心绞痛。如果动脉壁上的斑块形成溃疡或破裂,就会形成血栓,使整个血管血流完全中断,发生急性心肌梗死,甚至猝死。

血液中的胆固醇含量与冠心病的发生有密切关系,其中低密度脂蛋白(LDL)和高密度脂蛋

---

①刘俊玲等.原发性高血压运动处方研究进展.中国运动医学杂志,2005,24(3):357－361.

白(HDL)的含量是决定因素,总胆固醇(TC)与 HDL 的比值可能是确定患冠心病危险的最好指标,此比值≤3.0时,表示患病可能性处于低危险位,此比值≥5.0时,则属于高危险群。美国佛莱明罕心血管研究中心(Framingham Cardiovascular Institute,FCI)建议,维持 TC/HDL 比值小于 4 最为理想。冠心病发病率高、死亡率高,严重危害着人类健康。发病率随年龄的增加而增高,现在发病年龄越来越年轻化。

【知识与应用】

动脉粥样硬化(atherosclerosis, AS)是指动脉血管壁上一种多因素共同参与的复杂的慢性病变,主要病变特征是动脉某些部位的内膜下脂质沉积,并伴有平滑肌细胞和纤维基质成分的增殖,逐步发展形成动脉粥样硬化性斑块。多由脂肪代谢紊乱、神经血管功能失调引起,常导致血栓、供血障碍等。

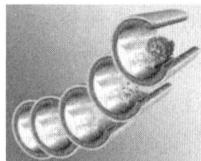

可分为脑动脉硬化(导致脑动脉阻塞、脑动脉破裂、血管性脑萎缩、血管性老年痴呆症等)、冠状动脉硬化(导致冠状动脉狭窄、供血不足、心绞痛、心肌梗塞、心肌硬化、心力衰竭等)和下肢动脉硬化(导致下肢局部进行性坏死),其中冠状动脉粥样硬化性心脏病及颅脑动脉粥样硬化性脑梗死成为日益威胁人们生命健康的死亡率极高的疾病。

二、冠心病者的体育锻炼

动脉粥样硬化是可逆的,积极主动的身体训练对于预防冠心病有着重要作用。运动能防护冠心病的机制可能是以某种形式降低了心肌需氧量使之不超过冠状动脉供氧能力,认为运动可改变冠脉血流的调节、增生并重塑现存血管,增加并发展侧支循环,使冠脉血流量增加,提高心肌的收缩力,改善纤溶系统等。适当的运动疗法可控制冠心病的危险因素,降低发病率,可明显降低猝死的发生率。适量的体育运动,以不过度疲劳为度,可增加脂肪消耗,减少体内胆固醇的沉积,提高胰岛素的敏感性,对预防肥胖、控制体重、增加循环功能、调整血脂和改善血压,减少血栓均有益。可增加毛细血管床及氧利用能力,增加心脏每搏量。研究报道,适宜的体育锻炼能使冠心病人最大摄氧量增加、工作效率改善、次最大强度运动功率增加,此外,伴随着体重的下降和饮食的调整,还出现脂质代谢的改善(表现为:TC 降低、HDL 增加)。冠心病人的康复不仅是运动,还应该是药物、饮食、心理等多因素综合治疗。

1. 运动的注意事项

(1)先做运动负荷试验,据此结果进行心肌缺血和运动耐力评价,并开出运动处方;

(2)运动过程中适时进行自我评价,运动开始后 1 个月、3 个月、6 个月分别进行心肺运动负荷试验,进行评估,以根据个人能力定期检查和修改运动处方;

(3)运动过程需循序渐进,锻炼要持之以恒。为安全起见,可以在运动初期做间歇性低强度运动(运动 1min,休息 1min),8～12 周后逐渐增加运动量;

(4)不能强迫锻炼,需在自我感觉良好时进行运动,合适运动量的标志是晨起无疲劳感;

(5)严格掌握运动的适应症并根据病人的运动危险分类制定运动方案。

2. 体育锻炼方案

(1)每天下午运动,以避开体内肾上腺素和去甲肾上腺素的分泌高峰;

(2)建议轻运动强度为宜,由于患者所服药物能降低其最大心率,故不可使用靶心率(Target heart rate, THR)的常见公式=220－年龄,推荐使用 170(180)－年龄为其靶心率的计算公式;

(3)运动时间为 10 ～20min,总时间小于 1h;

（4）运动频度为每周不少于 3 次；

（5）运动实施：运动前做准备活动 10～15min，运动结束时要做整理运动（如拉伸），时间 5～10min；

（6）运动方式的选择以病人的病情、年龄、能力、个人爱好为原则。以有氧运动为主，如散步、骑自行车、八段锦、太极拳、剑舞以及各种娱乐性体育活动等。

【知识与应用】

冠心病人体育锻炼安排实例

步行每分钟 80～100m，逐渐增加到 2000～3000m，共 12～30min。慢跑—步行交替，慢跑 30s，接着步行 60s，如此反复进行 20 次，总时间为 30min。太极拳每天 1～2 次，15min 左右。选择运动方式以病人的病情、年龄、能力、个人爱好为原则。一周总运动量约步行 20 里时训练作用最大。

【本章小结】

1. 心血管疾病又称循环系统疾病，是一系列涉及循环系统（包括心脏和血管）病变的统称。最常见的就是高血压和冠心病。

2. 高血压是一种以动脉血压持续升高为主要表现的慢性疾病，以舒张压升高为主要表现，常引起心、脑、肾等重要器官的病变并出现相应的后果。

3. 运动是预防、治疗和控制高血压的基石，尤其对于临界高血压或有高血压家族史者而言，更应提倡改变生活方式进行防治，而运动是该举措的重要组成部分。

4. 高血压病人体育锻炼应避免绝对禁忌症，根据病人个体心血管状况评估制定相应的运动强度，并配合饮食等其他生活方式的调节，运动方案制定前最好做平板运动试验。运动对于 WHO 分级中的临界性高血压、轻度和中度高血压效果较好。

5. 目前推荐的治疗高血压力量训练主要为循环抗阻训练。在保证安全的前提下，设计个体化运动方案进行循环抗阻训练还应遵循相应的训练原则。

6. 冠心病是冠状动脉粥样硬化后心肌血液供应不足所致的一种疾病，发病机制是由于脂质代谢不正常。

7. 积极主动的身体训练对于预防冠心病有着重要作用，适量的体育运动，以不过度疲劳为度。冠心病人的康复不仅是运动，还应该是药物、饮食、心理等多因素综合治疗。

8. 冠心病人的体育锻炼方案应在运动负荷试验的基础上制定，运动需循序渐进并适时进行自我评价，运动强度宜小、运动时间不宜过长，运动模式以有氧运动为主。

【思考题】

1. 解释和理解以下术语：

心血管疾病　高血压　冠心病

2. 简述高血压的分级。

3. 高血压和冠心病人群参加体育锻炼的意义和注意事项有哪些？

4. 简述高血压人群运动处方中的力量训练。

5. 试着给高血压人群制定一个体育锻炼方案。

实验一   肺通气功能的测定

[目的]   学会测定肺活量、时间肺活量和最大肺通气量的方法,并能对肺通气功能进行评定。

[原理]   呼吸机能是保证机体在新陈代谢过程中实现气体交换的重要条件。(通气的目的是为了 O_2 的摄入和 CO_2 的排出,尤以 O_2 的摄入更为重要。一定 O_2 的摄入需要一定的通气量作保证)。肺的主要机能是进行气体交换。肺活量、时间肺活量和最大通气量,都可以作为呼吸机能健康程度的指标。

[器材]   FJD-80 型单筒肺活量计、75％酒精棉球、一次性吹嘴。

[方法与步骤]   实验分组:3～5 人为一组。

1.肺活量的测定(记录速度选择Ⅲ)

(1)记录纸速选用Ⅲ(30 秒/格,0.83mm/秒)。

(2)立位,接好三通开关及吹嘴,橡皮管与肺量计相连,肺量计外筒盛水,水量约为外筒容积的 80％,调节描记笔到零位。

(3)受试者口对吹嘴,夹好鼻夹,开启电源,待记录纸等速转动,令受试者作最大深吸气后,立即由吹气口向筒内作最大限度的呼气,此时所呼出的气量即:肺活量。(记录纸上已描记下来,每横格＝10 毫升)

(4)休息片刻后,重复步骤③,作三次取最大值。

2.时间肺活量的测定(记录速度选择Ⅰ)

(1)记录纸速选择Ⅰ(1 秒/格,25mm/秒)。

(2)同肺活量的测定(2)。

(3)受试者口对吹嘴,(三通开关与大气相通),夹好鼻夹,使受试者习惯片刻,开启电源(暂不开记录开关),静息呼吸 3～4 次,待描记笔降至潮气量位置,令受试者作最大深吸气(在令受试者作最大用力呼气前,应立即启动记录开关),屏住气,待 1～2 秒后,立即令其迅速作最快的一口气呼出,直到不能再呼出;描图出现平段位置为止。

(4)休息片刻,重复一次(3),取最大值。

(5)计算:纸速Ⅰ(纸的纵线条:1 秒钟/格;25 毫米/秒,横线条:10 毫升/格)

时间肺活量的正常值,用呼出气量占肺活量的百分比表示(即各秒时间肺活量占总的时间肺活量百分比):

时间肺活量＝呼出气量/肺活量×100％

(例:1″＝2910 毫升   2″＝3200 毫升   3″＝3250 毫升)

计算出各秒时间肺活量占总的时间肺活量百分比。

3.最大通气量的测定(记录速度选择Ⅱ)

(1)记录速度选用Ⅱ(15 秒/格,1.67mm/秒)

(2)同肺活量的测定(2)。

(3)受试者口对吹嘴,夹好鼻夹,开启电源,待记录纸等速转动,令受试者 15 秒钟内以尽可能快的频率作最深的呼吸,能呼出的气体总量,将所得的值乘以 4,就得出 1 分钟的最大通气量。

(4)休息片刻,重复(3)三次,以最大值为准。

(5)计算:每分最大通气量＝呼吸次数×呼吸深度(毫升)×4。

[评定]　肺活量——最大深吸气后,再作最大呼气时所呼出的气量,称肺活量(VC)。正常成人肺活量的平均值:男性约为 3500mL,女性约为 2500mL,高水平运动员可达 7000mL 之多。

时间肺活量——在最大深吸气之后,以最快速度进行最大呼气,记录一定时间内所能呼出的气量,称时间肺活量。(即最大吸气后,立即迅速作最快的一口气呼出,直到不能再呼出为止。)正常成人最大呼气时,第 1 秒、第 2 秒和第 3 秒钟呼出的气量分别占总肺活量的 83%、96% 和 99%,在 3 秒钟内人体基本上可呼出全部肺活量的气量,其中第 1 秒钟的时间肺活量的百分率最有意义,其数量多少,反映通气舒畅程度及肺的弹性回缩能力。

最大肺通气量——以适宜的呼吸频率和呼吸深度进行呼吸时所测得的每分通气量,称最大肺通气量。一般只作 15 秒钟肺通气量的测定,并将所测得的值乘以 4,即为每分最大通气量。

一般男子平均:100～110L;

女子平均:80L 左右;

良好训练运动员可达:220L 左右。

最大肺通气量是衡量通气功能的重要指标。从呼吸生理观点来看,它反映了呼吸动力学的综合情况、呼吸肌和体力的强弱、胸肺壁弹性回缩力、气道阻力等,可以用来评价受试者的通气储备能力,肺通气储备力低的人难以胜任剧烈活动。

[注意事项]

1.测定时要注意对呼吸嘴进行消毒。

2.测量时,要戴好口嘴及鼻夹,不要漏气。

3.测量最大肺通气量时,不要在吸气时将口嘴拿开,以免造成漏气。在保证呼吸频率的情况下,受试者要尽可能地达到最大呼吸深度。

实验二　人体 ABO 血型的测定

［**目的**］　学会并掌握测定血型的方法。

［**原理**］　两个人的血液混合时，有时可能出现红细胞凝集成团，然后溶解。其原因是人类血液中的红细胞内含有两种凝聚原（凝集原 A、凝集原 B）；血清内还有两种凝集素（抗 A 凝集素、抗 B 凝集素）。如果凝集原 A 与抗 A 凝集素相遇、凝集原 B 与抗 B 凝集素相遇，就会出现红细胞的凝集反应。根据红细胞中所含凝集原的不同，ABO 血型系统可分成 A、B、AB、O 四种血型（见表 1）。

表 1　ABO 血型系统中的抗原和抗体

血型	红细胞的抗原（凝集原）	血清中的抗体（凝集素）
A 型	A	抗 B
B 型	B	抗 A
AB 型	A 及 B	无
O 型	无	抗 A 及抗 B

［**器材**］　标准 A 型血清（抗 B）、标准 B 型血清（抗 A）、玻璃片、消毒牙签、采血针、75％酒精棉球、干棉球、记号笔。

［**方法与步骤**］　实验分组：3～5 人为一组。

1. 在玻璃片两端标记 A、B（后简称 A 端、B 端）。

2. 取标准 A 型血清一滴，滴在玻璃片的 A 端，取标准 B 型血清一滴，滴在玻璃片的 B 端。

3. 用 75％酒精棉球对受试者的手指尖或耳垂、采血针及实验人员的手进行消毒，然后，用采血针刺手指尖或耳垂取血（刺的速度要快，深度为 2～3mm）。

4. 用消毒牙签的一端取血（只需在血滴上蘸一下即可），置于 A 端的标准血清中，并稍加搅动；用另一端取血，同样置于 B 端的标准血清中，并稍加搅动。放置 3～5 分钟中后进行观察。

［**血型的判断**］　根据下列情况判断血型。（见图 1）

（1）在 A 端发生血细胞凝集现象，而 B 端不发生凝集现象的，受试者的血型为"B"型。

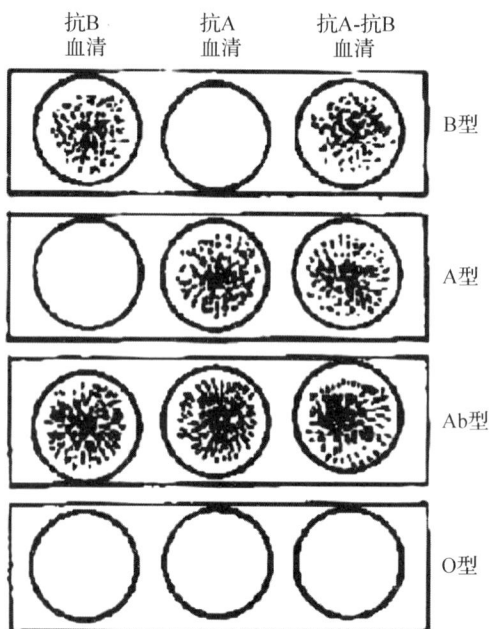

图 1　血型的判断

（2）在 B 端发生血细胞凝集现象，而 A 端不发生凝集现象的，受试者的血型为"A"型。

（3）在 A、B 端均发生血细胞凝集现象,受试者的血型为"AB"型。

（4）在 A、B 端均不发生血细胞凝集现象,受试者的血型为"O"型。

［注意事项］

1.严防两种血清接触。

2.标准血清须新鲜,因污染后可能会产生假凝集现象。

实验三　运动过程中心率的测定

[目的]　掌握运动过程中心率的测定方法,观察运动对心率的影响,运用心率评定运动强度和运动量大小。

[原理]　人体心率的测定方法有脉率指触法,心音听诊法和心率遥测法。

当心脏在收缩期时,血液被挤压入动脉,使得动脉血压升高,动脉管壁扩张;当心脏在舒张期时,心脏射血中止,动脉血压下降,动脉管壁回缩,因此,伴随心脏的缩舒动脉管壁产生一次波动,故可通过测定脉搏来确定心率。

[器材]　听诊器、节拍器、心率表或心率遥测仪、水银血压计、秒表。

[方法与步骤]　实验分组:3~5人为一组。

1.安静时心率的测定

(1)以15秒为单位:将15秒的脉搏乘以4即为1分钟的脉搏频率。

(2)以10秒为单位:连续记数每10秒钟的脉搏频率,连续三个10秒的脉搏数是一样的,即以这个数字乘以6,得出被试者每分钟的脉搏频率。例如:连续三个10秒都测得被试者每10秒的脉搏为10次(即10次/10秒,10次/10秒,10次/10秒),即以10×6得出被试者安静时每分钟脉搏频率为60次;如果被试者的脉搏是相邻两个10秒的频率只差一次,连续测时每两个10秒的情况都是这样,即可以用邻近两个10秒的频率相加乘3,求得安静时每分钟的脉搏频率。如10次/10秒,11次/10秒,10次/10秒,11次/10秒,10次/10秒,11次/10秒,即可以(10+11)×3得出63次/分,为其安静时的脉搏频率。

2.定量负荷运动时的心率测定

(1)安静时测定运动前的心率。

(2)令受试者以1秒/次的速度(按节拍器节律),连续30秒深蹲。取坐位测定受试者运动后即刻、2分钟、4分钟、6分钟的心率,将所有测试结果记录下来,然后进行分析。

[评价与运用]

1.正常成人每分钟心率75次左右。运动员在运动中,心率可达每分钟200次以上,在安静时,心率却可少到每分钟30次。在进行中小强度的定量活动时,往往未受过运动训练的人心率比受过训练的人快。因此,在运动训练中,常采用心率作为评定运动员的训练水平、运动强度及身体机能状态变化的简易指标。

2.运动中心率呈动态变化特点,且随运动强度的增大而增加。随着训练水平的提高,机体在完成定量负荷运动时,其心率变化减少。如果在一段时间内,机体从事同样负荷运动时,其运动中心率增加,则表示机体机能下降,有疲劳积累现象。

3.定量负荷运动后,心率恢复快慢可作为判断疲劳程度的指标。如果定量负荷运动后,心率恢复时间延长,表明身体机能下降。如进行30秒30次深蹲的定量负荷运动,正常情况下心率可在运动后3分钟内完全恢复,如果身体疲劳,恢复时间将明显延长。

[注意事项]

1. 测定心率一般不采用按压颈动脉的方法,原因是按压颈动脉会反射性引起心率减慢,影响测定结果的准确性。

2. 如果采用触摸脉搏法测定运动中心率,测定时间一般不超过 10 秒,通常可测定 6 秒,再换算成 1 分钟心率。

3. 在运动现场,可同时对多个学生进行测定,运动结束后对完成同样距离运动的学生的心率变化进行分析。

4. 使用遥测法测定心率时,勿使用移动电话。测试结束后,应用中性肥皂和水溶液小心清洗心率传输带,清水漂洗后,用柔软的毛巾小心擦干心率传输带。

实验四　运动过程中动脉血压的测定

[目的]　了解并掌握人体动脉的测定原理和方法;观察运动后动脉血压的变化。

[原理]　测定人体动脉血压最常用的方法是间接测定法。它是使用血压计的压脉带在动脉外加压,根据血管音的变化来测量动脉血压的。通常血液在血管中流动时没有声音,但如果给血管施加压力使血管变窄形成血液涡流时则可发出声音。用压脉带在上臂给肱动脉加压,当外加压力超过动脉的收缩压时,动脉血液完全被阻断,此时用听诊器在肱动脉处听不到任何声音。当外加压力低于动脉的收缩压而高于舒张压时,心脏收缩时,动脉内有血流通过,舒张时则无。血液断续地通过受压血管狭窄处,形成涡流而发出声音。如果外加压力等于或小于舒张压时,则血管内的血流连续通过,所发出的声音会突然变调或消失。故恰好可以完全阻断血流所必需的最小管外压力(即发生第一次声音时),相当于收缩压。在心舒张时也有少许血流通过的最大管外压力(即音调突变或消失时),相当于舒张压。

[器材]　医用血压计、听诊器、秒表。

[方法与步骤]　实验分组:3～5人为一组。

1. 安静时动脉血压的测定

(1)受试者安静休息5分钟后开始测定,将压脉带绑在被试者的上臂上,其下缘应在肘关节上约3cm,松紧应适宜。

(2)以手指扪寻肘窝上的肱动脉,然后把听诊器的听头放在肱动脉上。

(3)把气球的气门旋紧,打气。随压脉带内压力升高,逐渐可以听到有节奏的"咚咚"声。继续打气,等声音消失时,再使压力升高20～30mmHg。然后打开气门旋钮开关,徐徐放气,以每次搏动下降2～4mmHg为宜。

(4)在放气的同时注意听,当有节奏的"咚咚"声响的第一声出现时,水银面所指示的压力即为最高压(收缩压)。

(5)继续放气,随压力逐渐下降,听到突然变音,此时为舒张压变音点,再继续放气,脉搏声消失瞬间的水银柱高度为舒张压,15岁以上消音点作为舒张压。

(6)记录所测结果,例如收缩压为110mmHg,舒张压为70mmHg,可写成110/70mmHg。

2. 运动前后血压的测定

下面以30秒蹲起30次的定量工作为例,测定运动前后血压。步骤如下:

(1)被测者坐位测定其运动前的血压,并做好记录,要求测量准确。

(2)断开压脉带和血压计之间的连接,让压脉带仍绑在被测者上臂上。

(3)被测者手托气球,两腿分开与肩同宽,按30次/30秒的节奏,蹲起30次。

(4)运动后立即坐在桌旁,测其运动后的第一分钟血压,并记录结果。

(5)运动后第二分钟开始测时,仍按第一分钟要求,第三分钟的测定同第二分钟。

(6)将所有测定结果记录表中,然后进行分析。

指标	安静时	运动后		
		1分钟	2分钟	3分钟
血压				

[评价与运用]

1. 正常人安静时血压正常值收缩压为 90~130mmHg,舒张压为 70~90mmHg。血压的变化可以反映出人体血液循环机能的变化,因此血压常作为评定血液循环机能的指标之一。收缩压>140mmHg 为高血压;舒张压<70mmHg、收缩压<90mmHg 为低血压。

2. 我国运动员的血压水平一般在健康青年血压值范围内,当运动员安静舒张压>90mmHg、收缩压>130mmHg 时应引起注意。运动员晨起卧床血压较稳定,如果安静血压比平时上升 20% 左右,可视为机能下降或过度疲劳的表现。

3. 运动训练中血压的变化与运动强度有关,大强度训练后收缩压上升和舒张压下降明显,且恢复较快,表明身体机能良好。训练后收缩压明显上升、舒张压亦上升或血压反应与强度刺激不一致、恢复时间延长等,说明机能状态不佳。

4. 运动时收缩压一般随运动强度增加而上升。大强度负荷时,收缩压可高达 190mmHg 或更高,舒张压不变或轻度上升或下降。出现以下情况为运动员机能不良反应:

(1)运动时脉压差增加的程度比平时减少;

(2)出现梯形反应;

(3)出现无休止音持续 2min 以上;

(4)运动时收缩压的上升与运动强度的增加不相平行或突然下降。收缩压突然下降达 20mmHg 者需立即停止运动。

[注意事项]

1. 保持课堂安静,以便能准确听到血压音。

2. 打气加压时,压力不可过高(160mmHg 即可)以防水银溢出。

3. 实验完毕后,将水银流入水银槽内关闭开关。

实验五　视觉深度的测定

[目的]　掌握视觉深度的测定方法,比较单眼和双眼在辨别远近中的差异.

[原理]　深视觉又称径觉,是用眼来辨别物体的空间方位、深度、凹凸等相对位置的能力。左右眼捕捉到的平面图像在传入大脑后被转变成一个立体图像,其结果可以使人类更清楚和容易地去判断空间物体的距离。常用拉杆法进行检查。

[器材]　视深度测定仪、眼罩、小挡板。

[方法与步骤]　实验分组:3～5人为一组。

1.受试者坐于仪器前6米处,两眼从窥视窗恰好能注视木棍中部。

2.实验者用小挡板遮住窗口,把变异刺激移到较远位置,使两木棍相距较远,然后打开窗户,受试者观察并在1～1.5秒内说出两木棍是否平行。

3.实验者听从受试者指示,向前或向后移动木棍,直至受试者认为两木棍平行为止。

4.根据指针所指刻度,记录两木棍间距离。

5.每组测3次,取平均值。

6.测完双眼后,左右眼再各测一组。

[运用与评价]

1.对于高空作业等许多工作,尤其对飞行员来讲,深度觉是重要的项目之一。用双眼区别两个物体间的距离时,误差在20毫米之内。但用单眼观看时,其误差不少于120毫米间距。

2.某些运动项目如赛车、越野自行车、跨栏、跳高以及球类等,要求运动员有较好的深度觉,因此,可作为该项目的选材指标之一。

3.某些运动项目如射击、篮球、排球、乒乓球等,能提高立体视觉敏感能力。疲劳时,立体视觉敏感度下降。

[注意事项]　(1)最好在正式实验之前先试做一次,待受试者掌握实验方法后正式开始。(2)实验室光线要充足。

[思考]　(1)比较双眼和单眼视深度是否有差异并分析原因。(2)试设计一个实验来比较体育专业学生同普遍大学生之间、男女之间有无差异。

实验六　前庭功能的测定

[目的]　利用旋转加速器刺激前庭感觉器官研究其稳定性,并学会评定前庭机能的方法。

[原理]　前庭感受器位于内耳前庭,由椭圆囊、球囊和三个相互垂直的半规管组成。当人的身体或头在空气中做垂直或旋转运动时,由于直线加速度和角加速度的变化,就会引起前庭感受器的兴奋,从而使人体感受到在空间的位置和身体姿势。

过度刺激前庭感官,可引起许多反射性反应,其中包括感觉反应,如头晕和旋转的感觉;躯体性反应,如肌紧张发生改变;植物性反应,如心脏血管系统、呼吸系统、消化系统、排泄系统(汗腺)的机能变化等。前庭受刺激的强度越大,这些反应也就表现得越明显。

[器材]　旋转椅(前庭功能测定仪)、节拍器、秒表。

[方法与步骤]　实验分组:3～5人为一组。

1.被测者坐在旋转椅上,低头,闭眼,前倾30℃,以使水平半规管与旋转轴正相垂直,此水平半规管内淋巴因旋转而流动,形成刺激。测定者用手以两秒钟一周速度均匀转动旋转椅10周。

2.旋转停止后,被测者抬头、睁眼,并力争不要偏斜地沿着事先在地面上画好的直线(约7m长)行走。

[评定]　好:完全沿直线行走;一般:在全程中有2至3步偏离直线;差的:在全程中偏离直线不超过1m;很差:在全程中偏离直线超过2m。

[注意事项]　相互保护,防止跌伤。

实验七　有氧工作能力的测定
——最大摄氧量(V_{O_2max})的直接测定法

[目的]　掌握直接测定最大摄氧量(V_{O_2max})的原理和方法,并能据此对有氧工作能力进行评定。

[原理]　最大摄氧量是指一个人从事最剧烈的运动时组织细胞每分钟所能消耗或利用氧的最高值。其测定的基本原则是:在逐渐增加运动负荷的过程中,不断测定摄氧量。当负荷继续增加,而摄氧量不再增加时,所获得的数据就是受试者的最大摄氧量。

[器材]　自动气体分析仪、自行车功量计(或电动跑台)、自动心率记录仪、酒精棉球等。

[方法与步骤]　实验分组:3～5人为一组。

1.在自行车功量计上测定最大摄氧量:

(1)让受试者戴上呼吸口罩,装好自动心率记录仪,先以相当于最大摄氧量50%的运动强度,做准备活动5～10分钟。

(2)然后每2或3分钟增加负荷300～400千克/分,直到受试者蹬不动为止,同时在每一级上测定摄氧量和心率,在最后一级负荷上的摄氧量即是此人的最大摄氧量。

2.在电动跑台上测定最大摄氧量:

(1)受试者先以10公里/小时的速度、坡度为1°的负荷跑做准备活动5～10分钟。

(2)然后以12公里/小时的速度、坡度为3°的负荷跑2分钟,再以每分钟增加2公里/小时的速度,使速度增加到18公里/小时。若此时还未达到最大摄氧量,可以每分钟增加坡度1°继续测试。同时在每改变一次速度和坡度时,测量一次摄氧量和心率。当速度和坡度增加而摄氧量不再增加时,即为最大摄氧量。

[评定]　一般来说,判断最大摄氧量是否达到了受试者的实际水平的基本指标是:当负荷强度继续增加时,摄氧量不再增加,摄氧量曲线出现平台:前一负荷和后一负荷的摄氧量的差数不应超过2毫升/公斤/分。判断是否到达最大摄氧量的其他参考标准有:

血乳酸值　　　　高于7～8mmol/L
心率　　　　　　达到185～200次/分
呼吸商　　　　　超过1

[注意事项]

1.测量时的起始负荷要根据受试者的性别、年龄和体力而确定,一般可做些预备试验来判断受试者的运动能力。

2.测定最大摄氧量时受试者是否配合极为重要,因此事先向受试者宣传测试的意义和要求,以求得受试者积极配合。

实验八　有氧工作能力的测定

——最大摄氧量（$V_{O_2 max}$）的间接测定法

[目的]　掌握间接推测最大摄氧量的方法（12 分钟跑），并能据此对有氧工作能力进行间接评定。

[器材]　秒表、粉笔。

[方法与步骤]　实验分组：3～5 人为一组。

1. 在标准 400 米跑道上，以起跑线为基点，每 50 米为一单位，将跑道分别划分为 8 个区域，并以数字标明区域。

2. 被测者分为两组，一组先受测，另一组记成绩。测前受试者立于起跑线后，测验员持秒表，记录员持记录图。开始口令后，受试者开始跑步，同时测验员按表计时。

3. 在室外运动场上，受试者以稳定速度尽力跑完 12 分钟，完成的最远距离即此项测验成绩。

4. 记录人员听开始口令后，在记录图上的起跑线上画一"×"记号，当受试者经过"×"记号时，立即在记录图圈数栏的数字上画一圆圈。在 12 分钟笛声响时，受试者停止的位置处，于记录图上画一"△"记号。然后将圈数和"△"记号所在的数字，填在记录图的计算公式上，计算结果即为 12 分钟跑的测验成绩。

[评定]　12 分钟跑测验完成后，换组进行。根据 12 分钟跑成绩与最大摄氧量对照表（见表 8-1）推算最大摄氧量。

表 8-1　12 分钟跑成绩与最大摄氧量对照

12 分钟跑成绩/m	$V_{O_2 max}$/(mL/kg・min)	12 分钟跑成绩/m	$V_{O_2 max}$/(mL/kg・min)
1000	14	2500	45.9
1100	16.1	2600	48
1200	18.3	2700	50.1
1300	20.4	2800	52.3
1400	22.5	2900	54.4
1500	24.6	3000	56.5
1600	26.8	3100	58.5
1700	28.9	3200	60.8
1800	31	3300	62.9
1900	33.1	3400	65
2000	35.3	3500	67.1
2100	37.4	3600	69.3
2200	39.5	3700	71.4
2300	41.6	3800	73.5
2400	43.8	3900	75.6

[注意事项]

1.测量前,最好先对受试者做必要的检查,以免发生意外。

2.12 分钟跑测验中如受试者感觉极度疲劳,可慢走一会儿再跑,尽力在 12 分钟内维持跑步。测验人员在 12 分钟整时,立即鸣笛,跑步中的受试者听笛声后立即停止跑步,在原地活动肢体。

实验九　PWC₁₇₀机能试验

[**目的**]　了解 PWC₁₇₀测定原理,掌握 PWC₁₇₀测定方法和评价方法,结合体育运动实践理解 PWC₁₇₀的评价意义。

[**原理**]

1. PWC₁₇₀是指人体运动过程中心率达到 170 次/分的相对稳定状态下,单位时间机体所做的功,它反映了机体的工作能力尤其是有氧耐力水平。测定 PWC₁₇₀属于亚极量定量负荷运动实验,其直接测试比较复杂,我们通常采用间接测定的方法。

2. 间接测定 PWC₁₇₀的原理:运动过程中心率和功率在一定负荷范围内(相当于 120~180 次/分之间)呈直线关系。根据这一相关关系,令受试者完成两次不同的运动负荷测试,第一次运动负荷后稳定心率达到 120 次/分左右,第二次负荷使心率尽可能接近 170 次/分。通过两次负荷的功率和心率就可以推算出 PWC₁₇₀。

[**器材**]　MONARK 839 功率自行车或者台阶、polar 心率表。

[**方法与步骤**]　实验分组:3~5 人为一组。

PWC₁₇₀测试过程要获得四个实验数据,分别是两次运动负荷的功率和运动后的稳定心率,使用功率自行车测试过程中的运动负荷已经提前设定,两个数据已知,因此运动过程中只要观察到稳定的心率即可结束测试。

1. 测试者在功率自行车上踏车 1 分钟左右,熟悉运动环境,调试自行车的高度和掌握运动操作要求,了解测试的过程,然后休息。

2. 测试者戴好 polar 表带,调试好 polar 表,确保心率显示正常。(也可以佩带 MONARK自行车佩戴的表带,在电脑上读取心率,但一般最好以 polar 表的心率为准)

3. 第一次运动要求稳定心率达到 120 次/分左右,开始运动后自行车保持大约 60 rpm 的转速,运动 3~5min(以运动时心率稳定为好,一般 3min 即可),负荷结束后记录稳定心率。

4. 休息 5 分钟后开始第二次的测试,第二次运动负荷大于第一次,以运动后稳定心率达到170 次/分左右为准,测试过程与第一次测试方法相同。

5. 两次测试结束后获得的数据代入以下公式即可推算出心率在 170 次/分时的做功能力,即 PWC₁₇₀。

$$\mathrm{PWC}_{170} = W_1 + (W_2 - W_1)(170 - P_1)/(P_2 - P_1)$$

W_1 为第一次测试负荷的功率,W_2 为第二次测试负荷的功率,P_1 为第一次负荷时的稳定心率,P_2 为第二次负荷时的稳定心率。

[**结果与评价**]

1. 实验结果

受试者	姓名		身高/(cm)	
	年龄		体重/(kg)	
测试指标	第一次负荷		第二次负荷	
负荷功率	男:120W(720kg·m/min) 女:100W(600kg·m/min)		男:160W(960kg·m/min) 女:140W(840kg·m/min)	
稳定心率				
PWC_{170}				

2. PWC_{170} 的评价

一般来说,PWC_{170} 值越高,表示测试者身体工作能力包括心脏的做功能力越强。不同运动项目、不同性别人群之间的 PWC_{170} 都具有明显的差异,一般耐力项目越强的人 PWC_{170} 值越高,男性 PWC_{170} 值一般情况下高于女性。我国部分运动员 PWC_{170} 值见表 1 和表 2。

表 1　中国优秀运动员 PWC_{170} 试验正常值（男）

项目	例数	PWC_{170}绝对值 /(kg·m·min^{-1})	PWC_{170} kg^{-1} /(kg·m·min^{-1}·kg^{-1})	每搏功 W·P^{-1} /(kg·m·P^{-1})	W·P^{-1}·kg^{-1} (g·m·P^{-1}·kg^{-1})
羽毛球	22	1632±45	24.7±0.66	9.0±0.20	130±4.0
足球	22	1760±40	24.2±0.54	9.3±0.15	132±2.0
中长跑	14	1596±46	23.8±0.08	8.9±0.17	130±4.0
短跑	41	1563±24	22.7±0.30	8.6±0.09	123±1.1
乒乓球	33	1465±25	21.9±0.33	8.1±0.18	120±1.9
长游	8	1608±57	21.8±0.53	8.8±0.21	120±1.5
短跨	12	1433±35	20.8±0.60	8.1±0.15	118±3.0
体操	13	1155±46	20.8±0.92	6.2±0.24	113±4.7
排球	21	1651±57	20.6±0.37	9.2±0.15	112±1.6
跑步	11	1342±51	19.4±0.70	7.4±0.22	105±2.4
投掷	10	1697±74	17.4±0.92	9.3±0.27	95±4.1

（黄光明等）

表 2　中国优秀运动员 PWC_{170} 试验正常值（女）

项目	例数	PWC_{170}绝对值 /(kg·m·min^{-1})	PWC_{170} kg^{-1} /(kg·m·min^{-1}·kg^{-1})	每搏功 W·P^{-1} /(kg·m·p^{-1})	W·P^{-1}·kg^{-1} (g·m·p^{-1}·kg^{-1})
羽毛球	11	1090±25	20.2±0.49	7.5±0.07	112±2.4
足球	15	1148±27	20.0±0.44	6.3±0.11	109±1.6
中长跑	24	1129±35	19.4±0.61	6.3±0.16	108±2.8
短跑	18	747±29	19.0±0.49	4.0±0.14	102±2.2
乒乓球	10	1096±60	18.8±1.01	5.8±0.20	98±3.0
长游	28	1012±17	18.6±0.24	5.6±0.08	103±1.5
短跨	15	1359±54	17.8±0.79	7.1±0.16	93±2.4
体操	21	1225±27	17.8±0.50	6.8±0.10	101±1.5
排球	12	985±34	17.5±0.18	5.6±0.19	97±3.0
跑步	23	938±26	17.2±0.43	5.3±0.12	98±2.2
投掷	13	1263±42	15.5±0.52	6.7±0.16	82±2.5

[注意事项]

1.测试前 1 小时不要进食或吸烟,应有充足的休息。

2.测试者在蹬车过程中,当身体功能动员起来并达到稳定状态时再蹬车 30s 即可,绝大多数的测试者在运动 3min 后即可达到稳定状态,因此蹬车过程中时间不宜过长,否则,体力消耗太大。

3.两次负荷之间应休息 5min,一般可以坐在车上休息。

4.如果没有心率遥测仪,可以用手触摸脉搏的方法,测得负荷后的第一个 10s 的心率,然后乘以 6 即为 1 分钟心率。

实验十　无氧工作能力的测定
——糖酵解代谢能力的测定

［目的］　掌握糖酵解代谢能力的测定原理和方法,并能据此对无氧工作能力进行评定。

［原理］　糖无氧酵解供能是指由肌糖元无氧分解为乳酸时释放能量的过程。测定糖酵解代谢能力,一般是通过持续 30～90 秒的最大能力运动实验来完成。本实验运用 Wingate 测定法对糖酵解代谢能力进行测定。

［器材］　自行车功量计、电脑。

［方法与步骤］

1.受试者在自行车功量计上蹬 2～4 分钟做准备活动,使其心率达到 150～160 次/分,其中 2～3 次(每次持续 4～8s)为全力蹬车。

2.准备活动后休息 3～5 分钟。

3.设置阻力,功率车阻力＝系数×受试者体重(kg)。

4.正式试验开始后,受试者全速蹬车,同时增加阻力,以便在 2～4 秒内达到规定负荷,并持续做 30 秒最快速度蹬车。测试结果由电脑自动记录,指标包括最大功量(W 或 W/kg)、平均功量(W 或 W/kg)和疲劳指数(疲劳%)。

5.测试结束后放松蹬车 2～3 分钟。

［运用与评价］

1.不同能源物质供能的输出功率不同,表现出的运动能力也不同,如 400 米跑、100 米游泳等应尽量发展糖酵解系统供能能力。同时中长跑、马拉松跑、1500 米游泳、球类运动等也要有良好的糖酵解供能能力,因为它是变速、加速、冲刺时能量的来源。竞技运动能力越强的运动员,其无氧功率也越大。

2.评定中,常选用 3 个指标:(1)最大功量(W 或 W/kg):最高无氧功率一般以第一个 5 秒表示,其能量来源于 ATP、CP 的分解。(2)平均功量(W 或 W/kg):平均无氧功率为各阶段功率的平均值,能量来源于 ATP、CP 的分解及糖酵解。(3)疲劳指数(疲劳%):无氧功率递减率是表示无氧供能条件下的疲劳程度指数,其计算方法为:疲劳指数(%)＝(最大功量—最小功量)/最大功量×100%。

3.Wingate 测定法在体能的要求上比较大,对于体能不好的人,可能不太适应。但是其测验结果丰富,因此较适宜于对运动员进行测定。

［注意事项］

1.Wingate 测定法中,规定负荷的阻力系数上肢和下肢是不同的。用上肢摇柄时,成年男性为 0.058,女性为 0.050;用下肢蹬车时,成年男性为 0.083,儿童和女性为 0.075。单位为每 kg 体重。

2.在测试过程中对受试者不断给予大声的口头鼓励。

实验十一　身体素质的测定

一、力量测定

[**目的**]　掌握测量肌肉力量的原理,了解握力体重指数测定法及测量意义。

[**原理**]　人体所有运动几乎都是对抗阻力而产生的。力量是肌肉在工作时克服内外阻力的能力,它与其他素质有着密切的关系.对增长肌肉耐力、发展速度、提高灵敏等素质起着重要作用。

力量测量一般采用测定肌肉的最大负荷来进行,由于人体肌肉单独收缩完成某一动作的很少,所以往往不能确切评定某一块肌肉的力量,而是某一肌群的力量。测量方法一般分为相对力量和绝对力量两种。相对力量是以受试者在测验中所承受的负荷量与其自身体重之比作为成绩的一种测量方法,如背肌力测量,下推拉测量等。绝对力量是以受试者在测验中所承受的最大负荷量作为成绩的一种测量方法,如竞技举重、功率举重测验等。

测定肌肉力量的方法很多,作为对各项运动有意义的力量,主要是脊柱和髋关节的屈肌力量,两腿、两臂及背部的伸肌力量,以及胸大肌的力量。

[**器材**]　米尺、握力计、背力计、体重计、秒表、哑铃等。

[**方法与步骤**]　实验分组:2～4人为一组。

(一)握力(见图1)

1.根据受试者手掌的大小,调节握力计握把的间距至感觉合适为宜。

2.受试者手放在体侧,握时不许挥动上肢,用最大力量紧握握力计,记录读数。

3.使指针回零,左右手各测三次,取最大的一次。

4.分别计算左右手的握力指数:握力指数＝握力最大值(kg)÷自身体重(kg)×100

图 1　握力测试

(二)臂屈肌力

1.依受试者情况,选择适当重量的杠铃片开始测试。

2.受试者两脚开立,两手与肩同宽反握杠铃,使之悬垂于大腿前方。屈肘上弯杠铃至肘关节全屈,然后恢复原位。

3.记录负荷。

4.调节负荷,重新进行上述测量,直至不能完成动作为止。

5.取最大值除以体重,计算相对臂屈肌力。

(三)臂伸肌力

1.依受试者情况,选择适当重量的杠铃片开始测试。

2.受试者两脚开立,双手屈肘握杠,将杠铃放于胸前。用力上推杠铃至肘关节伸直,然后恢复原位。

3.记录负荷。

4.调节负荷,重新进行上述测量,直至不能完成动作为止。

5.取最大值除以体重,计算相对臂伸肌力。

（四）背力（图2）

1.受试者双足站在背力计的底盘上,调节拉杆高度至受试者膝盖上缘。

2.令受试者上体前倾,双手正握拉杆,身体用力上抬。要求肘、膝关节伸直,不要猛然用力。

3.使指针回零,测三次,取最大值。

4.以最大值除以体重,计算相对背力。

（五）腿力

1.受试者双足站在背力计的底盘上,调节杆高度至受试者膝盖下缘（由受试者调整）。

2.令受试者上体保持稍前倾姿势不变,双手一正一反握拉杆,膝关节由屈曲至伸直,用力上抬。

图 2   背力测试

3.使指针回零,测三次,取最大值。

4.以最大值除以体重,计算相对腿力。

（六）腰腹肌力量

1.依受试者情况,选择适当重量的杠铃片开始测试。

2.受试者仰卧于垫,颈部落在杠铃片上,双手紧握杠铃片,屈膝成90°,用力收腹使身体坐起。

3.记录负荷。

4.调节负荷,重新进行上述测量,直至不能完成动作为止。

5.取最大值除以体重,计算相对腰腹肌力。

[运用与评价]

1.随着运动的不断发展,现代比赛已不是单一的技术与战术的角逐,而是技、战术,体能,智能与心理状态等各方面的综合较量。在高水平比赛中,运动员除了要具备高超的技术和熟练的战术配合以外,尤其需要良好的体能,即良好的身体素质作保证。

由于运动水平的高度发展,对身体素质的要求也越来越高,运动员必须重视力量素质的训练,只有具备良好的力量素质才能适应比赛中激烈的身体对抗,从而在比赛中充分发挥出技术与战术的威力。

2.运动员力量测定是运动训练的主要元素,其科学性和准确性直接影响着训练效果的成败。目前,力量测定已成为科学选材、训练监控以及制定运动处方的重要依据。

3.以上为左右肢体一起测定,适用于某些对称运动项目,如举重、径赛等。对有些非对称运动项目（如网球、乒乓球、投掷等）,也可进行单侧肢体测试。同时对称性运动项目中,如分别进行左右肢体单独测试,有利于发现力量薄弱的具体原因,一般人左右肢体相互比较,左右两侧相差在10%～15%以内即是正常差异。

4.力量素质的增长具有很强的年龄特点,在各年龄均可进行力量训练,关键在于科学及时地进行评定。训练中主要应考虑运动员能够承受负荷的最大可能性,采用何种方法训练应有针对性,如年龄小可多做弹跳、伸展肢体、支撑性练习,并以中、小负荷为主,在运动中进行练习尽量不采用大负荷且需要身体长时间紧张静力性练习。

5.大学男女生评分标准见表1和表2。

表1　大学男生评分标准

等级	得分	1000米跑/(分秒)	50米跑/秒	握力体重指数	坐位体前屈/厘米
优秀	100	3′27″	6.0	92	23.0
	98	3′28″	6.1	91	22.6
	96	3′31″	6.2	90	22.0
	94	3′33″	6.3	89	21.4
	92	3′35″	6.4	87	20.6
	90	3′39″	6.5	86	19.8
良好	87	3′42″	6.6	84	18.9
	84	3′45″	6.8	81	17.5
	81	3′49″	7.0	79	16.2
	78	3′53″	7.3	75	14.3
	75	3′58″	7.5	72	12.5
及格	72	4′05″	7.6	70	11.3
	69	4′12″	7.7	66	9.5
	66	4′19″	7.8	63	7.8
	63	4′26″	8.0	59	5.4
	60	4′33″	8.1	54	3.0
不及格	50	4′40″	8.2	53	2.4
	40	4′47″	8.3	51	1.4
	30	4′54″	8.5	49	0.5
	20	5′01″	8.6	47	−0.8
	10	5′08″	8.8	44	−2.0

表2　大学女生评分标准

等级	得分	800米跑/(分秒)	50米跑/秒	握力体重指数	坐位体前屈/厘米
优秀	100	3′24″	7.2	74	21.1
	98	3′27″	7.3	73	20.8
	96	3′29″	7.4	72	20.3
	94	3′32″	7.5	71	19.8
	92	3′35″	7.7	69	19.2
	90	3′38″	7.8	67	18.6
良好	87	3′42″	7.9	66	17.7
	84	3′46″	8.0	63	16.3
	81	3′50″	8.2	61	15.0
	78	3′54″	8.3	58	13.1
	75	3′58″	8.5	55	11.3
及格	72	4′03″	8.6	53	10.1
	69	4′08″	8.7	50	8.3
	66	4′13″	8.8	48	6.5
	63	4′18″	8.9	44	4.1
	60	4′23″	9.0	40	1.7
不及格	50	4′30″	9.1	39	1.5
	40	4′37″	9.3	38	1.3
	30	4′44″	9.5	36	1.0
	20	4′51″	9.8	34	0.6
	10	5′00″	10.0	32	0.2

[注意事项]　测量时保持手臂自然下垂姿势,手心向内,不得触及衣服和身体。

二、速度测定

[目的]　掌握测量速度的原理,了解位移速度素质的简易测定法——50m跑的测定方法及测量意义。

[原理]　速度素质是指人体进行快速运动的能力。速度在运动中表现为三种形式:反应速度、动作速度和周期性运动的位移速度。

反应速度指人体对刺激发生反应的快慢,如短跑从发令到起动的时间,它主要由反应时及条件反射的巩固程度来决定。单纯地测量反应速度比较困难,所以采取尽量减小动作的方法近似代表反应时。反应时常被用作评价心理素质进行科学选材和判定疲劳等生理状态的参考指标。

动作速度指完成单个动作的时间长短,如投掷运动员的器械出手速度。它的快慢主要由肌肉的爆发力、肌纤维兴奋性及条件反射的巩固程度来决定,可以用不同肌肉的交替收缩速度来评定人体神经系统兴奋和抑制协调能力。

位移速度指周期性运动中往往以单位时间通过的距离,或通过一定距离所用的时间来表示,如游速、跑速等。它的大小由前两种速度来决定。在体育实践中常进行位移速度的测量来反映人体的速度素质,常用50m跑成绩作为位移速度的指标。

[器材]　发令旗、哨子、秒表、冲刺带。

[方法与步骤]

1.受试者至少两人一组,以站立姿势起跑。

2.听信号后快速跑向终点。不得抢跑或窜道,否则重测。

3.一人发令,一人计时和记录。

4.测两次,取最短时间。

[运用与评价]

1.速度素质是运动技能形成的基础之一,主要与神经系统和肌肉系统等有关。目前普遍认为速度素质与遗传关系密切,青春发育期充分发展后,很难再提高。速度在许多项目中起着很重要的作用,有些项目速度的快慢直接关系到成绩的好坏和比赛的成败,如跑、游泳、自行车等,以及足球的带球突破、排球的短平快、篮球的快攻和跑投篮等。

2.不同属性的速度测试不能互相取代,即位移速度不能用反应速度或动作速度来代替。在实践中测定速度素质,主要指位移速度,多采用定距计时的方法,对于不同的测试对象可采取不同的测试距离。

3.根据儿童少年生长发育规律,10～13岁速度发展最快,女子10岁后增长加快,13～14岁渐趋平稳;男子13岁有较大的增长,18～19岁趋于稳定。儿童少年神经系统灵活性好,是发展速度素质的最佳时期,适合于动作频率快、反应迅速的练习,如短距离跑、乒乓球、游泳等;,对耐力等需要长时间的紧张性运动项目,应加以适当限制。

4.参照表10-1和表10-2进行评价。

[注意事项]

1.测量前要进行练习操作或准备活动。

2.测量时,要求受试者能穿钉鞋。

3.每次测量后,测试者切记回表。

三、耐力测定

[目的]　了解一般耐力素质的常用简易测定法——1000m 跑(男性)和 800m 跑(女性)的测定法及测量意义。

[原理]　耐力是指人体长时间进行肌肉工作的能力。耐力的分类及命名十分庞杂。其中按运动时的外在表现可划分为速度耐力、力量耐力、静力耐力和一般耐力等。

力量耐力是指肌肉长时间对抗疲劳的能力,即肌肉在长时间内进行收缩活动的能力;速度耐力是指人体在较长时间内快速运动的能力;静力耐力是指肌肉在长时间内进行静力性收缩的能力;一般耐力是指人体进行一般工作的抗疲劳能力。对于大学生而言,一般耐力的测量通常分性别制定,男性测 1000m 跑成绩,女性测 800m 跑成绩。

[器材]　秒表、哨子、发令枪、距离标志牌、皮尺等。

[方法与步骤]

1.受试者至少三人一组,以站立姿势起跑。

2.听信号后起跑,男性跑 1000m,女性跑 800m,不得抢跑或窜道,否则重测。

3.一人发令,两人计时和记录,取最短时间。

[运用与评价]

1.耐力素质是运动技能形成的基础之一,主要与循环系统、呼吸系统、神经系统和肌肉系统等的机能直接相关。一般耐力是基础,专项耐力是在一般耐力基础上发展起来的。

2.耐力水平的奠定在青春发育期,特别是自然增长最快的阶段,男性在 12～16 岁,女性在 11～13 岁。但是在青春发育期后,仍有一定提高潜力。在儿童时期具有一定有氧供能能力,所以强度不大的有氧训练是青春发育期阶段的最佳训练方法,儿童和少年对一般耐力有一定适应能力,但大强度的耐力训练对心脏发育不利,容易造成心肌肥厚,使心输出量减少。一些优秀中长跑运动员,都是从儿童开始进行训练,然而必须是以全面身体训练为宗旨进行合理安排,儿童少年经常从事耐力训练,既可使心肌纤维增多,心壁增厚,又可使心容积增大,这对心肌力量的增长有重要意义,并可为今后的耐力训练打下良好的基础。

3.不同运动项目所要求的耐力类型也不同,训练中主要从供能角度分为有氧耐力训练和无氧耐力训练安排运动负荷。

4.参照表 11-1 和表 11-2 进行评价。

[注意事项]

1.测量前应做好宣传工作。

2.每次测量后应让受试者注意放松。

四、柔韧性测定

[目的]　掌握柔韧素质的常用简易测定法——坐位体前屈的测定法及测量意义,了解电子关节角度测试仪的测定方法和功能。

[原理]　柔韧性是指人体某个关节或关节组的活动幅度。决定柔韧素质的因素主要有:

1.运动器官的结构,包括关节的骨结构、现状等。

2.关节周围组织的体积大小,包括关节周围的肌肉体积等。

3.跨过该关节的软组织的伸展能力,包括肌肉、肌腱、韧带和皮肤等的伸展能力。

4.神经系统支配骨骼肌的机能状态,特别是中枢神经系统调节对抗肌之间的协调性的改善,以及对肌肉收缩和放松的调节能力的提高。

通常用坐位体前屈来表示柔韧性。

[**器材**]　坐位体前屈测试仪、电子关节角度测试仪。

[**方法与步骤**]　至少两人为一组。

1.坐位体前屈(图3)

(1)受试者坐在垫上,背及臀部紧靠在一垂直面上,两腿并拢,膝关节保持伸直状态,脚尖向上,脚底蹬于基面上,双手尽量伸直。测试时,受试者身体尽量前倾并缓慢以指尖推动游标。

图3　坐位体前屈测试

(2)读出游标滑动的距离并记录,测三次。

2.电子关节角度测试方法:

(1)单关节角度测试

可对各关节的角度变化进行测定。(图4)

其步骤为:

①按下开关(ON),显示屏显示"888"等待 2~3 秒后,显示变为"…",即可开始设置。

②按下"RESET"键,清除记录,将仪器测量模式设置为"单关节角度测试"(Single Joint Motions)。

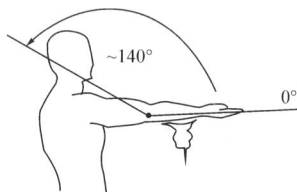

图4　单关节角度测试

③将定位器(Hand-Held Unit)附于运动环节(前臂上),并随该环节运动。

④令受试者做好被测准备,在关节初位时(A),按下手执定位器上"Enter 键",显示屏显示变为"—",表示测试准备开始。待受试者姿势固定后,显示屏显"—"消失,按下定位器上的"ENTER 键",仪器自动记为 O。

⑤令受试者屈肘并固定时(B),再按一次"ENTER 键"。

⑥记录显示屏上的角度,测试结束。

(2)多关节角度测试

可对各关节的角度变化进行测定。其步骤为:

①按下开关(0N),显示屏显示"888",等待 2~3 秒后,显示变为"…",即可开始设置。

②按下"RESET"键,清除记录,将仪器测量模式设置为"多关节角度测试"(20m Pound Motions)。

③令受试者直立,做好被测准备:将定位器置于第一测试点上(图5A),按下"ENTER 键"。

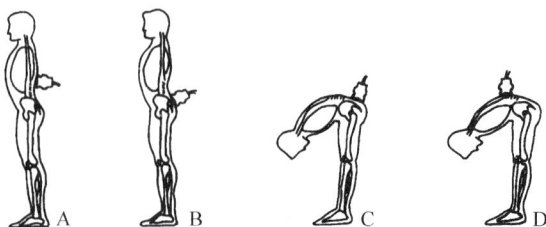

图5　脊柱屈的运动幅度测试

④再将定位器置于第二测试点上(图5B),按下"ENTER 键"。

⑤定位器置于第二测试点上位置不动(图5C);令受试者屈脊柱至稳定后,再按次"ENTER 键"。

⑥最后将定位器置回于第一测试点上(图 5D),按下"ENTER 键"。

⑦记录显示屏上的角度,测试结束。

[运用与评价]

1.柔韧素质是许多运动项目必备的身体素质,良好的柔韧性可使人体动作灵活、不易受伤。而在体操、武术、技巧、艺术体操、跨栏、跳水等项目上,柔韧性好更可以表现出动作的舒展、潇洒和优美,使动作刚柔并济。

2.柔韧素质同年龄的关系非常密切。少年儿童骨骼弹性好,可塑性大,且关节韧带伸展性好,容易拉长,所以发展柔韧素质最好从幼年开始。柔韧素质的练习要持之以恒,不能三天打鱼两天晒网。练习时要做好准备活动,不可用力过猛,以防受伤。动作的幅度、速度、力量要逐步增加。提高身体素质的方法很多,锻炼时应根据自己的身体状况,选择适宜的练习方法循序渐进。

3.一些专家认为应将"柔韧性"改为"动作范围",实质上无论如何称呼,柔韧性是指某一关节绕某一轴的最大运动幅度或多个关节绕某一轴的最大运动幅度。

4.不同关节有不同的最大运动幅度,不同动作有不同的动作范围。不同运动项目,如田径选手、体操选手、武术选手等对关节的最大运动幅度要求也不同。因此,在运用中必须强调运动员应当具备的关节最大运动幅度,以适应运动项目的要求。

5.运动员的关节最大运动幅度不是"越大越好",而是"适应最好"。

6.参照表 1 和表 2 进行评价。

[注意事项]

1.测量前应注意做好准备活动。

2.测量时动作不要猛烈,或加保护,以免发生损伤。

3.测坐位体前屈时,当身体前屈两臂向前推游标时,两腿不能弯曲。

主要参考文献

[1]ACOG. Exercises During Pregnancy and the Postpartum Period. Clin Obstet Gynecol,2003,46(2):496－499.

[2]ACSM's Guidelines for for Exercise Testing and Prescription. 7th ed. Baltimore:lippincott Williams & Wilkins,2006.

[3]Adams G, et al. Skeletal Muscle Myosin Heavy Chain Composition and Resistance Training. Journal of Applied Physiology,1993,74:911－15.

[4]American College of Obstetricians and Gynecologists Exercise during Pregancy and the Postpartum Period. Obstet Gynecol,2002,99:171－173.

[5]American College of Sports Medicine and American Heart Association . Physical Activity and Public Health in Older Adults Circulation,2007,116:1094－1105.

[6]American College of Sports Medicine. Position Stand:Exercise and Hypertension. Medicine and Science in Sports and Exercise,2004,25:i－x.

[7]American Diabetes Association. Diagnosis and Classification of Diabetes Mellitus. Diabetes Care,2007,27:S5－10.

[8]American Diabetes Association. Physical Activity/exercise and Diabetes Diabetes Care,2004,27:S58－62.

[9]Anderson S D, Caillaud C ,Brannan J D. β2-agonists and Exercise-induced Asthma. Clinical Reviews in Allergy & Immunology,2006,31:163－180.

[10]Baker M K, Atlantis E, Fiatarone-Singh M A. Multi-modal Exercise Programs for Older Adults. Age and Ageing,2007,36:375－81.

[11]Bassett D R Jr, Howley ET Maximal Oxygen uptake:"Classical"versus"Contemporary"view Points. Medicine and Science in Sports and Exercise,1997,29:591－603.

[12]Beenhakker M P, DeLong N D, Saideman S R, et al. Proprioceptor Regulation of Motor Circuit Activity by Presynaptic Inhibition of a Modulatory Projection Neuron. J Neurosci. ,2005, 25 (38): 8794－8806.

[13]Berger M,et al. Metabolic and Hormonal Effects of Muscular Exercise in Juvenile Type Diabetics. Diabetologia,1977,13:355－65.

[14]Bermingham N A, Hassan B A, Wang V Y, et al. Proprioceptor Pathway Development is Dependent on Math1. Neuron,2001,30(2):411－422.

[15]Brooks G T, Fahey T W, Baldwin K. Exercise Physiology:Human Bioenergetics and its Applications. McGraw-Hill Companies,2000.

[16]Castelo-Branco C,Reina F,Montivero A,et al. Influence of High Intensity Training and of Diet and Anthropometric Factors on Menstrual Cycle Disorders in Ballet Dancers. Gynecological Endocrinology,2006,22:31－35.

[17]Centers for Disease Control and Prevention. National Diabetes Fact Sheet:General Information and National Estimates on Diabetes in the United States. Atlanta,GA:U. S. Department of Health and Human Services,2004.

[18]Chobanian A V,Bakris G L,Black H R,et al. The Seventh Report of the Joint National Committee on

Revention、Detection,Evaluation, and Treatment of High Blood Pressure. JAMA,2003,289(19):2560－2578.

[19]Clapp J F,Capeless E. The $V_{O_{2max}}$ of Recreational Athletes Before and After Pregnancy. Medicine and Science in Sports and Exercise,1991,23:1128－33.

[20]Clapp,J F III MD,Stepanchak,William RMUS. Portal Vein Blood Flow-effects of Pregnancy、Gravity,and Exercise. Am J Obstet Gynec,2000,183(1):167－172.

[21]Cook S,Weitzman M,Auinger P,et al. Prevalence of a Metabolic Syndrome Phenotype in Adolescents: Findings from the Third National Health and Nutrition Examination Survey,1988 - 1994. Arch Pediatr Adolesc Med,2003,157(8):821 - 7.

[22]Cooper C B. Chronic Obstructive Pulmonary Disease. In ACSM's Exercise Management for Persons with Chronic Diseases and Disabilities. 2d ed. Champaign,IL:Human Kinetics,2003,92－98.

[23]Dale E,Gerlach D,Wilhute A. Menstrual Dysfunction in Distance Runners. Obstetrics and Gynecology, 1979,54:47－53.

[24]Davies G A,Wolfe L A,Mottola M F,et al. Joint SOGC/CSEP Clinical Practice Guideline :Exericse in Pregenacy and the Postpartum Period. Canadian Journal of Applied Physiology,2003,28 :329－41.

[25]Difranciso-Donoghue J,Werner W,Douris P C. Comparison of Once-weekly and Twice-weekly Strength Training in Older Adults. British Journal of Sports Medicine,2007,41:19－22.

[26]Durak E,Jovanovic-Peterson L,Peterson Ch M. Comparative Evaluation of Uterine Response to Exercise on Five Aerobic Machines. Am J Obstet Gynecol,1990,162:754－756.

[27]Fisher M M. The Effect of Resistance Exercise on Recovery Blood Pressure in Normotensive and Borderline Hypertensive Women. Journal of Strength and Conditioning Research,2001,15(2):210－216.

[28]Franklin B A、Whaley M H,Howley E T、et al. ACSM'S Guidelines for Exercise Testing and Prescription (6th ed). Philadelphia: Lippincott Williams & Wilkins,2000:135－161.

[29]Garcia-Patterson、Apolonia M D、Martin E R N. Evaluation of Light Exercise in the Treatment of Gestational Diabetes. Diabetes Care,2001,24(11):2006－2007.

[30]Gerald S Z,Lawrence D L. Exercise Guidelines in Pregnancy-New Perspectives. Sports Med,2011,41 (5): 345－360.

[31]Gordon N F. Hypertension. In ACSM's Exercise Management for Persons with Chronic Disease and Disabilities. Champaign,IL:Human Kinetics,2003,76－80.

[32]Hagberg J M,Park J J,Brown M D. The Role of Exercise Training in the Treatment of Hypertension :An Update. Sports Medicine,2000,30(3):193－206.

[33]Hale R. Factors Important to Women Engaged in Vigorous Physical Activity. In Sports Medicine,ed. R. Strauss. Philadelphia:W. B. Saunders,1984.

[34]Hennekam R C. Hutchinson-Gilford Progeria Syndrome: Review of the Phenotype. Am J Med Genet A, 2006,140(23):2603－24.

[35]Historical Perspectives: Plasticity of Mammalian Skeletal Muscle. Journal of Applied Physiology,2001,90: 1119－24.

[36]Kelley G A、et al. Progressive Resistance Exercise and Resting Blood Pressure :a Meta-Analysis of Randomized Controlled Trials. Hypertension,2000,35:838－843.

[37]Kilbride L、Charlton J、Aitken G. Managing Blood Glucose During and After Exercise in Type 1 Diabetes: Reproducibility of Glucose Response and a Trial of a Structured Algorithm Adjusting Insulin and Carbohydrate Intake. Journal Of Clinical Nursing,2011, 20(23－24): 3423－3429.

[38]Kokkinos P、Pittaras A、Manolis A、et al. Exercise Capacity and 24－h Blood Pressure in Prehypertensive Men and Women. Am J Hypertens,2006,19 (3):251－258.

［39］Kraemer W J，Dunn-Lewis C，Comstock B A．Growth Hormone，Exercise，and Athletic Performance：a Continued Evolution of Complexity．Current Sports Medicine Reports，2010，9(4)：242－252．

［40］Lai Aiping，Chen Wenhe．Effects of Visfatin Gene Polymorphisms on Glycolipid Metabolism and Exercise Induced Weight Reduction in Obesity．Acta Physiologica Sinica，2012，64(1)：96－100．

［41］Lokey E，et al．Effects of Physical Exercise on Pregnancy Outcomes：A Meta-Analytic Review．Medicine and Science in Sports and Exercise，1991，23：1234－39．

［42］Loucks A，Horvath S．Athletic Amenorrhea：A Review．Medicine and Science in Sports and Exercise，1985，17：56－72．

［43］MacDonald J R，Hogben C D，Tarnopolsky M A，et al．Post Exercise Hypotension is Sustained During Subsequent Bouts of Mild Exercise and Simulated Activities of Daily living．Journal of Human Hypertension，2001，15：567－571．

［44］Mancia G，De Backer G，Dominiczak A，et al．Guidelines for the Management of Arterial Hypertension：The Task Force for the Management of Arterial Hypertension of the European Society of Hypertension (ESH) and of the European Society of Cardiology(ESC)．Eur Heart J，2007，28(12)：1462－1536．

［45］Maria U P，Branda R，et al．Postexercise Blood Pressure Reduction in Elderly Hypertensive Patients．Journal of the American College of Cardiology，2002，39(4)：676－682．

［46］Nadine S，Taylor-Tolbert，et al．Ambulatory Blood Pressure After Acute Exercise in Older Men With Essential Hypertension．American Journal of Hypertension，2000，13：44－51．

［47］National Institute of Health．Data Fact Sheet：Asthma Statistics U S．Department of Health and Human Services．National Heart，Lung，and Blood Institute，Washington D C，1999．

［48］Nattiv A，Loucks A B，Manore M M，et al．American College of Sports Medicine Position Stand：the Female Athlete Triad．Sci Sports Exerc，2007，39(10)：1867－1882．

［49］Paterson D H，Jones G R，Rice C L．Ageing and Physical Activity：Evidence to Develop Exercise Recommendations for Older Adults．Appl Physiol Nutr Metab，2007，32：S69－108．

［50］Pescatello L S，Franklin B A，Fagard R，et al．Exercise and Hypertension．Medicine and Science in Sports and Exercise，2004，36 (3)：533－553．

［51］Power S K，Howley E T．Exercise Physiology (7th Edition)，NewYork：Mcgraw-Hill Companies，Inc，2008．

［52］Quinn T J．Twenty-four Hour，Ambulatory Blood Pressure Responses Following Acute Exercise：Impact of Exercise Intensity．Journal of Human Hypertension，2000，14：547－553．

［53］Saragoussi J J，Djadi-Prat J，Lebuisson D A，et al．Saragoussi D Quality of Life After LASIK：Part II．Quality of Life and Satisfaction of a Population of Patients Treated with LASIK．J Fr Ophtalmol，2011，34 (5)：294－302．

［54］Schauberger C W，Rooney M D，Brenda L．Obstetrics：Peripheral Joint Laxity Increases in Pregnancy But Does Not Correlate With Serum Relaxin Levels．Am J Obstet Gynec，1996，174(2)：667－671．

［55］Sullivan V，et al．Myosin Heavy Chain Composition in Young and Old Rat Skeletal Muscle：Effects of Endurance Exercise．Journal of Applied Physiology，1995，78：2115－20．

［56］Vanhoof R，Macor F，Lijnen P，et al．Effect of Strength Training on Blood Pressure Measured in Various Conditions in Sedentary Men．Int J Sports Med，1996，17：415－422．

［57］Vaz M，Pauline M，Unni U S，et al．Micronutrient Supplementation Improves Physical Performance Measures in Asian Indian School-age Children．J Nutr，2011，141(11)：2017－2023．

［58］Verity L S．Diabetes and Exercise．In ACSM's Resource Manual for Guidelines for Exercise Testing and Prescription．5th ed．Baltimore：Lippincott Williams & Wilkins，2006：470－79．

［59］Victor L．Essentials of exercise physiology．C&C offset printing Co．Ltd，2006．

［60］Volek J S，Vanheest J L，Forsythe C E. Diet and Exercise for Weight Loss：a Review of Current Issues. Sports Med,2005,35(1):1－9.

［61］Wolfe L A,Ohtake P J，Mottola MF，et al. Physiological Interactions Between Pregnency and Aerobic Exercise. In Exercise and Sports Science Reviews，Pandolf KB,1989,17:295－351.

［62］Yang X，Wang Y，Zhao K，et al. Comparison of Higher-order Aberration and Optical Quality After Epi－LASIK and LASIK for Myopia. Graefes Arch Clin Exp Ophthalmol,2011,249(2):281－288.

［63］Yanmei Niu，Hong Yuan，Li Fu. Aerobic Exercise's Reversal of Insulin Resistance by Activating AMPKα－ACC－CPT1 Signaling in the Skeletal Muscle of C57BL/6 Mice. International Journal of Sport Nutrition & Exercise Metabolism,2010,20(5):370－381.

［64］Yannakoulia M，Chrousos G P and Sidossis L S. Aerobic Exercise Training Improves Insulin Sentivity Without Changes in Body Weight,Body Fat，Adiponectin，and Inflammatory Markers in Overweight and Obese Girls. Metabolism,2005,54(11):1472－1479.

［65］陈彩虹.高血压病的运动疗法.渭南师范学院学报,2005,20(5):60－62.

［66］陈广云.浅谈中学女生经期体育锻炼.科技信息,2011,(24):669.

［67］邓树勋,洪泰田,等.运动生理学.北京:高等教育出版社,1998.

［68］邓树勋,王健,乔德才主编.运动生理学.北京:高等教育出版社,2011.

［69］邓树勋,王健主编.高级运动生理学——理论与应用.北京:高等教育出版社,2003.

［70］邓树勋等主编.运动生理学(专升本教材).北京:高等教育出版社,2001.

［71］范振华等.运动医学.上海:上海医科大学出版社,1989.

［72］冯连世,冯美云,冯炜权.运动训练的生理生化监控方法.北京:人民体育出版社,2006.

［73］冯连世,冯美云,冯炜权.优秀运动员身体机能评定方法.北京:人民体育出版社,2003.

［74］冯连世,李开刚.运动员机能评定常用生理生化指标测试方法及应用.北京:人民体育出版社,2002.

［75］耿德章.世界卫生组织对老年人划分标准表,1994.

［76］顾东风,Jiang He,吴锡桂等.中国成年人高血压患病率、知晓率、治疗和控制状况.中华预防医学杂志,2003,37(2):84－89.

［77］桂宾.科学家建立人类衰老的细胞模型.中国生物化学与分子生物学报,2011,27:336.

［78］黄希庭.简明心理学辞典.合肥:安徽人民出版社,2004.

［79］黄希庭.谢切诺夫对生理学和心理学的主要贡献.西南师范学院,1983,2:133－141.

［80］江钟立.糖尿病与运动疗法.现代康复,2001,5(3):16.

［81］赖爱萍,陈文鹤.肥胖儿童少年内脂素 RS4730153 位点基因多态性与运动干预前、后糖代谢和脂肪代谢变化.体育科学,2010,30(8):57－61.

［82］赖爱萍,陈文鹤.内脂素与肥胖及运动关系研究进展.中国运动医学杂志,2011,30(1):105－109.

［83］赖爱萍,华明,陈剑.不同锻炼方式对老年人心理健康和心肺功能影响的探讨.浙江体育科学,2009,31(4):88－91.

［84］赖建科,胡喜华.中国老年人体育运动科研状况研究.体育科技文献通报,2008,16(5):123－126.

［85］李红娟,王利红.ACSM 女运动员三联征循证干预指南.第三届中国体育博士高层论坛,山西师大体育学院学报,2010,25(5):431－435.

［86］李力华译.运动与 2 型糖尿病.糖尿病天地·临床刊,2008,2(11):499－501.

［87］励建安.高血压病运动治疗的现代趋势.现代康复,1999,3(9):1082－1083.

［88］林云,陈文鹤.肥胖症与动脉硬化粥样硬化的关系研究进展.上海体育学院学报,2011,35(5):52－56.

［89］刘光辉,易学,林梦飞.心率监测在体育运动实践中的应用.河北体育学院学报,2004,18(1):18－20.

［90］刘俊玲,张冰.原发性高血压运动处方研究进展.中国运动医学杂志,2005,24(3):357－361.

［91］卢昌亚,李洁主编.运动生理学.桂林:广西师范大学出版社,2006.

［92］吕新颖.运动生理学.南京:南京大学出版社,2002.

[93]缪明主编.内分泌学.北京:高等教育出版社,1992.

[94]浦均宗等.优秀运动员机能评定手册.北京:人民体育出版社,1989.

[95]乔德才,汤长发,邓树勋.运动生理学实验.北京:高等教育出版社,2006.

[96]曲绵域.实用运动医学.北京:人民体育出版社,2004.

[97]尚延侠,陈佩杰,陈文鹤.有氧运动对肥胖青少年血清可溶性细胞间黏附分子－1的影响.上海体育学院学报,2010,34(6):46－49.

[98]孙飙等.运动生理学实验指导.北京:人民体育出版社,2005.

[99]体育院校成人教学协作组.人体生理学.北京:人民体育出版社,2002.

[100]田野主编.运动生理学高级教程.北京:高等教育出版社,2003.

[101]王步标,华明主编.运动生理学(第2版).北京:高等教育出版社,2011.

[102]王际燕.浅析运动生化指标－尿蛋白及在体育训练比赛中的应用.考试周刊,2007,32:127.

[103]王健.运动生理学研究技术.杭州:浙江大学出版社,2001.

[104]王晶,张颖.原发性高血压运动疗法的研究综述.科技信息,2009,1:759－760.

[105]王庆玉.运用运动性蛋白尿测定训练强度的应用性研究.开封大学学报,2004,18(1):95－96.

[106]王瑞元,苏全生主编.运动生理学.全国体育院校教材委员会审定.北京:人民体育出版社,2012.

[107]王瑞元,孙学川,等.运动生理学.北京:人民体育出版社.2002.

[108]王瑞元.运动生理学.北京:人民体育出版社,2002.

[109]王香生总译.糖尿病与运动.ADA/ACSM Joint Statement:Diabetes Mellitus and Exercise. MSSE29:12,1997,pp.2145－2156.

[110]王亚娟.冠心病的运动疗法体会.现代预防医学,2008,35(24):121.

[111]邬沧萍,杜鹏.人口老龄化过程中的中国老年人.上海:华东师范大学出版社,1996.

[112]巫国贵,宿继光.不同强度运动对胃肠道的影响.中国临床康复,2005,9(36):112－114.

[113]夏强主编.人体生理学.杭州:浙江大学出版社,2005.

[114]谢琳刚.高血压的运动疗法.中国疗养医学,2011,20(3):248－250.

[115]杨锡让,傅浩坚主编.运送生理学进展.北京:北京体育大学出版社,2000.

[116]杨锡让.实用运动生理学.北京:北京体育大学出版社,2007.

[117]姚泰主编.生理学(第6版).北京:人民卫生出版社,2004.

[118]叶继伦,郑崇勋,刘峰.运动试验及运动心电图分析方法研究进展.世界医疗器械,1999,5(9):26.

[119]俞捷.女子散打、跆拳道运动员备战全国冠军赛赛前体重控制、运动能力监控的研究.2009.

[120]运动生理学教材编写组.运动生理学.北京:人民体育出版社,1990.

[121]张坤,王玉.有氧运动减肥处方的研究进展.现代预防医学,2009,36(1):110－111.

[122]张丽娟,毛杉杉.女运动员三联征研究进展.中国运动医学杂志,2011,30(5):491－497.

[123]赵家琪,杨锡让,等.实用运动生理问答.北京:人民体育出版社.1992.

[124]中华医学会糖尿病学分会.中国2型糖尿病防治指南.中国医学前沿杂志,2011,3(6):54.

[125]周淑新,刘景昌编译.老年人运动处方指南.中国全科医学,2006,9(20):1692－1694.

[126]朱寒笑,夏皖苏,余健.试析体育锻炼对老年人身心健康的影响.湖北体育科技,2001,20(2):31－33.